"十三五"国家重点出版物出版规划项目

中国当代农业改革发展史纲

江小容 张 波 著

陕西新华出版传媒集团
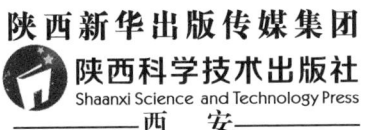
——西安——

图书在版编目（CIP）数据

中国当代农业改革发展史纲/江小容,张波著.—西安：陕西科学技术出版社,2022.8

ISBN 978-7-5369-8413-4

Ⅰ.①中… Ⅱ.①江…②张… Ⅲ.①农业史-中国-1978—2019 Ⅳ.①F329.07

中国版本图书馆 CIP 数据核字（2022）第 055315 号

中国当代农业改革发展史纲
ZHONGGOU DANGDAI NONGYE GAIGE FAZHAN SHIGANG

江小容　张　波　著

出 版 人	崔　斌
责任编辑	林成岗
责任校对	秦　延　赵爱玲
封面设计	朵云文化
监　　制	张一骏
出 版 者	陕西新华出版传媒集团　陕西科学技术出版社 西安市曲江新区登高路 1388 号陕西新华出版传媒产业大厦 B 座 电话(029)81205187　传真(029)81205155　邮编 710061 http://www.snstp.com
发 行 者	陕西新华出版传媒集团　陕西科学技术出版社 电话(029)81205180　81206809
印　　刷	陕西天地印刷有限公司
规　　格	710mm×1000mm　16 开本
印　　张	29
字　　数	370 千字
版　　次	2022 年 8 月第 1 版 2022 年 8 月第 1 次印刷
书　　号	ISBN 978-7-5369-8413-4
定　　价	95.00 元

版权所有　翻印必究

（如有印装质量问题,请与我社发行部联系调换）

前　言

改革开放以来，我国农业史学科以崭新的面貌出现，农史研究也得以全面展开。20 世纪末，当代农史分支学科新绿萌动，颇受农业史志界的呵护培育，我等也将农史研究拓展到当代史领域，自新世纪初就选定当代农史作为博士研究生课题。近年来，以习近平同志为核心的党中央大力倡导爱国主义教育，中共中央、国务院印发了《新时代爱国主义教育实施纲要》，掀起以党史、新中国史、改革开放史、社会主义发展史为主要内容的"四史"学习教育热潮。当代农史研究更应不忘初心职守，牢记使命担当，为爱国主义教育提供农业历史资料。

1978 年 12 月，中共十一届三中全会开启了改革开放和社会主义现代化建设的伟大征程，至 2018 年正逢改革开放 40 周年。综观 40 年农村改革之路，改革开放从实行以包产到户、包干到户为主要形式的家庭联产承包责任制启程，一路乘风破浪、砥砺前行，走出了中国特色社会主义现代化道路，目前正按照习近平指引的乡村振兴战略，为实现全面小康目标奋斗不止。检阅 40 年农村改革的光辉成就，实与农民群众的创造精神和党的正确领导密不可分。而党的领导，正是农村改革稳步前进和节节胜利的根本政治保证。我们在研究农村改革40年历程时，不仅以中共十一届三中全会和中共十九届四中全会为里程碑，而且在划分农村改革发展历史阶段时，势必形成以与党的历届代表大会基本一致的历程段落划分。

本书内容分4个历史阶段，具体划分6章6个时期：第一章，自中共十一届三中全会到中共十四大为农村土地经营制改革时期；第二章，中共十四大至中共十六大10年为市场经济和农业产业化改革时期；第三章，中共十六大至中共十七大为新农村建设主导农村综合改革时期；第四章，中共十七大至中共十八大为城镇化和城乡统筹改革时期；第五章，为中共十八大新时代农业现代化大力推进和全面发展时期；第六章，从中共十九大开始进入实施乡村振兴战略、实现农村全面小康决胜时期。在全面展开论述之前，先按4个历史阶段，分别略述各段要义，从而使人们对农村改革的历程和各阶段的特点有所认识。

第一阶段，改革开放初的探索时期。改革开放迎来我国社会发展的全新时代，党中央作出把党和国家的工作中心转移到经济建设上来、实行改革开放的历史性决策，中国特色社会主义事业全面中兴。新时期划时代的标志为中共十一届三中全会，全会确立了解放思想、实事求是的思想路线。中共中央针对农村工作作出《关于加快农业发展若干问题的决定》，提出数十条重视和发展农业的政策，凝聚了拨乱反正的共识。改革开放首先是从农村兴起，而农村改革是从探索实行家庭联产承包责任制取得突破而全面展开的。搞社队集体经营，还是搞家庭承包经营，历经30年始终是党内外争议不休的问题。广大干部和农民群众一旦领会中共十一届三中全会确立的解放思想、开动脑筋、实事求是、团结一致向前看的指导方针，多年深藏心头的个体承包和家庭经营愿望如潮水般涌动起来。全会后各地划小生产单位，农村出现"包产到组"的探索，多年若明若暗、时隐时现的"包产到户"随之显示出来。全会前夕，安徽省凤阳县小岗生产队的18户村民以秘密方式，立下带手印的生死文书分包土地。事后这一典型案例被作为家庭承包的标志事件，若干年后小岗村被誉为中国农村改革起源地。1982年1月，党中央批转《全国农村土地工作纪要》，明确肯定了实行的各种责任制的社会主义性质，农村家庭联产承包责任制最终确立。据1983年统计，全国实行家庭承包经营的农户达到95%。1984年，中央明文昭示土地承包期15年不变，中国农村改革历经5年获得战略意义的成功。家庭承包责任制是农村经济的基本制度，决定着农业生产发展和各种生产关系，在当代农业史中有着举足轻重的地位。家庭联产承包责任制反映了广大农民要求按照中国农村的实际状况来发展社会主义农业的强烈愿望，极大地解放了农业生产力。据经济学家估计，家庭联产承包责任制在20世纪80年代对农业增长的贡献率达到49%，其说实不为过。实行家庭联产承包责任制必然引发农村经济关系连锁式的改革，农户普遍自主发展多种经营，农村产业构成突破长期的计划生产模式，开始出现大批专业户和经济联合体，资金雄厚的农民要求购置大型农业机具，雇工现象也随之出现。中央顺应改革新形势，相继发布文件宽松农村政策以满足农户的生产要求。与此同时，城乡集市贸易逐渐恢复和发展，建立了农产品批发市场，放开部分农产品价格和流通管理体制，农业和农户经营活跃起来，农村显现出改革、开放、搞活的新气象。

数年间农村经济体制一系列改革，导致农村行政管理机构的重大变革，乡镇政权重建最具制度改革历史意义。随着联产承包责任制的深入推广，人民公社体制已越来越难以适应农村改革的需要，撤销社队重建乡村行政已是大势所趋。1980年4月，四川省广汉县向阳公社撤社建乡，最先挂出乡政府的牌子，随后全国实行家庭联产承包责任制的公社相继向乡镇行政职能转换。1982

年12月，全国人大通过宪法确定撤销人民公社，设立乡镇政府为农村基层政权。同时，农村原生产队改建为基层群众组织村民委员会，原生产小队改称村民小组或自然村。至1985年，全国农村基本完成乡镇政权和村民组织建设。人民公社撤销后，农村逐渐出现许多由农民自发组成的合作经济组织，以应对改革开放后难以解决的社会化生产组织问题。在家庭承包经营体制下，各种农业协会、专业合作社、统分结合的农业企业等，成为农村经济组织的新生骨干力量。

乡镇企业紧随着家庭承包和乡镇恢复，如雨后春笋般涌现，80年代中期发展迅猛。1985年起，乡镇企业发展可谓四年四大步，到1988年其总产值达到6 500亿元，几乎与其余农业产值相当，创造了实行家庭联产承包责任制后农村第二大奇迹。乡镇企业包括一、二、三产业，有多种所有制和经营形式，通常概括为"多业并举，多轮驱动，多轨运行，多元投资"，或称"农、工、商、建、运、服六业并举，乡村联户四轮驱动"。乡镇企业最大的优势在于机制灵活，采用经济而有效的管理手段，生产效率、效益均高于一般企业。在后来的发展中，许多乡镇企业不断转换战略、调整结构、苦练内功，规模日益壮大，出现以农产加工营销为主的龙头企业和外向发展企业。乡镇企业土生土长，因地制宜，发展中带动了本土农业，从而为本乡剩余劳动力开辟了新生路，一些农民由此离开土地，走到乡镇进而走向城市。我国改革在20世纪80年代中期渐入城市和工业领域，乡镇企业为城市工业改革探索出经验，为我国经济社会发展作出了历史性重要贡献，是中国特色工业化道路的重要阶段。当然，乡镇企业也有自身局限性：普遍存在规模小而散，耗能低效，造成资源浪费和污染环境等问题。为此，乡镇企业始终处于不断的自我调整之中，呈现出由低级到高级的发展过程。进入90年代，乡镇企业开始注重提高质量效益，参与到城市工业改革大潮中，优胜劣汰整合规模，逐步进入以农业产业为特点的全国中小企业行列。总之，改革开放的前13年显然是以农村为中心，其前半段以家庭联产承包责任制改革为突破口，开辟我国改革开放之路；后半段是以乡镇企业开拓前进，为城市工业改革的全面启动辅助一臂之力，为后来市场经济体制建立作出了有益的探索。

第二阶段，市场经济体制下农业结构大调整。推行社会主义市场经济体制，是1992年中共十四大作出的重大战略决策，目的是要摆脱固有计划经济的束缚，充分发挥市场在资源配置中的作用，建立符合改革开放形势的现代经济制度。为了适应市场经济新体制，农业和农村改革又全面进入市场经济体制改革阶段，这一改革历时10余年，积累了许多宝贵的经验。在农业生产领域，农民群众广泛参与和大力推动，大力改革农业结构和发展方式，取得了一系列适应市场经济的崭新成果。传统农村产业结构在市场经济体制下进行全面改革调整，农业产业化继之勃然兴起，亿万农民工进入大中小城市发展劳务产业，现代农业科技成果转化和农业技术示范推广长足发展……这些改革有力地推进了农业步入市场经济轨道，确立了农业经济的市场主体地位。

中国的农业经济体制改革颇见魄力，也颇经艰难曲折。在政府主导下对地、税、钱、粮等体制进行全面改革，包括粮食流通体制改革、农业税费制度改革、农村金融体制改革、土地承包经营权稳定、农村义务教育改革，等等。这些领域当时的状况不仅与市场经济体制格格不入，而且对农村发展形成制度障碍。粮食流通体制作为计划经济核心所在，改革历时最久。20世纪90年代启动的粮食改革，开始从以往的价格调整进入全方位粮食流通体制改革，前后10年收收放放，曾经4次变换方案，但改革仍未完全到位。由粮食改革之难，可见市场经济体制在农业经济领域确立之不易。其余如农业税费、金融和农村教育、医疗等项改革，曲折反复也大致如此。新旧经济体制交替之间，农业经济和农村社会难免出现政策缺位,给农业生产和农民心理造成短期影响。例如,土地承包制度将原定承包期延长至30年不变,并修订法规强化为农村政策的基石,但承包权的流转等政策并未配套,土地管理存在漏洞,造成良田抛荒、耕地锐减现象。又如,税收实行分税制和金融商业化改革,导致乡镇财政窘迫和农村流动资金匮乏。农村义务教育和农民合作医疗在人民公社撤销后,长期缺乏新的制度和经费保障,县乡政府一时也难以提供往日低水平的义务教育和农村医保。这些实为农业市场经济体制初建时期,农村社会保障和公共服务与新体制不相匹配的缘故。

市场经济体制下农业结构调整势成必然,既是农村建立市场经济必先大力推进的前提基础,也是发展现代农业的题中之义。调整农业结构最初有其非常务实的农产品质量追求,即发展高产、高效、优质的"两高一优"农业,解决温饱之后如何提高作物质量让人民吃得好的问题,随后则成为现代农业结构和市场资源配置的需要了。在各级政府主导和农民群众的持续努力下,农业结构调整取得显著成就。大农业中畜牧业和养殖业比例大幅提升,数年间就达到40%以上,国人饮食结构中肉蛋奶比例大增。种植业中蔬菜果品比重也迅速提高,形成粮食作物、蔬果作物、饲料作物的三元结构,从而由粮食生产向多种经营的非粮类产业转变,极大地满足了人民群众多样化的食物需求。整个农村产业结构也同时发生了改变,乡镇工业产值迅猛增加,原来单纯的农业结构模式得到大幅度改善。走乡串户商贩渐成摊位店铺经营,为农村生产和农民生活服务的商业经营相继涌现,农村一、二、三产业结构初显雏形。农村剩余劳动力外出务工规模迅猛发展,由原来自发的"民工潮",发展为政府组织和社会帮扶保护的新兴产业,至20世纪90年代末,进城农民工数以亿计,农民工收入占到农民人均收入的1/3。新兴劳务产业不仅改变了农村的产业结构,而且打破了传统城乡二元结构的桎梏。农业结构调整为市场经济在农村的确立开创了局面，同时随着市场经济的发展又处在不断调整的过程中。以市场为导向的产业结构调整，从此成为农业发展长期遵循的战略思想和指导方针。

农业产业化是为适应市场经济而出现的又一创举，也是农业产业结构调整对产业组织提出的新要求，可视为农业相关资源的市场配置和涉农产业间的结构调整。农业产业化属现代农业经营方式，可以与家庭承包经营充分结合、共同发展，它同样是来自农民群众的重大创新（一般认为，山东潍坊为农业产业化的发源地）。农业产业化以市场为导向，以农村资源开发和主导产业为基础，以龙头企业和中介组织为依托，将农业产前、产中和产后各环节连接起来，实行种养加、产供销、贸工农一体化经营。这种经营方式既不动摇承包制基础，又能把分散的农户组织起来，有效地解决农民进入社会大市场的组织程度，是农村经济发展的重大战略举措。农业产业化还是实现农业资源合理配置的有效形式，可提高农业生产效率和综合生产力，既能提高农民的收益，又可为农业现代化开辟出切实途径。在中央大力支持的政策环境下，产业化组织带动农户经济同时发展，截至20世纪末已发展到7万多个，参与户占全国总农户的1/4。与农业产业化相辅而行的是社会化服务体系的建设。社会化服务体系是构成现代农业的重要因素，对农业产业化具有重要支撑作用。新型农业社会化服务直接为农业生产服务，同时延伸到产前产后全过程。据当时资料统计，农业社会化服务涉及供给、销售、加工、运输、科技、信息、决策、生计、法律、社保，号称"十大服务"。农业社会化服务天地广阔，随着市场需求和生产的多样化，农村社会服务项目日益增多。

农业科技进步与农村经济结构调整和农业产业化相辅而行，三者共同促进市场经济体制在涉农领域全面建立。自20世纪90年代开始，随着改革开放以来农业科研教育的发展，我国农业科技发展速度明显加快,现代高新技术开始全面应用于农业生产领域。传统农业技术和工业化装备的农业技术仍在不断改造、完善和发展,而以现代科学技术为基础的农业科技开始居于主导地位。农业高新技术以现代生物技术为基础,动植物新品种,生物农药、肥料,复合饲料等开始推广应用;由工业化材料装备的设施农业技术开始传播,其中大棚蔬菜和机械化养殖技术发展最为迅速;以农产品深加工为主体,食品制造技术成为农业发展的重要动力;信息技术向农业领域拓展,农业信息技术开始传习推广。另外,可持续发展观念在农村逐步形成,农业资源高效利用和生态环境保护开始引起农民重视。市场经济条件下农业科技推广按资源配置方式运作,高新农业技术已经进入要素市场,形成政府农业技术示范推广部门、高校科研院所、社会化技术服务等多元农业科学技术研究和推广体系。在市场经济体制和高新科学技术推进下,我国农业开始发生质的变化,农业综合生产力提升,农业现代化步伐加快。

总而言之,建立社会主义市场经济体制,是我国20世纪90年代取得的具有历史意义的改革成就。在农业生产领域,农村产业结构调整、农业产业化发展、现代农业科技进步三大改革,堪称硕果累累。检阅20世纪末农业成就堪称辉煌,但积累的矛盾和产生的新问题也引人关注。某些农村经济和社会矛盾开始凸显出来,其中减负和增收成为当时农村的焦点问题。增收是指扭转农民收入增加困难,以至与城市居民收入差距连年持续拉大的局面。政府虽增加了多项补贴,尽量提高了农产品价格,然而农业生产资料涨价,粮食生产出现收支倒挂、粮农赔钱种粮的现象,并且农民税费负担过重。中央曾三令五申减轻农民负担,但减负仍成为农村工作久攻不克的难点。改革开放初期农民得到土地使用权,又从乡镇企业找到了致富门路,农民的获得感和幸福感大幅提升;但在市场经济体制初行阶段,经历了一段痛苦的探索过程,卖粮难、打白条、粮价倒挂、税费重负、增收艰难等矛盾沉淀积累，后来被称为"三农"问题，正是新世纪农村改革所要全面破解之课题。

第三阶段，新农村建设热潮与"三农"问题破解。21世纪之初，我国经济社会又进入一个新的发展阶段，中共十六大提出"全面建设小康社会"的奋斗目标。新一届领导集体把全面建设小康社会与农业、农村、农民问题联系起来，指出"没有农村的稳定就没有全国的稳定，没有农民的小康就没有全国人民的小康，没有农业的现代化就没有整个国民经济的现代化"，坚定地把"三农"问题作为全党工作的重中之重，全心全意地推行亲农惠农政策，被时论誉为重农时代，或称重农新政时期。重农新政的推行，既是破解农村现实难题的迫切要求，也是高瞻远瞩全面深化农村改革的战略思维和方略转变。首先，重农新政针对的是20世纪末期日益凸显的"三农"问题，当时我国农业累积了多年的改革发展成就，既有蓄势待发的机遇，也面临着某些体制改革难以突破的困扰。特别是农业增产和农民增收遇到的新障碍，如不予以破解必然导致农村许多不稳定因素，农业和农村发展就难以迈出新的步伐。其次，重农新政不同于传统、狭隘的悯农思想，而是现代、科学、创新的农政思想。面对久攻不下的某些体制改革和"三农"问题，新一届政府不再孤立地应对和单一地破解，而是把农业与工业以及农村与城市统一起来，作出统筹发展的理性思考和战略设计。这种全新的、科学的重农观，既是对世界工业化由初始阶段转进到发达阶段的历史规律的认识，也是结合国情实际作出的发展趋势的判断。党中央遵循科学发展观，认为我国正处于工业化中后期，恰是工业反哺农业，城市支持农村，以工促农，以城带乡，实现工农城乡协调发展的阶段。这时期农政必须坚持"多予、少取、放活"的惠农思想，实施利民休养生息的政策。"多予"，即加大农业投入，增加农民收入。主要措施是完善农业补贴、农产品价格、扶贫开发等惠农政策，同时加大农业和农村基础设施以及公共服务的投入。"少取"，即减轻农民负担，保护农民合法的经济权益。主要举措是改革农业税费制度，规范监管政府和基层组织行为，杜绝对农民不合理收费和摊派现象。"放活"，即搞活农村经营机制，消除体制束缚和政策障碍，给农民更多创业增收的自主权。正是在上述科学而务实的农政思想指导下，农业和农村形势5年时间发生了根本性转变，多年剪不断理还乱的某些体制改革迎刃而解，"三农"问题逐渐雪消冰融。正是在破解"三农"实践和重农战略的理论探索中，全党集思广益，逐渐形成了科学发展的思路和指导思想。

新农村建设成为重农新政的支柱和载体，成为举世瞩目的宏大民心工程，总揽全盘农业和农村工作。通过新农村建设，涉农领域改革全面推进，使得"三农"问题逐步得以解决。新农村建设是2005年中共十六届五中全会提出的重要任务，中央一号文件随之作出全面部署，其基本内涵概括为"生产发展，生活宽裕，乡风文明，村容整洁，管理民主"，即以发展现代农业产业为重点，建设农村基础设施，发展农村社会事业，推进农村民主政治和精神文明建设，是包括农村政治、经济、文化、社会和生态五大文明建设的系统工程。新农村建设坚持从实际出发，尊重群众意愿，因地制宜搞好规划，有试点、有步骤地实施推进。资金来源采取多渠道筹措的办法，政府通过各种建设项目予以有力支持，社会各方采取不同方式给予资助，村集体和农户尽力而为，经过多年的努力新村面貌初现。农村道路交通、人畜饮水、村户用电、电视通信等生活设施，以及农田水利灌溉设施等，基本上得到全面改善。村容村貌经过新建或整治发生了明显改观，出现许多诱人观览的乡镇和美丽村庄。另外，乡村民主政治、社会保障、公共文化建设也提升到了新的水平，农民收入开始摆脱增长迟缓的困境，出现持续快速增长的势头。

这一时期，农业与农村经济领域还有几项攻坚性改革，也终于取得突破性的成功，与新农村建设相辅而行，对"三农"问题破解有着决定意义。主要是"全面取消农业税""全面放开粮食市场""农村义务教育全免费"三项具有划时代意义的改革，集中体现了亲民惠农政策的重大成就。如此改革深得国民之心，农民群众欢天喜地，极大地缓解了"三农"问题。农业税世代相传，至今已延续了2 600多年，被视为天经地义的"皇粮国税"。2005年12月，十届全国人大常委会第十九次会议决定，自2006年1月1日起，废止《中华人民共和国农业税条例》，国家不再针对农业单独征税，一个在我国存在两千多年的古老税种宣告终结。这是对千年赋税的历史性改革，是在新的生产力条件下对旧经济制度的彻底颠覆。经济制度变革是根本性改革，随着农业税的取消，附着在农业税上的各种农村杂费随之消除。据统计，废除农业税后，每年减去农民负担1 335亿元。全面放开粮食市场，则是从市场经济入手进行的体制性改革。这次全面放开的改革，一是放开粮食市场，一是放开粮食价格，坚定地走上市场经济体制的道路。农村义务教育全免费，是从法律层面破解难题，依靠教育公平的原则取得改革的成功。农村多年推行义务教育，但是农村基础教育的经费长期得不到落实，各级政府分担而责任不清，绝大部分经费则由村组集体和农户个人承担。这次改革直接针对农村义务教育经费来源渠道的本质问题，依据法律明确由中央财政支付，从此农村真正实现了名副其实的九年义务教育。这时长期停滞不进的土地管理制度、农村金融体制、农民社会保障制度等改革，在上述三大体制改革鼓舞下知难而进，开启了新一轮农业经济体制改革和农村社会建设。接着，林区和牧区也通过集体林权和牧场制度改革，使林、牧民取得了稳定的承包权。至此，广义的大农业都实现了家庭承包经营。总而言之，新农村建设破解了21世纪初农业和农村工作的许多难题，经过这一阶段富有成效的惠农政策的实施，乡村干部与农民群众的关系得到根本改善，农村社会出现了前所未有的和谐稳定局面。

西部大开发战略给区域经济发展带来千载难逢的机遇，西北和西南12个欠发达省区农业受到党和国家高度重视和大力支持。西部开发在世纪之交发起，自21世纪全面实施以来高潮迭起达10余年，至今仍为推进之中的区域经济发展战略。西部大开发的目标是要在21世纪中叶，从根本上改变西部落后面貌，显著缩小地区发展差距，建成一个经济繁荣、社会进步、生活安定、民族团结、山川秀美、人民富裕的新西部地区。西部大开发有四大战略举措：基础设施建设，生态建设和环境保护，特色经济和优势产业开发，科技教育发展。然而，所有开发工程项目的出发点和归宿，几乎都是围绕解决西部农业生产和农民生活问题。21世纪西部大开发的最大特点，是把生态环境建设放在突出地位，大开发伊始就启动了大规模退耕还林和退牧还草工程。经过10多年的封山绿化和围栏轮牧，农牧业生态环境条件和生产方式发生了根本变化。在改善西部地区农民生产生活条件方面，主要有五大举措：加快发展现代特色农业，振兴牧业经济，提高林业发展水平，拓宽农民增收渠道，建设幸福新家园。总之，在西部大开发中，一方面抓基础设施和生态环境建设，一方面抓农民收入增加和生活改善，充分体现出现代开放以人为本的先进理念和指导思想。

第四阶段，大力发展现代化农业，实施乡村振兴战略。中共十八大开启了农村改革的新阶段，特别是中共十九大把习近平新时代中国特色社会主义思想确立为党的指导思想写入党章，这在当代农史中具有划时代的历史意义。在中共十九大报告中，习近平提出了伟大的乡村振兴战略，指出农业农村农民问题是关系国计民生的根本性问题，必须始终把解决好"三农"问题作为全党工作的重中之重。实施乡村振兴战略，是解决新时代我国社会主要矛盾、实现"两个一百年"奋斗目标和中华民族伟大复兴中国梦的必然要求，具有重大现实意义和深远历史意义。中共十九大继续承接城乡统筹发展的指导思想，其战略举措首先是新型城镇化全面展开，其次是为农民服务的社会保障事业蓬勃发展，同时大力推进农业现代化进程。新型城镇化即现代城市化的重要组成，实质上就是农村人口转入城市，以利于现代农业发展，同时促进城市经济社会建设发展，所以国际上通常把城市化作为衡量现代化的标志。我国传统城镇基础薄弱，现代城镇化起步较晚，直到农村改革乡镇重建后，随着乡镇企业的发展，城镇化才进入议程。最初是农村集市搞活后迫切需要新的城镇建设，乡镇企业发展继而又为乡镇建设提供经费支持，新建基层政府也开始有条件对城镇基础设施修缮扩建，于是小城镇开始起步发展。市场经济体制推行后，小城镇成为大市场的重要基础，农业要为城市供应大量的农产品，农村经济也迫切需要开辟城镇新市场，加之务工经商农民开始大量进入城镇，人口剧增使小城镇建设势在必行。中央对于小城镇建设多次发出指导性文件，积极探索城镇化发展道路，新农村建设全面布局规划，使小城镇建设更加符合农村经济社会发展格局，为城镇化奠定了更为扎实的基础。推行城镇化与新农村建设相辅而行，有力地推进了农村小城镇建设。新型城镇化首先强调人的城市化，将人的发展放在首位，把有序推进农民工落户工作列为城镇化最重要的任务。同时充分维护失地农民的利益，特别是保障农民的财产权益，使农民群众具有一定的进入城市的经济条件。新型城镇化还在更大范围、更高层次上作出战略规划，把新农村和小城镇建设纳入大、中、小城市总体建设，形成以城市的辐射功能带动小城镇建设的新格局。

农村社会保障在统筹发展思想指导下，全方位推进且力度极大，成为这一时期农村改革的新亮点。党中央提出加快推进以改善民生为重点的社会建设，使沉寂多年的农村社会保障事业开始活跃，农村社会保险、社会救济、社会福利、社会优抚、社会互助等呈现出新的面貌,"社保"成为农民日常生活的最热用语。农村医疗保险制度改革大力推进,新型农村合作医疗经过多年试点开始推而广之,成为我国社会保障制度中规模最大的事业。新型农村合作医疗解决了"老农合"只保小病不保大病的问题,实行大病统筹保险政策,改善了农民群众看不起病的困难,缩小了农村与城镇医保制度之间的距离。新型合作医疗制度的突破,带动了农村养老保险和最低生活保障的改革,经多年探索试点,农村养老保险和最低生活保障也很快推广开来。通过建立这三项惠及数亿农民的基本保险制度,初步实现了几千年来农民梦寐以求的"老有所养""病有所医""困有所济"的愿望。农村社会管理也开始真正进入改革议程,在管理的主体、内容、方法、手段等方面不断创新探索。事关农村民生的服务事业,全面延伸到村级组织,劳动就业、农业科技、乡村卫生、群众体育、农村文化等都以新的体制机制展开,形成前所未有的农村和谐社会建设局面。总体来看,农村改革多年来,其前期显然是以经济制度改革和基本建设为中心,而在这个阶段,农村社会改革和文化建设才开始真正进入黄金时期。

现代农业发展是改革开放成就的集中体现,农村经济和社会变革必然会转化为巨大的生产力,发展现代农业生产力构成这个阶段的重大课题。现代农业是在先进科学技术和工业化历史条件下,由传统农业改造转化而来的,改革前农业现代化进程缓慢,农业基本上未摆脱传统的生产方式。实行家庭承包经营后,原有农田建设和水利灌溉设施长久失修,土壤改良和有机培肥无法实施,农业生产基础建设出现弱化趋势;而随着涉农工业发展和农业科技进步,农业对物质装备条件、经营管理水平、产业化程度、信息化服务等现代要素又提出了新要求。面对旧问题和新趋势,党和政府加大农业投入力度,全面修缮和恢复农田和水利设施,增强农业综合生产能力,加快农业现代化步伐。通过近年持续不断的全方位改革建设，现代农业取得了长足发展，粮食生产实现十几年连续增产，农民收入增长加快，主要农区已逐步摆脱传统生产方式，大步跨入现代农业阶段。这个时期，全社会对现代农业的内涵有了充分认识，认为现代农业的核心是现代科学技术特别是生物技术，是用现代物质条件装备农业，同时包括现代经济理论和经营组织管理方法，以及市场经济主导下的产业化、商品化、社会化的生产运作体系。现代农业还必须保障农产品供给，增加农民收入，提高劳动生产率、资源产出率和商品率，实现农业的资源节约、环境友好和可持续发展等，即与发达国家的现代农业水平相等同。这一时期，农业经济体制也在与时俱进地深化改革，主要是加快了土地规模化经营，以适应现代农业生产力发展要求。具体措施是：对土地家庭承包全面确权，在强化稳定承包政策的基础上放开经营权的流转，使土地尽可能集中经营实现规模化生产。新型经营主体随之大量涌现，大型农业生产公司、农民合作社和家庭农场等以新的姿态活跃起来。土地经营政策的改革也得以深化，规模经营的大片土地开始试点确权，政府依照约定章程发给经营者经营证书，据此向经营者提供补助、抵押、信贷、优惠政策支持。总之，现代农业渐行渐近，全面实现农业现代化的目标指日可待。

这一阶段，农业和农村工作面临的最为艰巨的任务是脱贫攻坚，这既是实施乡村振兴战略的关键，也是全面建成小康社会的战略目标。自新中国成立以来，中国共产党带领人民持续向贫困宣战，走出了一条中国特色扶贫开发道路。截至2014年年底，已有7亿多农村贫困人口成功脱贫，为全面建成小康社会打下了坚实基础，但仍有7 000多万农村贫困人口。2015年11月，习近平在中央扶贫开发工作会议上发出打响脱贫攻坚战的号令，指出消除贫困、改善民生、逐步实现共同富裕，是社会主义的本质要求，是党的重要使命。全面建成小康社会，是党对全国人民的庄严承诺。强调要立下愚公移山志，咬定目标、苦干实干，坚决打赢脱贫攻坚战，确保到2020年所有贫困地区和贫困人口一道迈入全面小康社会。中共中央、国务院为此作出《关于打赢脱贫攻坚战的决定》，共计8个方面33条，对脱贫的指导思想、总体目标、基本原则、攻坚方略、工作机制、政策保障等，做出明确细致的规定。近年来，广大党员干部和农民群众，以超强力度，坚持精准扶贫科学路线，不畏艰险迎难而上，锲而不舍地攻坚拔寨，一户户、一村村、一县县地甩掉贫穷帽子，决战决胜的脱贫前线热火朝天捷报频传。

党的十八大以来，经过8年持续奋斗，贫困县全部摘帽，全国近1亿农村贫困人口全部脱贫，对全球减贫贡献率超过70%，提前10年实现联合国2030年可持续发展议程减贫目标，历史性地解决了困扰中华民族几千年的绝对贫困问题，充分彰显了党的领导和我国社会主义制度的政治优势，向全世界展现了我们党领导亿万人民创造的人间奇迹。

随着脱贫攻坚取得全面胜利，我国"三农"工作重心转向全面推进乡村振兴。2020年12月28日，习近平在中央农村工作会议上发表重要讲话，强调在向第二个百年奋斗目标迈进的历史关口，巩固和拓展脱贫攻坚成果，全面推进乡村振兴，加快农业农村现代化，是需要全党高度重视的一个关系大局的重大问题。要求全党务必充分认识新发展阶段做好"三农"工作的重要性和紧迫性，坚持把解决好"三农"问题作为全党工作重中之重，举全党全社会之力推动乡村振兴，促进农业高质高效、乡村宜居宜业、农民富裕富足。为进一步做好脱贫攻坚与乡村振兴有效衔接，加快推进农业现代化，2021年2月，中共中央、国务院发布《关于全面推进乡村振兴加快农业农村现代化的意见》，提出对摆脱贫困的县，从脱贫之日起设立5年过渡期，过渡期内保持现有主要帮扶政策总体稳定，并逐项分类优化调整，合理把握节奏、力度和时限，逐步实现由集中资源支持脱贫攻坚向全面推进乡村振兴平稳过渡，推动"三农"工作重心历史性转移。为保障乡村振兴战略的有效贯彻实施，统筹推进"五位一体"总体布局和协调推进"四个全面"战略布局要求，2021年4月29日，第十三届全国人民代表大会常务委员会第二十八次会议通过《中华人民共和国乡村振兴促进法》，为加快推进农业农村现代化，走中国特色社会主义乡村振兴道路提供了有力的法治保障。2021年11月11日，中共十九届六中全会审议通过了《中共中央关于党的百年奋斗重大成就和历史经验的决议》，阐明了中国共产党过去为什么能够成功、未来怎样才能继续成功这个根本问题，指引我们在新时代如何准确把握"三农"历史方位，把稳"三农"前进方向，具有重要的理论和现实指导意义。

当前，乡村振兴进入全面推开的阶段。全面实施乡村振兴战略的深度、广度和难度，都不亚于脱贫攻坚。与脱贫攻坚相比，乡村振兴更加关注长期发展问题，是全域、全员、全方位的振兴。从农村贫困地区到全部农村地区，从建档立卡贫困人口到全体农民，从"两不愁三保障"到乡村产业、人才、文化、生态、组织振兴，乡村振兴的对象更广、范围更宽、要求更高、难度更大，是一场持久战。乡村振兴为接续巩固拓展脱贫攻坚成果，推进农村低收入人口和欠发达地区可持续发展提供了支持。我们相信，在以习近平同志为核心的党中央掌舵引航下，必将继续发扬伟大脱贫攻坚精神，续写乡村全面振兴的新篇章，在推进农业农村现代化的新征程上，赢得更加伟大的胜利和荣光。

著者
2022年7月

目 录

第一章 中国改革开放从农业和农村蓬勃兴起（1978—1991）
....（1）

第一节 农业经营制度重大改革..............................（2）

一、加快农业发展的重大决策..............................（3）

二、家庭承包经营制度改革................................（11）

三、农村经济关系发生变化................................（22）

第二节 恢复重建乡镇行政管理制度..........................（32）

一、农村基层行政组织恢复................................（32）

二、农村基层组织建设....................................（36）

第三节 乡镇企业异军突起..................................（38）

一、承包制下生产要素的变化..............................（39）

二、乡镇企业的崛起......................................（43）

三、乡镇企业促进农业与农村经济发展......................（48）

第四节　促进农业生产发展的新政策……………………（55）
　　一、保护农民利益的有关政策……………………………（55）
　　二、指导承包经营和农村改革的系列文件………………（58）

第二章　推行市场经济体制　促进农业结构大调整（1992—2001）

……………………………………………………………（66）

第一节　市场经济体制在农业领域逐步推行……………（67）
　　一、农村生产要素的活跃和市场初期发育………………（68）
　　二、产业化经营模式推动农业发展………………………（73）

第二节　农业产业结构全面调整…………………………（85）
　　一、传统农村产业结构面临的挑战………………………（85）
　　二、市场经济引导农业结构调整…………………………（89）

第三节　农村剩余劳动力大规模转移……………………（94）
　　一、市场化转轨中农业生产要素的流动…………………（95）
　　二、农村劳动力大转移……………………………………（100）
　　三、农村劳动力外出就业的特点…………………………（103）

第四节　农业经济领域改革全面深化……………………（107）
　　一、土地承包经营制度于稳定中完善……………………（107）
　　二、农村税费改革艰难推行………………………………（111）
　　三、粮食流通体制改革不断推进…………………………（114）
　　四、农村金融体制的商业化改革…………………………（118）

第三章　新农村建设开创"三农"工作新局面（2002—2006）

……………………………………………………………（122）

第一节　"三农"问题和新农村建设……………………（123）
　　一、"三农"发展面临难题………………………………（123）
　　二、科学发展观统领"三农"工作………………………（129）

三、新农村建设的调研和准备·················(139)
　　四、新农村建设全面展开···················(144)
第二节　农业基础设施建设和综合生产力的提高·········(148)
　　一、统筹加强农田水利设施建设···············(149)
　　二、节水灌溉提高粮食生产能力···············(153)
　　三、农村饮水和乡镇供水工程建设加快············(158)
第三节　深化农村改革，改善农民生活··············(161)
　　一、深化改革，解决农民增收和农村贫困问题·········(162)
　　二、破解农业与农村改革难题················(173)
　　三、全面深化农村土地、林权、牧场经营制度改革·······(180)
第四节　深化乡镇政府和农村基层组织改革············(185)
　　一、乡镇体制的调整改革··················(186)
　　二、农村基层组织建设全面推进···············(188)
　　三、农村基础教育管理体制改革···············(196)

第四章　贯彻科学发展观　加快城乡统筹改革进程（2007—2011）

····························(201)
第一节　城乡统筹发展战略···················(202)
　　一、城乡统筹发展的战略思想················(203)
　　二、城乡统筹发展的战略部署················(209)
第二节　农村医疗保障制度改革大力度推进············(216)
　　一、创新农村合作医疗制度·················(217)
　　二、农村三级卫生服务网建设················(222)
第三节　农村社会保障制度全面建设···············(232)
　　一、政府保障型社会保障体系建设··············(233)
　　二、农村养老保险和最低生活保障制度改革··········(240)
第四节　城乡公共服务资源均衡化发展··············(249)
　　一、农村公共服务运行机制改进···············(249)

二、农业转移人口市民化进程推进……………………………（255）
三、农村生态文明建设步伐加快……………………………（259）

第五章 新时代全面深化改革 大力发展现代农业（2012—2016）
……………………………………………………………………（265）

第一节 新型城镇化建设宏图大略……………………………（266）
一、实施新型城镇化战略……………………………………（267）
二、新一轮农村改革启动……………………………………（272）
三、农村社会建设事业全面发展……………………………（280）

第二节 农业科技创新加快步伐………………………………（287）
一、农业科技体制改革全面深化……………………………（288）
二、农业科技体系建设新发展………………………………（293）
三、农业农村人才队伍建设长足发展………………………（298）

第三节 推进农业绿色发展……………………………………（302）
一、农业资源保护和高效利用强化…………………………（302）
二、农业生态环境保护力度加大……………………………（307）
三、农产品质量安全战略实施………………………………（313）

第四节 大力发展现代农业……………………………………（318）
一、粮食生产能力全面增强…………………………………（319）
二、现代农业支持保护体系建立健全………………………（325）
三、现代农产品流通体系加快建设…………………………（332）

第六章 实施乡村振兴战略 贯彻"三农"优先发展总方针
（2017—2019）………………………………………………（339）

第一节 坚持农业农村优先发展战略…………………………（340）
一、干部配备优先充实"三农"战线 …………………………（341）
二、生产要素配置优先满足"三农"需要 ……………………（345）
三、资金投入优先保障农业农村领域………………………（353）
四、公共服务农村优先，努力实现实质公平………………（361）

第二节　推进农业供给侧结构性改革 …………………………（374）
　一、优化产品结构，推进农业提质增效 …………………………（374）
　二、拓展产业链条，加快农村新业态发展 ………………………（384）
　三、强化科技支撑，提升农业产业核心竞争力 …………………（391）
　四、深化制度改革，激活农业农村内生动力 ……………………（399）
第三节　新时代实施乡村振兴战略与西部大开发新格局 ……（405）
　一、乡村振兴战略的提出 …………………………………………（406）
　二、实施乡村振兴战略，开启农业农村新篇章 …………………（409）
　三、新时代推进西部大开发形成新格局 …………………………（411）
第四节　决战决胜农村脱贫攻坚 …………………………………（414）
　一、聚焦深度贫困，做到精准扶贫 ………………………………（415）
　二、抓好产业调整和异地搬迁工作 ………………………………（423）
　三、巩固脱贫攻坚成效，加快乡村振兴步伐 ……………………（429）

参考文献 ……………………………………………………………（435）

第一章　中国改革开放从农业和农村蓬勃兴起(1978—1991)

　　1978年12月18日至22日召开的中共十一届三中全会,重新确立了党的实事求是的思想路线,果断结束"以阶级斗争为纲",作出了把党和国家的工作中心转移到经济建设上来、实行改革开放的历史性决策。改革的目的是要在坚持社会主义制度的前提下,改革生产关系中不适应生产力发展的一系列环节,解放和发展社会生产力,特别是农村的社会生产力。由于多年来农村工作中"左"的政策影响,"文化大革命"结束时,全国还有2.5亿人没有解决温饱问题①,农民的收入水平和生活水平徘徊不前。改变中国的落后面貌,关键在于改变农业落后的面貌;中国摆脱贫困,关键在于让农民摆脱贫困。改革开放因此首先从农村兴起。

　　推行家庭联产承包责任制,农村改革率先取得突破性进展。1978年12月,安徽省凤阳县小岗生产队农民自发实行分田包干到户,揭开了农村改革的序幕。随后,安徽、四川等省多个区县积极推广试行。经过近2年的地方性实践,1980年9月,中共中央印发《关于进一步加强和完善农业生产责任制的几个问题》,肯定包产到户是依存于社会主义经济,而不会脱离社会主义轨道的,没有什么复辟资本主

---

① 《改革开放简史》编写组:《改革开放简史》,北京:人民出版社,中国社会科学出版社,2021年,第21页。

义的危险。① 1983年全国范围内推行以包产到户为主的农业生产责任制。农业家庭承包经营的成功实践,极大地激发了广大农民的生产积极性。农业生产连年增长,粮食产量获得大丰收,解决了绝大多数地区人民的温饱问题,中国农业进入一个崭新的时代。

农业经营制度发生重大变革,农村的经济和社会发生翻天巨变。在家庭联产承包责任制下,农村土地实行分户经营,四川广汉等地率先实行政社分开,恢复建立乡政权,以加强和完善农业生产责任制。1982年12月,新的《中华人民共和国宪法》颁布实施,重新恢复乡镇建制,乡镇人民政府成为基层政权。1985年,建乡工作基本完成,各地按规定取消了原来的生产大队和生产小队,村一级相继设立村民自治组织,最普遍的方式是成立村民委员会。农村社会出现三级组织管理体制,由村民小组、村民委员会和乡(镇)人民政府分级治理,形成"乡政村治"的社会治理格局。农业生产责任制推动了农村的多种经营及分工分业,自愿互利的各种新经济联合体应运而生,农村生产关系逐步得到调整,乡村工业赢得生机,在农村改革的十字路口辉煌崛起、迅猛发展。农业生产要素重新整合,农村产业结构重新调整变化,农民离土不离乡实现非农就业,为农民致富、农村实现工业化和现代化,开辟了一条全新的道路。

农业经营制度改革成功推行,乡镇行政管理制度恢复重建,乡镇企业异军突起,支农扶农政策与系列"一号文件"联动布政,指导农村改革,保护农民利益,促进农业发展,我国农村显现改革、开放和搞活的新局面。

第一节　农业经营制度重大改革

新中国成立以来,农村土地制度经历了4次重大变革。第一次是

---

① 《改革开放简史》编写组:《改革开放简史》,北京:人民出版社,中国社会科学出版社,2021年,第23页。

第一章　中国改革开放从农业和农村蓬勃兴起（1978—1991）

1949年9月至1953年春，实行土地改革，充分实现了根据地"分田分地"的探索，延续、扩展和深化了党在革命战争年代关于农村土地问题的政策主张。第二次是1953—1957年，开展互助合作运动，变革土地制度，经历了互助组和初级社、高级社两个阶段，把农户私人所有的土地改造为社区集体公有土地。第三次是1958—1978年，实行一切土地归集体所有，统一规划，统一生产，统一经营，统一管理。各农业合作社的土地，社员的自留地、坟地、宅基地、耕畜和农具等生产资料，无偿收归集体所有，形成新的农村经济管理格局。生产大队和生产队成为基本单元，一切公共财产社区性全员共同所有、共同经营。第四次是1978年年底至今，实行"土地集体所有，家庭承包经营"，恢复和拓展了农业生产责任制，确立了新型农村土地制度。具体是：土地集体所有，家庭承包经营，长期稳定承包权，鼓励合法流转。土地家庭联产承包适应了当时的农业生产特点和农村生产力水平，契合了农民多年来希望土地分户经营的愿望。多种承包经营方式开始在各地陆续出现，形成许多充满生机和活力的市场主体，为整个国民经济改革提供了丰富而宝贵的经验。

一、加快农业发展的重大决策

中共十一届三中全会重新确立了马克思主义的思想路线、政治路线和组织路线，决定从1979年1月起，把全党工作的着重点和全国人民的注意力转移到社会主义现代化建设上来。[1] 全会同时深入讨论了农业发展的历史经验及其现状，原则通过了《中共中央关于加快农业发展若干问题的决定（草案）》（以下简称《决定（草案）》）。《决定（草案）》打破了制约农村发展的诸多禁令，提出了多项政策措施，指导农业发展，解放和发展农村生产力。农村率先在改革中取得

---

[1]《改革开放简史》编写组：《改革开放简史》，北京：人民出版社，中国社会科学出版社，2021年，第11页。

突破性的胜利，农业由衰渐兴，进入新时代。会后修改并充实了《决定（草案）》，相继制定了一系列促进农业发展的重要文件并正式发布实施，有力地推动了农村改革的进程。

1. 政治和思想上的拨乱反正

中共十一届三中全会确立了实事求是的思想路线，全会后，党有步骤地端正指导思想，解决新中国成立以来的许多历史遗留问题和实际生活中出现的新问题。首先从政治和思想上进行拨乱反正。全会果断地结束了"以阶级斗争为纲"，明确了我国的基本国情，决定调整国民经济，以经济建设为中心，加强作为国民经济基础的农业。全会认为，要恢复和发展农业生产，必须首先调动几亿农民的社会主义积极性，在经济上充分关心广大农民的物质利益，在政治上切实保障广大农民的民主权利。全会提出了发展农业生产的一系列政策措施和经济措施，农村改革的方向更加明朗。工作中心转移，表明党中央果断结束了"以阶级斗争为纲"，解决了社会主义基本制度建立后的战略转移问题。会后，中央旗帜鲜明地强调，要始终坚持以经济建设为中心。

1979年3月，邓小平在党的理论工作务虚会上指出：当前以及今后相当长一个历史时期，我们的主要任务都是搞现代化建设。并且强调，这项任务要与中国的国情相结合，即要在底子薄、人多地少的特殊国情下实现现代化。1980年1月，在《目前的形势和任务》报告中，邓小平进一步强调，要把加紧现代化建设作为80年代三件大事中核心的一件。指出新中国成立近30年来，社会生产力的发展不快、不稳、不协调，人民的生活没有得到多大的改善，根本原因是始终没有把工作着重点转移到社会主义建设上来，应横下心把经济建设贯彻始终。[1]中央进一步分析，现代化建设任务与其他各种任务之间，存

---

[1] 中共中央文献编辑委员会：《邓小平文选（第二卷）》，北京：人民出版社，1994年，第249页。

第一章　中国改革开放从农业和农村蓬勃兴起（1978—1991）

在相互依存的关系，主张在以经济建设为中心的基础上，实现综合平衡。农村改革的重点逐渐明朗开来。解放和发展生产力，首先要解放作为生产力主体的农民，恢复和发展农村的生产力。涉及生产关系的诸多禁令由此慢慢松动，农村改革开始朝着合理、健康的方向发展。

1979年4月，针对国民经济的一些重大比例关系失调和经济工作中的急于求成现象，中共中央召开工作会议，按照实事求是的指导思想，提出了"调整、改革、整顿、提高"的八字方针，决定从1979年起用3年时间对国民经济认真加以调整，同时进行改革、整顿和提高。主要采取了以下4项措施：第一项措施是调整农村政策，大幅度提高农副产品收购价格，减免部分社队的税收，降低农用工业品价格，从各方面加强对农业的支援。[①] 第二项措施是针对国民经济比例失调的现状，调整工业内部比例关系，加快轻纺工业的发展，放慢重工业发展速度，调整产品结构，大力支持集体企业和小商品生产。另外两项措施分别是：适当提高国民收入中消费基金的比重，使人民生活有所改善；压缩基本建设规模。1980年，调整工作取得初步成效，农业比重由1978年的27.8%提高至30.8%，工业总产值中轻工业的比重显著上升，城乡居民生活水平明显提高。[②] 经济形势虽有好转，但风险仍然存在。1980年，全国经济计划会议召开，会议决定重新调整1981年的国民经济计划，重点解决基本建设压缩过程中存在的问题。此次调整采取的办法是：压缩基本建设战线，控制基本建设规模，进一步放宽农村经济政策，完善并稳定各种形式的农业生产责任制。[③]

1982年，调整工作取得显著成效，国民经济重大比例关系趋于

---

① 鞠正江：《改革开放以来我国财政支农的历史回顾》，《山东省农业管理干部学院学报》2005年第4期。

② 朱嘉明：《速度·比例·效益——四年间国民经济发展的一些情况和分析》，《农村金融研究》1983年第9期。

③ 人民网：《中国共产党80年大事记·1980年》，2001年6月12日更新，http://www.people.com.cn/GB/shizheng/252/5580/index.html，2013年11月8日引用。

协调，走上健康发展的轨道。农村改革和国民经济调整，始终遵循十一届三中全会提出的实事求是的思想路线，每一项政策措施的颁布，都充分考虑了当时最为客观的经济形势。改革践行效果证明，实事求是的思想路线具有重要的现实指导意义。

2. 十一届三中全会关于农业的决定

1978年12月，中共十一届三中全会召开，针对农业基础十分薄弱的问题，原则通过了《中共中央关于加快农业发展若干问题的决定（草案）》（以下简称《决定（草案）》）。《决定（草案）》认真总结了中国农业29年来曲折的发展历程，及时果断地决定调整国民经济部署，加强作为国民经济基础的农业。《决定（草案）》提出25条政策和措施，着力调动数亿农民的社会主义积极性，在经济上关心广大农民的利益，在政治上保障农民的民主权利。1979年9月，中共十一届四中全会对《决定（草案）》作出必要的修正，正式通过并公布实施。其间中央召开工作会议，制定新的国民经济方针，即"调整、改革、整顿、提高"八字方针，把调整工业和农业的关系，作为12条政策措施的核心内容，农村生产力获得解放，农村交换和流通领域由此发生一系列变革。

我国农业基础十分薄弱，相关问题非常严峻，中央十分重视加强农业的基础地位。1979年4月，中央召开工作会议，决定用3年时间"调整、改革、整顿、提高"国民经济，并提出了12条具体的政策措施，第1条就是集中主要精力把农业搞上去，调整好农业与工业的关系。1979年9月中共十一届四中全会正式通过的《中共中央关于加快农业发展若干问题的决定》（以下简称《决定》），进一步总结并认真吸取了29年来中国农业曲折发展中积累的主要经验和深刻教训，指出农业和农村经济政策的首要出发点在于：充分发挥社会主义制度的优越性，充分发挥8亿农民的积极性。文件指出，"我们一定要在思想上加强对农民的社会主义教育的同时，在经济上充分关心他们的物质利益，在政治上切实保障他们的民主权利"，"必须切实加强国家对农业的物质支持和技术支持，使农业得到先进的技术装备，使农民的科学技术水平逐步提高"。①

《决定》提出了25项政策和措施，主要包括：人民公社、生产大队和生产队的所有权和自主权应该受到国家法律的切实保护，任何单位和个人都不得任意剥夺或侵犯它的利益；人民公社各级经济组织必须认真执行各尽所能、按劳分配的原则，多劳多得，少劳少得，男女同工同酬；社员自留地、自留畜、家庭副业和农村集市贸易，是社会主义经济的附属和补充，不能当作所谓资本主义尾巴去批评；集中力量发展农村生产力；增加农业投资和农业贷款；减少粮食征购指标；提高农、林、畜及水产品的收购价格；降低农业机械、化肥、农药、农用塑料等农用工业品的销售价格。《决定》还从各个层面作出明确的规定，指导农村发展多种经营、社队企业和出口产品，搞好城乡物资交流，扶持贫困地区发展。解放思想的指导方针和实事求是的思想路线，指引农民群众充分发挥自身的积极性和创造性，生产关系领域由此发生了一系列重大调整和变革。

《决定》的核心内容，是调整工农业发展关系。采取的主要措施是：在国民收入分配中增加农业分配，加快农业发展。

一是大幅提高农产品收购价格。1953年以来，我国施行农产品统购派购制度，一直采取低价收购农产品的政策，工农业产品价格形成"剪刀差"。改革开放以后，工农业产品价格剪刀差呈现继续扩大的趋势。中共十一届三中全会以后，中央决定从1979年3月起，陆续提高18种主要农产品②的收购价格，全国农产品平均提价幅度都在15%~25%，是统购派购制度实行以来提价幅度最大的一次。农产品收购价格提高后，销售价格在一段时间内维持不动，国家对经营部门

---

① 中共中央文献研究室：《三中全会以来重要文献选编（上）》，北京：中央文献出版社，2011年，第161页。
② 18种主要农产品包括粮食、油脂油料、棉花、生猪、菜牛、菜羊、鲜蛋、水产品、甜菜、甘蔗、大麻、苎麻、蓖麻油、桑蚕茧、南方木材、毛竹、水牛皮、黄牛皮。

给予财政补贴。1979年11月，国家又相应提高了8种主要副食品的销售价格，包括猪牛羊肉、家禽、鲜蛋、蔬菜、水产品和牛奶，同时对职工发放适当的副食品补贴，保证其生活维持在正常水平。8种副食品提价后，粮、棉、油、糖等生活必需品的销售价格仍保持不变，经营这类商品造成的亏损，主要由国家财政补贴。农产品收购价格大幅度提高，实行议价收购的农产品也高于统购价格和超购价。1984年，全国农产品收购价格总水平大大提高，比1978年提高53.6%，远高于同期农村工业品零售价格总水平上升的幅度（7.8%）。农产品收购提价，缓和了工农业产品价格"剪刀差"过大的状况，增强了农业自身发展的能力，极大地调动了农民生产、经营商品性农产品的积极性。①

二是调整农用生产资料的价格。《决定》规定，农业机械、化肥、农药、农用塑料等农用工业品，在降低成本的基础上逐步降低出厂价格和销售价格，把降低成本的好处基本上给农民。②

三是调减粮食征购指标，部分减免农业税，多进口粮棉产品。按照《决定》中的设想，1971—1975年，全国粮食征购指标连续稳定在"一定五年"的基础上，从1979年起减少50亿斤，减轻农民负担，发展生产。水稻地区口粮在400斤以下的，杂粮地区口粮在300斤以下的，一律免购，绝对不许购过头粮。这项政策的落实情况较好，1979年核减粮食征购任务55亿斤，1980年对少数民族地区的粮食征购基数作了部分减免。1981年起，国家在主要稻谷集中产区，调减50亿斤粮食征购基数，以促进农业内部比例关系和农作物布局合理调整，改革耕作制度。1979年起，国家对粮食低产区实行免征农业税的政策，覆盖北方口粮不足300斤、南方口粮不足400斤的所

---

① 徐柏园：《半个世纪来我国农产品流通体制变迁》，《北京社会科学》2000年第1期。
② 中共中央文献研究室：《三中全会以来重要文献选编（上）》，北京：中央文献出版社，2011年，第163页。

第一章　中国改革开放从农业和农村蓬勃兴起（1978—1991）

有生产队。同时决定，在若干年内多进口一些粮食，确保在降低粮食征购基数之后，城市居民口粮和工业用粮正常供给。1979—1983年，国家有计划地增加了粮食进口，连续5年粮食进口量超过1 000万吨，农民得以休养生息。许多地区不适宜种植粮食的耕地，逐步退耕还林、还草、还湖，或改种适宜的经济作物，农业生产结构更趋合理。棉花的进口额也在逐年增加，缓和了粮棉争地的矛盾，保证了国内纺织工业的用棉量。

四是强化农业投入。家庭承包经营制度初步建立后，农业投资趋于多元化，投资方式以农户为主体，国家和集体等多方力量共同参与。国家组织实施商品粮生产基地建设，引导地方政府增加对农业的投入，同时决定加大财政投入农业的力度。《决定》提出：3年内逐步提高国家对农业的投资比重，提高对农业事业性（包括对社队企业的支援）支出的比重，分别达到18%和8%左右。1980—1984年，财政用于农业的支出实际非常有限，唯有建设农产品商品基地获得重大进展。1983年1月，中共中央发布《当前农村经济政策的若干问题》，指出国家的农业投资，必须重点用于建设一批商品粮基地，以及经济作物、畜牧业、渔业和林业基地。文件要求，这些基地要有土产品，要有较高的商品率，还要有相应的供销、运输、加工、储藏和技术服务体系，要有能源、交通、邮电和水利等基础设施。文件同时强调：要把商品粮生产基地，列为建设社会主义现代化农业的一项重大的战略措施，分步骤有计划地实施。"六五计划"的后3年，中央以3亿元的财政投资，与地方政府部门合力实行钱粮挂钩[①]，全国8个省的50个县（市）开展了商品粮生产基地建设。1983年，商品粮基地县建设成效显著，粮食总产量达546亿斤，上交商品粮237亿斤，商品率达43%，增产效果极为显著。

[①] "钱粮挂钩"指的是各地县在现有粮食包干的基础上，从1985年起到1990年止，每年按国家投资1元上调2.5公斤粮的比例，向国家多调出相应数量的商品粮。在这6年内，允许各县根据实际情况，以丰补歉，统一结算上调粮。

在信贷投入方面，这一时期信贷支农资金和农民自筹资金投入均有增加。1978—1984年，国家信贷支农资金年底余额增加到368.1亿元，增加2倍多，远远超出《决定》中的相关规定。① 另外，家庭承包经营制度逐步推广，广大农民的生产积极性不断高涨，农户对农业的投资显著增加。有关部门的统计结果显示，1984年全国农户的生产性固定资产原值达491.87亿元，比1983年增加52.3%。农用工业投入也得到较快发展，除农田有效灌溉面积没有增加外，全国农业生产条件都有明显改善。农业机械总动力、农机设备（如小型、大中型拖拉机）台数、排灌动力机械台数、农用载重汽车数量和其他大中型机引农具拥有量，均呈现不同程度的增长。

五是强调扶持贫困地区发展生产。西北和西南偏远山区，部分革命老区、少数民族地区和边境地区，长期低产缺粮，群众生活困苦。《决定》中特别提出，要在国务院设立专门的委员会，统筹规划，组织财政、物资和技术力量，重点扶持老少边穷地区发展生产、摆脱贫困。自1979年起，国务院决定对边境地区、少数民族聚居区、经济条件仍很困难的革命老根据地，免征社队企业工商税5年；对低产缺粮、人均口粮在起征点以下的地区，免征农业税。1980年，国家正式设立了支援经济不发达地区发展的基金，以每年5亿元的标准，扶持贫困地区发展生产。1982年年底，国务院决定成立"三西"农业建设领导小组，从1983年起连续10年拨款合计20亿元，用于"三西"地区②的生产建设，扶持28个重点县的发展。1984年9月，中共中央再次发出《关于帮助贫困地区尽快改变面貌的通知》，要求各级党委和政府以积极的态度，采取切实可行的措施，帮助贫困地区人民摆脱贫困，发展商品生产，赶上全国经济发展的步伐。文件还提出，集中力量解决连片贫困，以特殊政策和优惠条件鼓励不同区域梯

---

① 按照《决定》中的规定，农业贷款1985年要比过去增加1倍以上。
② "三西"地区指的是"甘肃省以定西为中心的中部地区、河西走廊地区和宁夏回族自治区西海固地区"。

度发展,解决国家扶贫资金被分散使用、被挪用或单纯用于救济的问题。经过几年的努力,扶贫工作初见成效。

六是全面部署农业现代化建设。1978年3月,在全国科学大会开幕式上,邓小平在讲话中指出:全面实现农业、工业、国防和科学技术的现代化,把国家建设成为社会主义的现代化强国,是全国人民肩负的伟大历史使命。[①] 中共十一届三中全会吸收了邓小平的讲话精神,决定把全党工作的着重点和全国人民的注意力转移到社会主义现代化建设上来。中共十一届四中全会通过的《决定》,总结了新中国近30年农业现代化建设的经验,提出要走出一条适合我国国情的农业现代化道路。《决定》对农业和农村工作作出全面部署,突破了农业现代化一般指机械化、电气化、水利化和化学化的局限,扩展了农业现代化的基本内涵。《决定》认为,农业的现代化应是一个综合性的概念,包括科教现代化,农业机械化,农业合理布局,生产区域化、专业化和社会化,农、工、商一体化经营,商品基地建设,农用工业、农产品加工业发展,以及小城镇建设。仅用了短短2年时间,国家科委农委、中国科学院、农业林业部、农垦部和国家水产总局合作,在遍及10个省的不同自然、经济类型区建立了16个农业现代化综合科学实验基地。[②] 同时,学术界也积极响应,重新定义了农业现代化的基本内涵,热烈讨论了农业现代化相关问题,气氛空前活跃。

二、家庭承包经营制度改革

农村土地实行家庭承包经营后,农业经营机制随即发生转换,农民成为自负盈亏的生产者和经营者,农户成为相对独立的市场经营主体,拥有独立的财产权,形成以农户家庭经营为主的农村经济体制,

---

① 中共中央文献编辑委员会:《邓小平文选(第二卷)》,北京:人民出版社,1994年,第85~86页。
② 邝国基:《我国农业现代化综合科学实验基地见闻——农业现代化专题综述之三》,《广东农业科学》1980年第6期。

实现了从封闭、半封闭到全方位开放的历史性转变。农村生产力获得释放,农民的积极性被调动起来,开始承包大田,开展家庭副业和家庭手工业,发展庭院经济和户办小工业。农村出现家庭承包经营为主、多种经营方式并存的局面。

1. 多种承包经营方式出现

20世纪80年代初期,多种承包经营方式相继出现,成为我国农村最深刻的经济变革。改革初期,农村经济贫困,农业发展滞后于国民的食物需求,各种形式的农业生产责任制在此时出现。农业滞后和农村贫困是多种客观因素综合作用的结果,并非是因为国家对农业的投入不足。事实上,当改革刚启动,国家财政就斥巨资大兴农业基本建设,大面积兴修水库,增加农田蓄水量,提高农业生产机械和作业机械的总动力,恢复农业生产,加快农业发展。但生产资料的大量投入,并没有相应地带来粮食产量的大丰收,20%以上的农民仍没有解决好吃饱肚子的问题。搞好农业,关键是采用哪种具体的方式,调动广大农民的生产积极性。评工记分、平均分配实行了几十年,造成"大锅饭",实践效果证明行不通。联产计酬再次被提及,包产到户、包干到户及其他农业生产经营方式相继出现。1982年1月,中共中央批转《全国农村工作会议纪要》(1982年中央一号文件),首次对各种形式的承包责任制给予充分肯定。承包制终于冲破极左路线的枷锁,开始在全国更大的范围内推广开来。[1]

20世纪80年代初期,农业生产责任制普遍推行,采取的形式主要分为联产和不联产两类。不联产的责任制沿袭过去小段包工、定额计酬的方法,1981年10月底,其发展规模大约占全国基本核算单位的16.5%。联系产量的生产责任制主要有5类,分别是专业承包联产计酬、联产到组、包产到户、包干到户和联产到劳,约占全国基本核

---

[1] 陆文强:《中国农村家庭承包制的形成与发展》,《中国经济史研究》1994年第2期。

第一章　中国改革开放从农业和农村蓬勃兴起（1978—1991）

算单位的81.3%。截至1980年10月，全国实行各种联产承包的基本核算单位已占总数的83.3%，其中实行包产到户和包干到户的占50.85%。1981年年底，全国农村97%以上的生产队建立了不同形式的农业生产责任制。①

专业承包联产计酬责任制是由过去小段包工、定额计酬发展而来的，在当时的责任制形式中约占5.9%。合作化时期曾经出现过专业承包联产计酬，有的地方后来发展为对承包者不定工分，只定上交任务，实行全奖全赔的所谓"大包干"做法。专业承包联产计酬能够较好地检验农业劳动的有效性及其程度，有效地解决了过去干与不干、干多干少、干好干坏一个样的问题，避免了定额计酬责任制下烦琐的工分类别、繁杂的定额种类甄选工作，使农业生产核算过程简单化。②以组为单位实行联产计酬，导致平调问题频频发生。经过反复实践，直接以户为单位联产计酬的责任制形式逐渐发展起来，这就是后来在全国推行最普遍的包产到户责任制。

包产到组责任制是在常年作业组的基础上发展而来的，是专业承包联产计酬向包产到户过渡的责任制形式。作业组内部一般采取定额记工的办法进行核算，在当时约占10.8%，有的生产队后来从包产到组发展到包干到组。包产到组与专业承包联产计酬没有实质性的区别，都接受生产大队的统一领导、统一经营，只是承包主体略有不同，前者作业组内部还有生产承包关系，社会分工更为精细。作业组内部的分工不断细化，直至超越以组为单位的界限，包产到户责任制形式便发展起来。

包产到户是最为大家所熟悉的农业生产责任制形式，有的地方称之为"责任田"，当时约占7.1%。包产到户责任制的核算单位，由

---

① 何东：《1982年中央第一个一号文件出台经过》，《党政论坛（干部文摘）》2009年第1期。

② 戴述初：《联产计酬与按劳分配》，《武汉师范学院学报（哲学社会科学版）》1982年第5期。

原来的作业组缩小为各承包户，在实践中并非一帆风顺，一开始如星星之火，经历谈"包"色变的曲折，后成燎原之势。在20世纪50年代农村合作化时期，浙江永嘉县等较富裕地区，创造性地发展了类似包产到户的方式。邻近地区陆续推广，增产效果十分明显。50年代中后期，包产到户未能在全国迅速形成燎原之势。"大跃进"时期经济困难，肩负增产任务的责任田在安徽再次活跃起来，农民亲切地称之为"救命田"。1962年中共八届十中全会召开，安徽的包产到户（责任田）夭折，成为谈虎色变的雷区。从1978年5月开始，全国开展了真理标准问题大讨论。同年年底，包产到户责任制重新在安徽兴起。责任田增产效果明显，渐成燎原之势，80年代初很快在全国得到普遍推广。①

包产到户责任制推行过程中，无法解决计算和找补等实际问题，有的地方干脆改包产到户为包干到户。"上交国家的，留够集体的，剩下全是自己的"，直观地概括出了包产到户责任制的核算方法及精髓。包干到户是农村家庭联产承包责任制的主要形式，与其他农业生产责任制形式相比，具有两个比较显著的特点：一是所有权与经营权分开，土地及部分大型生产资料仍属集体，农户承包、自主经营。二是集体统一经营与承包户分散经营相结合，宜统则统，宜分则分，统分结合。包干到户既坚持社会主义方向，又有效调动了农民的生产积极性，把农民塑造成自主经营的市场主体。农民经济行为自主，得以在市场上出售多余的农产品。农产品市场逐步发育，农产品产量迅速增长，促进了农业产业结构调整，市场经济机制逐渐在农村站稳脚跟。包干到户责任制简单有效，推行范围最广，在当下仍在发挥着作用，但它也无法避免劳动力资源禀赋差异带来的诸多问题。在包产到户推行过程中，一些劳动力少的农户面临许多困难，于是包产到劳（也叫联产到劳）的责任制形式开始出现，在当时约占15.8%，可谓

---

① 李玲：《包产到户：一个演绎了近30年的逻辑》，《21世纪》1998年第5期。

第一章　中国改革开放从农业和农村蓬勃兴起（1978—1991）

包产到户责任制的新发展。

各种责任制形式在具体推行过程中灵活多变。许多生产队根据当地的作物种类、劳动力资源和地质差异，对承包任务大胆进行简约化处理，衍生出复合型的责任制。有的生产队同时存在几种责任制形式，以促进当地粮食增产。推行联产承包责任制，施行积极的农村政策，打破了农业生产长期停滞的局面，农业从自给半自给经济向着较大规模的商品生产转化。传统农业向现代化农业转化，预示着农村经济的振兴将更快到来。

农业生产责任制普遍推行，农村专业户也蓬勃发展起来。以"双包"（包产到户、包干到户）为主要形式的联产承包责任制，适应农村原有分工体系的要求，能够充分调动广大农民的生产积极性，给农业带来明显的增产效果，把农村的分工分业推向前进，创造了新的分工格局。[①] 联产承包责任制普遍推行后，更多剩余劳动力从农业生产环节中剥离，农村出现具有不同专业性质的大户。专业户具有崭新的经济功能，如雨后春笋般不断涌现，他们在农业人口中所占的比例虽然不是很大，但在20世纪80年代初的农村中却已相当普遍。农村专业户起初按经营形式的不同，分为承包专业户和自营专业户两大类型。随着专业户不断发展成熟，承包型和自营型专业户的界限逐步消失，分类逐渐失去意义，具有不同专业性质的各种农村专业户开始进入人们的视野。农村专业户是双包制的进一步发展和完善，丰富了80年代初家庭承包经营体制改革的内容。

与联产承包责任制下的承包农户有所不同，新兴的各类专业户在生产要素组合方式上另辟蹊径，土地、劳动力和资金等生产要素投入量普遍增加，形成以某一生产要素为主的集约化经营。绝大部分专业户仍包种着土地，集约式的家庭经营具有兼业的性质。家庭承包制

[①] 中国农村发展问题研究组：《农村经济变革的系统考察》，北京：中国社会科学出版社，1984年，第144~151页。

下，原有的生产要素组合方式发生了改变，农村生产要素重新组合，开辟出一条新的路径。专业户发展的实践表明，以家庭经营为基础的农村经济，可适当改变生产要素的集约程度和组合比例，以经营规模的几何级增长求得经济效益。各类专业户蓬勃兴起，粮食专业户和多种经营专业户大量涌现，成为继联产承包之后中国农村最引人注目的新事物。农村专业户发展迅猛，从大而全向小而专发展，或经营一业，或以一业为主兼营其他，经济效益明显提高，增收效果更加明显，在农村地区起着极大的示范作用。农村专业户的示范作用具有乘数效应，年收入几千元甚至上万元的专业户随处可见。农村地区陆续出现专业村、专业乡甚至专业市场，带动越来越多的农民致富，繁荣了农村经济，巩固了农业的国民经济基础地位。

农村专业户的生产经营规模不断扩大，多种经营专业户的主要劳力乃至全部劳力，开始常年脱离土地。由于农村劳动力等生产要素难以均等地同土地相结合，兼业引发的土地耕作问题日益突出，客观上要求打破传统格局，由此土地转包开始出现。土地转包改变了传统的土地承包关系，重新调整了劳动力和土地要素的组合规模，提高了土地资源和劳动力的实际生产效率，于是非农业人口产生，早期离土农民出现。20世纪80年代初出现的各种土地转包，按照方式的不同大致归为以下两种：农户自行协商转包，生产队统一收回后转包。农村多种经营和专业化生产不断发展，转包土地的现象在农村地区不断出现，解决土地转包过程中出现的实际问题，成为完善农村联产承包责任制面临的新课题。根据当时土地转包的案例来看，发生转包关系的双方通常达成一定的协议，社队在整个过程中承担服务性的工作，负责临时性的管理，同时协调双方关系。

当下土地承包经营权的流转正在进行，这是新的时代条件下改变土地承包关系的新探索。土地转包和土地流转具有共性特征，都遵循自愿的原则和土地使用的有偿性。在完全自愿的原则下，农户与原有分工组合始终保持在弹性状态，有了不确定的弹性的关系支持，农村的社会化和专业化生产逐步实现过渡。土地转包代价的支付，可用于补偿出包户对土地加工的投资，以及离土后产生的粮食消费开支和非土地经营风险。转包代价也可用以弥补集体经济组织收转土地产生的管理费用，这在一定程度上限制着土地规模的恶性扩张，保证了土地经营利益的增加。土地转包关系下，农村劳动力和土地的潜力不断得到挖掘，农业生产责任制逐步完善，促进了农业朝着专业化和商品化方向发展。有偿的土地转包具有进步意义，离土农民与土地始终保持着弹性的联系，有进有退，开拓着农村的各个非农经营领域，为后人摸索出一条适合中国国情的农民离开土地向非农领域转移的道路。

土地转包现象在20世纪80年代首次出现，具有独特的时代特征和深刻的历史背景。80年代初期，农业生产责任制尚未成熟，家庭联产承包责任制正处在不断完善阶段，固有的体制缺陷难以克服。由于种种障碍仍然存在，阻碍了生产要素的自由流动，土地和劳动力这两种资源禀赋也不断发生变化。新的分工分业结构不可能一蹴而就，农户同原有组合的联系也不可能完全切断，给土地转包准备了充分的历史条件。土地转包遵循完全自愿和有偿性原则，是实行承包制后农村基本生产资料的一次重新组合。土地转包改变了农村生产要素的组合模式，利于更加有效地利用土地和农村劳动力资源，从而有利于提高土地的产出率，推动农村富余劳动力向非农行业和城镇转移。

2. 家庭承包制改革及全面推行

包产到户在家庭承包制改革中最具争议性和普遍性。1956年，农业合作化高速发展，四川江津、浙江温州、江苏盐城及河北省的部分地区，相继出现包产到户实践。浙江永嘉县燎原生产合作社，在实践中酝酿出《燎原生产合作社包产到户总结》，可谓包产到户的典型性试行社。燎原生产社以包产到户总结为基础，首次明确包产到户的核心内容是"三包到队，责任到户，定额到丘，统一经营"。同年9月，永嘉县委组织全县社主任召开千人大会，动员多点试验包产到户，包产到户自此逐步向全温州地区推广试行。①

1959年2月27日至3月5日，中共中央政治局在郑州召开第二次扩大会议，即第二次郑州会议。出席会议的有中央领导20人，各省、市、自治区党委第一书记27人。会议在讨论中形成的《郑州会议记录》规定：统一领导，队为基础；分级管理，权力下放；三级核算，各计盈亏；分配计划，由社决定；适当积累，合理调剂；物资劳动，等价交换；按劳分配，承认差别。随后上海召开的中央政治局会议把调整原则重新概括为"三级所有，队为基础"。②

各地积极落实农村政策，重新建立起生产责任制，江苏、甘肃部分地区，湖北恩施、陕西咸阳等地，决定试行包产到户。据《农业集体化重要文件汇编》中记载，河南新乡和洛阳两地积极推行"包工到户，包产到田，个人负责，超产奖励"制度，认为这是一种在所有制框架内体现按劳付酬政策的改革和尝试。③

然而此时，关于包产到户尚未在全国形成统一的认识。为了进一步统一思想、明确方向，1960年冬，中央重申"三包一奖"和生产责任制，包产到户重新在全国各地逐步兴起。第三次包产到户的规模远远超过前两次，实行的社队遍及山东、安徽、四川、河南、河北、甘肃和广东等省份，其中安徽省实行得最早、实行社队的数量最多。有数据显示，1961年秋末至1962年年初，安徽省推行责任田的生产队比例由85%上升至90.1%。④第三次包产到户兴起后，虽然中央与地方不少干部明确表示支持，但相关的争论仍然存在。

---

① 张海荣：《20世纪五六十年代包产到户变迁的政治学意义》，《邢台学院学报》2004年第4期。
② 张海荣：《包产到户责任制的历史变迁》，《河北师范大学学报（哲学社会科学版）》2004年第2期。
③ 中华人民共和国国家农业委员会办公厅：《农业集体化重要文件汇编（1958—1981）》，北京：中共中央党校出版社，1981年，第251~265页。
④ 张海荣：《包产到户责任制的历史变迁》，《河北师范大学学报（哲学社会科学版）》2004年第2期。

第一章　中国改革开放从农业和农村蓬勃兴起（1978—1991）

中共十一届三中全会后，中央对农村政策作出重大调整，解放思想、求真务实的作风开始在领导干部和群众间传递。各地开始恢复和试行以双包制为主流的农业生产责任制，各种土地转包现象在农村地区不断涌现。以家庭联产承包责任制为核心内容，农村改革自此拉开序幕。家庭承包经营制改革大致经历了两个重要的阶段：第一阶段是确立大包干的家庭承包经营制度，第二阶段是深入开展承包制改革。第一阶段大致是20世纪80年代初期，确立家庭承包经营制度。当时关于是否可以搞包产到户、包干到户的问题，社会各界争论非常激烈。1980年9月27日，中共中央印发《关于进一步加强和完善农业生产责任制的几个问题》（简称"75号文件"），以统一认识，保证农业生产和农村工作顺利进行。关于包产到户和包干到户的性质，75号文件并未给出结论，但同时指出：应当支持特殊地区群众的要求，可以包产到户，也可以包干到户，并在一个较长的时间内保持稳定，不使群众对集体丧失信心。文件突破多年来把包产到户等同分田单干和资本主义的观念，肯定了在生产队领导下实行的包产到户。[1] 文件限定这些地区为边远山区和贫困落后的地区，特别是长期"吃粮靠返销、生产靠贷款、生活靠救济"的生产队。[2]

1982年1月，中共中央批转《全国农村工作会议纪要》（1982年中央一号文件），明确当时实行的各种责任制，包括小段包工定额计酬、专业承包联产计酬、联产到劳、包产（包干）到户到组等，都是社会主义集体经济的生产责任制；肯定包干到户不同于合作化以前的小私有的个体经济，是社会主义农业经济的组成部分。[3] 文件把家庭经营为特征的古老的耕作方式，当作社会主义集体经济内部的一种管

---

[1] 《中国共产党简史》编写组：《中国共产党简史》，北京：人民出版社，中共党史出版社，2021年，第232~233页。

[2] 中共中央文献研究室：《三中全会以来重要文献选编（上）》，北京：中央文献出版社，2011年，第474页。

[3] 中共中央文献研究室：《三中全会以来重要文献选编（下）》，北京：中央文献出版社，2011年，第364~365页。

理经营模式,这在当时是一项伟大创举,标志着大包干的家庭承包经营制度正式确立。

1983年和1984年,中央又分别出台了两个一号文件,均以家庭承包经营制度改革的相关问题为核心内容。1983年1月,中共中央印发《当前农村经济政策的若干问题》,首次把包干到户命名为"家庭联产承包责任制",用大量文字论述联产承包责任制的优越性。文件高度赞扬这是在党的领导下我国农民的伟大创造,是马克思主义农业合作化理论在我国实践中的新发展。[①] 文件还特别要求实行生产责任制,特别是联产承包责任制。文件提出了许多新的政策,指导农村发展多种经营,开展商品生产,进行农业技术改造和农村建设。文件还对农村出现的雇工、打工、贩运和大农机等,相应作出宽松的规定。随着中央一号文件的逐步贯彻执行,关于大包干的理性认识进一步提高,当年全国99.1%的农村基本核算单位普遍实行了包干到户,"包"字为标签的多种形式的责任制得到新发展,1983年农村商品生产出现好势头。1984年1月,中共中央发布《关于一九八四年农村工作的通知》,对家庭承包经营制度的性质不再作过多理论性的判断,提出在稳定和完善生产责任制的基础上,提高生产力水平,疏理流通渠道,发展商品生产;决定把土地的承包期限从原来的3年延长至15年。[②] 延长土地承包期限,使得土地使用权的长期化成为可能,受到广大农民的热烈拥护。至此,中央已连续3年印发了3个专讲农村问题的一号文件,以联产承包为主的农业生产责任制逐步稳定和完善,家庭承包经营制度改革宣告顺利完成。

农村改革5年多的成功实践证明,制度变迁与经济增长之间存在着一种内在的紧密联系,体现了制度引致经济增长的基本原理。农村流通领域亦是如此。1985年1月,中共中央、国务院发布《关于进

[①] 吴镕:《一号文件三十年》,《世纪》2012年第3期。
[②] 《新时期农业和农村工作重要文献选编》中收录了1984年中央一号文件原文,其中第224页关于土地承包期限的原文是"土地承包期一般应在十五年以上"。

第一章　中国改革开放从农业和农村蓬勃兴起（1978—1991）

一步活跃农村经济的十项政策》（1985年的中央一号文件），决定改革现行的农产品流通体制，革新农村经济管理体制，推动农村商品生产发展，提高经济效益。这10项政策从"购"和"销"两个重要环节入手，改革农产品统购派购制度，减少计划经济对农村商品流通环节的制度干预，确保农、林、牧、渔业产品在商品市场上自由流通。改革农产品流通体制，标志着中国的农村改革向流通领域迈出了勇敢的一步。1985年的中央一号文件详细论述了农村合作制及其相关问题，乡镇企业和小城镇建设也作为重要内容被列入10项政策。文件预言，由于以城市为重点的经济体制改革即将全面展开，城乡之间互相促进、协调发展的新局面将会出现。[①]

10项政策颁布实施后，延续了30多年的统购派购制度启动重大改革，农村进入商品经济发展新阶段。由于农业连续多年大幅增产，不少地方开始在盲目乐观中重工轻农，忽视农业生产，当年粮棉种植面积急剧减少。面对农村工作中的诸多难题，1986年1月，第5个中央一号文件《中共中央　国务院关于一九八六年农村工作的部署》颁布。此时家庭承包经营制改革基本完成，相关问题和改革也有了明确的政策，因此1986年的中央一号文件从理论上强调：要进一步巩固、消化和补充改革取得的成果，解决好改革中出现的一些突出问题。针对社会上出现的怀疑改革的思想，文件首先重申：发展国民经济以农业为基础，不但反映经济规律，也反映着自然规律，必须坚定不移地把它作为一个长期的战略方针。不能因为农业基础建设周期长、见效慢，而忽视对农业的投资；更不能因为农业占国民经济产值的比重逐步下降，而否定农业的基础地位。[①]

第5个中央一号文件下达后，粮棉生产重新引起重视，农村经济出现新的起色，粮食和棉花总产量明显增长。经过中共十一届三中全

[①] 中共中央文献研究室，国务院发展研究中心：《新时期农业和农村工作重要文献选编》，北京：中央文献出版社，1992年，第372页。

会以来 3 年多的探索，经过 1982 年以来 5 年的全国承包制改革，1986 年农村改革的主攻目标胜利完成，农村基本经营制度初步确立。

三、农村经济关系发生变化

变革农业经营管理方式，释放了农村生产力，传统的劳动交换方式和产品交换方式，以及商品流通方式得到更新或替换，利益和效率因素开始介入传统劳动交换过程。直接劳动交换方式取得进步，开始以户为单位展开。农村集市逐步放开，区际产品交换新形式出现，带动各种形式的远程贸易蓬勃兴起。农村新兴市场以此为基础发展壮大，开放型商品流通体制呼之欲出。

1. 商品经济因素增进及发展

农业生产经营方式发生变革后，农村生产力得到释放，农产品剩余产生，产品交换范围拓宽、交换频次增加，社会分工分业随之发展，商品经济由此逐步形成。改革增进了农村的商品经济因素，直接劳动交换率先取得进步。改革开放以前，农村劳动力被牢牢禁锢在土地上，活劳动和凝结劳动智慧的产品都属于集体，即使在生产队范围内存在分工下的直接劳动交换，交换的基础仍不是活劳动所有者的自主选择。社员个体无法单独自由地与别样活劳动进行交换，交换行为渗透着均等思想，难以刺激劳动者操作和经营方面的差异性，致使消极的劳动态度扩散。干多干少一个样，无差别的劳动极大地挫伤了广大农民的生产积极性，不利于农业生产效率的提高。改革开放以后，解放生产力首先解放了作为生产力发展主体的农民，家庭、原集体和新联合体内部分工得到发展。农村传统的直接劳动交换方式受到挑战，促进了农民个体的直接劳动交换，交换行为的自主性明显增强：家庭内部成员通过家内比较，以自己的劳动同其他成员的劳动直接交换；同一集体范围内社员个体之间，也可以按照明确的劳动分工进行直接的劳动交换；新的联合体内部，只要存在分工的合理性，都可以进行直接的劳动交换。

第一章　中国改革开放从农业和农村蓬勃兴起（1978—1991）

农民的个人意愿得到尊重，交换行为的自主性明显增强，交换水平明显提高，互相之间逐步要求对劳动进行量化，劳动交换的核算标准更加明晰。而改革开放前，各村社普遍实行"大锅饭"的劳动方式，农民每天的工作由生产大队统一分配并完成，如何以一个通约的量折合某一个体劳动，以便同其他社员的别种劳动相交换，始终不明晰。改革开放以后，劳动交换的标准逐渐清晰起来，农村多种承包经营方式相继出现，原来以队为基础的某一个独立核算的经济体内部，出现若干独立的承包经营主体。各类独立的承包户在进行直接劳动交换时，逐步要求按照等价交换的原则，进行明晰化的计算或核算。分工方式下，农民之间的协作经常化，越来越多的农户希望把自愿互助帮工的交换关系明晰化。人情式的季节性帮工逐步消亡，更多的农民选择在农忙季节购买劳务商品，以保证农业生产持续进行，避免"人情账"带来的诸多纠纷。专业承包的社员之间及新的联合体内部，计量、核算、有偿和对等的关系原则，更加明确地发展起来。

家庭联产承包责任制普遍推行以前，农副产品作为商品进行交换，采取的主要方式是国家统购派购，更大程度上属于产品交换的范畴。随着国民经济逐步恢复和发展，农村的分工分业发展到一个较大的稳定范围，直接的劳动交换已不再适应农村新形势，交换领域迎来重要变革，产品区际交换这一新形式出现。农村不同的大队和公社之间，县、地、省以及省与省之间，灵活变通完成收购任务。进行区际交换的各方承认现有的农产品收购任务及价格体系，发挥各自不同的自然优势和生产技术专长，相互交换各自拥有的较高生产率的产品，部分公社出现以油换粮的现象。同类交换方式还有很多，交换的规模也不尽相同。区际交换在经济上互惠互利，不减少国家粮食收购量，不加大财政补贴，而社会的总财富量却大大增加。由于改革不断推进，农村经济政策进一步放宽搞活，区际交换后来在一些地区升格为正式的政策，如四川省在1983年出台政策，允许山区实行"差价抵征购"的办法。①

产品区际交换具有进步意义。在区际交换过程中,生产者不再简单地按照自身需求从事相关农产品的生产活动,开始遵循市场的选择,紧密联系农产品的跨区域比较和交换,因地制宜发展商品生产。农作物在不同区域种植的比较利益得以显现,资源配置得到合理调节。农业劳动者的自身素质也在发生变化,开始从简单的劳动者逐步晋升为专门从事社会商品生产、专门开展农业经济活动的经营者,为农业从自给半自给性生产向商品性生产过渡,准备了必不可少的转化条件。中国农村发展问题研究组调查发现,20世纪80年代农村普遍开展的区际交换形式,并未从质上突破原有流通体制的框架,本身也还不是一种真正的商品交换活动,却已为农业向商品性生产转化开通了航道。

农产品统购派购制度的过渡性改革,加速了农业的商品化。统购统销是新中国成立初期的一项控制粮食资源的计划经济政策。1953年第一个五年计划全面启动,大规模的经济建设开始,商品粮需求日益增长,农产品购销形势日益严峻。1953年10月,中央采取计划收购和供应的办法,对粮食等主要农产品市场实行统一管理(即统购统销)。统购统销缓解了粮食等重要物资的供需矛盾,促进了工业化的发展,计划经济体制逐步形成。农村改革启动后,农村商品交换渐渐活跃,长期统领计划经济的统购统销政策开始有所松动,除去关系国计民生的大宗农产品外,一律实行市场调节。统购派购农副产品的品种及数量逐步减少,城乡市场更加活跃,商品交换领域大大拓宽。另外,统购派购的方式也发生了变化,不再搞全额收购,只需完成规定的基数任务,余下部分直接上市。②

---

① 中国农村发展问题研究组:《农村经济变革的系统考察》,北京:中国社会科学出版社,1984年,第144~151页。

② 1984年第11期的《价格月刊》中,全文刊登了国务院批转国家计委的《关于改进计划体制的若干暂行规定》。

第一章　中国改革开放从农业和农村蓬勃兴起（1978—1991）

调整粮食征购基数，刺激了农民的生产积极性，促进了农村商品生产的发展，可认为是改革统购派购制度的过渡性方式。由于20世纪70年代末开始有大批下乡知识青年返城，城市粮食供需不足的问题依然十分严峻。当时政府各部门资源禀赋不足，难以应对大批知青返城面临的就业困境，于是中央决定发展个体经济，以容纳更多的社会青年就业。各项新政策陆续颁布，个体商业崭露头角并且规模迅速壮大。社队合作商业获得大发展，且形式多种多样。当时的社队合作商业形式有6种，分别是：为社队企业和专业户服务的供销公司、供销经理部和贸易货栈，为农民生活服务的社队商店，合作性质的长途贩运，各乡（镇）企业办的厂前店、经销门市部，农工商联合企业公司以及农民联办的合作商店。合作商业在80年代初已具相当规模，其中社队合作的商业组织经济实力最为雄厚，经营规模相对较大，对独家经商局面的冲击极强。社队商业和个体商业并驾齐驱，成为农村商业经济的主要形式。其他类型的合作商业如雨后春笋般大量涌现，形成多种经济形式和经营方式并存的局面。独家经营的局面被打破，农村供销社体制改革被提上日程，基层供销社开始清理社员股金，兑现红利，供销社逐步恢复群众性、民主性和经营的灵活性。基层社恢复合作商业性质，供销社的经营方式发生转变，经营作风明显改善，经营范围迅速扩大，经营活动日益活跃。80年代中期，供销社打开局面，农村出现了新中国成立以来最好的市场形势。供销社体制改革引领农村流通领域发生变革，以农副产品批发市场为代表，一些更适应农村商品交换的商业组织形式相继出现。各条商业渠道日趋活跃，开始按照新的方式联结起来。商品流通体制更加适应城乡商品经济，更加开放和完整。

2. 农村集市贸易开始活跃

改革开放后，国家放开集市贸易，将市场要素成功注入广大农村，商品交换出现。联产承包责任制普遍推行后，农村商品交换迅速发展壮大，粮食、猪、禽、蔬菜和土特商品的上市量及交易额急速增加，农村集市贸易更加繁荣兴旺。根据史料记载，截至1978年年底，全国农村集市贸易市场已恢复33 301个。1983年2月，国务院发布《城乡集市贸易管理办法》，标志着我国集市贸易开始进入法制化轨道。到1984年年底，集市贸易市场总量超过5万个。①农村集市贸易繁荣兴旺，推动农村集市结构跃迁，带动远程贸易蓬勃兴起，一大批中心集市顺势发展，逐渐成形，集市在农村经济活动中的地位发生了深刻变化。

首先，以市场交换为目的的专门商品增多。改革开放初期，农村集市刚刚放开，集市贸易中的商品大多为农民自给有余的产品。农村集市逐步放开后，农民专为市场交换而生产的商品增多，农村集市成交额扩大。另外，集市成交额上升还与大批专业户、重点户的涌现有关。改革开放初期，集市贸易逐步放开，自留地和家庭副业发展的环境更加宽松，大批专业户和重点户应运而生，在完成承包合同中规定的交留任务后，生产的产品大部分进入集市交易。中国农村发展问题研究组在对浙江18个集市进行调查后发现，重点户和专业户的产品有50%在集市出售；黑龙江省有些县饲养的鸡和羊，通过集市出售的占90%；安徽省潜山县编席专业户生产的竹席有80%在市场出售。总之，各地农民为集市生产的商品数量不断增加，从集市交换中获得的收入也大幅增加。

其次，农村的粮食消费结构悄然改变，大批集市商品粮消费群体出现。商品粮消费群体多为农民，他们在集市上购买市价粮，也在本地或外地市场出售生产的粮食产品。集市商品粮消费群体大多定居于农村，从事家庭副业，是农村商品率较高的种植养殖专业户，少部分进入城镇从事工商营利事业和服务业，在集市购买市价粮。商品粮消费群体逐步从农业生产环节中抽离，在集镇发展定居，是早期离土农

---

① 马永辉：《新中国农村集市贸易史研究综述》，《党史研究与教学》2004年第6期。

第一章　中国改革开放从农业和农村蓬勃兴起（1978—1991）

民的代表，他们无须国家财政补贴，消费真正的商品粮。农村新产业因此获得发展，促进了农村经济结构的动态平衡，农村商品生产的社会化程度进一步提高。

农村集市的繁荣，促进了远程贸易的蓬勃发展。传统农村集市的商品流通半径十分有限，家庭联产承包责任制初步推行时，农贸市场已经趋向活跃，集市上的商品流通半径在 100~120 千米。改革开放之初，农村的商品流通还处在传统发展阶段。1982 年，家庭联产承包责任制普遍推行，传统的商品流通渠道发生突变，分散在农村各地的小型集市，成为大中城市农贸市场的初级商品流通基地，农村贩运活动随之活跃起来，农副产品的远程贸易迎来新发展。当时，国家工商行政管理局曾做过调查，城市农贸市场上的农副产品大部分来自跨区域贩运，贩运的比重与城市规模相关，其中大城市占 80%~90%，中等城市占 70%~80%，小城市占 50%~60%。① 远程贸易蓬勃兴起，成为连接小型集市和大中城市的纽带。小型集市为大中城市输送农副产品，满足大中城市居民的消费需求；大中城市通过交易资金与商品的等价交换，满足小型集市发展壮大所需要的储备资金，为农村中心集市的迅速发展和成型奠定了基础。

农村集市贸易不断繁荣发展，集市上生产资料的上市量逐步增加。传统的农村集市贸易，以调剂农户间生活资料的余缺为主。联产承包责任制普遍实行后，农民投入农业生产的积极性提高，一部分从业者抓住农业生产资料偌大的商品需求空间，专门从事农业生产资料的生产和交易活动，生产资料的上市量大大增加。当时农村集市上的生产资料，主要包括畜力、机械动力和竹质、木质的辅助劳动工具，能够直接应用于农业生产实践，帮助劳动者显著提高农业生产效率。1982 年上半年，对全国 206 个典型农村集市调查的结果显示，耕牛的

---

① 中国农村发展问题研究组：《农村经济变革的系统考察》，北京：中国社会科学出版社，1984 年，第 150~151 页。

成交量比 1981 年同期增加 16%。对四川省 17 个农村集市统计的结果表明，1982 年 1~5 月与 1981 年同期相比，晒席成交额增加 1.5 倍，箩筐增加 39%，扁担增加 28%，土箕增加 70%，粪桶增加 41%。[①] 手扶拖拉机是提高农业生产率的重要动力工具，集市上的成交量也明显增加。农业生产资料上市交易，有效促进了农业生产效率的提高，有利于改革初期农村经济的恢复和发展。

随着商品上市量的不断增加，商品流通半径不断扩大，在无数分散的小市场之间，一大批规模较大的中心集市迅速发展、逐步成型，成为区域经济活动的中心。中心集市是一个区域内的农产品集散地，是工业品下乡与农民交换的重要交易场所。当时赶集者多达数万人次，上市商品种类繁多，成交额和成交量大，流通范围广，远远超过普通集市。中心集市上的农产商品价格一般趋于一致，容易得到农民的认可。大批工业品通过中心集市进入广大的农村地区，使农业与工业之间的联系日益密切。中心集市的发展和成型，满足了农村系统的对外开放诉求，是当下新型小城镇的早期空间形态。集市的发展不仅活跃了农村经济，而且集市上还有茶馆等较为完备的娱乐设施，丰富着农村居民的文化娱乐生活，甚至还成为众多年轻人相亲的场所。总之，农民生产活动之余的一切活动，都可以在农村集市上完成。赶集成为农村居民日常生活的重要组成部分，这一传统也一直沿袭至今。

3. 农村新兴市场发展壮大

随着商品性生产的不断进步，农村各产业不断扩展，生产、流通和消费各环节相应提出许多新要求，远远超出传统农贸市场的承载能力。于是，一些更具生命力的新兴市场开始出现并逐步成型。根据中国农村发展问题研究组的分类考察，当时出现的农村新兴市场主要有 4 类，分别是：农村劳务市场、农机运输服务市场、农村技术市场和

---

① 国家工商行政管理局市场司：《农业经济资料汇辑（五）——1982 年上半年城乡集市贸易情况》，《农业经济丛刊》1983 年第 1 期。

第一章　中国改革开放从农业和农村蓬勃兴起（1978—1991）

农村工业品专业市场。农村劳务市场随着直接劳动交换的发展日益活跃。直接劳动交换核算标准日益明晰化，进一步发展形成劳务市场，一部分农民将自己的劳务产品以商品的形态，同另一部分农民进行交换。农村改革之初，众多劳务市场尚处在萌芽阶段，市场上进行交换的只是一些临时的、季节性的劳务商品。劳务商品的所有者以青年农民为主，他们身背行李，手提铝制饭盒，聚集在公社集市，与买主洽谈劳动定额和劳动报酬，出售自己的劳务商品。联产承包责任制普遍推行以后，劳务市场更加活跃，在集体经济组织之外，涌现出大批专业户和重点户，促进了农村劳务市场的发展壮大。由于农村经济开放程度不断提高，劳务市场更加稳定，规模逐步扩大。一些自营企业逐步扩大吸收半径，除了雇用本村本队的剩余劳动力外，开始雇用跨地域的外来劳动力。

农村集市上劳务商品的买卖过程，基本遵循市场经济的效率原则。购买劳务商品的专业户、集体组织和自营企业，在吸收外来劳动力的过程中，有选择地寻求能有效提高生产效率的劳务商品。被吸收的劳务商品，主要参与大面积荒山、荒水等的开发性经营，规模比较可观的种养业经营，以及产品有可靠销路、技术上必须依靠协作完成的农村工业组合。劳务商品的买方吸收相当数量的外来劳动力后，进行有效管理，合理配置资源，逐步弥补了协作性生产经营所需的劳动力空缺，得到提高劳动生产效率的更优组合，分工分业的组合条件明显改善。劳务市场的存在及日益活跃，是劳务商品双方自主选择的结果。农民合理的经济预期与买者充分的商品需求，以集市为载体成功地实现了双赢。

农机运输服务市场乘胜发展。与一般的劳务市场有所不同，在农机运输服务市场上，购买农机服务的农民需同农机购买者结成一定的风险共担关系，促使农机服务市场逐步成长为专门性的经营项目，成为商品交换中的新兴市场。1983年9月，《光明日报》的一篇报道真实再现了当时农机市场的劳务关系。报道称：山西省襄汾县永固公社永固大队社员马云龙,1980年购买了1台拖拉机和配套的拖车以及机引犁,1981年春,他与本村178户社员签订了总额为1.3万元的农田作业合同,到年底合同全部兑现,凡购买他提供的农机服务的农户,小麦和棉花普遍获得丰收。① 这反映了当时服务交换关系的有偿性和自主性。农机服务市场促进了农业生产效率的提高,保证了农田作业的机械化操作,避免了农业机械闲置带来的资源浪费。农机服务购买双方各取所需,保证了改革初期农业生产的恢复和发展。运输市场也在这一时期蓬勃兴起。最初的运输市场就是农民的季节性贩运活动,是一种组织性很强的农副产品运输服务,其流程是农民把需要上市的农产品卖给贩运户,由贩运户向市场出售这些产品,产生的购销差价就是商贩获得的运输服务费用。随着集市开放程度的不断提高,农村涌现出一批常年从事运输服务的专业农户,农村运输服务市场稳定发展。由于农村商品性生产不断发展,进入农村市场的生活资料和生产资料总量大大增加,城乡物流的季节性差异逐步缩小,流动距离大大延长,传统的季节性贩运已不能满足农村商品流通发展的需要,大型机动运输工具使用量开始增加,常年稳定地提供运输服务的活动增多,农村新兴运输服务市场逐步发育成熟。

科技热推动农村技术市场形成。承包农户对科学技术的渴望和追求,是20世纪80年代农村最引人注目的新现象。联产承包责任制逐步推行后,农村原有的各级农业技术服务机构已无法满足农民在生产实践中面临的诸多难题。为了适应基础层次的变化,各农业技术服务机构纷纷改进技术推广和服务方式,开始按照有偿原则②实行"技术承包制"。技术承包实行后,农产品的单位面积产量普遍提高。当时

---

① 襄汾县农机中心:《襄汾县农机发展概述》,2008年6月30日更新,http://www.xiangfen.gov.cn/news/bjfz/njj/njjd/2008/630/0863014579247E75IDI70I7712J368.html,2013年11月8日引用。

② 有偿原则:规定技术措施所能保证的农产品增产幅度,并根据兑现程度的不同,给予不同的奖励和惩罚。

第一章 中国改革开放从农业和农村蓬勃兴起（1978—1991）

农村技术人员严重不足，仅靠农业技术部门的技术承包远不能满足农业生产的需要，于是各种农民技术能手陆续踏入农村技术市场，成立技术服务公司，招收学员举办技术培训班，向有需求的乡镇分派技工进行承包性技术指导。许多地区涌现出一系列有偿转让技术的活动，以技术示范户和专业户为代表，极富生命力。还有许多农民自觉自愿地付费买技术，那些能够开拓新生产门路的技术，尤其受到农民的欢迎。80年代的中国农民，已经比较充分地认识到了技术的价值，买技术的投资被认为是最合算的投资。农村技术市场开始形成，现代科技要素在农村市场扩散，农村原有传统产品的商品率提高，各项新产业在农村萌芽。农村技术人员受到社会的广泛尊重，经济地位明显提高。有偿的技术转让，为农村技术推广闯出一条新路。原来由于农业技术人员义务传授技术带来的弊病，如责任心不强、经济效益不显著等，得到一定程度的缓解。生产技术的有偿转让，逐步取代了农村传统技术的注入方式，科学技术在农业生产中发挥着更加重要的作用。

农村工业迅速发展，农村工业品专业市场蓬勃兴起。联产承包责任制普遍推行以后，农村传统家庭副业充分发展，工业品市场逐步形成，主要以生产和销售农业生产资料以及居民生活必需品为主。新兴的农村工业品市场具有很强的自组织机制。专业市场上从事经营活动的农民，起初仅是靠一些偶然的技术和市场信息发家。当产品定型并开始大批量投入生产后，生产者们已能不断分析技术和市场变动信息，翻新自己的产品；还能适应市场需求，不断转产发展新项目，在复杂的市场竞争中，始终保有极强的适应能力。农村工业品专业市场上，产品消费群体不单囿于当地农民，商品开始面向全国进行批发，商品流通半径迅速扩大，生产经营者与全国各地的消费者建立起广泛的社会联系。工业品专业市场的形成，表明农村商品交换范围扩大，社会分工程度提高。专业市场上生产和销售的产品，包括各类用以交换的商品，如劳务、农技、运输和服务等，远远超出一般农产品和工业品的范围，农村传统而封闭的系统正被逐步打开。专业市场的出现有其必然性。在生产过程难以满足生产要素需求的情况下，简单的工业性农业生产物资投入的补给方式必须被打破，产品经营体系需要另辟蹊径，与外界建立广泛的社会化联系，新兴工业品市场由此应运而生。

第二节 恢复重建乡镇行政管理制度

家庭联产承包责任制的普遍推行，开启了农村经济体制改革。农村行政管理机构发生重大变革，其中乡镇政权重建最具制度改革的历史意义，引致农村社会政治结构发生变化。土地家庭联产承包经营后，各分散农户成为独立核算的经济实体。撤销社队，重建乡村，已是大势所趋。1983年10月，中共中央、国务院联合发布《关于实行政社分开、建立乡政府的通知》，成为恢复重建乡镇政权的标志。全国各地陆续着手恢复建立乡政权的工作，设立乡政府，实行政社分开，设立乡镇党委，根据生产需要和群众意愿建立经济组织，乡以下实行村民自治。[①] 乡镇政权建立起来后，集体所有制逐步施行，促进了乡镇商品经济的发展。

一、农村基层行政组织恢复

重建乡村行政体制并非偶然。原来高度集中的体制实行20余年，契合了当时重工业优先发展的赶超战略，对当时经济和社会的发展作出过一定的贡献。但在这种体制下，农村基层民主政治发展缓慢，形成城乡二元分割的户籍管理制度。制度性空间隔离从社会层面阻断了农民向上流动的渠道，制约了农民的生产和生活。改革开放后，农民

---

① 中共中央文献研究室，国务院发展研究中心：《新时期农业和农村工作重要文献选编》，北京：中央文献出版社，1992年，第220页。

第一章　中国改革开放从农业和农村蓬勃兴起（1978—1991）

自愿成立起合作经济组织,以应对分散专业农户难以解决的社会化生产及组织问题。新成立的合作经济组织有农业协会、农民专业合作社、统分结合的农业企业等,是农村经济组织的骨干力量。合作经济组织自主行使农村社会管理职能,与乡镇行政政权分而治之,构建起新的农村基层社会治理格局。

1. 政社分设,建立乡镇政府

农村改革全面推行,分户经营体制建立起来,重新构建了乡村治理体制。20世纪50年代末实行的农村经济组织形式脱离了当时的实际生产力水平,很难真正解决农业发展中遇到的问题。在权力高度集中的行政体制下,隶属微观组织（指小集体、家庭）的农民个体,被集中到统一的宏观组织内部,形成三级垂直管理体制,以提高乡村社会的组织化程度。政社合一体制在兴建大型水利设施方面具有积极的意义,但从经济方面考察仍存在弊端,主要表现在与农村生产力的发展极不协调,抑制了农民个体的积极性和创造性,削弱了乡村经济发展的主要动力。1980年,四川省广汉县向阳乡第一个挂出乡人民政府的牌子,由此拉开恢复乡级建制的序幕。

1982年12月,五届全国人大五次会议审议通过了新修改的《中华人民共和国宪法》,明确要改变政社合一体制。新宪法第95条规定了农村基层政权组织的功能和性质,指出乡、民族乡、镇是我国最基层的行政区域,乡镇行政区域内的行政工作由乡镇人民政府负责,设立人民代表大会和人民政府。[①] 1983年10月12日,中共中央、国务院发出《关于实行政社分开、建立乡政府的通知》,明确了把政社分开和建立乡政府这两大首要任务,要求按乡建立乡党委,并根据生产的需要和群众的意愿逐步建立经济组织;乡人民政府建立后,"要按照《中华人民共和国地方各级人民代表大会和地方各级人民政府组织

---

① 纪程:《"后税改时代"的农民需求与新型农村公共服务体系建设》,《改革与战略》2008年第2期。

法》的规定行使职权，领导本乡的经济、文化和各项社会建设，做好公安、民政、司法、文教卫生、计划生育等工作"。①

经过改建，形成"乡—行政村—自然村"分级治理新格局。1985年，全国共建立了 79 306 个乡，3 144 个民族乡，9 140 个镇和 948 628 个村民委员会，588 万多个村民小组。② 简政放权，完善乡镇政府职能，是一种恢复性的乡镇行政建制，形成了两个不同层面且相对独立的权力载体。以乡镇党委为核心的乡镇政权行使国家管理权，以村委会为代表的村民自治组织主要行使村民自治权。两个权力载体同时并存，分别行使不同的权力，形成"乡政村治"的格局。

2. 确立村民委员会的法律地位

村民委员会是基层群众性自治组织，由乡（镇）所辖行政村村民选举产生。村民依托村民委员会组织平台，实现自我管理、自我教育和自我服务。村民委员会成员一般是 3~7 人，有主任、副主任和委员，通过 3 年一次的民主选举产生。按照村民委员会会议精神，村民委员会主要承担 9 项职能：一是宣传贯彻宪法、法律、法规和国家政策，维护村民合法权益，教育和推动村民履行法律法规规定的义务，发展文化教育，普及科技知识，促进村和村团结互助，开展社会主义精神文明建设活动。二是管理本村属于村农民集体所有的土地和其他财产，教育村民合理利用自然资源，保护和改善生态环境。三是支持和组织村民依法发展各种形式的合作经济和其他经济，承担本村生产的服务和协调工作，促进农村生产和社会主义商品经济的发展。四是尊重村集体经济组织依法独立进行经济活动的自主权，维护以家庭承包经营为基础、统分结合的双层经营体制，保障集体经济组织、村民、承包经营户、联户或合伙的合法的财产权，以及其他合法的权利和利益。五是举办和管理本村的公共事务和公益事业。六是组织实施

---

① 中共中央文献研究室和国务院发展研究中心：《新时期农业和农村工作重要文献选编》，北京：中央文献出版社，1992 年，第 220~222 页。
② 张新光：《论中国乡镇改革 25 年》，《中国行政管理》2005 年第 10 期。

本村的建设规划，兴修水利、道路等基础设施，指导村民建设住宅。七是依法调解民间纠纷，协助维护本村的社会治安，向人民政府反映村民的意见要求并提出建议。八是向村民会议或者村民代表会议报告工作并接受评议。九是建立健全村务公开和民主管理制度。

政社分设后，村民委员会产生，这是农民群众的又一伟大创举，为乡镇之下的村组管理探索出一条可行路径。1980年，广西宜山县合寨村的村民通过民主选举产生了全国第一个村民委员会。新成立的村民委员会只协助政府维护社会治安，是一种准政权性质的群众自治组织。随后，四川、河北等省农村也出现了类似的群众性组织，且职权范围扩展到经济、政治和文化领域。经过调查总结，1982年颁布的新宪法第110条规定，农村按居住地设立的村民委员会是基层群众性自治组织，正式确立了村民委员会的法律地位。1983年10月12日中共中央、国务院发布的《关于实行政社分开、建立乡政府的通知》，明确规定了乡的规模和乡政府的职能，再次重申村民委员会的性质是基层群众性自治组织，决定乡以下按村民居住状况设立村民委员会。1988年6月1日起试行《中华人民共和国村民委员会组织法》，约有60%的行政村初步实行了村民自治。1998年11月4日，《中华人民共和国村民委员会组织法》由九届人大第五次会议修订通过并正式颁布实施，村民委员会选举更加规范化和民主化，农村政治生活发生最为深刻的变化。

村民自治推动了农村政治体制改革。对于民主政治建设和民主化道路的选择问题，多年来一直存在争论。是先易后难，自下而上选择渐进式改革的道路，还是先难后易，自上而下一步到位，一直没有定论。一种观点认为，村不是一级政权，村民自治仅仅是政权之外的改革，担心实质意义上的村民自治不太可能在全国范围内实现。但村民直接选举成立委员会的实践值得肯定，这是农村政治生活的一次重大变革，也是农村政治体制改革的重要内容，宣告了长期以来的村干部任命制不复存在。村干部不再只是接受上级指令，对上级负责，还需倾听村民的意愿，接受村民的监督。村民选举任用村干部，自主决定并办理自己的事情，改变了过去政府包办一切的管理模式，推动了农村政治体制改革不断深入。

二、农村基层组织建设

在乡镇政权恢复重建之初，"乡政"与"村治"的界限并不十分明晰，农村基层组织结构呈直线型，各级乡镇政府代表国家基层政权，对农村基层组织实行分级式的垂直管理。"乡政村治"模式存在体制上的固有缺陷，村社一体和组织封闭等问题逐步显现。在"乡政村治"初级治理模式下，村民小组、村民委员会、乡（镇）人民政府分级管理农村社会，治理层次更加精炼、更加明晰。国家政权与乡村社会的关系重新修正、良性化发展，具有历史进步意义。

1. 社队制的解体和村组制的确立

1962年以后，我国进入大生产队体制时期。20世纪80年代初进入小生产队体制时期，农村基层组织的治理层次依然保持四级制。当时，大队的管辖幅度及组织规模大致如下：平均每个大队管辖的小队数量均不超过20个，管辖的农户最多时有250多户，人口数量至少达1 100人。[①] 1982年，新宪法颁布实施，乡镇建制重新恢复，乡镇人民政府成为基层政权。1985年春，建乡工作全部完成，按规定取消了原有的生产大队和生产小队，建立了82万多个村民委员会[②]，乡村社会的组织结构类型发生很大变化，不少地区出现"村民小组—村民委员会—乡（镇）人民政府"三级管理体制。一些地方在乡与村之间设置乡镇派出机构，实行"村民小组—村民委员会—管理区—乡（镇）人民政府"虚四级管理体制。"实三虚四级制"并存，形成新的"乡政村治"组织结构模式。

---

① 柳成焱：《略论我国农村基层行政区划的组织结构及其历史变迁》，《贵州大学学报（社会科学版）》2006年第6期。

② 《全国农村建乡工作全部完成》，《人民日报》1985年6月4日。

"乡政村治"模式的形成,有其深刻的历史渊源,农村经济体制的变革是根本原因。20世纪80年代上半期,农村地区普遍推行家庭联产承包责任制,以"双包制"为主流的多种农业生产责任制相继出现,农业经营方式发生改变,产生了新的经济结构和所有制结构形式。以种养专业户为首的多种经营专业户不断涌现,农村出现多种经济并存的局面,促进了农村经济尤其是非农经济的发展,加快了农村社会的分化,形成新的利益主体和阶层结构。农民内部发生分化,非农就业人口比例增加。新设立的村民委员会初步具备地域性、群众性、广泛性、自治性及中介性特征,不再具有直接支配个人的特殊权力。村民委员会与乡镇政权形成被指导与指导关系,村民委员会不再是国家政权的组成部分。实行政社分设,变革农村经济体制,是"乡政村治"初期两种组织结构类型形成的最直接原因,决定了乡村社会组织结构的治理层次和行政距离,促进了农村基层组织建设,具有重要的历史意义。

2. 乡镇村组治理模式

在"乡政村治"初级治理模式下,农村基层行政组织与管理体制重新构建,国家政权与乡村社会的关系得到修正。农村行政管理体制逐步加强并完善,开始发挥相对独立的管理作用;群众自治性组织逐步建立,在乡村社会发挥独立的领导作用。乡村社会的行政体制由高度集中型向相对集中型转变,在今天看来仍极富时代意义,具体表现在以下两个方面:

一是在"乡政村治"模式下,乡村社会的治理层次更加精炼。在1983年以前,农村的政治格局是政社合一模式,核心是"三级所有,队为基础"。公社、生产大队和生产小队实行三级垂直管理,国家的行政管理和社会生产管理职能重叠,推动了农村大型水利设施的兴建。而"乡政村治"初级治理模式实行政社分开,改变了行政权一直延伸到乡村基层社会的局面,乡、村和组相对独立,大大减少了上下之间的管理层次,缩短了行政距离,管理体制更加精炼。

二是在"乡政村治"初级治理模式下，国家政权与乡村社会的关系重新修正，呈现良性化发展。新中国成立初期，乡村社会建立了党的基层政权，乡与行政村同为行政区划，纳入国家政权体系。村隶属于乡镇政权，是乡镇政府在农村社会的派出机构，完全受乡镇政府的领导和指挥，又称行政村。1954年以后，进入乡政权体制时期，宪法和地方组织法都有明确规定，乡镇成为最基层的政权组织，村一度退出国家政权体系。1958年，实行"三级所有，队为基础"的政社合一体制。而"乡政村治"初级治理模式确立后，群众自治性组织在乡村社会建立，村民委员会在乡村社会基层生活中开始发挥独立的领导作用。乡镇政府作为农村基层政权组织，不再直接介入农民个体的经济活动，也不存在体制内经济活动的随意调遣和行为控制。农村基层政权和村民自治组织结合，国家政权和乡村社会的关系重新修正，开始朝着指导与被指导的方向发展，成为最具中国特色的农村政治模式。

第三节 乡镇企业异军突起

20世纪80年代中期，农村改革不断深化，农村经济政策放开搞活，乡镇企业如雨后春笋般涌现，并且迅猛发展，成为推动农村产业结构变革的重要力量。乡镇企业的前身是以农户传统手工业为基础的社队企业。20世纪六七十年代，农村以简单的技术设备兴办起社办工业，为农村改革中乡镇企业的全新登场准备了重要的条件。乡镇企业自诞生起，就没有计划体制的保障和束缚，完全凭借灵活的机制来适应市场调节，具有顽强的生命力，在国民经济中的地位日益提升。乡镇企业体制下，经营者享有更加充分的自主权，能及时根据市场需求调整经营方向，在农村经济中所占的比重逐步上升。当时的乡镇企业多从事劳动密集型行业，对劳动者的技术水平要求不高，有利于吸

第一章　中国改革开放从农业和农村蓬勃兴起（1978—1991）

收农业剩余劳动力，深受农民欢迎，成为继承包责任制成功后农村改革的后续动力。

一、承包制下生产要素的变化

在新中国成立后的很长一段历史时期，农村70%~80%的劳动力被束缚在土地上，人均土地拥有量不足2亩，解决温饱问题是绝大多数家庭的迫切愿望。改革开放后，农村推行家庭联产承包责任制，实行土地分户经营，取代了集体生产。通过渐进式的改革，农业经济体制实现自我完善，确立了新的农业经营体制。亿万农民掌握了生产经营自主权，劳动积极性大大提高，生产效率成倍提升，经营农业的人口显著下降。土地、农产品和农村劳动力要素的禀赋状况发生改变，出现新中国成立以来第一次过剩的现象。

1. 农副产品急需市场加强流通

农产品供给相对充裕后，急需进入市场流通，为乡镇企业的崛起和发展准备了条件。改革开放后，集市贸易逐步放开，市场要素成功注入广大农村，农村有了严格意义上的商品交换，粮食、蔬菜和土特产品等的上市量增加，交易额急速增长。家庭承包制在全国范围内广泛推行，生产要素的简单释放迅速引起农村经济高速增长，农产品数量和种类增加，充实了农产品供给，出现自新中国成立以来规模最大、影响深远的"仓容危机"。农村远程贸易蓬勃兴起，集市的结构发生跃迁，一大批中心集市发展成型，众多中小型集镇繁荣兴旺，集市在农村经济活动中的地位发生深刻变化，为富余的农副产品的商品交换提供了重要的市场条件。

农产品充裕的主要原因，是承包制适应了农业生产经营的特点。联产承包责任制以家庭为单位组织农业生产，生产环节劳动力的介入和退出更加灵活而有弹性，缓解了集体经济条件下劳动力相对过剩和供给不足的矛盾，季节性劳动需求量的安排更具合理性。在土地家庭经营的方式下，各劳动者之间拥有血缘关系，容易缔结互信互谅的家庭文化，不产生监督和管理成本，农业生产容易实现效益最大化。由于全部劳动成果都归家族所有，家庭成员的生产积极性很高，会更加精心地使用生产工具和处置作物，劳动效率明显提高。家庭经营按承包项目的标准产量收入直接联产计算付酬，能够较好地克服平均主义的弊端。家庭成员付出的劳动报酬不需要支付工资，只需满足维持基本生存所需的衣食供应即可。家庭成员之间的生活水平比较接近，不易因为生活水平低下发生内部冲突，有利于迅速恢复农业生产。

2. 农村大量隐性剩余劳动力出现

农村剩余劳动力是一个相对的概念，指的是在特定的历史条件和生产力水平下，农村劳动力的供给超过需求的多余。农村出现大量隐性剩余劳动力，与农业生产体制的变革密切相关。我国的基本国情是农村人口数量庞大，人均耕地面积少，工业起步晚，城市化水平低，大城市与大农村并存，城乡二元结构突出。农村劳动力一直供大于求，只是在计划经济时期处于隐性状态。改革开放以后，实行家庭联产承包责任制，农民获得对土地的使用权和经营权，农业生产体制发生革命性变革，农业生产率快速增长，农业领域容纳劳动力出现绝对量下降的情况。农业投入产出数据的经济计量分析表明，1978—1984年，种植业产量增长了42.2%，其中大约有54%是改革后生产率提高的结果；生产率增长中，有97%可以归因于耕作制度的转变。[①] 由生产队制度转变为家庭责任制，提高了农民采用新技术的积极性，农业物质技术装备水平得到很大提高。农业劳动者借助农业机械和电力提高农业劳动生产率，节省了一些劳动力。在耕作制度转变过程中，农民焕发出极大的劳动热情，自觉自愿地增加劳动强度、延长劳动时间，直接导致总量劳动扩张，劳动者人数变相增加。

---

① Justin Yifu Lin: Rural Reforms and Agricultural Growth in China. The American Economic Review, Vol. 82, No. 1. Mar., 1992.

农村剩余劳动力形成的另一因素是人口政策,导致农业人口及其劳动力数量过快增长。1950年,我国总人口达5.5亿,数量庞大,但当时并未引起关注。"一五"计划时期,出现第一次人口生育高峰,人口出生率与自然增长率平均值分别达34.7‰和24.1‰,年平均绝对增加人数达1 400万。1959—1961年,我国连续发生严重的自然灾害。1959年的自然灾害以旱灾为主,全国成灾面积80%以上在主要产粮区。1960年全国除西藏外又发生了持续的旱灾和洪水、台风灾害,1960年受灾面积和1961年成灾面积分别是新中国成立以来最大的。[①] 这一时期,人口出生率锐减。1962—1973年,第二次人口高峰出现,人口出生率与自然增长率高达33.8‰与25.6‰,年平均绝对增加人数达2 300万人。此后,我国逐步实行较为严格的计划生育政策。由于适龄生育人口数量过大,1982—1996年出现第三次人口生育高峰,人口年平均出生率和自然增长率分别在21‰和15‰左右,年净增人口数达1 500多万。人口持续增加,农业劳动力的绝对数量长期处于上升阶段,在全国劳动力中一直占有很大的比重。较为严格的人口管理政策继续施行,城乡二元体制阻碍了农民在部门和区域间自由转移,致使农村出现了大量农业剩余劳动力。

3. 农村金融市场在改革中逐渐发育

金融机构在农村进行信贷结算、现金收支等业务活动,统称农村金融。当时涉足农村金融的机构,主要有农业银行、农业发展银行、国家开发银行、邮政储蓄银行、农村信用合作社,以及各地涌现的民间资金互助合作社。改革开放30多年来,农村金融体制改革取得巨大成就,从整体上突破了传统的计划金融体制模式,基本建立了市场金融体制模式。农村金融体制改革大致经历了4个阶段:恢复、成立农村金融机构阶段,完善农村金融组织体系阶段,农村金融体制启动

[①] 《中华人民共和国简史》编写组:《中华人民共和国简史》,北京:人民出版社,当代中国出版社,2021年,第86页。

改革阶段,深化农村金融体制改革阶段。20世纪70年代末至90年代初期,农村金融体制改革主要在金融机构内部展开,主要改革措施和政策方案是:恢复并成立农村金融机构,形成农村金融市场组织的多元化和竞争状态。1979年3月,国务院决定恢复中国农业银行,统一管理支农资金,集中办理农村信贷,领导农村信用社。1984年8月,国务院批转了中国农业银行《关于改革信用合作社管理体制的报告》,决定恢复和加强农村信用合作社组织,并明确了合作金融组织的性质。1985年,各地相继成立农村合作基金会。1986年,恢复邮政储蓄,以弥补专业银行储蓄网点的不足。[①] 民间信用同步放开管制,允许民间自由借贷,允许成立民间合作金融组织,允许存贷款、债券、股票、基金、票据贴现和信托,允许租赁等多种融资方式并存。农村金融市场在改革中逐渐发育,不断向前发展。

中国农业银行恢复重建后,改变传统运作目标,明确提出大力支持农村商品经济。1993年1月,中国农业银行印发《中国农业银行进一步加强乡镇企业信贷工作的意见》(以下简称《意见》),次月农业部全文转发。[②]《意见》主张:调整优化区域结构和信贷产业,加强中西部地区乡镇企业信贷投向管理;以信贷革新技术的杠杆作用,完善农业银行的科技信贷政策,集中资金支持乡镇企业加快技术进步。《意见》还提出:要改进和完善信贷调控手段,强化信贷职能,完善贷款投入机制;多渠道筹集资金,同时办好各种专项贷款;建立乡镇企业风险基金,完善乡镇企业危机管理系统。《意见》的发布实施,为乡镇企业构建起资金支持平台,为企业摆脱资金和技术匮乏的困境指明了破题的方向。

[①] 蔡友才,陆娟:《我国农村金融体制改革的回顾与思考》,《审计与经济研究》2008年第6期。

[②] 中国法律法规库:《中国农业银行关于印发〈中国农业银行进一步加强乡镇企业信贷工作的意见〉的通知》,2010年3月9日更新,http://news.9ask.cn/fagui/zyfgk/201003/366589.htm,2013年11月8日引用。

二、乡镇企业的崛起

乡镇企业根植于农村，因地制宜发展乡村工业，同时带动本土农业发展，为本乡剩余劳动力的转移开辟了新路：数以千万计的农民由此离开土地，走入乡镇，甚至走向城市。此时改革的重点，逐渐从农村转入城市和工业领域。乡镇企业拾遗补阙，异军突起，为举步维艰的城市工业改革提供了有益借鉴，为国有企业走出困境作出了重要贡献。1987年，全国乡镇企业总产值首次超过农业总产值[①]，成为农村经济发展的重要支柱。单纯的农业发展目标，转换为农业发展和非农业发展并举的双重目标，现代化建设在农村迈出了实质性的一步。乡镇企业大多规模小、经营分散、耗能低效，造成资源浪费和环境污染。90年代，乡镇企业开始自我调整、优胜劣汰，不断提高生产质量和效益，通过"撤、扩、并"壮大规模，逐步转型为以农业产业化经营为主的中小企业。

1. 社队企业的萌芽及恢复发展

乡镇企业发端于社队企业。社队企业最初的萌芽状态是互助组，以及合作社兴办的农村集体副业。新中国成立初期农村出现的社办工业，以个体手工业为主。1958年12月，中共八届六中全会提出"国家要工业化，公社也要工业化"，社队企业由此建立。当时各地大批量兴建了土化肥厂、粮食加工厂、榨油厂、制糖厂和缝纫厂，毛泽东热情地称之为社办工业，并赞誉其"伟大的、光明灿烂的希望也就在这里"。

经过1961—1965年的国民经济大调整之后，中央重提"亦工亦农"的发展构想，经济管理权限开始部分下放。中央强调要满腔热情地支持办好社队企业，地方小型工业与社队企业重新焕发生机。由于

[①] 当代中国研究所：《中华人民共和国简史（1949—2019）》，北京：当代中国出版社，2019年，第76页。

受极左思想的影响，60年代末70年代初，全国的社队企业发展基本停滞。改革开放前夕，发生历史性的转折。1975年召开第一次全国农业学大寨会议，重新认定了社队企业的地位和作用。各地冲破层层束缚，社队企业获得较大发展。1978年年底，中共十一届三中全会召开，决定转移工作重点，并发布了《中共中央关于加快农村发展若干问题的决定》，指出社队企业要有一个大发展。1979年7月，国务院颁布《关于发展社队企业若干问题的规定（试行草案）》，进一步明确了社队企业的地位、作用及发展方针。由于政策环境更加宽松，社队企业总体上初具规模，进入快速发展阶段。社队企业安排大量农村剩余劳动力就业，巩固壮大了集体经济，增加了社员收入，为下阶段乡镇企业高速增长奠定了基础。

2. 乡镇企业辉煌崛起及迅猛发展

1984年是乡镇企业发展史上一个重要的分水岭。1984年年初，中央领导在烟台调查社队企业，认为"社队都改成乡镇、村和村民小组了，还是改名为乡镇企业好，将来农民办企业可能得办到乡镇"。[①] 1984年1月，中共中央颁布《关于一九八四年农村工作的通知》，鼓励农村突破地域等的限制，自主联合，个体经商办企业，逐步扭转农村企业发展滞后的局面。同年3月，国务院转发农牧渔业部《关于开创社队企业新局面的报告》（也称中央4号文件），具有历史性的突破。4号文件将"社队企业"正式更名为"乡镇企业"，明确乡镇企业由社办、队办的"两轮驱动"改为乡办、村办、户办、联户办的"四轮驱动"。文件要求各地各部门积极支持社队企业发展，努力开创社队企业发展的新局面。[②] 1985—1987年，中央连续发布文件，继续放宽对乡镇企业的产业限制，农村兴起大办企业的浪潮。不同所有制企业相互投资、相互融合，出现新型企业组织形式和资本组织形式。

---

① 陈剑光：《乡镇企业的由来与发展》，《新财经》2001年第9期。
② 于秋华：《改革开放三十年中国乡村工业发展的经验与启示》，《经济纵横》2009年第4期。

第一章　中国改革开放从农业和农村蓬勃兴起（1978—1991）

包括股份合作制、股份制和个体私营经济在内，各种形式的联营和中外合资企业迅速发展。多轮驱动、多业并举、多轨运行的所有制格局，逐渐取代了改革初期形成的格局，邓小平将其概括为"异军突起"，对乡镇企业发展给予了充分肯定。

乡镇企业辉煌崛起、高速发展，大致经历了3个发展波次，形成了两种较为典型的发展模式。第一波发展浪潮是以华西村为典型的脱贫帮扶潮。20世纪80年代初期，由"江南首富"江苏华西村和天津大邱庄领军，一大批乡镇企业纷纷建立，拥有多种产业，采取适度规模经营，实现出口创汇。致富之余，乡办企业凭借雄厚的资金和技术力量，结对帮扶外省落后农村办厂，搞培训和产品促销，形成脱贫帮扶潮。80年代中期，河南刘庄村和江苏常州五一村后起勃发、再掀热潮。后起之秀学先进、赶先进、超先进，乡办企业数量快速增加。以江苏常州五一村为例，1978年以前年人均纯收入不到百元，改革时期先后创办了8个乡镇企业，2006年成为全国百强村之一，28年间年人均纯收入增长了880倍。80年代中后期，一批50年代家喻户晓的老先进后来居上，如河北遵北县西铺村、山西昔阳县大寨村和平定县西沟村等，引进资金、技术和项目，开发本地资源，兴办乡镇企业，很快走上了致富的道路。

在乡镇企业快速发展的过程中，"苏南模式"和"温州模式"成为典型，进入人们的视野。苏南模式最早出现在江苏南部地区，是在传统的所有制基础上发展而来，以乡、村两级集体企业为主，地方政府推动，户办、联户办企业。苏南模式以非农副产品加工为主，以当地农村劳动力为主体，进行资本的原始积累。乡镇政府或村集体组织掌握企业发展初期的所有权，企业经营者则在之后的发展过程中，逐步接管企业的实际控制权。温州地区私营企业和个体工商户蓬勃发展、遍地开花，统称温州模式。温州模式以家庭、联户企业为主，市场组合配置生产要素，以日用小商品为主，依托城镇，充分运用市场机制，推动企业发展。家庭、联户企业是温州农村非农经营的主要方式，消费品市场、生产资料市场、资金市场、劳务市场和技术市场，构建起温州特色的区域性民间市场体系，企业在其中孕育成长。温州模式下的乡镇企业，主要从事社会服务业，以日用小商品为主，主导产业有交通运输、饮食服务和民间信贷等，形成了门类齐全的社会化服务体系。在温州模式下，农村生产要素实现自由流动，逐步向小城镇及周边地区集聚。苏南模式和温州模式存在较大区别，前者以集体企业为主，后者主要依赖家庭经济。乡镇企业在发展进程中，这两种模式后来互为作用、交替发展。

3. 乡镇企业经济的快速增长

20世纪90年代后期，新的企业组织形式大量涌现，如农村股份合作制、股份制和中外合资合作等。1996年10月29日，第八届全国人民代表大会通过了《中华人民共和国乡镇企业法》，针对新情况对乡镇企业的性质加以界定，指出乡镇企业是以农村集体经济组织或者农民投资为主[1]，在乡镇（包括所辖村）举办承担支援农业义务的各类企业。乡镇企业在城市设立的分支机构，或者农村集体经济组织在城市开办的企业，只要承担支援农业义务的，均按照乡镇企业对待。[2]乡镇企业的健康发展自此有了法律上的依据，这也是迄今为止关于乡镇企业最为完整详尽的理论解释。1998年4月，江泽民考察江苏乡镇企业时发表重要讲话，再次肯定了新出现的企业组织形式，要求各级领导一定要从国民经济和社会发展全局的高度来认识乡镇企业的重要地位和作用。

乡镇企业自身也有局限性——规模小、经营分散、耗能低效，造成资源浪费和环境污染，限制了乡镇企业的可持续发展。一是政企不

---

[1] 这里指的是"农村集体经济组织或者农民投资超过50%，或者虽不足50%，但能起到控股或者实际支配作用"。

[2] 中华人民共和国中央人民政府：《中华人民共和国乡镇企业法》，2005年6月1日更新，http://www.gov.cn/banshi/2005-06/01/content_3432.htm，2013年11月18日引用。

第一章 中国改革开放从农业和农村蓬勃兴起（1978—1991）

分导致企业产权模糊，企业经营管理难以规范化，不利于实现所有权与经营权的分离，企业发展的活力和后劲不足。二是二元经济结构以及土地和户籍制度，导致城乡分割，影响了劳动力吸纳的方式和企业组建方式。离土不离乡，进厂不进城，导致乡镇企业布局过于分散，难以形成规模经济和聚集效益，不利于乡镇企业的巩固和提高。三是城乡工业及地区之间结构趋同，盲目发展、低水平重复现象比较严重，导致乡镇企业经济效益低下，资源浪费问题突出。四是全国乡镇企业发展极不平衡，东部沿海地区发展迅速，中西部则相对落后，经济总量、技术水平、人力资源禀赋和生产效益等差距很大，且呈现出进一步拉大的趋势。乡镇企业起步晚，布局分散，设备简陋，能耗高，治污力量薄弱，环境污染问题十分严重。一方面，乡镇企业发展呈现多元化格局，乡村集体企业通过产权制度改革，投资主体逐步多元化，出现了乡镇政府、村集体、农民个体、经营者、法人和外资等多个主体。另一方面，中国经济由全面短缺走向相对过剩，卖方市场逐步转化为买方市场，由于国内市场有效需求不足，加之国际市场的形势也在发生变化，亚洲经济危机等不确定性因素变得难以驾驭，乡镇企业需要规范整合，重新发展壮大。

治理整顿工作围绕3个主要方面展开。一是通过政策性规定，明确乡镇企业的资金来源主要靠农民自筹。中央政策明确规定，乡镇企业发展所需资金应主要靠农民集资筹措，要求乡镇企业的发展要立足于农副产品和当地原料加工。由此，乡镇企业的发展势头受到抑制，1991年乡镇企业的增长速度仅为14%，远低于1985—1988年间的平均水平。二是扶持乡镇企业发展外向型经济。经济紧缩期间，国内市场疲软，国民经济发展目标调整，转为扶持乡镇企业发展外向型经济。1990年12月，中共十三届七中全会通过了《中共中央关于制定国民经济和社会发展十年规划和"八五"计划的建议》，文件强调要进一步发挥中小企业特别是乡镇企业在出口贸易中的重要作用。1991年5月，第二届全国乡镇企业出口工作会议提出，要加强乡镇企业出口体系建设。1991年11月29日,中国共产党第十三届中央委员会第八次全体会议通过了《中共中央关于进一步加强农业和农村工作的决定》,提出要制定新的扶持政策,引导和鼓励乡镇企业出口创汇。三是用制度法规保障集体企业发展。1990年6月3日,国务院颁布实施《中华人民共和国乡村集体所有制企业条例》,明确党和国家发展乡镇企业的方针政策不变,具有一贯性、坚定性和稳定性。紧缩政策使乡镇企业发展放缓,但外向型经济却因此获得长足发展,为下一阶段乡镇企业做强做大奠定了基础。[①]

三、乡镇企业促进农业与农村经济发展

乡镇企业是改革开放以来中国农民的3个伟大创造之一(另外两个分别是家庭承包责任制和农业产业化经营),涵盖农、工、建、运、商五大行业,延长了农业的产业链条,是大农业实现良性循环的客观要求。农业结构调整离不开乡镇企业的参与和支持,乡镇企业与农业结构调整有机结合,是中国农业走向产业化和市场化的重要前提。乡镇企业以农产品加工和销售为主,引导农业生产,开拓农村市场,服务广大农民,发挥了重要的龙头作用,促进了农业产业化的兴起和发展。乡镇企业不断发展、扩大经营,促进了小城镇集聚或者直接形成新的小城镇,繁荣了城镇经济,改善了城乡经济结构,为农村城镇化和城乡一体化作出了贡献。

1. 农业内部和农村产业变化

工业是乡镇企业的主体,其中最早开始发育且最成熟的是农产品加工业。农产品加工型乡镇企业带动种植养殖业结构重新调整,部分地区甚至出现以经济作物种植为主的产业结构。在乡镇企业出现以前,人们对于如何调整农业种植结构和养殖结构,目标非常模糊。自

---

① 徐伟民:《解读中国乡镇企业30年——访农业部乡镇企业局常务副局长卢永军》,《管理观察》2009年第1期。

第一章　中国改革开放从农业和农村蓬勃兴起（1978—1991）

从有了乡镇企业从事农产品加工，问题便迎刃而解。首先，农产品加工业是以农业物料人工种养或野生动植物资源为主要原料进行工业生产活动的总和，直接关系到农产品中间需求的扩张。其次，农产品加工业是连接初级农产品与最终消费的中间环节，企业发展关系到扩张农业的中间需求，关系到能否直接满足最终消费需求。农产品加工型尤其是食品加工型乡镇企业的发展，直接关系着我国农产品在国内、国际市场的开拓。最后，多数农产品属于季节性生产、常年性消费，容易导致农产品供求短缺或者过剩，而加工型乡镇企业可保鲜、储运和加工处理初级农产品，在一定程度上缓解了生产与消费季节性不对称的矛盾，防止了农产品价格走低，避免了农产品"卖难"现象泛滥。随着农村改革的不断推进，农产品加工型乡镇企业日益卓著，引导农业产业结构调整，有效地提高了农业的整体效益，增强了农产品在国内外市场的竞争力，促进了传统农业向现代农业的转变。

流通型乡镇企业与农产品加工型乡镇企业有所不同，主要负责农产品的市场销售。流通型乡镇企业联结农民和市场，帮助农民成为农产品流通的市场主体。农村中的能人牵头发展流通型乡镇企业，他们走南闯北，成年累月地和市场打交道，视市场为饭碗，视信息如生命，成为农民调整种植养殖结构的耳目、桥梁和依托。流通型乡镇企业一开始并不是乡镇企业发展的主体，只是在农村市场经济体制改革中才逐步发育起来的，20世纪90年代末期开始大批量出现，比较典型的组织形式是农产品营销协会。流通型乡镇企业迅猛发展，大力培养自己的经纪人队伍，解决了农产品"卖难"问题，有效降低了市场风险，从根本上促进了农业产业结构调整。流通型乡镇企业的崛起，解决了农民种什么、养什么的困惑。经纪人的点拨和引导，帮助农民及时调整产业结构，从生产环节缓解农产品相对过剩的危机，从根本上改变了农产品提篮小卖的状况，使农民收入获得较大幅度提高。凡是流通型乡镇企业活跃的地方，农业结构调整效果就好，农民收入增长就快，并且能够带动一批特色产业。

在乡镇企业中，有相当一部分是从事农业服务性活动的。农业服务型乡镇企业为农业生产提供信息、技术和种子供应服务，帮助农民依据市场需求调整农业结构，有效减少了农业生产的盲目和无序。农业生产具有生产周期长的自然特征，受自然力的影响较大，从播种到收获时间间隔数月甚至数年，种子、技术和市场信息任一环节出现疏漏，都会导致农民减产甚至颗粒无收，因此农业更需要有相关部门为其提供各种服务。农业服务型乡镇企业实行产销分工，企业门类有农机维修站、乡镇农技服务机构和供销合作社等，有条件、有能力为农业生产提供技术支持、种子和市场信息服务，受到广大农民的欢迎。

乡镇企业种类繁多，是农业结构调整的主要载体和可行门径，促进了农村经济和县域经济的发展，具有举足轻重的作用。从社队企业体制下的户办、联办企业，到乡镇企业体制下从事多种经营的内向型和外向型企业；从农副产品加工企业，到流通型和服务型乡镇企业，乡村工业的每一次发展和进步都极为深刻。乡镇企业打破了单纯依靠农业发展的格局，企业产值在农业生产总值中的比重显著提升，给农村产业结构调整创造了新的机遇。非农产业的发展，已经成为支撑农村经济的重要力量。

2. 非农就业开启农村城镇发展进程

社会学意义上的农村城镇化包括3个方面：农村人口的职业角色转换、居住地域的转移和生产生活方式的转变。乡镇企业辉煌崛起与农村城镇化存在一定的因果关系。乡镇企业开启了农村工业化进程，高度同质的传统村落逐步瓦解，中国传统农民开始了缓慢分化的历史进程。农民的职业角色也在发生改变。传统意义上的农民逐步摆脱了对土地的依赖，慢慢向产业工人转变，并且这种转变正从半农半工化向彻底非农化方向发展。传统农民开始分化，职业身份开始发生转变，村域内农民之间社会关系缔结的纽带也在发生改变。以职业分工为核心的业缘关系，开始逐步取代血缘、亲缘和地缘关系，成为农村社会的主要关系，并影响着农村居民的日常行为方式和交往方式。

第一章　中国改革开放从农业和农村蓬勃兴起（1978—1991）

非农就业促进了农民的职业分化与身份转变。传统意义上的农民，靠从事农业、林业、牧业、渔业和水利业生产为生，是个纯粹的职业概念。1958年以后，所有居民被划分为城市居民和农村居民，农民的流动受到户籍的严格限制，农民从此兼具职业和身份的双重属性。在"以粮为纲"的计划经济体制下，农业生产力水平较低，农村的职业同质性较强，人地矛盾并未凸现，绝大多数农民并不希望转变职业和身份。改革开放以前的30年间，农业劳动者占社会劳动者总数的比例并未发生较为明显的变化，农民群体的职业分化度非常低。家庭联产承包责任制的推广和实施，充分释放了农民的生产经营自主权，极大地调动了农民的生产积极性，农村人多地少的矛盾日益突出。随后，宽松的农村政策出台，乡镇企业获得大发展，一部分农民开始摆脱对土地的依赖，到乡镇企业从事非农业生产经营活动，或者以个体经营者的身份从事长途运输和集镇贸易。传统的农民职业出现分化，开始朝着多元化方向发展。部分农民后来走出村域限制，努力朝着产业工人的身份转变。

非农就业开启了农村的业缘化进程，农村居民的生活方式日趋城镇化，推动了农村城镇化进程。社会学意义的"缘"文化是基于一定的社会基础，因人际结合而产生的基本关系，涵盖社会行为方式、社会组合形式以及由此形成的思想观念。其中，血缘文化以家庭、宗族和亲戚等血统关系为基础，地缘文化以邻里、乡里和社区等地域关系为基础。在乡镇企业出现之前，传统农民依靠血缘或亲缘关系结合在一起，在村域内组成若干以亲缘、血缘为纽带的初期群体，业缘关系零散而疏弱，几乎构不成"文化"。农业合作化时期，农村仍以地域性农业经济为主，只不过扩大了劳动组合单位，血缘关系被弱化。在家庭联产承包责任制普遍推行后，农村发生深刻变化，大量农业劳动力剩余出现，为非农就业的实现准备了必要的条件。乡镇企业异军突起后，迅速给农村剩余劳动力实现非农就业提供了有效路径，农村富余劳动力快速向非农产业和城镇转移。

乡镇企业迅速发展,吸引了大量农民从事非农产业。乡镇企业就业人数增长很快,1993—1994年,最高就业人数达1.4亿。发展非农产业和乡镇企业,促进了农村小城镇的发展。1978年,全国小城镇的数量仅有2 880个;而到了21世纪初期,小城镇数量已超过2万个。小城镇的发展促进了城镇人口数量的增加。1997年我国有城镇人口3.69亿,而到了2001年年底城镇人口已增至4.81亿。农村也发生了深刻的变化,以农业生产为主业形成的产业结构不断调整,农业生产经营、个体工商户和私营企业主的非农经营同时并存、共同发展。乡镇企业打破了家庭内部生产、生活为一体的互动局面,家庭成为成员生活的基本互动单位,乡办和村办企业成为专门的生产互动单位。乡镇企业领头人拥有一定的技术和知识水平,成为农村社会的能人型和精英型权威,取代了家族长幼秩序格局下形成的权威。农村社会分工进一步发展,农村人口流动量迅速增大。20世纪90年代中期以后,农村劳动力跨区域流动就业成为中国经济发展中的一个特定现象。

3. 农民流动出现双向变化

在乡镇企业体制下,农村劳动力流动与管理的政策,大致经历了两个发展阶段。

首先是允许流动阶段,时间大致为1984—1988年。这一时期农民流动受到国家政策的严格控制。1984年中央一号文件出台后,农村劳动力流动政策开始松动,农民被允许自筹资金、自带口粮进城务工经商。由于政策允许并鼓励农村劳动力在区际和城乡之间自由流动,农民的转移就业从此进入增长较快的阶段,乡镇企业从业人数从初期的5 028万人增加到9 545.5万人,增长率高达89.9%。[①]

其次是控制盲目流动阶段,时间大致是1989—1991年。1988年

---

① 李瑞芬,何美丽,郭爱云:《农村劳动力转移:形势与对策》,北京:中国农业出版社,2006年,第14页。

第一章　中国改革开放从农业和农村蓬勃兴起（1978—1991）

下半年，国家开始对国民经济实施为期3年的治理和整顿，以控制日益严重的通货膨胀。这对乡镇企业的发展造成了很大冲击。农村非农就业的增长几乎停滞，3年间仅增长295万人，年均仅增长1.16%。[①] 宏观环境发生变化，城市生产开始收缩，大量进城农民工返回农村。中央摒弃"一刀切"的政策，调整思路，保留了大部分允许农村劳动力流动的政策和措施，同时着手开展农村劳动力就业开发和培训试点工作。这一时期的农民流动，本质上是一种跨领域的流动，流动半径仅局限于农村范围内，以离土不离乡的就地转移为主要方式。[②]

离土不离乡的农民流动具有明显的计划性。农村经济体制改革蓬勃兴起时期，农村劳动力的流向主要受劳动力市场需求所影响，很大程度上是适应经济规律的有序流动。而计划经济体制下的农民流动则不同，有计划流动与非计划流动（盲流）之分[③]。社队企业体制下的农民流动，多属非计划性质，企业发端、停滞、恢复直至高速发展的整个进程，完全处在计划经济体制下，农民流动受到户籍政策的影响。1980年8月，中共中央、国务院发布《关于进一步做好城镇劳动就业工作的意见》，明确要对农业剩余劳动力采取办法加以吸收，要发展社队企业和城乡联办企业，逐步建设新的小城镇。[④] 1981年10月，中共中央、国务院发布《关于广开门路，搞活经济，解决城镇就业问题的若干决定》，要求发展多种经营，兴办社队企业，就地适当

[①] 王俊霞：《城市化进程中农村剩余劳动力就业问题研究》，硕士学位论文：河北大学法学系，2004年，第5页。

[②] 关于"离土不离乡"有3种基本解释：第一种解释站在聚落类型的角度，称"离土不离乡"为农民改业而不进城，即虽弃农而务工商，但仍然居住在村镇等小型聚落中。第二种解释是从职业角度出发，认为工农（或商农）兼营，以工补农就是"离土不离乡"。第三种解释是把"离土不离乡"阐释为"东方文化现象"，认为它指的是农民改业后仍不脱离乡土文化背景。

[③] 学术界关于"盲流"的理论阐释，目前还存在许多争议。这里讲社队企业体制下的农民流动，用了"盲流"这一名词，特指改革开放之前，盲目进入城市、没有正式工作、没有可靠生活来源的农村户口持有者。

[④] 马雪松：《从"盲流"到产业工人——农民工的三十年》，《企业经济》2008年第5期。

安置农村多余劳动力，不使其涌入城镇；农村人口和劳动力迁进城镇，按照政策从严掌握，严格履行审批手续，公安、粮食和劳动等部门，要分工合作把好关，不要政出多门。要求严格控制使用农村劳动力，继续清退来自农村的计划外用工。

计划性规制了农民离土不离乡流动的不稳定性与非持续性。从社队企业初现端倪，到乡镇企业取而代之，政策定位共发生4次大的调整，农民流动出现不稳定性与非持续性。社队大办工业时期，国家第一次对社队企业进行政策定位，要求将社队企业当作地方工业发展的一部分，与中央工业发展并举。当时强调：要作为全国工业化的一部分，实施公社工业化与农业工厂化；要作为"工农兵学商结合"与"工农业并举"的主要组成部分，全民大办工业。①

1961—1965年，国家开始整顿国民经济，要求社队企业一般停办。全国社队企业的发展因此受到影响，基本处于停滞状态。1966年国家恢复发展社队企业，将社队企业定位为：亦工亦农、农业发展的补充成分，巩固人民公社集体经济的伟大希望和前途，消灭工农差别、推进农业机械化的重要手段。改革开放以后，社队企业进入快速发展时期，政策定位发生历史性的转变。国家要求将发展社队企业当作安排农村剩余劳动力、巩固壮大集体经济、增加社员收入的主要手段。由于社队企业的政策定位不断变化，"离土不离乡"式农民流动的短期稳定性发生波动，加之个别社队企业生产自身存在季节性与临时性，农民流动的不稳定性与非持续性更加明显。②

20世纪80年代末90年代初，市场计划双轨制与城乡二元体制同时并存，农民流动与管理政策受到宏观调控政策的严格限制，同时接

---

① 中国经济网：《中共中央批转轻工业部党组关于人民公社大办工业问题的报告》，2007年6月11日更新，http://www.ce.cn/xwzx/gnsz/szyw/200706/11/t20070611_11690937.shtml，2013年11月15日引用。

② 颜公平：《对1984年以前社队企业发展的历史考察与反思》，《当代中国史研究》2007年第2期。

第一章　中国改革开放从农业和农村蓬勃兴起（1978—1991）

受经济规律的市场化引导，不断向着有利于经济市场性发展的方向调整。刚性的农村劳动力流动与管理政策，影响了乡镇企业体制下的农民流动，具有计划与市场的双重属性。这一时期，农民流动仍存在一定的不稳定性与非持续性，但农民的就业转移预期却相对更加持久，具有进步意义。后来，这部分农民大量涌入沿海城镇，加速向小城镇流动和转移。1985—1991年，在交通运输业、工业、建筑业和商业，以及一些从事咨询工作的服务业中，农村劳动力从业人数持续快速增长，成为推动我国经济社会发展的重要力量。

第四节　促进农业生产发展的新政策

改革开放初期，国家采取渐进增量式的改革，国民经济开始逐渐摆脱停顿的困境。随着系列宽松经济政策的陆续出台，农业生产逐步恢复和发展。这一时期，中央解放思想，把党和国家中心工作转移到经济建设上来，调整国民经济方针，并采取了一系列优惠政策，切实保护农民的经济利益。具体措施包括：提高农副产品收购价格，降低农用工业品价格；组建农村金融机构，加强对农业的信贷支持等。1982—1986年，中央连续发布5个一号文件，推动家庭承包制改革，指导农业发展。新中国成立30年来，农业科技和农田水利建设取得巨大成就，此时连续密集地发布系列利农新政，契合了多年来农民渴望土地分户经营的心理，数亿农民的生产积极性被释放，农村经济实现高速发展。

一、保护农民利益的有关政策

改革开放初期，我国的农业政策取得巨大成就，政策与农民利益实现了良性互动。通过农民生产能力的释放，农村经济实现了高速发展。国家首先以价格为信号，实施了有差别的农副产品和农用工业品价格调整政策，以保护农民的经济利益，最大限度地激发农民的生产积极性，促进农业生产快速恢复和发展。大批金融机构恢复组建，系列农村金融和信贷支持政策出台，农村金融市场开始发育，促进了农村商品经济和农业生产的发展。"放水养鱼政策"同步实施，数亿农民得到更多实惠，负担减轻，收入提高，以更充足的资金和精力投入农业生产。

1. 工农产品价格政策调整

改革开放初期，国家对工农产品实行有差别的价格调整政策，农业逐步恢复发展。1979年9月，中共十一届四中全会通过了《中共中央关于加快农业发展若干问题的决定》（以下简称《决定》）。《决定》提出了25项恢复并加快农业发展的政策和措施，涉及的内容大致有5个方面。

首先是农副产品价格保护政策。中共十一届三中全会通过的公报指出：为了缩小工农业产品交换的差价，粮食统购价格从1979年夏粮上市的时候起提高20%，超购部分在这个基础上再加价50%；棉花、油料、糖料、畜产品、水产品和林产品等农副产品的收购价格也要分情况，逐步作相应的提高。① 中共十一届四中全会肯定并接受了这一原则性的决定，将农副产品价格保护政策列为第8项，正式写入《决定》中。保护价政策以价格为信号，调动农民的生产积极性，通过农副产品全面大幅提价，来确保农民增产增收。

其次是农用工业品价格限制政策。中共十一届三中全会作出决定，农业机械、化肥、农药及农用塑料等农用工业品的出厂价格和销售价格，在降低成本的基础上，于1979年和1980年降低10%~15%，把降低成本的好处基本上给农民。② 中共十一届三中全会的这一原则性决定，与价格保护政策一同列入四中全会《决定》中的第8条。限

---

① 中共中央文献研究室，国务院发展研究中心：《新时期农业和农村工作重要文献选编》，北京：中央文献出版社，1992年，第11页。

② 中共中央文献研究室，国务院发展研究中心：《新时期农业和农村工作重要文献选编》，北京：中央文献出版社，1992年，第26~32页。

制农用工业品价格,能够有效降低农民的生产成本。据《中国农业年鉴·1984》统计结果显示,工农业产品价格政策调整后,主要农产品与工业品的交换比价大幅上升。以食盐为例,1957年100公斤小麦可以等价交换62公斤食盐,而1978年已可等价交换食盐95公斤。① 降低生活必需工业品价格,使农民的衣、食、住、用等日常开支控制在较为合理的消费水平,有利于从根本上控制工农产品价格剪刀差,对农民极为有利。

2. 支农扶农的政策

改革初期,国家组建了一大批金融机构,农村金融市场开始发育,促进了农村商品经济和农业生产的发展。1979年2月,恢复成立了中国农业银行,以加强农业生产专项资金与支农贷款的管理。中国农业银行是从事农村金融业务的专业性政策银行,在改革初期发挥了重要的支持、保障和理财作用。《决定》把支农贷款列入第7条,要求对农业的贷款到1985年要比过去增加1倍以上;要有计划地发放专项长期低息或微息贷款,期限可以是10年、15年,甚至可以到20世纪末;中国农业银行应积极做好农村的信贷工作,适应发展农村信贷事业的需要。②《决定》要求集合农村信用社的力量,在保证农业贷款需要的前提下,适当改变信用社的操作方式,经营农村工商信贷业务。加大农业投入,组建中国农业银行,加之后来的农村信用合作社改革,三足鼎立,形成了一个较为完善的支农资金保障体系,提升了农民种粮的积极性,进一步促进了农业生产收益的增加。

在农村金融和信贷支持政策推行过程中,系列辅助农业发展的政策也陆续出台。农村政策更加宽松,开始允许农村发展零售商业、农副产品就地加工业、社队企业、村办企业以及家庭副业。《决定》第

---

① 中国农业年鉴编辑委员会:《中国农业年鉴·1984》,北京:农业出版社,1984年,第180页。

② 中共中央文献研究室,国务院发展研究中心:《新时期农业和农村工作重要文献选编》,北京:中央文献出版社,1992年,第34页。

4条明确指出,社员自留地、自留畜、家庭副业和农村集市贸易,是社会主义经济的附属和补充,不能当作所谓资本主义尾巴去批判;应当在保证巩固和发展集体经济的同时,鼓励和扶持农民经营家庭副业,增加个人收入,活跃农村经济。[①]

《决定》还用大量篇幅,肯定了农村零售商业、农副产品就地加工业、社队企业的性质、地位与作用,规范了发展方向与范围,确定了相应的资金、技术支持与权利义务保障。支农扶农的政策体系逐步形成,农村产业结构加快调整,促进了农村商品市场的发育,推动了农民离土不离乡的就地转移进程。

系列宽松政策还包括许多减轻农民负担的优惠政策,社会各界亲切地称之为"放水养鱼政策"。《决定》指出,要在今后一个较长的时间内,使全国粮食征购指标继续稳定在1971—1975年"一定五年"的基础上,并且从1979年起减少50亿斤,以利于减轻农民负担,发展生产;水稻地区口粮在400斤以下的,杂粮地区口粮在300斤以下的,一律免购;绝对不许购过头粮。[②] 1984年,家庭承包制蓬勃兴起,中央继续下发文件,禁止各级政府部门采取任何形式向农民摊派,以减轻农民的额外负担。"放水养鱼政策"实施后,数亿农民得到了更多实惠,负担逐步减轻,收入大幅提高。

二、指导承包经营和农村改革的系列文件

新中国成立近30年时间里,对于是实行社队集体经营还是实行家庭承包经营一直存在争议。1978年,中共十一届三中全会确定了解放思想、开动脑筋、实事求是、团结一致向前看的指导方针,广大干部群众多年来萦绕在心头的家庭经营愿望潮水般涌动起来,农村多

[①] 中共中央文献研究室,国务院发展研究中心:《新时期农业和农村工作重要文献选编》,北京:中央文献出版社,1992年,第33页。

[②] 中共中央文献研究室,国务院发展研究中心:《新时期农业和农村工作重要文献选编》,北京:中央文献出版社,1992年,第35页。

第一章　中国改革开放从农业和农村蓬勃兴起（1978—1991）

年来若明若暗、时隐时现的包产到户也随之显露出来。1982—1986年，中央连续发布5个一号文件，肯定土地承包制的社会主义性质，推动了农村改革进程，巩固和发展了农村改革的成果。农村数年间发生翻天巨变，由此启动了整个经济体制改革的历史巨轮，为国民经济的腾飞奠定了重要的基础。

1. 有关包产到户的重要文件

1958年年底，"包产到户"在关于农村的文章中开始高频出现，成为常被质疑和批判的词汇。1978年冬，安徽省凤阳县梨园公社小岗生产队18户农民在包干契约上按下手印，壮行农业包产到户。1979年，小岗村获得大丰收，当年粮食总产量达66吨，相当于全队1966—1970年5年粮食产量的总和。此时有部分文件灵活变通，显露了改革的迹象。1978年年底，中共十一届三中全会发布了《中共中央关于加快农业发展若干问题的决定（草案）》，明确不许分田单干和包产到户，但放宽限制，允许联系产量计算劳动报酬，允许包工到作业组，农民深受鼓舞。

1979年国庆节前夕，分田单干和包产到户在农村势不可挡，改革面临新的形势。1979年9月，中共十一届四中全会召开，会议分析和总结了农村发展的历史经验教训，研究了新时期农业与农村发展的新对策。全会提出适当修改《中共中央关于加快农业发展若干问题的决定（草案）》，强调8亿农民的生产积极性，是确定农业和农村经济政策的出发点；农民的经济利益和政治民主权力能否得到体现和保障，是检验一切政策是否符合生产力发展需求的标准。针对当时备受关注的包产到户问题，《决定》一方面重申分配上坚决纠正平均主义，可以按定额记工分，可以按时记工分加评议，也可以包工到作业组，联系产量计算劳动报酬；另一方面采取灵活变通的办法，限定某些副业生产的特殊需要和边远山区、交通不便的单家独户，可以包产到户。[①] 文

[①] 中共中央文献研究室、国务院发展研究中心：《新时期农业和农村工作重要文献选编》，北京：中央文献出版社，1992年，第33页。

件承诺，这些意见可以在实践中继续加以补充，逐步修改和完善。

《决定》对包产到户的定义较为模糊，各地在贯彻执行过程中遇到困难，关于包产到户性质的讨论愈演愈烈，农民群众探索包产到户的实践也在进行，并不断创造新的增产奇迹。1980年5月31日，邓小平在谈论关于农村政策问题时指出："农村政策放宽以后，一些适宜搞包产到户的地方搞了包产到户，增产幅度很大，效果很好，变化很快。""有的同志担心，这样搞会不会影响集体经济。我看这种担心是不必要的。"[1] 认为实行包产到户的地方，经济的主体还是生产队，关键是要从各地的具体条件和群众的意愿出发。[2] 讲话公开肯定了"大包干"的做法，明确传达了农村改革势在必行的决心。

1980年，我国农村自然灾害频发，长期低温，南涝北旱，冰雹、冻害、病虫害不断，占全国播种面积30%左右的农田受灾，灾情十分严重。所幸当年农村政策宽松，农民勤劳，大灾之年全国粮食总产量高达31 822万吨，是新中国成立以来的第二个高产年。家庭副业的增收优势更为明显，纯收入比上年增长42.2%，许多长期贫困落后的地区，农业喜获丰收。[3] 包产到户搞得早的地方，如安徽、四川和甘肃等地，出现了更为喜人的新气象。同年9月，中央召开省、市、自治区党委第一书记座谈会，专题讨论加强和完善农业生产责任制问题。会议达成共识，批准印发了《关于进一步加强和完善农业生产责任制的几个问题》（简称75号文件），对农村改革具有深远意义。75号文件罗列了12个问题，基本精神是加强和完善农业生产责任制，第6条专讲包产到户。文件指出：当前部分省区干部和群众，广泛争论可否实行包产（包干）到户的问题，为了有利于工作和生产，有必要从

---

[1]《改革开放简史》编写组：《改革开放简史》，北京：人民出版社，中国社会科学出版社，2021年，第23页。

[2] 中共中央文献编辑委员会：《邓小平文选（第二卷）》，北京：人民出版社，1994年，第315~316页。

[3] 吴思，李晨：《转折：亲历中国改革开放》，北京：新华出版社，2009年，第69页。

第一章　中国改革开放从农业和农村蓬勃兴起（1978—1991）

政策上作出相应的规定。文件明确提出：在那些边远山区和贫困落后地区，一些生产队长期吃粮靠返销，生产靠贷款，生活靠救济，群众对集体丧失信心，要求包产到户或包干到户，应当支持群众的要求，并在一个较长的时间内保持稳定。① 文件肯定包产到户联系群众，发展生产，解决温饱问题，是一种必要的措施；澄清在生产队领导下实行的包产到户，是依存于社会主义经济的，不会脱离社会主义的轨道，没有复辟资本主义的危险。② 75 号文件标志着农村政策获得重大突破，包产到户终于首次在中央文件上获准"落户"。

2. 指导农业的 5 个一号文件

75 号文件颁布当年，农业获得大丰收，给包产到户的大争论做了很好的总结。早包早富、迟包迟富、不包不富，已成为多数人的共识。然而关于包产到户问题的争论并未因此完全停止。国务院对中央领导干部思想不统一的问题极为重视，1981 年春，农业部门 100 多位领导干部深入农村开展调查研究，在实践中转变思想观念。本着"有利于解放和发展生产力，有利于增加农民收入"的原则，中央在 75 号文件的基础上，重新拟定新的文件，给予包产到户明确的说法，以解决农村工作中出现的新问题。经大量调查研究之后，国家农委多次召开座谈会，反复修改完善拟定的初稿，1981 年 12 月交予全国农村工作会议讨论，会后以会议纪要形式报中央审定。1982 年 1 月，会议纪要作为来年第一号文件印发全党，第一个指导农村工作的中央一号文件正式出台。文件以明确描述给双包制正名，肯定了当时实行的各种责任制都是社会主义集体经济的生产责任制，支持小段包工定额计酬、专业承包联产计酬、联产到劳和包产（包干）到户到组的责任制形式。③

---

① 中共中央文献研究室，国务院发展研究中心：《新时期农业和农村工作重要文献选编》，北京：中央文献出版社，1992 年，第 60 页。

② 中共中央文献研究室，国务院发展研究中心：《新时期农业和农村工作重要文献选编》，北京：中央文献出版社，1992 年，第 61 页。

③ 中共中央文献研究室，国务院发展研究中心：《新时期农业和农村工作重要文献选编》，北京：中央文献出版社，1992 年，第 116～117 页。

1982年中央一号文件具体分析了联产承包责任制的优越性，赞扬其可以在分户经营、自负盈亏的基础上保持与集体之间的承包关系，能够恰当地协调集体利益与个人利益，同时发挥集体统一经营和劳动者自主经营的积极性，是社会主义农业经济的组成部分。文件关于双包制的理论阐释，更加坚定了农民群众推行包产到户、实行包干到户的决心和信心。农村改革由此急速向前推进，农业总产值、粮食产量和农民收入均获得增长，进一步增强了中央加大改革步伐的决心。

1983年1月，第二个中央一号文件《当前农村经济政策的若干问题》出台。文件总共涉及农村改革的14个问题，指出包产到户是社会主义集体经济的生产责任制，高度赞扬包产到户是马克思主义农业合作化理论在我国实践中的新发展，是在党的领导下我国农民的伟大创造。[①] 文件肯定联产承包责任制具有广泛的适应性，以农户或小组为承包单位，扩大了农民的自主权，发挥了小规模经营的长处，克服了管理过分集中和平均主义的弊端；包产到户继承了以往合作化的积极成果，能更好地发挥多年来所形成的生产力。文件一并提出许多新政策，要求发展多种商品经营、实行农业技术改造、加强农村建设，进一步提高了人们的理性认识。

第二个中央一号文件在实践中得到贯彻执行，以"包"字为标记，多种形式的责任制又有了新发展。"包"把劳动者的劳动同生产成果联系起来，责、权、利紧密结合，有效克服了平均主义的大锅饭思想，推动了农业生产发展，农村经济开始逐步向专业化、商品化和现代化方向发展。1983年年底，各省、市、自治区党委书记在京召开农村工作座谈会，畅谈农村改革的大好形势，心悦诚服地赞美承包制的神奇威力，一并通过了来年农村工作的重点。

1984年1月，第三个中央一号文件《中共中央关于1984年农村

---

① 中共中央文献研究室，国务院发展研究中心：《新时期农业和农村工作重要文献选编》，北京：中央文献出版社，1992年，第165页。

第一章　中国改革开放从农业和农村蓬勃兴起（1978—1991）

工作的通知》出台。文件针对农村商品生产出现的良好势头，突出强调来年应在稳定和完善生产责任制的基础上，提高生产力水平，发展商品生产，抓好商品流通，认为这是由自给性经济向较大规模商品生产转化不可逾越的必然过程。文件就农民普遍关心的土地承包期限问题作出回答，明确提出土地承包期一般应在15年以上，建议适当延长果树、林木种植项目和荒山荒地开发项目的承包期限。[①] 系列规定坚定了农民长期承包的信心，农民的生产积极性提高，主动向土地投资、投劳、投肥，加强农田基本建设，努力改善农业生产条件。

中央至此已连续3年印发了3个专讲"三农"问题的一号文件，促进了农村商品生产的迅速发展。但同时，向商品经济转化的种种不协调现象随之产生，农产品供需不足、质量不高、品种不全，商品流通受阻，统购统销制度弊端凸现，深化改革势在必行。

1985年1月，第四个中央一号文件出台，即《中共中央 国务院关于进一步活跃农村经济的十项政策》。文件提出取消农产品统派统购制度，以更宽松的农村金融政策和基础建设支持，调整农村产业结构，扩大城乡商品交流。由此，农村发展进入商品经济新阶段，乡镇工业、建筑业、运输业迅速发展，带动农业总产值显著提升，农业连续多年大幅增产。但随着农业的连年丰收，许多干部的盲目乐观情绪也在滋生，不少地方片面理解"无农不稳、无工不富、无商不活"的含义，重工轻农，忽视农业生产，造成粮棉种植面积减少，产量大幅下降，责难反对包产到户和农村政策的声音重现。

1986年1月，第五个中央一号文件《中共中央 国务院关于1986年农村工作的部署》出台。文件着力统一认识，巩固、消化和补充改革取得的成果，解决农村工作中出现的突出问题。文件针对怀疑改革的思想，重申农村改革的方针政策是正确的，改革的成效是显著的，

---

① 中共中央文献研究室、国务院发展研究中心：《新时期农业和农村工作重要文献选编》，北京：中央文献出版社，1992年，第224页。

只有通过深化改革,才能解决农村中出现的新问题。文件告诫,必须始终坚持以农业为基础,避免在工业化过程中出现农业停滞的现象,要切实增加投入,依靠科技,加强服务,推动农村经济持续、稳定、协调发展。① 第五个一号文件下达后,粮棉生产重新引起重视,农村经济出现新的起色,农业总产值、粮棉总产量和农民纯收入增长明显。

中央5个一号文件服务于农业和农村工作,社会影响力大,指导作用明显,统一了人们对包产到户的认识,把农业、农村和农民问题提升到高度重要的位置。农村干部和广大农民得到莫大的心理安慰,精神受到鼓舞,激发出强大的创造力,推动农村改革取得突破性进展。连续以"一号文件"的方式布政,政府政策与农民利益实现良性互动,体现了一号文件特殊的桥梁作用。

在农村改革启动以前,亿万农民长期处在计划经济体制下,政府政策与农民利益难以对接,广大农民渴望变革的意愿十分强烈。5个中央一号文件连续发布后,农村工作中的极左思想障碍逐步得到消除,解放思想、实事求是、搞农业家庭承包成为主流。连续5年下发的中央一号文件,均以亿万农民的切身利益为出发点,及时解答了广大农民关心的包产(包干)到户、土地承包期限和农产品流通及雇工问题,政策导向清晰。文件本身即是政府惠农思想下达民意的有力载体,充分体现了政府政策对农民利益的格外照顾和关怀;农民群体则用倍增的农业高产高收成果,对中央政策作出回应,政府政策与农民利益实现了良性互动。

中央一号文件本身还蕴含着丰富的史料价值,为国史研究、农史研究以及农村政策研究等提供参考。中共十一届三中全会后农村改革启动,农地制度发生深刻变革,建立了家庭联产承包责任制,社会主

---

① 中共中央文献研究室,国务院发展研究中心:《新时期农业和农村工作重要文献选编》,北京:中央文献出版社,1992年,第372页。

第一章　中国改革开放从农业和农村蓬勃兴起（1978—1991）

义计划经济开始向市场经济转变。当下，家庭承包制已成为农村最普遍的农地经营管理模式，而承包制自身的机制缺陷也导致一些新问题显现。不少研究者竞相展开研究，重新审视曾创造生产奇迹的家庭承包制。新旧思想斗争异常激烈的历史进程中，5个中央一号文件记录了这场改革，成为农史、国史和党史研究的重点，是解读改革开放波澜壮阔历史进程最直接的门径。以国史研究为例，在编纂中国当代史过程中，分段研究农村改革取得突破的这段历史，最简便易行的办法就是以5个中央一号文件为切入点，从丰富的史料信息中探寻家庭承包制改革的始末。在农村政策研究领域，系列中央一号文件的史料价值依然十分显著。20世纪80年代家庭承包制改革成功推行，离不开这5个中央一号文件的联动指导。进入新世纪，当决策者对农村工作作出前瞻性预测时，也会选择中央一号文件作为史实依据。当下，我国进入全面深化农村综合改革的新阶段，中央一号文件依然肩负统领改革的使命和布政载体的作用，是开展农村政策研究和史学研究必不可少的参考文献，具有重要的史料价值。

第二章 推行市场经济体制 促进农业结构大调整（1992—2001）

经济体制改革在农村取得突破性进展，农村开始普遍试行家庭联产承包责任制，极大地鼓舞了广大农民的生产热情。与此相对应的是，城市经济体制改革一直难以实现，影响了整个改革的大局。经过十几年的改革开放实践，中国共产党已经明确认识到，市场经济不是资本主义特有的东西，社会主义也应当搞市场经济。发展社会主义市场经济，是实现社会主义现代化的必由之路。为了统一认识，中央多次发布文件，明确社会主义经济的性质，厘清市场和计划的内在统一关系，逐步为建立社会主义市场经济体制扫清了思想上的障碍。1992年邓小平南方谈话后，很多改革的成果得到认可，中共十四大明确提出要推行社会主义市场经济体制。

推行社会主义市场经济体制，目的在于摆脱固有计划经济的束缚，充分发挥市场在资源配置中的作用，建立符合改革开放新形势的现代经济制度。为了适应市场经济新体制，农业和农村改革又进入经济体制改革阶段。围绕市场经济体制框架，农地、农税、农村金融和粮食等农业经济领域，中央先后出台了一系列重大改革措施：将土地承包制度原定承包期延长至30年不变，并修订法规强化为农村政策的基石；在粮食流通领域作出全面放开粮价的决定，实行市场定价为主，粮票、粮本全部取消，原来的定量配给转变为市场自由采购。到1993年，包括粮食在内的绝大多数农产品的价格和经营均已放开。

第二章 推行市场经济体制 促进农业结构大调整（1992—2001）

农村金融领域也启动了商业化改革：中央银行宏观调控体系实现重构，组建了中国农业发展银行及其分支机构；农村信用合作社与中国农业银行脱离行政隶属关系，政策性金融和商业性金融实现分离。体制转轨，经济转型，各种矛盾错综复杂，农民增收困难重重，基层财力十分紧张，农村税费改革由点及面艰难推行。农业经济领域的各项改革推行10余年，历经诸般艰难曲折，总结出许多宝贵的经验。

与此同时，农民群众积极参与农村改革，农业生产领域取得一系列适应市场经济规律的崭新成果。市场机制引导传统农村产业结构全面调整，农业产业化继之蓬勃兴起。市场化转轨中亿万农民进入城镇，促进了劳务产业的发展。此时，我国启动农业国际化战略，现代农业科技成果的转化加快，农业技术的示范和推广获得长足发展。系列改革举措和政策主张适应市场经济规律，引导农业步入市场经济轨道。农民成为社会主义市场经济的主体，促进了农村经济的发展，为推进农业现代化奠定了基础。

第一节 市场经济体制在农业领域逐步推行

市场经济体制确立之初，农业经济领域的现状与市场经济体制格格不入，成为轰轰烈烈的农村改革的制度性和体制性障碍。为了打破僵局，适应市场经济体制，粮食流通、农业税费和农村金融等领域，逐步启动体制性改革。紧随市场经济的确立，稳定土地承包经营权，实施农村义务教育等改革措施，也同时全面展开。农业经济领域的一系列改革，比想象中更艰难，尤以粮食流通体制改革历时最久。由于处在计划经济体制的核心，粮食流通体制改革久攻不克，于是开始从以往的价格调整进入全方位的体制性改革。粮食流通体制改革前后历时10年，经过了4次变换改革方案仍难以到位，可见计划经济体制的影响根深蒂固。农业税费、农村金融、教育及医疗等领域的改革也大致如此，体现出市场经济体制在农业经济领域的确立之难。

一、农村生产要素的活跃和市场初期发育

20世纪90年代初期，改革步入攻坚阶段，全面向社会主义市场经济体制转轨。此时，乡镇企业辉煌崛起的显著成效已经凸显，"三农"领域发生翻天巨变：农村工业品有效补给增多，繁荣了城乡工业品市场，增加了社会的有效供给；农民就地转移实现就业，形成"离土不离乡"的劳动力流动模式。乡村工业不断发展壮大，农村第二、第三产业觅得良机，成为县域经济新的增长点。乡镇企业辉煌崛起，蓬勃发展，土地、资本和劳动力三大要素重新组合优化。农村生产要素的活跃程度，超过新中国成立以来的任何时期。

1. 农村工业品有效补给开辟充裕市场

在新中国成立后的相当长时间里，由于历史的原因，仍沿袭传统的二元经济模式，城市搞工业，农村搞农业。计划经济体制下，城市工业的发展主要依赖于国家投资，限于当时的综合国力和国情，经常出现资金短缺现象。工业发展与社会需求最终无法对接，城乡市场上的工业品长期匮乏，城乡工业品供不应求的矛盾相当突出。虽然政府也曾作出种种努力试图缓解，却总是无法取得预期效果。20世纪70年代末期，改革中率先富起来的一些地方，以工补农兴办社队企业，效益甚为可观。80年代末90年代初，社队企业正式以"乡镇企业"的形式迅速崛起。乡镇企业以自身为中心异军突起，辐射半径扩展至周边农村，逐步形成小城镇格局。乡镇企业为社会贡献了约2.4万亿元的工业品[①]，城乡工业品市场得到极大充裕。曾经长期企求的买方市场，终于出人意料地开始出现。

乡镇企业依托地方资源优势，瞄准供求失衡、消费品短缺的城乡市场，在拾遗补阙中寻求到勃勃生机。乡镇企业挂靠国有大中型企

---

① 颜鸣：《中国乡镇企业的十大贡献》，《前线》1992年第2期。

业,以小矿山、小水泥、小百货和小瓦窑等起步。1987年6月12日,邓小平会见南共联盟中央主席团委员斯特凡·科罗舍茨一行,阐述了我国改革的由来、过程和目的。1987年8月29日,邓小平在同意大利共产党领导人约蒂和赞盖里会谈时指出:农村实行承包责任制后,剩下的劳动力如何解决,原来一直没有想到很好的出路。"长期以来,我们百分之七十至八十的农村劳动力被束缚在土地上,农村每人平均只有一两亩土地,多数人连温饱都谈不上。一搞改革和开放,一搞承包责任制,经营农业的人就减少了。剩下的人怎么办?十年的经验证明,只要调动基层和农民的积极性,发展多种经营,发展新型的乡镇企业,这个问题就能解决。"① 乡镇企业容纳了50%的农村剩余劳动力,对农业有很大的帮助,促进了农业的发展。直至目前,乡镇企业的许多产品,特别是日用消费品,仍在全国占有相当大的比重,繁荣了城乡工业品市场,增加了社会的有效供给。

2. 农民就地转移形成农村劳动力市场

农村劳动力市场是劳动力开发、配置、利用和流动的领域,也是劳动力所有者和使用者经济利益实现的机制及环境的综合。我国农村人口众多,农村劳动力巨大的就业压力长期存在。由于劳动力市场发育不足,农村劳动力的就业和流动长期缺乏有效的媒介。20世纪80年代末90年代初,农村人口数量高达8.6亿,形成大量的农业剩余劳动力。当时严格的户籍管理制度和社会福利制度,造成了城市与农村劳动力的分离,劳动力在城市与乡村之间迁移受到限制,劳动力市场出现了明显的区域分割。乡镇企业的辉煌崛起,为农村劳动力就业和农民流动提供了有效路径,农民就近就地转移实现就业,促进了农村劳动力市场的发育和成长。

一是农民自主择业的程度提高。我国是典型的二元经济结构,农村劳动力在乡村内部、城乡和地区之间流动受到很大限制,出现明显

---

① 中共中央文献编辑委员会:《邓小平文选(第三卷)》,北京:人民出版社,1993年,第251页。

的区域分割。随着改革开放的推进和农业劳动生产率的提高,形成大量农村富余劳动力。乡镇企业的异军突起,正好为农村劳动力向非农产业转移提供了现实路径。统计数据显示,1980—1990年这10年时间,农村非农就业人数占农村劳动力总数的比重由6.37%提高到了20.65%。非农就业人口比例增加,表明农村劳动力自主择业已达到较高程度。

二是劳动力市场工资自主决定机制逐步形成。工资反映的是农村劳动力的价格,工资的决定机制是劳动力市场的核心机制。就地转移模式下,农民通过进入乡镇企业做工获得非农就业收入,这部分工资性收入具有配置农村劳动力资源的作用,成为影响农村劳动力流动的一个重要因素。随着就近就地就业机会的增多,农民具有了一定的谈判能力,尽管这种谈判能力还不是很强,但却促进了工资自主决定程度的提高,为后来民工潮中跨区域转移就业积累了一定的谈判经验。

三是农村劳动力流动的自由度不断提高。劳动力流动的自由度可以反映劳动力流动过程中受到阻碍的程度,是衡量统一劳动力市场建立和完善程度的标志。20世纪80年代中期以后,农村劳动力可以进城务工经商。由于国家实行较为严格的户籍管理制度,农民在城市就业受到许多歧视,更多农民选择到乡镇企业就近就地就业。随着就地转移事例逐渐增多,农村内部开始探索建立有利于公平竞争的就业制度,农村劳动力流动的自由度因此不断提高,这一点可以通过非农就业人数占农村劳动力比重的变化来反映。据统计,1984—1988年,全国累计转移农村劳动力41 925万人,其中约36 865万农村劳动力转移到非农产业就业。转移的农村劳动力,大部分进入乡镇企业,仅有5 070万人转移到城镇。1978—1988年间,乡镇企业从业人员数量已从2 826.6万人增加到9 545.5万人,年均增加671.89万人。[①] 这表明农村劳动力流动的自由度在不断提高。

[①] 林绍珍:《改革开放以来农村劳动力非农就业的变迁及启示》,《成都大学学报(教育科学版)》2007年第1期。

第二章 推行市场经济体制 促进农业结构大调整（1992—2001）

农村劳动力市场服务体系，也随着劳动力市场的发展逐步建立并不断完善。为了推动全国劳动体制改革，促进劳动力市场发展，按照1993年11月中共十四届三中全会的要求，1994年8月，劳动部颁布实施《促进劳动力市场发展 完善就业服务体系建设的实施计划》（以下简称《实施计划》）。《实施计划》针对农村剩余劳动力转移过程中出现的新问题，就1994—1996年劳动力市场就业服务体系的建设作出明确要求和具体安排，还把引导农村劳动力合理转移和有序流动列为计划目标之一。《实施计划》提出：要建立针对农村乡镇企业和劳务输出人员的职业训练制度，把农村劳动力"跨地区流动有序化工程"和"开发就业试点"列为工作重点。《实施计划》发布后，各地逐步建立健全县乡公共就业服务网络，为农民转移就业提供政策咨询和就业信息服务。各类就业服务组织和市场不断发展，为农村劳动力自主择业和自由流动提供了重要的保障。

3. 培植县域经济新的增长点

县域经济是指以县级行政区划为地理空间，以县级政权为调控主体，以市场为导向优化配置资源，具有地域特色和功能完备的区域经济。县域经济以县域为中心，集镇和农村相互补充，行政管理和经济管理相互融合，区域特色明显，经济社会功能较为完整。县域经济是国民经济的基本单元，是城市与农村经济的结合点。新中国成立以来，县域经济获得了二次解放，国民经济随之实现了二次提速。第一次是20世纪50年代初期推行土地改革，全国约3亿无地少地的农民分到了约7亿亩土地，免除了700亿斤粮食的地租。其结果是：1952年的粮食产量比1949年增加了45%，超过新中国成立前最高年产量的18%；1952—1958年，国内生产总值平均增长7.7%，高于世界同期平均增长率3个百分点。第二次是20世纪80年代初期，实行家庭联产承包责任制，解放了农村生产力，调动了广大农民的生产积极性。其结果是：1978—1985年，农业附加值增长了55.4%，农村居民家庭人均纯收入增长了1.7倍，增长幅度创历史最高；1979—2003

年,国内生产总值按可比价格计算平均增长了9.4%,大大高于世界平均增长3%左右的速度,是中国经济发展最快的时期。[①] 20 世纪 80 年代末 90 年代初,乡镇企业异军突起,获得第二次解放的县域经济迅速被激活。

乡镇企业增强了县域经济的实力,增加了农民的收入,在农村改革和发展中意义重大。全国乡镇经济和县域经济发展的成功经验表明,乡镇经济的发展始终是县域经济发展的关键和突破口。县域经济增长点的培育有两个重要的因素:一是立足当地资源优势,发展特色主导产业。二是与县域产业结构调整相协调,也正是乡镇企业创办的前提和发展的优势。乡镇企业由最初的村镇集体,或由能人创办的社队企业发展而来,改革开放后,通过产权改造、调整产业结构、加强区域联合,日益增强了对中国经济的影响力。乡镇企业的发展大致经历了 3 个高峰期,乡村工业逐步成长为县域经济新的增长点和支柱产业。乡镇企业依托农产品和农村人力资源优势,扎根农村从事劳动密集型产业,取得显著成效。1984—1988 年年底,乡村工业产值首次超过农业,进入第一个发展高峰期。1992—1996 年,在解决体制问题后,农村资源进一步整合。2002—2007 年,乡镇企业进入转型发展的新时期。2008 年以后,乡镇企业结束高速增长,进入规范调整时期。

乡镇企业崛起和发展的历程,也是县域经济发展和壮大的过程。农民工资性收入在此过程中快速增长,农村家庭的收入格局日趋多元化。改革开放后,农村家庭收入经历了两个涨幅较为明显的阶段。第一个阶段是 1978—1985 年,农村普遍推行家庭联产承包责任制,农民收入首次实现快速增长。第二个阶段恰好是乡镇企业辉煌崛起并高速发展时期,约 1/3 的农村劳动力在乡镇企业实现就业,来自乡镇企业的收入占全国农民总收入的 1/3 以上,工资性收入涨幅明显,农民

---

① 余明刚:《发展县域经济的理性思考》,2006 年 4 月 27 日更新,http://www.gdhf.gov.cn/html/4/434.htm.,2010 年 10 月 15 日引用。

收入持续极度偏低的局面有了明显改观。乡镇企业推动外向型经济向工业小区和小城镇集中，截至2008年，全国已形成4万个乡镇工业小区、5万个小城镇，包括1.8万个建制镇。[①] 乡镇企业的发展与革新，是促进农民就业增收的根本途径，是当前和今后县域经济最具活力的增长点和支撑点。

二、产业化经营模式推动农业发展

20世纪90年代中期，国内经济社会条件发生变化。一方面，计划经济体制下的卖方市场，逐步被市场经济体制下的买方市场所取代。国有企业逐步完成改革，私有、民营及外资企业不断兴起并发展壮大，市场竞争日渐规范。另一方面，农业银行和农村信用合作社等金融机构经过屡次改革，不断完善管理职能，提升服务"三农"的能力。政府的微观经济职能，随着国际国内环境的变化发生转变。这一时期，乡镇企业的持续发展面临技术提升及融资困难两大障碍，穿插着三对难以调和的主要矛盾。农村改革面临新的任务，需要培植新的经济增长点，确保农村经济持续繁荣，以缓解日益突出的农产品供求矛盾。于是政府开始考虑从体制变革入手，探索更高层次的农业发展机制，以更适应市场经济规律，给予农民更多利益。中央和地方都在不断探索，尝试构建新的农村产业经营组织和管理体系，在乡村工业之外寻找促进农民持续增收的增长点，由此逐步开启了农业产业化发展历程。

1. 乡村工业可持续发展的新困境

乡镇企业持续发展面临的首要难题是布局分散，这违背了工业集中发展的规律。乡镇企业普遍以集体副业及第三产业起家，企业的经济活动需集聚金融、能源、储运和排污等基础设施，更离不开社会服

[①] 冯克：《中国特色农村工业化的成功实践——乡镇企业改革发展30年成就综述》，《农民日报》2008年12月18日。

务体系的支持。当市场竞争日益激烈后,乡镇企业过于分散的布局不再具备竞争优势,陷入产品结构性雷同、单一的困境。由于布局分散,农村生产要素的合理流动和最优配置很难实现,最终导致地域的分散化。乡村工业始终停留在社区经济运行圈内,劳动力离土不离乡实现就业。就地转移难以彻底改变低层次的劳务输出格局,不利于农村的城镇化,无助于消除城乡二元社会结构。乡镇企业无力实现工业集中化,导致农村环境恶化,造成耕地资源浪费。乡镇企业布局的分散程度在《中国农业年鉴》中有详细记载。据统计,1986年全国乡镇企业数量达1515万个,每个自然村拥有的乡镇企业数量达1.29个,每个乡镇企业平均职工人数只有5人,单个企业的平均产值只有2.2万元。[①] 乡镇企业布局的分散程度,完全契合了分散农村早期工业化的基本特征,但与工业相对集中发展的基本规律背道而驰。20世纪90年代中后期,乡镇企业分散性的弱点充分暴露。乡镇中小企业市场信息缺乏,生产的产品数量有限,销售半径过于狭小,导致商品流通不够活跃,在大中城市市场竞争中无法形成集团效应。由于小范围互相模仿,乡镇重复建厂现象相当普遍,企业的资金和人才储备在不良竞争中被耗散。发展乡镇企业的地区,由于资源、能源利用过程中操作不科学,导致普遍存在严重的环境污染问题。

乡镇企业持续发展面临的另一个问题,是企业固有的组织运行特点与市场经济规律背道而驰。一方面,乡镇企业封闭的组织结构和开放的市场机制相矛盾。乡镇企业发展之初,完全依托村域内的经济资本和农业剩余劳动力起家,村社领导干部和能人共同组建企业领导班子,乡镇企业的布局基本被传统社区范围所界定,企业投资、就业群体和建制的社区格局都具有很强的封闭性。在乡镇企业发展的初级阶段,组织结构的封闭性曾起过积极的作用,但随着市场经济体制下新

---

① 《中国农业年鉴》编辑委员会:《中国农业年鉴·1987》,北京:农业出版社,1987年,第196~286页。

第二章 推行市场经济体制 促进农业结构大调整（1992—2001）

的发展阶段到来，封闭性导致乡镇企业发展面临重重障碍。另一方面，乡镇企业的组织运行机制具有排他性，不利于农村生产要素在自由流动中实现优化组合。在乡镇企业体制下，投资、建制、就业机制均在传统社区内部完成，是一种排他性很强的闭合机制。[①] 并且在离土不离乡的就地转移模式下，闭合机制得到进一步强化。当时，也曾有企业试图冲破村域封闭，以期实现生产要素的重新组合，但由于闭合机制的排他性很强烈，各种尝试最终先后宣告失败，企业的经济效益也因此而受损。另外，乡镇企业在宽松的政策条件下发展起来，由于政府宏观调控不及时，尚未形成有效的约束制衡机制。中小型乡镇企业处在有序的市场竞争环境，显得力不从心，企业运行变得混乱和无序，甚至出现冒进的经营行为。由于许多乡镇企业与市场经济条件下公平、公正、有序的市场竞争机制背道而驰，因此难以实现可持续发展。

乡镇企业的持续发展，还面临要素禀赋与市场化发展不相匹配的矛盾。要素禀赋指的是生产力要素的构成，包括维持企业生存发展所必需的资金、技术和人才等，直接关系着企业的前途和命运。乡镇企业在相对落后的小农经济中孕育成长，崛起时间较短，生产力要素先天不足，与市场化发展的大环境不相匹配。众所周知，城市文明和乡土文化有着历史性的悬殊差别，城市工业化过程中，留守农村的人口素质每况愈下，乡镇企业恰好在这样的劳动力素质下初步创立起来。乡镇企业发展的初级阶段，主要以手工劳动为主，对职工素质的要求不高，难以向技术密集型阶段发展。乡镇企业基于血缘和地缘关系建立起来，普遍存在产权不清和排他性强的缺陷，大大限制了优秀企业家及经营管理者的甄选范围。乡镇企业领导者大多缺乏必要的现代经营理念，带有不同程度的家族化近亲繁殖特征。乡镇企业的从业者文

[①] 胡俊来，荣昌旭，陈春生：《乡镇企业的困境与对策》，《经济问题》1989年第11期。

化水平整体偏低，仅部分人员拥有高级管理才能和技术能力，因此难以适应现代化大生产的需要进行产品创新。乡镇企业管理人员和技术人员的知识储备，不足以帮助企业实现产业升级，企业的持续发展深受制约。

另外，由于技术设备陈旧、生产手段落后，乡镇企业的可持续发展面临技术困境。改革开放后崛起的一批中小型乡镇企业，大多挂靠国有大中型企业，以城市大中型企业淘汰的旧机器为己用，企业的技术装备水平和产业结构特点，更大程度上体现着城市工业的简单转移，完全不具备持续竞争优势。乡镇企业拾遗补阙的产品定位，从长远看也不具备竞争优势。国有大中型企业深化改革后，更加暴露了乡镇企业的技术弱势。由于规模普遍较小，乡镇企业的整体技术水平很低，增长中的技术进步贡献很小。乡镇企业生产的产品，市场竞争力很弱，导致积压严重，企业亏损面普遍较大，长期以来的粗放式外延型增长难以为继。大量研究数据表明，乡镇企业所用设备大多是城市企业的淘汰设备，许多甚至是20世纪五六十年代的落后设备，企业的资本构成极不合理。生产设备和技术手段落后，导致乡镇企业的经济效益和产品竞争力较弱，持续发展的技术困境难以突破。乡镇企业还面临融资难题，原因主要来自3个方面：一是乡镇企业规模小，发展层次低，经营业绩和信用状况不佳。[①] 根本原因是企业财务管理不规范，导致金融机构投放资金有所顾虑。二是金融机构的认识存在偏差。由于贷款审批环节权限上收，金融机构的信贷激励和约束机制不对称，与乡镇企业之间总存在着难以逾越的鸿沟。三是融资担保及风险补偿机制不健全，乡镇企业融资缺乏有效的社会担保，缺少强有力的政策支持，导致抵押贷款难。

2. 农业产业化在探索中发展

20世纪90年代中后期，农村改革进入攻坚阶段，面临的新课题

---

① 李春光：《乡镇企业融资难题如何解决》，《经济日报（农村版）》2005年7月25日。

第二章　推行市场经济体制　促进农业结构大调整（1992—2001）

是如何在乡村工业之外探索促进农民持续增收的增长点。此时，以山东潍坊为先导，部分农村地区出现了新型农业生产组织方式，这是来自农民群众的又一重大创新。现代化的新型农业经营方式，可以与家庭承包经营充分结合共同发展，后来被概括为"农业产业化"。这种方式以市场为导向，以农村资源开发和主导产业为基础，以龙头企业和中介组织为依托。产业化将农业产前、产中和产后各环节连接起来，实行种养加、产供销、贸工农一体化经营。农业的产业化经营不动摇承包制，又能把分散的农户组织起来，提高了农民进入社会大市场的组织程度，是农村经济发展的重大战略举措。产业化实现了农业资源的优化配置，提高了农业的生产效率和综合竞争力，既能提高农民当下的收益，又为农业现代化开辟了新的路径。产业化经营改变了农业只进行低层次原料生产的传统方式，是改善农业投入动力机制，提高农业比较效益的根本出路。潍坊实践是关于农业产业化的最早探索，推进了全国的农业现代化进程。

关于"农业产业化"的概念及内涵，经过学者们长时间的反复推敲和提炼，有一个阶段性变化的过程。[①] 1992 年 10 月，中共十四大召开，会议号召建立社会主义市场经济体制，加快农业和农村经济发展。1993 年年初，山东省潍坊市在"商品经济大合唱""贸工农一体化"做法的基础上，开始探索新的、更高层次的农业发展机制。潍坊市按照建立社会主义市场经济体制的要求，经过广泛调查研究，率先提出"确立主导产业，实行区域布局，依靠龙头带动，发展规模经营"的农业发展方略，后来又创造性地提出了"农业产业化"概念，对我国农业发展具有历史性的重大影响。1994 年，山东省委印发一号文件，号召全省推广潍坊农业产业化经验，要求按照产业化组织农

[①]"农业产业化"概念的具体内涵，最初被概括为"发展主导产业，坚持区域布局，突出龙头带动，实现规模效益"，后又被修改为"立足主导产业，形成区域发展，发挥龙头作用，发展规模经营"，最后被确定为"确立主导产业，实行区域布局，依靠龙头带动，发展规模经营"。

业生产，山东省的农业产业化战略由此进入全面实施阶段。与此同时，山东省各地市陆续出台一系列具体的政策措施，全省掀起发展农业产业化的热潮。1995年3月22日，《农民日报》发表题为《产业化是农村改革与发展的方向》的文章，首次提出产业化是农村改革与发展的方向，赞扬产业化是农村改革自家庭联产承包责任制以来的又一次飞跃。同年5月2日，《农民日报》一版头条刊发评论员文章《积极稳妥发展农业产业化》，再次从正面肯定了农业产业化。①

随后，党中央、国务院派专员赴潍坊调研。1995年11月初，《人民日报》派出记者专赴潍坊，就农业产业化问题进行为期1周的深入调研，同时酝酿起草《人民日报》社论。潍坊市领导对社论初稿提出许多有益的意见和建议。1995年12月11日，《人民日报》以大社论的规格和超常规的篇幅，发表了社论《论农业产业化》，并配发3篇述评。社论的发表基本结束了对潍坊农业产业化名词概念及内涵为期3年的争论，产生了极大的社会反响。大社论为新的农业发展思路进入中央决策奠定了思想舆论基础，更为农业产业化在全国推行和实施起到了重要的舆论导向作用。1996年1月，江泽民致信中华全国供销合作社全国代表大会，希望供销合作社自觉履行历史重任，引导农民进入市场。强调要"把千家万户的农民与千变万化的市场紧密联系起来，推动农业产业化"。② 同年6月4日，江泽民考察农业与农村工作，提出"农业发展也要靠两个转变"，为农业产业化提供了理论基础。农业产业化开始进入中央高层决策，中国农业发展史上又一次重大的革命宣告来临。

随着农业产业化思想得到广泛传播，关于农业产业化组织模式的探索逐渐成为这一时期的重要命题。农业产业化经营的组织模式，是

---

① 郑秀满，姜奇平，杨志华：《产业化是农村改革与发展的方向——"发展一条龙生产，增加农产品供给"研讨会综述》，《资料通讯》1995年第5期。

② 邓慧群：《浅议供销社履行引导农民进市场推进农业产业化的历史重任》，《贵州商专学报》1996年第3期。

第二章 推行市场经济体制 促进农业结构大调整（1992—2001）

在农业产业组织系统内形成的，本质上是农业产业化的实现形式和配置手段，各参与主体之间相互联结和影响，构成一体化的组织形态。自 20 世纪 90 年代初以来，对农业产业化组织模式的探索此起彼伏，农业产业化经营成为农村经济发展的重要组织形式。随着市场化改革的不断推进，有 4 种具有代表性的组织模式逐步成熟。

第一种是"公司+农户"的模式，这种模式最具代表性，运用最广泛。关于"公司+农户"模式的内涵，主要存在两种见解：一种见解认为，这不仅指企业与农户以签约形式建立的互惠互利的供销关系，还包括合资、入股等紧密型联合，以及不受合同约束的松散型联合。另一种见解认为，这种模式的核心是农户与龙头企业缔结契约，形成利益共同体。具有实力的加工、销售型企业是龙头，与农户在平等、自愿和互利的基础上签订经济合同，各自的权利和义务及违约责任明确。"公司+农户"的组织模式下，企业向农户提供产前、产中和产后服务，按合同规定收购农户生产的产品，两者之间建立稳定的供销合作关系。"公司+农户"模式的具体形式多种多样，运行的核心是以一个技术先进、资金雄厚的公司为龙头，以分散的农户生产为基地，再通过合同的形式，使农户生产与公司加工、销售相联结。公司与农户的财产各自独立所有，完全分割，互不参与、干涉财产管理。对公司而言，对内（农户）、对外（市场）都追求利益最大化，与农户联结的唯一目的，是获得比较稳定的原料市场，以降低企业购进成本。

第二种是合作社联结模式，即"合作社+农户"模式。2006 年 10 月 31 日，十届全国人大常委会第 24 次会议审议通过了《中华人民共和国农民专业合作社法》（简称《专业合作社法》）。法案第二条对合作社模式的性质做了界定，明确其属于互助性经济组织形式。《专业合作社法》还进一步指出，合作社模式特指在家庭经营基础上，同类农产品的生产经营者，或者同类农业生产经营服务的提供者和利用者，按照合作制原则自愿联合、民主管理，设立农民专业合作社组织生产。合作社模式的农业产业化经营组织中，作为龙头的合作社是由农民创办的，与农民是真正的利益共同体。"合作社+农户"模式提高了农业生产效率，同时提升了农民进入市场的组织化程度，推动了农业产业化经营。合作社对外是营利性经济实体，对内是非营利性服务组织。合作社的盈利在合作社成员间进行分配，合作社根据交易额的大小把盈利返还于农户。

第三种是商品基地带动模式。这种模式把开发资源与建设商品基地结合起来，通过对大片荒地、荒水、荒滩的正规开发，实现土地的集约化经营。资源开发的主要任务是开发山水，建成"名、优、特、稀"商品基地，培植拳头产品。商品基地开发建设过程中，骨干企业兴办起来，推进了农业的集约化、规模化经营，使资源产出率、劳动生产率和经济效益实现最大化。

第四种是纵向一体化模式。这种模式由单个企业组织完成产业化经营各环节的投资运行，所有权属一体化。纵向一体化模式下，大型企业或公司直接介入市场，从事大规模的农业生产，农产品生产、加工、贮运和销售相联结，生产资料的生产与供应也结合在一起，形成完整的经济体系。

3. 农业技术推广和服务机构的重建

与农业产业化相辅而行的，是社会化服务体系的建设，这既给农业产业化以有力支撑，也是现代农业的重要内容。新型农业社会化服务直接应用于农业生产，同时延伸到产前产后全过程，涵盖"供给、销售、加工、运输、科技、信息、决策、生计、法律、社保"十大服务。随着市场需求和生产的多样化，农业社会化服务项目日益增多。农业技术的推广和应用最早可追溯至上古时期，是一项复杂的系统工程。远古时期农业技术推广的主要形式，是口授和文字歌谣的简单传送。随着人类文明的进步，社会生产力不断提高，逐步建立了程序化的现代农业技术推广体系，并随着市场经济体制的引入走向成熟。农业技术推广的模式很早就有，最具代表性的是秦汉时期的"劝农官"制度。当时的教育内容颇具特色，有农业技术劝导、示范和培训，是

第二章　推行市场经济体制　促进农业结构大调整（1992—2001）

古代农业技术推广模式的核心。新中国成立后，百废待兴，农业技术推广更受重视，国家逐步建立了以技术骨干为核心的农业技术推广信息网，在计划经济时代发挥了重要作用。县办农科所，公社办农科站，生产大队办农科队，生产队办农科组，形成了从上到下、体系完整的四级农科网。

家庭联产承包责任制推行后，农业技术推广的受体发生了变化。首先是农业技术服务受体更加专业化。市场经济条件下，农户和农业企业成为农业技术推广的主体，同时也是农业技术服务的受体。农村土地实行家庭承包经营后，分散的农户日益摆脱自给自足的生产方式，面向市场进行商品化生产，成为农业科技创新及推广的主要服务对象。一些参与农业产业化经营的农户，实质上已经转变为龙头企业的专业生产工人，直接参与农业科技创新和推广，部分农户甚至直接参与研发、推广等一系列活动，在农业科技创新和推广中发挥着日益重要的作用。

其次是农业技术供给主体多元化。20世纪90年代上半期，传统的农业技术推广体系受到挑战，一元化的农业技术推广局面，逐步被多元化的技术供给格局所取代。农业技术推广人员、农民技术员和科技示范户等，成为新的农业技术供给主体，推动农业技术创新与推广服务社会化。另外，国家连续的政策支持，成为重要的支撑力量，农业技术推广队伍因此逐步稳定并扩充。1993年7月2日，《中华人民共和国农业技术推广法》颁布实施，进一步明确了农业技术推广工作的原则、规范及保障机制。随后，24个省、自治区、直辖市结合当地实际，相继制定并颁布了农业技术推广法实施办法，农业技术推广事业步入法制化发展轨道，农业技术供给主体的人员数量，在这一时期创历史最高。[①]

[①] 夏敬源：《中国农业技术推广改革发展30年回顾与展望》，《中国农技推广》2009年第1期。

农业技术服务受体和供给主体发生变化后,农业技术推广中心建设逐步走向规模化。早在20世纪六七十年代,我国就建立了四级农科网,县有农科所,公社有农科站,生产大队有农科队,生产小队有农科组,体系较为完整。家庭联产承包责任制推行后,公社、大队、生产队三级农科组织自然解体。县级农科所由于处在"中心"位置,适应变化进行了调整,随之建立起"五级一员一户"① 的农业技术推广体系。紧接着恢复重建了农业技术推广站,以及种子、经济作物和植物保护专业站,并在土壤普查基础上新建了土壤肥料站。1979年1月,农业部召开农业科学实验、推广、培训中心试点县座谈会,决定在全国29个省、市、自治区中,各选择1个县作为改革试点。当时采取的做法是:国家和地方共同投资,县农科所、各类专业站与农业技术培训学校结合起来,建设农业技术推广中心。农业技术推广中心的服务覆盖全县范围,统一组织领导,统一使用技术力量和财力,统一布置工作,集试验、示范、培训及推广为一体。1982年中央一号文件提出:要恢复和健全各级农业技术推广机构,充实并加强农业技术力量;要逐步把技术推广、植物保护、土壤肥料等农业技术机构结合起来,实行统一领导,分工协作,使各项技术能够综合应用于生产。② 1982年5月,农业部成立全国农业技术推广总站,后又相继成立了全国种子总站、全国植物保护总站、全国土壤肥料总站,各专业站都有了自己的上层机构。

1982年7月,农业部在总结了150个县中心的建设经验后,肯定了办中心的方向,明确要在今后10年或更长时期内,把全国2 000多个农业县的"中心"都建起来。建立县农业技术推广中心,是把改革和建设结合起来进行的,采取的措施是:首先把原来分散的推广机构

---

① 在"五级一员一户"农业技术推广体系下,中央、省、市、县、乡层层设立推广机构,村一级设农民技术员和科技示范户。

② 中共中央文献研究室,国务院发展研究中心:《新时期农业和农村工作重要文献选编》,北京:中央文献出版社,1992年,第124页。

第二章 推行市场经济体制 促进农业结构大调整（1992—2001）

结合成统一的业务实体，再根据业务工作的实际需要，进行综合建设。由于改革适应了形势的需要，并且遵循机构之间内在联系的客观规律，"中心"的建设得到地方的支持迅速展开。1993年，《农业技术推广法》颁布实施，农业技术推广体系走出徘徊局面，步入巩固发展阶段。现代农业技术推广体制确立后，农业技术推广、良种繁育和技术监督检测成为主要内容，农户和农业企业成为农业技术服务的受体，正式的农业技术推广人员、农民技术员和科技示范户，成为农业技术推广体系中的技术供给主体。自此，专业性的农业技术推广体系不再一帜独树，开始与群众性农业技术推广组织共同发展。1995年，全国65.2%的县建立起农业技术推广中心，是农业技术推广体制建设的一大发展。以县农业技术推广中心为龙头，全国形成了统一的农业技术推广体系，改变了以往推广机构多头分散、相互脱节的局面，农业技术推广资源实现了优化配置，运行机制更加独立而有效率。①

农业技术推广体制逐步成熟和完善，乡镇、村级基层农业技术服务机构逐步重组。乡镇农业技术推广机构和运行机制，曾在改革中得到很大发展。由于改革的过程充满困难和挫折，各地乡镇农业技术推广站发展极不平衡，某些地方的农业技术推广机构欠缺必要的经济和政策支持，发展极为落后，甚至为减轻财政负担引发错误的政策导向。20世纪90年代初，乡镇农业技术推广站经历10余年的建设仍然举步维艰，农业技术推广再次濒临困境。对此，中央及地方政府高度重视，陆续出台相应的法规和条例，以化解农业技术推广机构发展中的种种僵局。1991年10月，国务院发布《关于加强农业社会化服务体系建设的通知》，鼓励大中专毕业生到农村第一线服务。文件决定，把乡级技术推广机构定为国家在基层的事业单位，其编制员额和所需经费，由各省、自治区、直辖市根据需要和财力自行解决。1992年，

---

① 夏敬源：《中国农业技术推广改革发展30年回顾与展望》，《中国农技推广》2009年第1期。

农业部、人事部联合颁发文件，为稳定和充实乡镇农业技术推广队伍提供政策依据。1993年颁布的《农业技术推广法》规定，各级人民政府在财政预算内应当保障用于农业技术推广的资金，并应当使该资金逐年增长；各级人民政府通过财政拨款以及从农业发展基金中提取一定比例的资金的渠道，筹集农业技术推广专项资金，用于实施农业技术推广项目。按照《农业技术推广法》的规定，国家逐步提高对农业技术推广的投入。农业部、林业部、水利部等6部委也联合发出《关于稳定农业技术推广体系的通知》，明确乡镇农业技术推广机构的隶属关系和管理体制。随后，农业部和各省发布解决乡镇农业技术推广机构问题的"三定"（定机构、定编制、定人员）通知，狠抓"三定"工作，各地取得明显成效。

乡镇农业技术服务机构带动村级农业技术服务组织快速发展。20世纪80年代，农村改革取得突破性进展，农业技术推广的服务受体、目标和内容均发生了深刻变化。由于政府农业技术推广部门的技术供给不足，且常常无法对接农民的农业技术服务需求，一批专业户联合型农村专业合作组织开始自发组建。专业合作组织根据市场要求，在合作范围内实现自我管理、自我服务、自我发展。农户的资源配置状况得到调整和改善，市场竞争力增强，成员经济收入增加。20世纪90年代，农业和农村形势发生根本性变化，农产品供给充裕有余，急需进入市场流通，越来越多的农民自愿组织起来，以利益为纽带，建立起各类专业合作社或专业技术协会，目的是实现民办、民管、民受益。各类合作组织中，既包括以生产、流通环节的合作内容为主要特征的一体化合作，又包括以产前、产中、产后为主要形式的合作，还包括按合作主体和范围区分的合作模式。为推进农业技术推广体系改革，农业科技管理部门发出号召，要求各级农业技术推广部门实施有偿的技术服务，同时授予经营农业生产资料（农药、化肥、种子等）的权利。此举有利于减轻财政负担，有助于改革原来低效的农业技术推广管理体制，促进了村级农业技术服务组织的发展，使越来多的农民自愿地加入专业合作社或专业技术协会中。合作组织真正成为农民创办、管理和受益，且属于农民集体所有的专业合作组织。组建各级农业技术推广和服务机构，推动了农业科技进步，促进了农村经济结构的调整，有力地支撑了农业的产业化。市场经济体制由此在涉农领域全面建立，农业综合生产力提升，现代化步伐加快，开始朝着提质增效的方向转变。

第二节 农业产业结构全面调整

农业结构调整是农村建立市场经济必先大力推进的基础性工作，也是发展现代农业的必由之路。调整农业结构有非常务实的农业产业目标，倡导发展高产、高效、优质的"两高一优"农业，以解决温饱之后如何提高农业和农民生活质量的问题。在各级政府主导及广大农民持续不断的努力下，农业种植结构发生明显变化，形成粮食作物、蔬果作物、饲料作物三元种植结构。农业由单纯的粮食生产向多种经营并存的非粮类产业转变，极大地丰富了人民群众多样化的食物需求。虽然此次结构调整并没有从根本上改变单纯追求产量目标的结构特点，本质上只是在原有框架内，根据市场短期需求变化，进行产品结构的适应性调整，但这种调整仍然具有进步意义，为21世纪农产品和农业要素结构，以及产业经营组织和管理体系等综合意义上的战略性调整奠定了基础。

一、传统农村产业结构面临的挑战

20世纪90年代中后期，农业和农村经济发展的背景发生了深刻变化，绝大多数城乡居民的生活水平已越过温饱线，农产品供求关系开始由短缺转向过剩。此时面临的突出问题是农业结构性失衡，主要表现在高质量、有特色的农产品比例较低，品牌建设滞后，精深加工型农产品种类少,一般性的初级产品种类多。农业生产的区域性比较优势也未能得到充分发挥,部分农产品结构性相对过剩,出现"卖难"和价格下跌的现象。农业的结构性失衡势必影响农民持续增收,传统的农村产业结构面临挑战。

1. 消费需求滞后于农产品供给

传统农村产业结构首先面临来自农产品供求变化的挑战。自20世纪80年代以来,农业的科技创新能力不断增强,良种培育、高效栽培和饲养技术不断提高,从杂交玉米、杂交水稻、鲁棉一号到规模畜禽养殖,先进的农业适用技术不断普及推广,农业生产全面增长。同时,农业投入也在不断增加,大型水利工程和农田基本建设加快,农业抵御自然灾害的能力不断增强,农、林、牧、渔业连年持续增长。90年代中后期,农产品供求关系发生转折性变化,主要农产品普遍出现供给大于需求的矛盾。粮食、棉花、油料、糖料以及肉类和水产品,人均拥有量高于世界平均水平,历史性地告别了食品短缺时代。农产品供给平衡分析结果显示,80~90年代,我国粮食年自给率从98.1%上升到99.6%。1995—1998年,粮食生产连续4年获得大丰收,累计增加约3 700亿斤。农产品供给快速增长,但消费需求并未同步增长,同一时期粮食消费仅增加1 000亿斤,平均每年净剩余约700亿斤。[①] 其他主要农产品的供求状况大致如此,普遍存在消费需求滞后于农产品供给的现象。

棉花供求方面也出现类似问题。国家大幅提高棉花收购价格,扩大新疆棉区的棉花种植面积,棉花产量实现稳定增长。由于棉纺织品出口限制,加之替代品生产发展加快,棉花的市场需求严重不足。生猪、水产品、果蔬产品等,也随着技术进步大幅增产,但消费需求并没有同步跟进,导致出现"卖难"和大幅度降价的现象。仅从数量上看,我国已经摆脱了农产品长期短缺的局面,但如食品加工业所需的

[①] 聂振邦:《调整和优化农业生产结构》,《宏观经济研究》1999年第7期。

第二章　推行市场经济体制　促进农业结构大调整（1992—2001）

优质小麦等，却不得不通过进口来满足国内消费需求。由于一些低质、劣质的农产品很难在市场上销售，最终造成大量浪费。农产品需求弹性下降，几乎全国所有农产品供给总量，均呈现出区域性、结构性和阶段性过剩，农产品库存大量增加，财政负担加重，粮价持续低迷，农民增收受到影响。

2. 农业结构性失衡问题突出

传统农村产业结构面临的另一问题，是农业结构性供需矛盾突出，主要表现在以下3个方面。

一是高质量、有特色的农产品比例较低，品牌建设滞后。我国农产品市场是由计划经济时代的短缺经济发展到市场经济，而计划经济体制下，大部分农产品长期实行统购统销，农产品商品化程度较低，品牌发展缺乏必要的市场基础。据《中国统计年鉴（2006）》收录的数据显示，1985—2000年，平均每个农业劳动力生产的粮食，由1 221公斤增加到1 407公斤；平均每个农业劳动力销售的粮食，由123.49公斤增加到264.74公斤。通过销售粮食与生产粮食的比例，可计算出农产品的商品化率。结果显示，15年间农产品商品化率仅从10%提高到19%。[1]尽管经过10多年的发展，农产品品牌建设取得了一定的成就，品牌数量有了很大提高，但农产品品牌的影响力依然很弱。大部分农产品科技含量低、附加值不高，品牌运作水平处在较低档次，没有形成成效机制。另外，农产品品牌的外向度也很低，难以应对全面向市场经济体制转轨的大局。

二是专用品种、加工型特别是精深加工型产品少，一般性的初级产品种类多。造成农产品加工出现问题的原因是多方面的，首先是农产品资源有效利用率低。我国农产品资源种类多，不少品种的产量为世界瞩目。人均粮食、蔬菜、肉类和水产品的占有量，都稍高于世界

---

[1] 穆俊峰，穆俊秋：《中国农产品品牌发展现状及其存在问题分析》，《吉林农业》2010年第8期。

人均占有量，也有不少农产品的人均占有量低于世界人均水平。20世纪90年代初期，整个农产品加工行业低迷，普遍存在3个突出问题：第一，果蔬农产品主要以鲜销为主，加工份额小，贮藏、加工能力差，产后损耗严重。由于供过于求，大多数农产品以原料方式出售，没有进入加工特别是深加工环节，在投入市场进行贸易的过程中，自身没有实现增值。第二，缺乏适宜加工的品种，制约了农产品加工业的发展。例如，大多数小麦无法加工成为食品级优质专用粉，多数早籼稻不适合加工精米。当时出现的怪现象是：国内农产品供过于求，大量积压，而加工业所需原料却依赖国外市场。第三，初加工农产品多，深度精加工农产品少。由于副产品再加工的综合利用能力较差，大多数副产品被作为废弃物丢弃，造成环境的污染和资源的浪费。

农产品加工存在问题的另一个重要原因，是农产品加工业基础薄弱，技术水平较低。农产品加工装备行业形成于20世纪70年代末，80年代以来，农产品加工机械的研制与开发取得进步，品种、规格和数量都有较大增长。然而，农产品具有区域多样性的特征，因此农产品加工机械产品的规格仍然相对较少，系列化和成套化也较差。另外，农产品加工机械的工作性能整体较差，能耗较高，难以生产出高技术、高附加值的产品。农产品加工机械自动化的研究，也与国外有着明显的差距。总之，虽然农产品加工机械工业生产量和产品品种不断增加，但产需矛盾依然突出，不能完全满足农产品加工业的需求。

三是农业生产的区域性比较优势未能得到充分发挥。我国农业生产历史悠久，农业资源和农产品种类丰富，农村剩余劳动力充足，但这种比较优势并没有得到充分发挥。分区域看主要农产品的种植情况：稻谷生产主要集中在长江中游地区和东南沿海地区；小麦生产主要集中在晋冀鲁豫地区，长江中下游地区、东北地区和西南地区也有一定面积的种植；玉米生产主要集中在晋冀鲁豫地区、东北地区、西南地区和西北地区；大豆生产主要集中在东北地区，西南地区、西北

第二章 推行市场经济体制 促进农业结构大调整（1992—2001）

地区和晋冀鲁豫地区也有大量种植。从整体看，主要农产品在全国多区域种植，存在结构雷同，而优质专用品种生产比较分散，"大而全、小而全"的区域性结构问题突出。由于一直没能形成区域化布局和专业化分工格局，地区比较优势在国内国际农产品市场上未能充分发挥，部分农产品结构性相对过剩，出现"卖难"和价格下跌的现象。

二、市场经济引导农业结构调整

农村经济体制改革效果显著，突破了单一种植业的农业生产格局，彻底改变了农村经济的微观运行基础，最大限度地调动了农民的生产积极性。农村的专业化、商品化和社会化程度提高，农村产业结构发生变化。随着城市改革的启动，市场机制不断深化，城市和农村的消费结构发生变化，农村的第二、第三产业加速发展。农村产业结构在逐步满足人们基本的生产生活需要之余，开始逐步以市场为导向，朝着农产品、工业消费品优质化的方向调整。农业发展逐步跨入由市场决定总量，由多样化和优质化的市场需求决定农产品品种、结构和质量的新阶段。

1. 市场推动种植业布局调整

引入市场机制，首先推动了种植业布局调整。我国人多地少，粮食生产在大多数地区都不是优势产业，而经济作物生产的集约化程度和技术含量较高，更具比较优势。经济作物生产投入集中，可立足非耕地资源，亦可立足占地不多的庭院经济，能够充分利用农村劳动力资源，具有规模经营和分工分业的优越性，投入产出效益更加显著。然"民以食为天"的传统，客观上宣示了粮食安全问题的重要性。由于耕地面积有限，同时需要保证农业的经济效益，最理想的举措是调整粮食与经济作物的种植搭配。改革开放初期，以市场需求为取向的农业结构性调整就已逐步实施。经过两次调整，农业发展层次不断提升，发展领域不断拓宽，发展水平逐步提高。1978—1984年，农业结构调整进入体制推动阶段，核心内容是决不放松粮食生产，调整"以粮为纲"方针下的单一种植结构，积极发展多种经营。1982年开始，5个中央一号文件连续发布，持续关注群众关心的农业和农村问题，逐步确立了农村经济的微观经营主体。宏观市场环境随之改善，累积多年的农业生产潜力得到释放，长期困扰人们的粮、棉农产品严重短缺问题历史性地得到了解决。

农业产业结构调整效果明显，粮食生产获得超常发展。1981—1984年，粮食产量连续4年实现增产，城乡居民的温饱问题得到基本解决。这一时期，国家两次对粮、棉等农产品实行较大力度的价格和流通政策干预，逐步形成粮食、经济作物二元种植结构。用政策干预主要农产品的价格，历来是调整农业种植结构的有效手段。国民经济恢复时期，粮、棉价格基本上实行自由定价，长期维持着传统的以种粮为主的单一种植结构，粮食作物播种面积基本保持在总播种面积的90%左右。[1] 20世纪60年代后期至90年代初期，实行统购统销和合同订购，粮、棉价格由国家统一制定。80年代后期，承包制改革蓬勃兴起，农业生产连续几年实现超高速增长，粮、棉种植结构得到改善。农民在维持适当的粮食生产水平之余，主动减少粮食播种面积，利用有限的土地资源，扩大有市场潜力的经济作物的种植面积。1991—1993年，"保量放价"政策取代统购统销，粮食补贴由经营性费用补贴方式，转向补贴粮食企业等流通环节。[2] 各地加快粮改步伐，放开粮食购销价格。1993年下半年，全国除西藏外，相继放开了粮食购销价格。粮价放开后不久，全国粮价波动。1994—1997年，国家开始大幅提高定购价，同时提高城镇居民口粮的销售价格，定购粮收购价和城镇居民口粮销售价，均开始收归国家统一制定。1997年，国家又出台政策措施，开始按保护价敞开收购农民余粮。由此开始，在长达7年的时间里，价格政策一直以此为基础，只对收购范围和保

---

[1] 刘章勇，沈卉兰：《中国种植业三元结构的发展及其区域化调整》，《耕作与栽培》2003年第1期。

[2] 孙立刚：《关于粮食补贴方式改革的研究》，《调研世界》2002年第11期。

护价水平作出政策性的微调。粮食作物和经济作物所占比例也略有下降,粮食、经济作物二元结构继续维持并巩固。

2. 产业化趋势促进农业内外部结构变化

1985—1992年,农业结构性调整正式步入产业拉动型阶段。这一阶段,社队企业正式更名为乡镇企业,农村经济进入高速发展时期,并引发了农村的第二次革命。粮食和棉花等农产品连续几年丰收后,出现相对过剩的"卖难"现象。农业结构调整开始向农业外部寻求出路,逐步由第一产业向第二、第三产业扩展,各类中小型乡镇企业迅速崛起,农村富余劳动力开始大规模就地转移。离土不离乡的就地转移方式,开启了具有中国特色的农村工业化新路。1985年,国家开始更多地考虑引入市场机制,着手改革粮棉流通体制,抑制棉花和粮食的生产。合同定购与市场收购的"双轨制",逐步替代计划经济体制下的统购派购,除蚕丝、药材、烤烟外,水果、水产品等132项农副产品市场逐步全面放开外,农产品流通体制步入市场取向的大跨步推进阶段,水产业、畜牧业和农业经济作物等快速发展,城乡居民的"菜篮子"日益丰富。

20世纪90年代的农业结构调整,是与乡镇企业的发展同时进行的。与农业结构调整实现有机结合,是乡镇企业自身的特点。农产品加工型乡镇企业是发育最早、最成熟的乡村工业,承担了引导农业产业结构调整的历史重任。在农产品加工型乡镇企业的引领和带动下,一些地区开始调整种植业、养殖业结构,部分地区甚至以经济作物种植为主。与农产品加工型乡镇企业有所不同,流通型乡镇企业主要负责农产品的市场销售。这类企业视市场为饭碗,视信息为生命,通过大力培养自己的经纪人队伍,解决农产品"卖难"问题,降低了农业的市场风险。农业经纪人成为农民调整产品结构的耳目、桥梁和依托,促进了农业产业结构的调整。

乡镇企业中,还有相当一部分从事服务活动,为农业生产提供信息、技术、种子供应服务,帮助农民依据市场需求调整农业结构,有效减少了农业生产的盲目和无序。内向型或外向型乡镇企业的产业化趋势明显,是农业结构调整的主要载体和可行门径,农业内外部结构因此发生了显著变化。

3. 市场引导农业结构性调整

在经历了两次以市场取向为目的的结构性调整后,1993—1998年,农业发展跨入市场引导结构调整阶段,高产、优质、高效农业成为全国范围内农业发展的导向。社会主义市场经济体制从提出到全面实施的过程,是这一阶段农业结构性调整的深刻背景。这次农业结构性全面调整,是在初步解决了农产品供给短缺后,面对市场经济体制的第一次适应性调整。此番结构调整的直接诱因是,多数农产品出现"卖难"现象,而少数品质较好的农产品却供不应求。当数量上的社会需要得到满足后,品质上的需求也应得到满足。

1992年,国务院作出发展高产优质高效农业的决定,农村经济发展开始进入新的阶段。这一时期的主要目标是调整结构,提高农业经济效益。当时强调,要适应市场对农产品消费需求的变化,优化品种结构,使农业朝着高产、优质、高效的方向发展。农业结构调整的思路发生转变,开始从过去单纯注重数量,转向数量、质量和效益并重。与此同时,各地开始放宽进城限制,大量农村富余劳动力突破"离土不离乡"的单一转移模式,有序地大规模跨区域进城务工经商,极大地促进了城乡经济的繁荣和发展。市场引导农业结构进行适应性调整取得显著成效,农业内部各产业协调发展,畜牧和水产业的增产效果特别明显,呈现出持续、快速增长势头,带动农、林、牧、渔业结构全面调整。

4. 新的粮食安全观指导农业组织优化

引入市场机制,优化了农业发展的内部环境,为中国农业与国际市场接轨奠定了基础。经济全球化及全球食品价格上涨带来的冲击,重新引发了人们对中国粮食安全和未来农业发展的高度关注。由于传统的粮食安全战略是在短缺经济条件下形成的,粮食一度成为计划经

第二章 推行市场经济体制 促进农业结构大调整（1992—2001）

济时代食品消费的主要内容，"食品保障"与"粮食安全"被视为同义语。"民以食为天"的古训，粮食短缺时代的沉痛记忆，使得政府始终把粮食产量作为农业政策的重要目标，形成并强化了"手中有粮、心中不慌"的治理意识。在传统的粮食安全观影响下，粮食等大宗农产品被看作战略性物资，每当粮食生产或市场价格产生波动，政府便会马上采取各种行政、经济和法律手段予以调控，直接干预粮食生产、流通和贸易，确保粮食自给率长期维持在95%以上。为了保障粮食自给，土地等稀缺资源被优先用于发展粮食生产，同时通过农业投入增加粮食产量。农业部门难以在对外开放过程中充分发挥比较优势，获得最佳的资源配置效果。21世纪初，中国农业进入刘易斯转折阶段，粮食生产中劳动的边际生产力提高，农业技术的变化带来劳动节约倾向，粮食作物的比较优势提高，中国粮食产业与国际市场接轨成为可能。[①]

在开放的国际新格局下，农业政策走向处在选择农业保护，还是选择开放竞争的关键节点。国内农产品市场现状此时并不乐观，农产品处于低层次相对过剩状态，但买方市场已经形成。农业的功能已然发生变化，农业与非农产业，乃至与整个国民经济的关联效应日益增大，中国经济同世界经济接轨的趋势日益明显。面对千载难逢的外部条件，考虑到农业发展的阶段要求和国际环境变化，国家采取了主动的粮食安全战略。采取的主要措施是：根据农业自身的比较优势，创新体制和机制，积极参与国际市场分工和竞争。此次农业结构调整根据比较优势原则，重点优化农业生产组织结构，提高农民的组织化程度，建立完善的农业风险分散机制，促进农业经济市场化。[②] 此次结构调整的基本思路是：减少劣质农产品品种的生产，增加优质品种的

---

① 蔡昉、王德文、都阳：《中国农村改革与变迁：30年历程和经验分析》，上海：上海人民出版社，2008年，第231～247页。

② 陈桔：《粮、经、饲三元种植结构及其途径探讨》，《天津农林科技》1997年第1期。

生产，保证优质、安全农产品的供给。构建农产品品质评价体系时，除考虑营养成分、外观、口感、耐贮藏及加工性能外，对安全因素给予了更高权重。

在全新的粮食安全战略指导下，农业组织结构进一步优化。早在20世纪80年代初，农业组织结构就曾经历过一次重大调整，即从生产队集体化生产，过渡到了农业家庭承包、分户经营。80年代中后期，全国各地陆续出现贸工农一体化、专业化的新型农业生产经营组织，为调整农业组织结构开辟了全新的领域，形成从生产到流通一体化的组织结构。90年代上半期，各地积极探索农业产业化发展模式，出现了多种形式的农业生产组织结构，如"龙头企业+农户""农业专业技术协会+农户""农场+农户""专业批发市场+农户"等，成为农业现代化发展的有益尝试。在粮食市场逐步开放并参与国际竞争后，具有比较优势的粮食产业通过国际市场获得价格激励。粮食的国际市场价格明显高于国内，农民获得更加贴近国际市场水平的价格，农业生产者的种植积极性被调动起来，农业生产效率提高，供给能力增强。21世纪初，为了适应农业发展的阶段性要求和国际环境变化，农业生产组织结构不断优化。农户与非农企业以市场为导向，以产权为纽带，建立起利益联结机制。农业结构的战略性调整加快，开始集中力量培育和扶持龙头企业，逐步形成"市场牵龙头，龙头带基地，基地连农户"的产业化经营格局。

第三节 农村剩余劳动力大规模转移

自计划经济时代开始，农村一直存在大量的隐性剩余劳动力。家庭承包制普遍推行后，隐性剩余劳动力问题逐步显性化。此时，农村人口的流动仍然受到各种限制，计划经济时期形成的发展战略，也没有得到彻底扭转。因为各种复杂原因，这一时期出台了限制农民进城

第二章　推行市场经济体制　促进农业结构大调整（1992—2001）

就业的政策，农村劳动力的跨区域流动，在很长一段时间呈现停滞状态。20世纪80年代中后期，国家开始尝试通过发展小城镇，转移吸纳部分农业剩余劳动力。乡镇企业顺势而为，获得较大发展，成为吸纳农村剩余劳动力的主要渠道。90年代，乡镇企业开始自我调整、规范整合，开放的东部沿海和大中城市优势凸显，吸引了大量农村劳动力转移就业。安土重迁的中国农民，自觉自愿地跨区域寻找就业机会，农村剩余劳动力开始大规模跨区域转移，推动了城乡经济、社会和文化的发展。农村劳动力转移过程中形成的"民工潮"，是工业化和城镇化进程中必然伴生的特色现象，折射出当代中国深刻的社会变革。

一、市场化转轨中农业生产要素的流动

1996年以后，进入第九个五年计划执行时期，主要的奋斗目标是基本消除贫困，人民生活达到小康水平。市场化改革不断推进，农村改革不断深入，但城乡二元社会经济结构却一直没能作出根本性的变革。20世纪90年代末、21世纪初，农业三要素加速流出农村，"三农"发展中初现端倪的一些现象，逐渐凸显为以农民收入过低为核心的"三农"问题。中央对"三农"问题给予极大关注，采取了许多有针对性的政策措施，但总体来看收效甚微。农民收入增长幅度仍持续走低，与同期城镇居民的收入增长难以匹配，甚至呈现逐年下降的趋势。农民职业身份的转变遇到困难，农业体系中的各大生产要素难以高效率地通过市场实现转移，直接制约了农业产业化经营的规模和集约程度。

1. 农民职业身份转变问题

当代中国社会发展进程中，农民有多次转变职业身份的机会，但都未能成功。1978年以来，农村开始推行家庭承包制，农村改革经过四五年时间，基本解决了长期困扰的粮食问题。但紧接着出现了新中国历史上首次规模空前的"仓容危机"，之后农村产业结构进行重

大调整，刺激了农村加工业的发展。1984年开始，国家准许农民自筹资金、自理口粮，进入城镇务工经商。此后，国家又进一步出台系列政策措施，如实施身份证制度，允许农村劳动力在地区和城乡之间交流，鼓励贫困地区开展劳务输出。农村劳动力开始快速向非农产业转移和流动，但并没有直接带来农民职业身份的转变。

1988年下半年，出现大抢购和挤兑风潮，国家实施了为期3年的治理整顿，以控制日益严重的通货膨胀。在这次整顿中，以乡镇企业为主的中小企业首当其冲，农村非农就业基本停滞增长。1989年春，几百万农民进入沿海中小型乡镇企业。但随着城市生产的收缩，大量转入城市就业的农民不得不返回农村。由于农业内部的就业机会十分有限，返回农村地区的农民工大部分处于隐性剩余状态。1992年，国家取消了城市粮食供应制度，采取了更为严格的政策控制农村劳动力流动。当时陆续颁布了一系列文件，内容涉及户籍改革和劳动力市场建设，还连续出台了有针对性的措施，规范进城务工农民的管理和服务。

各企事业单位使用农民工，都必须经过严格的行政审批。农民进城务工就业，职业工种受到严格限制，大多从事采掘、服务和建筑行业。由于户籍身份仍然是农民，企事业单位实行两种户籍两种办法，已录用的农民工与城市职工，在工资发放、工种分配、职务升迁及技术培训等方面存在明显差异。由于务工成本过高，农民工的生活面临困境，大多数农民工租住在城乡接合部的临时安置房，或城中村的出租屋，或建筑工地的工棚，难以融入城市主流文化。农民工的子女教育也同样面临困难，在接受教育公共产品供给过程中，支付的成本远超过城市市民。

2. 为农产品进入国际市场做充分准备

加入世界贸易组织是中国农业发展外部环境变化的重要分水岭，标志着中国农产品市场开始融入贸易和投资自由化的全球体系中。中国加入世界贸易组织，经过了漫长的等待和艰辛的努力。中国是关贸

第二章 推行市场经济体制 促进农业结构大调整（1992—2001）

总协定23个创始国之一，并参加了第一、第二轮关贸总协定关税减让承诺。1949年新中国成立以后，由于特定的国际环境，中国与关贸总协定失去了联系。1978年，经济改革拉开序幕，中国开始站在新的起点，重新认识关贸总协定。恢复中国在关贸总协定的缔约方地位，既有利于改革开放的不断推进，也有利于世界经济的发展。1986年7月10日，中国驻日内瓦代表团大使钱嘉东照会关贸总协定总干事邓克尔，正式要求恢复中国在关贸总协定中的地位。关贸总协定理事会的会议议程上，自此增加了"中国的缔约国地位"一项。经过艰难曲折的复关谈判，1995年开始，"复关"变成了"加入世界贸易组织"。2001年11月11日，在卡塔尔多哈举行了世界贸易组织第四届部长级会议，通过了中国加入世界贸易组织的法律文件。经过15年的艰辛努力，同年12月11日，我国正式成为世界贸易组织新成员。

农业问题是中国加入世界贸易组织谈判的重点领域。中国在加入世界贸易组织的谈判中，承诺执行世界贸易组织农业协定，降低农产品关税，开放农业市场，取消非关税措施，约束国内农业补贴，取消出口补贴等。一是承诺对国际农产品实行关税减让，适当降低国际农产品进口关税税率，将农产品平均关税税率降到17%左右，甚至将重要农产品的关税税率降至15%以下；主要畜禽产品、水果、坚果类，以及部分蔬菜的进口关税也将明显减少；除大宗农产品外，大部分农产品进口将取消数量限制，实行单一关税；对于采用配额关税的农产品，配额内的关税采取低税率政策，配额外主要农产品也相应降低关税税率。二是承诺放开部分农产品市场，逐步扩大大宗农产品的市场准入量，包括小麦、玉米、大米和棉花等。三是承诺消除国营垄断。承诺在加入世界贸易组织的3年过渡期内，允许私营部门进入农产品进出口贸易领域；逐步批准外国企业参与进口农产品的分销业务，允许提供与分销有关的一系列服务；豆油、小麦、大米和棉花等农产品贸易，按一定比例分配给私营企业。四是承诺逐步取消国内农产品出口补贴。在定义农业补贴政策过程中，世界贸易组织的农业协议对国内支持措施作了明确区分：凡属"绿箱政策"①的补贴是允许的，可不作削减；凡属"黄箱政策"②的补贴则是不允许的，必须作相应削减。对此，中国承诺在加入世界贸易组织后，对以玉米、大米、棉花为代表的农产品，不实行直接支付和出口奖励，不再提供补贴。最后还承诺履行世界贸易组织制定的《实施动植物卫生检疫措施的协议》。③

加入世界贸易组织后，既享受作为成员国应有的权利，也承担相应的义务。在世界贸易组织的规则引导下，农业成为被关注的焦点，农业生产和农产品贸易积极应对加入世界贸易组织后的新形势。农产品贸易按照世界贸易组织规则，在农业市场准入方面，对国际农产品作出低税率的关税减让，同时遵守承诺，扩大国际大宗农产品的市场准入量，取消国内农产品出口补贴，消除国营垄断。涉农部门及相关领域，也在完善和提升国际竞争力，积极应对新形势。加入世界贸易组织对我国农业的影响是深刻的，农业领域的让步换来了社会总体福利的增加，对国民经济发展和工业化具有积极的意义。

3. 农业国际化战略中农产品市场面临重大挑战

加入世界贸易组织是一把双刃剑，实施农业国际化战略获益良多，但也给国内农业带来种种冲击和负面影响。

首先，国际大宗农产品大举入驻中国市场，农产品生产承受减产的风险，农民就业机会面临减少的威胁。农业经历了20世纪90年代的高速发展，此时综合生产能力已大大提高，国内大宗农产品储量充

---

① "绿箱政策"指那些既不会产生贸易扭曲又能提高农业效率的政策。具体包括：第一，由公共基金或财政开支提供的一般性农业生产服务，如农业、科研、技术推广、人员培训、病虫害防治、检疫检验、培训设施建设、农业基础设施建设、市场信息咨询等服务；第二，为保障粮食安全而提供的贮存补贴；第三，粮食援助补贴；第四，自然灾害补贴；第五，农业生产结构调整性投资补贴；第六，地区发展补贴。

② "黄箱政策"指那些容易产生贸易扭曲的政策，包括价格支持、营销贷款、面积补贴、牲畜数量补贴、种子肥料补贴、某些有补贴的贷款等。

③ 马晓河：《中国加入WTO对国内农业生产和贸易的影响分析》，2000年7月12日更新，http://www.macrochina.com.cn/zhtg/tg3.shtml，2013年11月15日引用。

第二章 推行市场经济体制 促进农业结构大调整（1992—2001）

足，大部分品种处于供求平衡状态，甚至出现部分农产品结构性和地区性过剩。当时，国内粮、棉、油等大宗农产品价格普遍高于国际市场价格，国外低价农产品进入中国市场，势必会部分替代国内农产品，从而冲击农业生产，波及农民就业。国内农业专家预见，这些负面影响在全国不同区域，会存在程度上的区别：对于非农产业发达、经济实力较强的沿海地区，农业受到的影响不会太大；而以农业为主的东北以及中西部地区，加入世贸组织后，农业生产和农民就业受到的冲击预计会强烈得多。

其次，国内农产品价格受国际市场价格波动的影响会更加明显。加入世贸组织后，按照有关农业协议的要求，我国需逐步放开农产品市场。如果国际农产品价格出现波动，将直接或间接地影响国内农产品市场，农产品市场的国际化趋向将日益突出。国外低价格大宗农产品，将给国内自产的同类产品造成竞争压力，迫使其压低价格，农民收入随时存在减少的威胁。进口农业生产资料以及技术产品的价格，也将呈现上升的趋势，国内相关农产品生产成本势必上升，进口农产品价格会随之上涨。但农产品市场国际化也有其正面意义，会引起国外农产品需求下降、国内农产品需求增加，刺激劳动密集型农产品出口。凡事总有两面性，劳动密集型产品出口大幅增长，意味着中国贸易盈余迅速增加，这种增加可能迫使人民币面临升值的压力，最终将导致进口农业生产资料、技术产品及相关农产品价格下降，从而转移和吸引更多的国内需求，使国内农产品面临更大的竞争压力。

最后，世贸组织规则约束国有垄断和对农业的支持保护行为，使当时的农产品流通体制和保护性农业政策在实施中受到巨大冲击和压力。国内市场和进出口贸易方面，国有粮棉经营企业获得的种种优惠政策，将在世贸组织规则的影响下逐步消除。由于国有企业多年来享受市场垄断收益，获得国家特殊政策的保护，经营体制和管理模式僵化，缺乏活力，一旦非国有企业和外国企业进入后，会有相当一批国有企业被冲垮挤出市场。况且，世贸组织规则明文区分"绿箱政策"

和"黄箱政策",国企信贷、出口补贴和种子肥料投入支持等都在禁止之列,国家支持和保护农业的空间受到制约,只能在世贸组织框架内,利用有限的空间扶持本国农业的发展。

总之,加入世贸组织对农业发展的影响是多方面的,尤其是对进出口贸易和农产品价格的影响最深。令人欣慰的是,在加入世贸组织当年,人们担心的严峻局面似乎并未出现,农业稳定发展,农民收入增长,农产品贸易出现顺差。事实证明,我国农业完全能够对国际国内形势作出准确判断,并及时采取合理的措施,在机遇和危机中迈向新的发展阶段。

二、农村劳动力大转移

改革开放初期,国际国内环境复杂,农村劳动力只能在农业内部实现转移。当时,农村劳动力转移的途径主要有3条,分别是开展农业多种经营、发展农村个体和私营经济,以及进入乡镇企业。由于农业发展空间狭小,农村人口众多,一部分农民发扬创新精神,另辟创业门路,开始向农业外部转移。相当数量的农民进入大中城市,寻找非农就业机会,或直接从事个体工商业。农村劳动力向城市转移,一开始完全属于农民自发的行为。由于现代制造业对劳动力需求巨大,农民进城意愿强烈,人口管理政策开始松动,国家逐渐因势利导,规范和支持农民在城乡之间交流。由此,农村劳动力开始大规模向城市迁移流动,对经济发展和社会整合产生了深远的影响。

1. 农村劳动力大规模跨区域转移

农村劳动力转移的典型特征是大规模的区域转移。农村劳动力大规模转移,区域特征十分明显,主要是从内陆省份涌向沿海经济发达地区,"珠三角"经济区、"长三角"经济区成为内陆地区农村劳动力的主要流入地。在跨区域转移出现之前,农村劳动力向非农产业转移,首选方式是"离土不离乡",就地就近实现就业。当时的社会背景特殊,农民的选择具有3个方面的合理性。首先,就地转移是农民

第二章 推行市场经济体制 促进农业结构大调整（1992—2001）

规避就业投资风险的客观选择。改革开放初期，百废待兴，急需大量储备资金，以恢复和发展国民经济。当时农业投资方向已锁定，集中在农业基本建设、生产支出和农村科技领域，农村就业投资基本无暇顾及。离土不离乡实现就地转移，使农民"进"有乡村工业吸纳，"退"有自家自留地可守，农民的基本生活有保障，不会造成失业即无法生存的困境。其次，就地转移是农民规避转移风险的最佳选择。就地转移无须改变农民基本的文化背景和生活方式，乡村固有的亲属、土地和社会人际关系保持不变。由于处在熟人社会的规制下，农民的思想理念、社会价值和主体意识相对一致，农民群体成员之间相互融合，沟通和交流相对容易，转移风险相对较小。就地转移也符合农户兼业的特点，农民可充分利用农闲时间，兼职从事二、三产业。兼业增加了农民的就业机会，拓宽了农村家庭的收入渠道，又促进了乡村工业的蓬勃发展。最后，就地转移能大大削减远距离流动产生的交通费用，有效降低农民外出务工的成本，是促进农民就业增收现实而便捷的途径。

20世纪80年代末90年代初，农村劳动力在农业内部转移的优势开始减弱，广东等沿海城市由于历史和地理区位优势明显，更容易吸纳农村劳动力就业。1989年春，几百万农民爆发性集聚流动，进入沿海地区的中小型乡镇企业实现就业。1992年，国家开始大力发展开发区，同年城市粮食供应制度取消，突然出现4 000万农民进城务工的现象。90年代中后期，港、澳、台制造业向广东大规模转移，沿海地区因劳动力廉价、基础设施优质、消费潜力巨大，成为国际制造业转移的重点承接地。进城务工农民的数量，自此开始持续稳定攀升。区域转移带有明显的经济倾斜，是农村劳动力向非农产业流动的主要方式。区域转移的流动方向，以不发达地区向发达地区，农村向城市流动为主。由欠发达地区农村向发达地区及城市流动，是农村劳动力跨区域转移的主要方式。劳动力跨区域流动具有多向性特征，显示了市场配置人才资源的多样性。农民跨区域流动的半径，受流动经济成本影响。最初的区域转移以就近流动为主，后来流动半径逐年拉长，有的甚至跨越了大半个中国。农村劳动力实现区域转移后，大多进入东南沿海大中城市。相当数量的劳动力流入发达地区，进入小城镇和乡镇企业，在异地从事非农产业。跨域转移的行业类别，以商业服务业和建筑业为主。也有部分农村劳动力选择加工贸易型外向经济发展较快的地区，如苏南、温州、闽南和珠江三角洲，进入当地的乡镇企业和三资企业。

农村劳动力跨区域转移促进了农业现代化。人多地少的尖锐矛盾，一直是农业实现现代化无法跨越的障碍。随着农村劳动力跨区域转移就业日益增多，相当数量的农民在发达地区或城市获得新的就业机会。劳动力流出地的土地流转加快，为实现土地的集中、规模经营创造了条件，有利于农业实现现代化。由于跨区域流动带有明显的经济倾斜，劳动力流入地的经济发展和富裕程度，大多优于劳务输出地，外出劳动所获得的收入远高于务农收入，成为农村家庭十分可观的经济来源，也是支撑县域经济发展的重要财政收入。

2. 农村劳动力周期性流动

农村劳动力的跨区域转移带有明显的周期性，春运成为劳动力流出和回流的关键节点。20世纪90年代以来，进城务工的农民与以往有很大不同。农村劳动力跨区域转移的流动半径，远远大于单纯跨产业领域的就地转移，且跨域流动由阵发性演绎成周期性。绝大部分进城务工者，不再单纯地受传统农业生产时令的限制，像以往那样农闲时外出打工、农忙时回乡务农，其跨域流动的周期变得更长，但每年的春节成为关键节点。

农村劳动力周期性流动，还表现在进城和返乡总是交替发生。如果按从农村到城市的转移程度考察，短期看，一个完整的流动周期包含复苏、活跃、衰退和萎缩4个阶段。流动周期中的衰退阶段，劳动力由农村流向城市的数量在减少，返乡成为主要趋势。当返乡人数超过劳动力流出数量时，农村劳动力的流动进入萎缩阶段。然而萎缩不会一直持续下去,随着劳动力向城市转移的数量增多,农村劳动力的流动周期逐步进入复苏阶段,以从农村流向城市为主。农村劳动力流动的周期性,与经济扩张和收缩的周期基本一致。当经济进入复苏和繁荣期,从农村到城市的迁移成为劳动力流动的主要趋势。反之,在经济衰退和萧条时期,由城市返回农村就成为主要趋势。另外,农村劳动力流动的周期性还受其他因素影响,如城市人口就业情况、国家支农惠农政策、城镇就业保障制度等,都影响着农村劳动力的流向。农村劳动力跨区域流动,是一个长期的、伴随着方向和数量上周期性变化的过程。[1]

三、农村劳动力外出就业的特点

在农村剩余劳动力转移过程中,进城与返乡交替伴生,形成具有特色的农村劳动力双向流动模式。双向流动模式的形成,受多种因素的共同制约。农民群体在作出流动的决策前,会分析当期的政策环境,比较务工收入与务农收入的差异,对家庭状况也会作出综合性的评估。因此,农民的流动决策,是综合考虑了家庭、个人和社会多种因素,可以认为是较理性的行为选择。进城务工增加了农村家庭的收入,工资性收入比例增长。至20世纪90年代末期,数以亿计的农民进城务工,每年收入占农户总收入的1/3。农民进城壮大了新兴劳务产业,改变了农村产业结构。

1. 农村劳动力大规模跨区域流动

随着改革开放进程的不断推进,农村劳动力纷纷离开生养自己的土地进城务工。城市人口管理政策数次变动,外出农民工的数量和流向也随之发生变化。20世纪80年代初期,家庭联产承包责任制逐步推行,农业增产效果明显,不少无效的劳动力在农业内部逐渐消除。

---

[1] 田洪川:《中国农村劳动力流动周期性问题研究》,硕士学位论文,北京交通大学劳动经济学专业,2009年6月。

1984年，中央发布一号文件，准许农民自筹资金、自理口粮进城务工经商。随后国家颁布了一系列人口管理政策，允许、鼓励和支持农村劳动力流动，第一次农村劳动力大规模跨区域流动随之出现。90年代初以来，农村劳动力流动转移的政策发生根本性的变化。1993年11月3日，劳动部发出《关于印发〈再就业工程〉和〈农村劳动力跨地区流动有序化——"城乡协调就业计划"第一期工程〉的通知》，要求在全国形成与市场经济相适应的劳动力跨地区流动的基本制度、市场信息系统和服务网络，还要求农村劳动力流动规模较大的主要输入、输出地区，也要逐步实现农村劳动力流动规模的有序化。1993年12月，劳动部印发《关于建立社会主义市场经济体制时期劳动体制改革总体设想》，提出要以建立农村就业服务网络为突破口，合理调节城乡劳动力流动，加强城乡劳动力统筹。1994年11月，劳动部颁布《农村劳动力跨省流动就业管理暂行规定》，首次以文件的形式规范流动就业证卡管理制度。①

城市低层次就业需求，为农村剩余劳动力的转移提供了就业机会，成为农村劳动力大规模跨区域流动的不竭动力。20世纪90年代上半期，沿海地区率先实施外向型经济战略，非国有的外商投资和个体私营经济快速成长起来，劳动密集型产业，特别是"三来一补"等出口加工工业，以及与此相关的服务业迅速崛起。面对新的经济发展形势，人口管理政策有所松动，逐步允许农民进入城市二、三产业，拓宽了农民流动就业的空间，劳动密集型二、三产业飞速发展，中低层次的劳动力需求迅速增加。中西部地区农村富余劳动力转移的方向，正好与这种需求相一致。转移方向与就业需求的一致性，形成一股巨大的外在推力，使农村劳动力加速流向城市。数次农村劳动力大规模跨区域流动表明，农村富余劳动力的流动具有多向性，市场配置

---

① 段娟，叶明勇：《新中国成立以来农村剩余劳动力转移的历史回顾与启示》，《党史文苑》2009年第6期。

第二章 推行市场经济体制 促进农业结构大调整（1992—2001）

人口资源的手段具有多样性。包括劳动力在内的多种生产要素，在更大的范围内实现了资源的重新配置，社会经济结构朝着更加合理、开放的方向发展。

20世纪90年代中后期，香港回归祖国，港、澳、台制造业开始向广东大规模转移，经济发展形势史无前例，形成一股强大的拉力，进城务工人员数量持续稳定提高。据统计，90年代中后期，流动的农民工数量每年以800万~1000万的速度增加，总数量累计达1.2亿。[①] 第三次大规模跨区域流动的农民工群体，出现了一些新的特征，部分农民工城市生活意愿强烈，逐步倾向于长期生活或永久定居于城市，甚至存在举家迁移的倾向。这批新出现的群体，年龄在16周岁以上（基本为初中刚毕业年龄），几乎没有务农经历，后被统称为"新生代农民工"。新生代农民工对城市社会的认同感远远超过父辈，他们的维权意识更强烈，懂得通过法律和舆论维护自己的合法权益。这一时期，农民工所处的社会环境大为改观。社会各界对农民工群体及个体积极展开研究，农民工对经济发展的贡献也得到社会的普遍认同。农民工城市化进程中遇到的相关问题，逐渐上升到国家政策层面予以重视。

2. 外出劳动力大规模返乡多次出现

农民工几次大规模返乡，都与国际国内经济环境的变化有关。每当经济运行平稳、对外贸易发展良好时，农历春节前夕就会出现大量农民工返乡的现象。如果经济低迷，特别是对外贸易萎靡不振时，各大厂家会选择尽量少地雇佣农民工，导致务工农民被迫返乡。2008年爆发国际金融危机，沿海发达城市经济受到波及，从事外贸生产的企业遭遇了前所未有的困境，相当一部分农民工因此失去就业岗位，全国出现了第一次较大规模的农民工提前返乡。仅2008年上半年，

[①] 耿国彪：《和谐中国30年绿色奏鸣曲——中国改革开放30年重大绿色事件回眸》，《绿色中国》2008年第21期。

6.7万家规模以上的中小企业倒闭。农业部组织的抽样调查显示，在1.3亿外出就业的农民工中，15.3%的农民工处于失业或者未就业状态。按照这个数量推算，大约有2 000万的农民工由于经济不景气，失去工作或者还没有找到工作，不得不选择返乡。

中央非常重视农民工的就业问题。2008年12月20日，国务院办公厅发出通知，要求做好当前的农民工工作，从6个方面作出政策性的引导：一是鼓励城市和沿海发达地区的企业，尽可能不解雇或者少解雇农民工。二是要求各级政府，对暂时没有工作的农民工，提供职业技能培训机会，增强待业农民工的就业能力。三是要求积极吸纳农民工参与政府投资的公共设施建设，采取以工代赈的办法，鼓励返乡农民工参加农村基础设施建设。四是采取一系列支持和补贴的办法，帮助农民工回乡创业。五是要求各地切实保障外出农民工的土地保障权益，保证无工可做的农民工有地可种，基本温饱有保证。六是要求各地党委和政府，重视农民工工作，监督企业正常发放农民工工资，正常缴纳农民工的社会保障经费。

2012年年初，主要经济地区，如"珠三角"的深圳、珠海、东莞以及"长三角"的上海，经济指标出现不同程度的增长放缓，甚至出现负增长，很快再次出现大规模农民工返乡的现象。此次农民工返乡发生在"调结构"的背景下，是产业结构转型过程中必经的阶段。与2008年不同，返乡现象只是在局部地区和个别行业出现。返乡者多集中在大龄和低技能人群，且规模和数量远远小于2008年。以劳务输出大省四川省为例，2008—2011年，四川省农村劳动力跨省转移所占的比例，分别从58.7%逐年降至55.6%、54.6%和52.4%。截至2012年6月底，农村劳动力跨省转移的比例已经下降到48.2%。[①]也就是说，从2008年以后，四川省农村劳动力跨省转移的数量一直

[①] 曲昌荣，张文：《农民工大规模返乡了吗？——求证·探寻喧哗背后的真相·农民工返乡潮调查》，《人民日报》2012年8月23日第4版。

呈现负增长的趋势，2012年年初出现的返乡现象，只是该趋势的自然延伸。此次农民工大规模返乡，是多力源、多因素共同推动的必然结果。由于东西部调整产业结构，内地用工需求增加，鼓励创业的政策环境得到改善，促进了农民工返乡。在经历了2008年的大规模返乡后，地方政府和农民工本人，在应对过程中都显得更为理性和沉着。

第四节 农业经济领域改革全面深化

20世纪90年代，农业发展进入新的阶段，农产品供给由全面短缺走向结构性和地区性相对过剩，农业生产朝着商业化、专业化和区域化方向转变，农业对资本和技术的依赖程度日益增强。农业部门就业的劳动力绝对数量持续减少，农村非农产业领域资本、技术增密趋势明显。农村产业结构调整步伐也在加快，资源配置和产出结构带有明显的区域特征。新的发展阶段来临之后，农业与农村经济面临新的挑战：土地、水等资源环境压力，制约农产品持续增长；农业投入严重不足，农村基础设施脆弱，农业的可持续发展乏力；农业增产不增收，农民收入增幅连年下降；农业就业空间更加狭小，农村剩余劳动力就业问题更加突出。为了保持农业和农村经济稳步发展，粮食流通、农业税费、农村金融、农村教育和医疗等领域，紧随市场经济的确立进行全面改革。

一、土地承包经营制度于稳定中完善

新旧经济体制交替之间，农业经济和农村社会难免出现政策缺位的空白地带。虽然土地承包制度将原定土地承包期延长至30年不变，并修订法规将其强化为农村政策的基石，但由于承包权的流转等政策并未配套，土地管理出现漏洞，良田耕地锐减。因此，完善土地承包

经营制度，成为时代的新命题，也是广大农民的共同愿望。

延长土地承包期限，使得农村的土地承包关系更加稳定，农民家庭对土地的产权更加完整。国家同步展开了土地使用权流转问题的探索，基层实践不断扩充，政策体系日趋完善。土地资源同其他生产要素组合，在更大范围内实现了资源的优化配置。

1. 延长土地承包期，稳定土地承包关系

土地承包期限包含耕地承包期限和草地、林地承包期限。

通常，种植农作物的土地称为耕地，包括灌溉水田、望天田（又称天水田）、水浇地和旱地。我国耕地总面积约为18.4亿亩，人均1.4亩。实行家庭承包经营的耕地，一直占耕地总面积的97%左右。在农村实行家庭联产承包责任制之初，耕地承包期限一般较短。由于承包期限过短，承包人的积极性难以调动，不愿意增加土地投入，合理开发利用土地，由此导致短期行为和对土地的掠夺式经营，违背了实行土地承包经营制度的初衷。为了稳定土地承包关系，1984年有关政策提出，土地承包期一般应在15年以上。随着第一轮土地承包到期时间的临近，为了及时指导、稳定农村的土地承包关系，1993年11月5日，《中共中央 国务院关于当前农业和农村经济发展的若干政策措施》发布实施。文件要求"在原定的耕地承包期到期之后，再延长30年不变"。《中共中央 国务院关于1998年农业和农村工作的意见》进一步强调，第一轮承包到期的地方，都要无条件地延长30年不变。1998年夏，中央主要领导考察安徽省凤阳县小岗村，再次重申土地承包期再延长30年不变，30年以后也没有必要再变。1998年秋，中共十五届三中全会通过了《中共中央关于农业和农村工作若干重大问题的决定》，文件修改了过去关于农村经营制度的表述，明确重申必须长期坚持以家庭承包经营为基础、统分结合的经营制度。到2000年年底，全国农村已有93%的村组完成了将土地承包期再延长30年的工作。2002年8月29日，九届全国人大常委会第29次会议审议通过了《中华人民共和国农村土地承包法》（以下简称

第二章 推行市场经济体制 促进农业结构大调整（1992—2001）

《土地承包法》)。法案把家庭承包经营体制用法律的形式固定下来，农民对土地的承包经营权更加稳定，自此有了法律上的依据。①

草地、林地承包期限的法律规定，也经历了一个逐步认识和发展的过程。草地通常是以生长草本植物为主，用于发展畜牧业，包括天然草地、改良草地和人工草地。草原是草地的主体，因此国家从1984年开始推广草原承包工作，一些地方还将草原的承包经营期限定为50年。林地一般指生长乔木、竹类、灌木和沿海红树林的土地，包括林地、灌木林地、疏林地、未成林造林地以及迹地和苗圃。《土地承包法》颁布之前，国家政策曾原则上要求土地承包期再延长30年不变，而人造林地和"四荒"地等，属于开发性生产的土地，承包期原则上可以更长。根据草地和林地承包的特殊性，《土地承包法》重新做了明确规定。按照法案要求，草地的承包期为30～50年，林地的承包期为30～70年，特殊林木的林地承包期经国务院林业行政主管部门批准可以延长。以法律的形式对土地承包期限作出不同的规定，符合农业生产经营的特点，契合农业经济的发展趋势，有利于稳定土地承包经营权，促进农业全面发展。

2. 农民家庭的土地产权更加完整

《土地承包法》规定并延长了土地承包经营权的期限，使农民家庭的土地产权更加完整。《土地承包法》要求明确所有权、稳定承包权、放活使用权，解答了对承包制推行过程中遇到的许多细节问题。法案给出了更加个人化的土地权政策，提出在原定的耕地承包期到期之后，再延长30年不变。按照法案要求，开垦荒地、营造林地、治沙改土从事开发性生产，土地的承包期可以更长。《土地承包法》还提倡在承包期内增人不增地，减人不减地，以避免承包耕地频繁变动，防止耕地经营规模不断被细分。《土地承包法》还创新性地提出，

---

① 姜爱林，包纪祥：《从土地承包15年到土地承包再延长30年——关于农村土地使用权长期化问题的几点思考》，《中共福建省委党校学报》2000年第2期。

在坚持土地集体所有和不改变土地用途的前提下,经发包方同意,允许土地的使用权有偿转让。

另外,针对侵犯农民家庭土地产权的问题,法案纠正了系列错误做法。对于比较常见的不合理做法,《土地承包法》均给出了明确要求。法案反对以规模经营为由,改变农户均等承包;不赞同打乱原生产队土地所有权界限,在更高的村一级重新发包;反对根据人口增减,甚至根据干部任期,频繁调整承包土地。按照法案要求,延长土地承包期后,乡(镇)人民政府农业承包合同主管部门,要及时向农户颁发由县或县级以上人民政府统一印制的土地承包经营权证书。土地证书由农业部统一规定样式,是农民土地承包权具有法律效力的凭证,是土地承包管理规范化、法制化的重要依据。《土地承包法》颁布于"九五"时期,此时正值亚洲金融危机,国内自然灾害形势严峻。法案作出一系列重大突破,明晰了土地的承包权和使用权,使农民对土地的产权更加完整,也为农业和农村经济始终保持良好发展势头,提供了重要的法律保障。

3. 土地流转的初步探索

在完善承包经营制度过程中,对土地流转问题的有力探索亦同步展开。1993年11月,中共中央、国务院发布《关于当前农业和农村经济发展的若干政策措施》。文件针对不同用途的土地,在承包期限方面作出明确规定。关于土地流转问题,文件也有所触及,规定可有条件地依法有偿转让土地使用权。然而这一阶段,农民的土地承包权尚属于一种债权,这意味着在实际操作过程中,农地的承包经营者需交纳一定的农业税。因此农地流转的主要方式是,外出打工者为发包方,把具有使用权的土地转包出去,并给接包方一些补贴,将上交农业税和"三提五统"的任务移交给新的承包者去完成。由于城市人口上升很快,加之外来资金不断涌入,位于城市郊区的土地初现区位优势,升值效应凸显。城市周边的土地,多用来建造工业厂房和职工住宅楼,剩下的少量土地通常被集中包给种植和养殖能手。

第二章 推行市场经济体制 促进农业结构大调整（1992—2001）

由于城市化建设步伐不断加快，这一时期的土地流转发展迅速，涌现出许多因流转土地而致富的案例。随着基层实践的不断扩充与丰富，土地流转开始在政策层面得到重视，关于土地流转的政策规定日趋完善。2001年12月30日，中共中央印发《关于做好农户承包地使用权流转工作的通知》，对土地流转政策第一次作出全面阐述。[①] 2002年8月29日，《中华人民共和国农村土地承包法》获得通过，于2003年3月1日开始实施，关于土地流转的政策规定终于上升至国家法律层面。2004年10月21日，国务院颁布《关于深化改革严格土地管理的决定》，规定农民集体所有建设用地使用权可以依法流转。文件还强调，在符合规划的前提下，村庄、集镇、建制镇中的农民集体所有建设用地使用权可以依法流转。广东、浙江、江苏、上海、安徽和天津等地，开始开展农村建设用地使用权流转的局部或区域试验。各地涌现出一些具有地方特色的案例，如重庆的农地入股，广东、海南的出租农地，以及北京郊区的小产权房模式。2014年11月，中共中央办公厅、国务院办公厅联合印发《关于引导农村土地经营权有序流转发展农业适度规模经营的意见》，要求各地区各部门结合实际，大力发展土地流转和适度规模经营，5年内完成承包经营权确权。

二、农村税费改革艰难推行

21世纪初，改革步入新纪元，农业与农村经济发展也在此时面临突出问题。当时县、乡和村组集体陷入财政危机，流动资金极度匮乏，县、乡两级政府不得不巧立名目，增置各种农业税费，向农户乡民转嫁经费用度危机。为了减轻农民的税费负担，新纪元伊始，安徽省首先拉开农村税费改革的序幕，由点及面进行正税清费工作试点，之后在全国范围内全面推开。农村税费改革试点过程中，各种矛盾错

---

① 刘明霞，刘琳：《90年土地国运：尊重农民土地财产权成土改信条》，《财经国家周刊》2011年第12期。

综复杂，由于处在体制转轨、经济转型时期，加之农民增收困难，基层财力紧张，税费改革成为一项涉及面广的综合性改革。税费改革具有积极的意义，农民得以减负，征缴行为得到规范，农村干群关系逐步缓和。但税费改革也暴露出一些深层次的矛盾和问题，直到后来随着公共财政体制改革、乡镇机构改革，以及其他一系列配套改革，才逐步得到缓解。税费改革具有重大意义，不亚于20世纪80年代初期农村推行的"大包干"改革。

1. 正税清费改革试点

继"大包干"改革之后，安徽省再一次勇于创新，从2000年开始进行农村税费改革试点，通过大量富有成效的组织准备和具体实施，试点工作取得重大突破。农民负担由过重变得较轻，由治标过渡到治本；农村公共服务由农民承担，逐步转向公共财政保障；农村基层治理由管理型政府，向服务型政府转变。安徽省的试点实践具有积极意义，为税费改革在全国广泛推行积累了宝贵经验。继安徽省改革试点成功之后，2001年，江苏省成为农村税费改革试点的第二个省份。[①]

江苏省财力状况较好，治理乱摊派工作到位，农民减负增收效果明显，改革的基础较为优越，试点工作进展较为顺利。比较分析安徽和江苏两省改革试点，中央及地方各有关部门有了更多的选择和参照。2002年，中央总结交流改革试点经验，并综合考虑地方改革意愿，参考局部试点情况和财力条件等因素。经国务院批准，当年全国试点省份扩大到了20个。

农村税费改革局部试点省份的范围，是中央经过审慎评估后决定的。中央充分估计到了改革中可能遇到的困难，要求根据中央财政转移支付补助资金和地方财力可能，努力做到"三个确保"，即"确保

---

① 肖捷：《一场终结了2 600年"皇粮"历史的改革》，《中国财政》2011年第17期。

第二章　推行市场经济体制　促进农业结构大调整（1992—2001）

改革后农民的负担明显减轻、不反弹，确保乡镇机构和村级组织正常运转，确保农村义务教育经费的正常需要"。2002年11月8日，中共十六大召开，农村税费改革工作翻开了新的一页。2002年年底召开的中央经济工作会议明确提出，农村税费改革试点工作要在总结经验、完善政策的基础上全面推开，要把减轻农民负担同精简机构、搞好农村义务教育结合起来，妥善解决改革中遇到的矛盾和问题。2003年3月27日，国务院办公厅发布《关于全面推进农村税费改革试点工作的意见》，随即在京召开全国农村税费改革试点工作电视电话会议。至此，农村税费改革在全国范围内全面推开，为下一阶段全面取消农业税费奠定了坚实的基础。[①]

2. 规范农村收入分配关系

由点及面的农村税费改革成效显著，农民减负增收，农村收入分配关系逐步规范整合，拉开了新时期农村改革的序幕。20世纪80年代革新农村经营体制，极大地解放和发展了农村的生产力。21世纪初又坚定地实施农村税费改革，理顺农村分配关系，规范政府分配行为，大幅减轻农民负担，进一步调动了农民的生产积极性。随后几年，农村综合改革以取消农业税为目标，逐步解决了基层行政管理体制不适应农村生产力的问题，长期困扰"三农"发展的体制机制性矛盾，逐步从根本上得到解决。农村税费改革从试点起步，以全面取消农业税为终极目标，同时配套推进了乡镇机构改革，以及农村义务教育和县乡财政管理体制改革，建立了农民减负增收的长效机制，从根本上消除了农民负担反弹的隐患。为了确保农民负担不反弹，从2000年起，中央财政安排农村税费改革专项转移支付资金，地方各级政府也努力增加对基层改革的财政支持。与此同时，国家对种粮农民加大直接补贴，对良种、农机具购置及农资实行综合补贴，农业生产成本

[①] 肖捷：《农村税费改革：一场影响农村发展进程的改革》，《经济日报》2011年8月2日。

逐步降低，农业生产条件得到改善，促进了农民增产增收。

农村税费改革以"正税清费"为主要内容，有利于理顺城乡收入分配关系，规范政府分配行为。税费改革从试点之初，就致力于治理农村"三乱"，努力少取或不取农业税。随着改革的不断深入，中央又实行了全方位的强农惠农政策，配套实施了系列重大措施，改革农村教育、医疗和社会保障体制，变革公共服务供给机制。系列配套改革打破了传统理念，触动了城乡二元体制，有利于缩小城乡收入差距、统筹城乡发展，为全面取消农业税，深化农村改革，做了先期指导和准备工作。税费改革规范了收入分配关系，产生了示范效应，以此为开端，改革力度不断加大，非税收入管理加强，收缴改革深化。当时规定，属于一般预算收入性质的行政事业性收费，逐步纳入公共财政预算管理，部门自收自用的状况得以改善，政府分配行为进一步得到规范。

发生在经济领域的税费改革产生连锁反应，农村社会、文化和政治领域也进行了重大变革和制度创新。在税费改革推进过程中，各级政府采取了多种方式，调动农民参与改革，如发放"告农民书"和农民负担"明白卡"，实施财政奖补政策等。农民享有了知情权和监督权，物质利益和民主权利更加有保障，为重塑群体的社会、经济和政治主体地位提供了有利的契机。

三、粮食流通体制改革不断推进

20世纪末，市场化改革快速推进，中央开始考虑引入市场机制推进粮食流通体制改革，以应对粮食生产相对过剩的局面。由于多方面因素和压力，当时出现逐步放弃市场化改革举措，向旧体制复归的局面。粮食流通体制是计划经济的核心所在，在不断摸索中缓慢前行，是农业经济领域系列改革中历时最久的。在粮食相对过剩的情况下，由于以行政命令限制市场发挥调节力量，造成粮食与财政资源的巨大浪费。虽前后10年数次变换改革方案，但粮食流通体制改革仍

第二章　推行市场经济体制　促进农业结构大调整（1992—2001）

未到位。21世纪初，粮食生产与流通继续朝着市场化方向改革，国家逐步放开粮食价格确定机制，放宽对流通主体的限制，为从根本上稳定农业生产作出了新的制度性保障。

1. 价格保护政策调节粮食供需平衡

早在20世纪90年代上半期，为满足农村劳动力大规模跨区域流动背景下不断增加的城市粮食需求，国家曾先后于1994年和1996年两次调高粮食定购价格，以保障特殊时期的粮食安全。1994年，国务院发出《关于深化粮食购销体制改革的通知》（以下简称《通知》），从4个方面对粮食流通政策的内容重新进行调整。此次调整的目的，是保证粮食统购统销体制解体后，农民的粮食收购资金及时供应。采取的措施是坚持政府定购方式，并硬性规定国家定购和议购粮食的最低限。① 《通知》明确，重点提高4种粮食的国家定购价格，包括小麦、稻谷、玉米和大豆，其他粮食的收购、议购价格随行就市。《通知》强调加强粮食市场管理，要求负责粮食销售的批发企业，不得直接到粮食主产区农村收购粮食，必须到产区县级以上粮食批发市场采购。为稳定粮食市场，省会城市和灾区实行粮食挂牌销售。中央要求国有粮食部门掌握70%~80%的市场粮源，试图通过国有企业的作用，以宏观调控稳定粮食市场。

与此同时，国家开始探索封闭式管理方式，以破解粮食收购资金的风险管理问题。1994年4月，国家设立中国农业发展银行，以经营农产品收购为主，为农业政策性金融机构，自此开始对粮食收购资金实行封闭式管理。紧接着，国务院出台了《粮食风险基金实施意见》，建立了粮食专项储备制度和粮食风险基金制度，标志着国家对粮食进行宏观调控取得重大进展。1995年，国家又恢复运行了更为严厉的强制干预措施，开始实行"米袋子"省长负责制，要求各省级政府保

---

① 按照当时的有关规定，国家定购和议购粮食不少于1 800亿斤，其中国家定购1 000亿斤。

持辖区内粮食供求平衡，全面负责粮食生产、收购、储存、市场管理和市场稳定。"米袋子"实行省长负责制，粮食部门实行"两条线运行"，是1995年粮食体制改革的两项重大举措，标志着粮食经济进入宏观调控下依靠市场发展的新时期。

2. 粮食购销主体的市场化改革

粮食产业是国民经济的基础产业，关乎10多亿人口的粮食生产和粮食安全。长期以来，政府对粮食进行宏观调控，一直依赖国有粮食企业的重要载体作用。国有粮食企业是粮食流通的主渠道，职能包括推动粮食生产、保障军需民食、平抑市场粮价及维护社会稳定。1996年以后，国家开始执行高保护价敞开收购农民余粮的政策，国有粮食部门库存量异常增长，随后再次出现来势更猛的"仓容危机"。与此相伴的是更加严重的问题——国有粮食企业巨额亏损，银行挂账现象突出。1998年，在继续实行"米袋子"省长负责制的同时，国家采取了"三项政策、一项改革"措施①，以应对日益过剩的粮食危机。国有粮食企业通过改造，成为只负责粮食收购与储存的商业企业，对收购市场及批发价格实行政策性垄断，以实现企业盈利，达到消化历史挂账的目的。

随着社会主义市场经济的不断完善和发展，多种市场主体参与粮食行业的竞争，形成购销市场化和市场主体多元化的格局。针对粮食流通体制改革政策在实际操作中面临的种种困难，1999年5月，国务院发出《关于进一步完善粮食流通体制改革政策措施的通知》，要求加快粮食生产结构调整，适当调整粮食收购市场管理，加快国有粮食企业改革。2000年6月，国务院下发《关于进一步完善粮食生产和

---

① 三项政策：关闭粮食收购市场，由国有粮食企业按高于市场价格的保护价格垄断收购农民的余粮；国有粮食企业收储的粮食必须顺价销售，不许发生亏损；国有粮食企业收购粮食的资金全部由政策性银行提供，按照"购贷销还"的原则严格管理粮食库存。一项改革：指以"四分开"为主要内容的国有粮食企业改革。"四分开"即政企分开，企业中的国家储备与商业库存分开，粮食收购、储备与其他的附营业务分开，企业的新老财务挂账分开。

第二章 推行市场经济体制 促进农业结构大调整（1992—2001）

流通有关政策措施的通知》，要求大力推进农业和粮食生产结构的战略性调整，促进粮食生产和流通协调发展。2001年7月，国务院下发《关于进一步深化粮食流通体制改革的意见》，提出要加快推进粮食主销区粮食购销市场化改革。随后，浙江、广东、上海、福建等8个粮食主销省、区（市），以及产销平衡地区和粮食主产区，相继拉开粮食购销市场化改革的序幕。粮食购销市场化改革，为2004年全面放开粮食购销市场奠定了基础，也为在宏观调控下完善粮食市场经济体系准备了充分的条件。①

3. 粮食购销市场化改革的阶段效果

20世纪90年代以来的粮食购销制度变迁，是在政府力主和推动下产生的，属于强制性变迁。虽然改革的整个过程存在着曲折和反复，但其目标和方向十分明确，即建立市场化的粮食购销制度，值得充分肯定。国有粮食企业是对粮食进行宏观调控的政策性工具，在计划经济时期承担着多项社会政治任务，基本满足了粮食短缺年代人们的生存需要，也基本实现了将农业剩余转移到工业中去的目标。在粮食购销制度变迁的背景下，国有粮食企业进行了多次以建立现代企业经营管理机制为目标的改革，但这种改革并不彻底，取得的成效也不明显，导致粮食市场未能有效地稳定下来，农民增收形势依然严峻，企业经济效益亏损问题仍然突出，其根本原因还是国有企业的粮食产权结构存在问题。粮食产权由中央、地方政府和国有粮食企业所拥有，国家控制以外的粮食产权属于私人产权，粮食产权的分割显而易见。

自1996年国家按保护价敞开收购粮食以来，保护价、库存量、亏损额之间存在着动态的因果关系，粮食安全、财政补贴和农民收入依然是粮食购销市场化改革中最难调和的矛盾关系。保护价作为一种特殊的价格规定形式，与粮食库存和粮食企业亏损之间存在着深刻的

---

① 吕纯山：《粮食流通体制改革回顾与展望》，《经贸导刊》1998年第12期。

矛盾。尽管粮食购销市场化改革一直试图调和这对矛盾,围绕粮食仓储量、财政补贴数额及农民收入的增幅问题,国家多次调整改革政策,但效果始终不够理想。由于粮食商品在流通领域很难实现增值,提高粮食收购价格就成为实现农民增收的首选途径。但以保护价大量收购农民余粮的办法,势必增加国家的粮食库存,而任何一种产品的市场过剩,都意味着社会资源一定程度的损失和浪费。粮食作为一种大宗农产品,市场的过剩势必带来更大的经济损失。由于国有粮食部门库存量过度增加,粮食仓储管理费用支出相应增加,国家不得不投入更多的财政补贴来缓解仓容危机,造成严重的财务负担。同时,国有粮食企业也出现了巨额亏损,银行挂账现象更加突出。

四、农村金融体制的商业化改革

农村金融兴起于20世纪50年代上半期,行业构成是以农村信用社为主体。在经历了近20年的停滞发展后,农村金融随着改革开放的步伐重新恢复。90年代中后期,农村金融加快了商业化和市场化改革步伐。此次改革的主要内容是恢复和重建农村金融机构,主要做法是撤并营利能力弱,特别是亏损严重的地区分支机构,同时组建以中国农业银行、中国农业发展银行和农村信用合作社为核心的规范的农村金融组织体系。金融改革是国民经济改革的重要组成部分,农村金融体制改革是整个金融体制改革的核心。农村金融体制的市场化改革至今仍在继续,农村金融创新的步伐不断加快,在推动土地流转、降低农业风险过程中,农村金融发挥着日益重要的作用。

1. 组建中国农业发展银行及其分支机构

建立一个及时、有效服务于农业和农村经济发展的金融体系,是农村金融体制市场化改革的首要任务。1994年,农村金融体制改革的目标和思路更加明确,即建立一个完善的农村金融体系,为农业和农村经济发展提供及时、有效的服务。按照当时的设想,新建立的金融体系应由三方参与:一是商业性金融机构,以中国农业银行为主

第二章 推行市场经济体制 促进农业结构大调整（1992—2001）

体，为农村工商企业提供服务。二是农村合作金融机构，以农村信用合作社为主体，主要为农户服务。三是政策性金融机构，以中国农业发展银行为主体，支持整个农业开发和农业技术进步，保证农副产品收购，体现并实施国家对农村的其他政策。按照上述构想，1994年，国务院下发《关于组建中国农业发展银行的通知》，开始组建中国农业发展银行及其省级分支机构。1996年8月22日，国务院下发《关于农村金融体制改革的决定》，同年年底相继设立了中国农业发展银行地、县两级的分支机构。[①] 通过成立中国农业发展银行，政策性金融业务开始从中国农业银行和农村信用合作社的业务中逐步剥离出来。

2. 农业银行组织管理体制改革推进

为了推进商业金融与政策性金融分工协作，中国农业银行开始改革自身的组织管理体制，不断强化商业金融的特性。改革初期，中国农业银行只是一个从事农村金融业务的专业银行，主司支农资金管理，还负责集中办理农村信贷，以及发展农村金融业务。1992年以来，特别是中国农业发展银行设立后，中国农业银行逐步建立了"自主经营、自负盈亏、自担风险、自我约束"的经营机制，以适应向商业银行转变的需要。中国农业银行总行牵头推进组织管理体制改革，调整营业网点布局，精简各级行的内部机构。1994年7月1日，中国农业银行总行完成对中国农业发展银行的业务划转，全权代理中国农业发展银行的业务，结束了中国农业银行政策性银行的传统使命，开始转向市场经济体制下的商业银行轨道。1996年10月18日，中国农业银行总行下发《关于撤销信用合作管理机构有关问题的通知》，取消了对信用合作的管理职能，与农村信用合作社完全脱钩，在向商业银行转轨的道路上又迈出了历史性的一步。

---

① 高伟：《改革开放后我国农村金融机构的发展历程》，《中国农村信用合作》2008年第9期。

为了贯彻《中华人民共和国商业银行法》关于一级法人制度的规定,中国农业银行总行从1997年开始,全面实行对分支机构的授权制度。此举改变了原有体制下各级行形成的独立法人旧观念,各级分支机构与总行的授予与被授予关系更加明晰,责、权、利的合理分布和监督制约更为规范。1998年,中国农业银行总行加大城市业务拓展力度,合并了省级分行和省会城市分行,同时各分支机构精简速度加快,大大提升了省会城市行的市场竞争力。2000年,中国农业银行开始积极推进二级分行的扁平化改革,建立面向市场、面向客户的组织结构体系,开拓新业务。改革中,中国农业银行撤销了信贷一部、二部、三部,以及原来的市场开发部,设立公司业务部、机构业务部和农业信贷部,同时还撤销了资金组织部,设立个人业务部,并新设房地产信贷部,以适应全国房地产市场发展的新形势。2002年,中国农业银行总行设立了保险代理部,以应对保险业快速发展的现实需要。

3. 农村信用合作社管理体制和产权制度改革

农村信用合作社管理体制和产权制度改革也在同步推进,以强化信贷资金对农业和农村经济发展的支持,突出农村合作金融的主题。按照1996年颁布的《国务院关于农村金融体制改革的决定》,农村信用合作社首先要与中国农业银行脱离行政隶属关系。1996年年底,"脱钩"工作基本完成,但农村信用合作社历史上积聚起来的潜在风险,如信贷资产质量差、亏损严重、资不抵债等问题也逐步暴露出来。[①] 1997年,国务院决定设立中国人民银行隶属机构,即农村合作金融监督管理局,专门负责国家关于农村信用合作社的改革工作,并承担农村信用合作社的行业管理和监管工作,帮助其化解金融风险和管理危机。同一年,《农村信用合作社管理规定》颁布实施,开始按合作社体制改造农村信用合作社。自此开始,农村信用

---

① 成思危:《中国经济改革与发展研究(第二集)》,北京:中国人民大学出版社,2008年,第334~335页。

第二章　推行市场经济体制　促进农业结构大调整（1992—2001）

合作社成为真正的合作金融组织，由社员入股组成，实行民主管理，主要为入股社员提供金融服务。1998年，国务院转发中国人民银行《关于进一步做好农村信用合作社改革整顿规范管理工作的意见》，要求继续按照合作制原则，改革农村信用合作社的管理体制。

针对农村信用合作社改革中出现的贷款难问题，1999年国务院发文正式宣布，在全国范围内统一取缔农村合作基金会。同年，中国人民银行在江苏省试点，试行农村信用合作社改革。2003年5月，农村信用合作社改革试点扩大到8个省（市）[①]，核心是改革农村信用合作社的管理体制和产权制度。当时提出的总体要求是"明晰产权关系，强化约束机制，增强服务功能，国家适当支持，地方政府负责"。农村信用合作社逐步成为社区性的地方金融机构，由农民、农村工商户和各类经济组织入股，为农民、农业和农村经济发展服务。

在农村金融体制实行商业化改革过程中，中国农业银行的综合改革难度最大。由于受历史性因素的制约，中国农业银行网点战线过长，覆盖范围过宽，有效监管和服务都面临极大困难，发展相对滞后。农村金融是现代农村经济的核心和血液，是推动现代农业发展的重要保障。农村金融如何实现服务"三农"的根本性突破，是当下及未来亟待解决的问题。

---

① 8个省（市）分别是吉林、山东、江西、浙江、陕西、重庆、贵州和江苏。

第三章　新农村建设开创"三农"工作新局面(2002—2006)

改革开放初期,农民得到土地使用权这一最大利益,通过创办乡镇企业找到了致富门路,是农民非常有幸福感的时期。进入新世纪,农业累积多年的改革发展成就蓄势待发,但市场经济初行阶段的诸多矛盾也在此时积累沉淀。世纪之交,农业购销体制不畅,农村税费负担过重,农民增收艰难,破解"三农"现实难题刻不容缓。"三农"问题不是中国特有的,但中国的"三农"问题源于中国特有的客观实际。中国的农业产业以种养业为代表,依赖于天然资源(特别是水、土、日照和气温)的配置。种养业产量的增长,依赖于可耕种土地和草原面积的扩张,农业机械化还未能成为农业生产的主要手段。农业劳动者的整体技术水平及文化素质明显低于其他产业的劳动者,且没有任何形式的实质性组织。农业产业的完整链条还没有形成。农村其他产业也被现代工业取代,农村自救力和农业生产力非常弱。此时农村社会保障制度还没有建立起来,已有的利农惠农举措尚未达到预期的实施效果。

社会转型、体制转轨已进入关键时期,农业国际化战略为中国农业赢得了重要的机遇。面对国内国际不断变化的新形势,中央决定把解决"三农"问题作为全党工作的重中之重,从3个方面作出部署:一是以市场为导向,根据市场配置资源的经济形态,积极创设"产—供—销"链条,破解农业产业化难题。二是全面破解农民的生存和发

第三章　新农村建设开创"三农"工作新局面（2002—2006）

展困境，采取的措施是全面取消农业税费，全面放开粮食价格和市场，实行农村义务教育全免费，实施西部大开发战略和"八七扶贫攻坚计划"，深化农村土地、林地及牧场经营制度改革。三是把建设全面小康社会的战略目标与农村问题联系起来，作出建设社会主义新农村的长期性、全局性部署，不断推进农村法制和民主制度建设，以配合经济发展的客观形势。

农村改革近30年，围绕"一条红线"，实现了"三大步"跨越。"一条红线"是指：保障农民的物质利益，维护农民的民主权利，解放和发展生产力。"三大步"是指：实行以家庭承包经营为核心的农村经营体制改革，建立起农村基本经济制度和市场机制；实行以农村税费改革为核心的国民收入分配关系改革，开辟统筹城乡发展的新途径；全面取消农业税费，迈入农村综合改革新阶段。以新农村建设为支柱和载体，我国开创了"三农"工作的新局面，为全面推进涉农领域改革、实现农业现代化奠定了坚实的基础。

第一节　"三农"问题和新农村建设

1988—2002年间，县乡财政困难，农民税费负担沉重，"三农"发展处在"苦、穷、险"的境地。中央开始考虑以统筹思想和科学发展观，把农业与农村问题同工业和城市发展统一起来，提出建设社会主义新农村的重大举措，以期形成城乡经济社会一体化发展的新格局。这一时段，新型村庄建设也全面展开。此次新农村建设注重实践性和可操作性，为新时期建设有中国特色的社会主义新农村作出了有益的探索。

一、"三农"发展面临难题

"三农"最初只是一个纯粹的学术性概念，2001年"三农"问题的提法被写入文件，正式成为理论界和官方决策层引用的术语。"三农"问题是一个综合性的问题，关乎从事行业、居住地域和主体身份3个方面，一般可分解为农业问题、农村问题和农民问题。农业问题主要指的是与农业生产经营相关的问题，集中表现为农业生产经营的市场化程度低，农产品价格的波动性大，农业生产难以获得规模经济等，事关农业产业化如何实现的问题。农村问题集中表现为户籍制度导致城乡二元分割，城乡间经济、文化水平差异较大等。农民问题表现为系列问题，具体包括：农民的收入低，城乡的收入差距大，农民的整体文化素质较低，农民的权利得不到保障等。这些问题在新世纪来临之际交错重叠，成为深受各界关注的跨世纪难题。

1. 农民增收面临困境

21世纪初，"三农"发展面临困境，首先表现在农村家庭收入构成对第一产业的依赖减弱。"九五"时期，农村家庭收入构成发生显著变化，第一产业增收优势相对减弱。一方面，种植业收入贡献下降，非农收入比重上升，但增幅趋减态势明显。农户家庭纯收入增加，主要来自农民外出务工的收入，包括从集体得到的工资以及从企业经营中得到的其他收入，但这3类收入增加的比重都不大。另一方面，生产性收入逐渐拉开差距，成为影响农民增收的另一重要因素。尽管第一产业收入仍是农民生产性纯收入的主要来源，但二、三产业的产业优势日渐明朗，对家庭纯收入的贡献明显提升。

另外，农民收入的增幅和差距拉大，农民与城市居民之间、不同区域以及农户个体之间收入悬殊。一方面，城乡居民收入差距不断扩大，农民增收难问题已演变成一种社会性矛盾。城乡居民收入持续拉大，农民消费趋于谨慎、消费意愿下降，农村蕴藏的巨大消费需求难以正常转为现实的购买力，影响了扩大内需方针的落实，最终必将影响国民经济持续快速发展。而且这种带有"二元"结构特点的收入差距，也成为影响社会稳定的不利因素。农民收入迟迟得不到令人满意的提高，不能与城镇居民共享经济繁荣的成果，农村中的不稳定因素增多,存在矛盾集中和激化的可能,关系到党的执政地位的巩固和国家的长治久安。另一方面,东部地区经济发展保持强劲势头,中西部地区农民增收受阻,东、中、西部地区农民的收入差距逐渐拉大。有数据显示,1990—2000年间,农户最低收入组、中等收入组和最高收入组的收入比,从43:100:275扩大到36:100:342。[①] 这表明农户之间的收入差距在逐渐扩大。

2. 农村干群关系复杂化

改革开放以来,农村劳动力跨区域流动的频率加快,农民以职业为基础发生分化,出现了新的社会阶层。除了农民这一基础阶层以外,还新出现了农民工、雇工、农民知识分子、个体劳动者、个体工商户、私营企业主和农村管理者阶层。农村社会结构的变迁,使得干群关系更加复杂化,形成了以乡镇干部、村组干部和农民为主体的多层级的干群关系。此时正值经济体制和经济政策大调整,家庭联产承包责任制在农村普遍推行,原来国家与集体(或个人)的垂直链条关系,转变为"国家—集体—个人"的大三角关系。这种关系较过去更为松散,农村社区政府对辖区的行政管理和控制能力明显减弱,村干部处在了三角关系的焦点。村干部的群众工作面临新的挑战,突出表现在难以满足农民多样化的生产需求,特别是对技术指导、经济信息和经营管理等的需求。另外,乡、村两级社会化服务体系也不健全,难以解决农产品买难、卖难等实际问题。由于缺乏顺畅的利益表达渠道,农民群众在受到不公正待遇时,往往把问题归罪于农村基层干部。为了密切农村干群关系,中央提出要加强和改进党对农村工作的领导。

2003年1月7日至8日,中央农村工作会议召开,提出各级党委和政府要把解决好"三农"问题摆上重要议事日程,把中央关于做好

[①] 关锐捷,张晓辉,郭建军:《"九五"期间中国农民收入状况实证分析》,《农业经济问题》2001年第7期。

"三农"工作的方针政策真正落实到实际工作中去。会议强调，要高度重视并切实搞好农业和农村工作的领导力量配备。各级领导干部特别是主要领导同志要带头深入农村，调查研究，特别要多到条件差、困难大的地方去，与基层干部群众一道研究发展农村经济、增加农民收入的措施。加强农村基层组织建设，为农村改革和发展提供坚强的组织保证。农村干部要加深对农民群众的感情，自觉遵循党的农村工作的基本准则，维护和实现好农民的利益。要把握国情，了解农村。尊重农民，平等对待农民。关心群众生活，为群众多办实事。大力弘扬艰苦奋斗、求真务实的精神。[①]

2006年9月，中共中央办公厅、国务院办公厅联合下发《关于加强农村基层党风廉政建设的意见》，提出从6个方面加强农村基层党风廉政建设：大力开展农村基层反腐倡廉教育，进一步加强农村基层党风廉政制度建设，全面推进乡镇政务公开、村务公开和党务公开，认真抓好贯彻执行党的农村政策情况的监督检查，切实解决损害农民群众利益的突出问题，加强对农村基层党风廉政建设的组织领导。中央纪委也专门召开了"农村基层党风廉政建设工作座谈会"，强调加强农村基层党风廉政建设必须以维护农民群众利益为重点工作，健全财务制度，加强对农村集体资金、资产和资源的管理，推进农村基层民主建设，保障村民的知情权、参与权、管理权和监督权，促进农村安定和谐。

加强农村基层党风廉政建设是密切农村党群干群关系的有效举措，是实现农村经济社会更好更快发展的必然要求。

3. 影响"三农"发展的多种因素

20世纪90年代中后期，农民增收困难。自1996年开始，农民人均纯收入增长幅度连续4年出现下滑，在一些中西部地区和粮食主产

---

① 新华网：《中央农村工作会议召开 胡锦涛温家宝作重要讲话》，2003年1月9日更新，http://www.moa.gov.cn/xw/zwdt/200301/t20030109_44479.htm，2020年4月28日引用。

第三章　新农村建设开创"三农"工作新局面（2002—2006）

区，农民收入的绝对水平也出现下降，与东部发达地区形成强烈反差。这一时期，农村基层财源和税源结构发生变化，"三农"问题变得更加复杂。首先，实行"分税制"后，加重了乡镇的财政收入负担。① 1994年分税制改革的主要内容是，在中央与地方政府之间重新划分事权和财权。中央将税收体制变为生产性的税收体制，将所征收增值税的75%收归中央，地方获得25%的收益。中央政府负责大型预算开支，如国防、外交、转移支付及战略性开发等，地方政府负责提供普通教育、医疗等公共服务。

分税制虽可解决中央财政困窘局面，但也带来了种种弊端。

一是地方政府缺乏可持续发展的财政汲取能力，直接影响了地方财政实际收入的增长。20世纪90年代中后期，宏观经济环境发生很大变化，东部沿海地区出现经济热，乡镇企业面临集体规范整顿。而县属国有企业对县级财政起着支撑作用，此时效益直线下滑，直至几无盈利可言，财政收入上缴能力明显减弱。分税制的税源供给主体开始逐渐从县属国有企业和集体企业，转变为以农民为主体的小型工商业、建筑业和第三产业。县、乡两级政府之间也在实行分税制。在乡镇工业未建立或不发达地区，县财政收入主要依靠乡统筹专项资金，按照国家的相关规定，这笔资金的征收额不得高于当年农民人均纯收入的5%，但这笔统筹款却涵盖了乡财政的所有支出项目，这无疑加重了乡镇财政收入的负担。②

二是县、乡财政税收体制无法适应经济结构变化，导致县、乡财政负债加重。"九五"时期，农村经济结构发生变化，外出务工等非农收入成为农民增收的主要渠道，这种变化一方面带动了农村餐饮服务业、建筑业繁荣发展，另一方面吸引了有一定积累的精英型农民回

---

① 乔新生：《绕不开的分税制改革》，2007年10月23日更新，http：//news.sina.com.cn/pl/2007-10-23/073814144581.shtml，2013年11月4日引用。
② 陈锡文，韩俊，赵阳：《我国农村公共财政制度研究》，《宏观经济研究》2005年第5期。

乡创业。但农村教育、医疗和公共设施服务，还难以满足农民回乡创业的需求。乡镇政府实际承担着双重任务：在提供公共服务设施的同时，也面临振兴地方经济的压力。经济较为落后的中西部地区，乡镇政府在发展农业产业化方面颇为费力。按照振兴地方经济的要求，乡镇政府本应领导农民大片种植经济作物，发展有规模的农副土特产品和养殖业，以大幅提高农民的纯收入，但乡镇财政显然难以负担这些产业计划的初始投资或启动成本。① 乡镇财政支出受到双重压力——一重是县税收部门的非农产业税收压力，另一重是农村劳动力流出地的公共服务建设压力。乡镇财政难以负担这双重压力，不得不摊派支出。

三是宏观经济环境突变，使农民增收陷入困境。20世纪90年代下半期，市场经济体制改革进程加快，我国初步摆脱了长期困扰的商品短缺现象。一方面，主要农产品迎来买方市场，销售价格总体呈现稳中回落的态势，依靠农副产品销售价格优势实现增收的难度加大。以农产品为原料的传统产业增长缓慢，第二产业依赖电子信息等新兴产业实现增长，农业生产结构无法进行适应性和战略性调整。另一方面，内地乡镇企业发展速度减缓，转移吸收农业剩余劳动力的能力大为减弱。与此形成鲜明对比的是，东部沿海正全面开展城市建设，吸引了大量农村富余劳动力跨区域流动就业。大量农村劳动力进城务工，农业家庭经营的规模不断缩小，无法按照现代化的要求来提高劳动生产率。青壮年农民精英大量流失，直接影响了农业的科技创新能力和科技推广水平，农业的产业升级和产品升级换代变得更加困难。

四是严重的自然灾害和恶化的生态环境，共同导致农民增收的主渠道变窄。20世纪90年代中后期，农业产业结构的战略性调整尚未启动，平原、牧区、丘陵和山区都存在农业结构趋同的现象。农业产

---

① 赵阳：《农村税费改革：包干到户以来又一重大制度创新》，《中国农村经济》2001年第6期。

业结构和农村经济结构不合理现象突出,农村普遍存在第一产业比重过大,第二、第三产业不够发达的问题。劳动力在本地就业面临困难,农民的家庭经营收入仍大部分依赖于第一产业。农业战略性结构调整不到位,农村商品化程度极低,单纯依靠粗放型农业生产经营实现农民增收的潜能已发挥殆尽。农业资源、环境和生态问题日益突出,农民增收难的形势变得更加严峻。1998年我国发生特大洪水灾害,长江、嫩江、松花江等粮食主产区农民不仅当年减收,后续增收和历年收入积累也付诸东流。为了抵御严重的自然灾害,地方政府花费大量的人力、物力和财力,负担了绝大多数的防汛抢险费用,而其中的大多数只能从农民身上收取。抗洪抢险过程中,农民也耗费了相当多的水利工日和防汛工日,农民的增收途径本就有限,抗灾费用的产生又进一步加重了农民的税费负担。

二、科学发展观统领"三农"工作

21世纪初,我国年人均国内生产总值达到900美元,初步达到小康水平。但此时社会矛盾也比较突出,城乡经济社会发展不平衡,东、中、西部地区发展差距扩大;教育、卫生、科技等社会公共事业的发展速度明显滞后于经济发展;农业粗放经营,农村资源短缺,环境污染和生态破坏的现象严重。此时我国已经实行对外开放20多年,各种问题集中显现出来,如国民经济比例失调、社会心理失衡、社会伦理需要调整重建等,改革开放进入关键时期。经过多次论证和理论升华,中央逐步形成了科学发展观,以指导改革和发展的实践。科学发展观以人为本,强调全面协调和可持续发展,由此推动国民经济实现新发展。

1. 将"三农"工作置于"重中之重"地位

"三农"工作历来为许多国家所关注,中国对其尤为重视。"三农"的地位和作用极其特殊:农业是人的衣食之源和生存之本,是经济社会发展的基础;农民在我国是最大的社会群体,是经济建设的主体力量；农村是农民和农业及相关产业的总和，是农民生产和生活的载体。在革命、建设和改革时期，农业、农村和农民问题始终是关系全局的根本问题，重视"三农"工作是党一贯的战略思想，历代中央领导集体始终把"三农"发展放在国民经济和社会发展的重要位置。

新中国第一代领导集体非常重视农业的基础作用。毛泽东在《论十大关系》的报告中，深刻论证了重工业、轻工业和农业之间的辩证关系，强调重工业是我国建设的重点，必须优先发展生产资料的生产，但也绝不可因此而忽视生活资料，尤其是粮食的生产。《论十大关系》还指出，以工业的投资为重点，同时适当地加重农业、轻工业的投资比例，更多地发展农业和轻工业。[1] 毛泽东还在《关于正确处理人民内部矛盾》一文中，从中国工业化道路的高度，论述了重工业和农业、轻工业的发展关系，要求工业发展和农业发展同时并举。1962年9月，中共八届十中全会召开，会上通过了发展国民经济的总方针，即"以农业为基础，以工业为主导"。随后，这一方针在全党全国确立起来。

第二代领导集体始终强调从农业大国的实际出发，认为农业不仅是国民经济的基础，同时也是中国社会稳定和发展的基础；强调要从中国的实际出发，首先解决农村问题。邓小平曾指出"农业是根本"，"中国有百分之八十的人口在农村，中国社会是不是安定，中国经济能不能发展，首先要看农村能不能发展，农民生活是不是好起来。翻两番，很重要的是这百分之八十的人口能不能达到"。[2] 关于如何对待农民的问题，中央强调，农民是农村改革的主体，必须充分尊重农民的意愿，给予农民自主权，调动农民的生产积极性。邓小平在评价十一届三中全会以来的农村改革时指出："给农民自主权，给基层自

---

[1] 中共中央党史研究室：《中国共产党大事记·1956年》，http://cpc.people.com.cn/GB/64162/64164/4416035.html，2013年11月4日引用。

[2] 中共中央文献编辑委员会：《邓小平文选（第三卷）》，北京：人民出版社，2001年，第77~78页。

第三章 新农村建设开创"三农"工作新局面（2002—2006）

主权，这样一下子就把农民的积极性调动起来了，把基层的积极性调动起来了，面貌就改变了。"① 关于尊重农民的自主选择问题，邓小平在20世纪60年代曾针对生产关系究竟以什么形式为最好的问题指出："哪种形式在哪个地方能够比较容易比较快地恢复和发展农业生产，就采取哪种形式；群众愿意采取哪种形式，就应该采取哪种形式，不合法的使它合法起来。"②

这样的论述既是对包产到户责任制形式的默许和肯定，更是尊重农民选择权的突出表现。改革开放以后，在关于农村政策方面，邓小平多次强调"从当地具体条件和群众意愿出发，这一点很重要"。③这些论断，深刻地揭示了经济发展的客观规律，是对经济建设和农村改革历史经验的科学总结。

第三代领导集体继承并发展了"以农业为基础，以农民为主体"的思想，把农业、农村和农民问题作为整体加以谋划。江泽民提出："在建立社会主义市场经济体制的过程中，要继续坚定不移地贯彻以农业为基础的方针，坚定不移地把农业放在经济工作的首位。越是加快改革开放，越要重视农业、保护农业、加强农业。"④ 江泽民还指出，农业的基础作用是多方面的，农业基础是否牢固关系到国家能否自立。认为"没有农业的积累和支持，就不可能有我国工业的发展"，"没有农业的现代化，就不可能有整个国民经济的现代化"。⑤ 1998年10月，中共十五届三中全会召开，会上审议并通过了《中共中央关

---

① 中共中央文献编辑委员会：《邓小平文选（第三卷）》，北京：人民出版社，2001年，第238页。
② 中共中央文献编辑委员会：《邓小平文选（第一卷）》，北京：人民出版社，1994年，第323页。
③ 中共中央文献编辑委员会：《邓小平文选（第二卷）》，北京：人民出版社，1994年，第316页。
④ 江泽民：《要始终高度重视农业、农村和农民问题》，1993年10月18日江泽民在中央农村工作会议上的讲话。
⑤ 中共中央文献编辑委员会：《江泽民文选（第一卷）》，北京：人民出版社，2006年，第259页。

于农业和农村工作若干重大问题的决定》(以下简称《决定》)。《决定》高度评价了农村改革20年所取得的巨大成就和创造的丰富经验，指出"农业、农村和农民问题是关系改革开放和现代化建设全局的重大问题。没有农村的稳定就没有全国的稳定，没有农民的小康就没有全国人民的小康，没有农业的现代化就没有整个国民经济的现代化。稳住农村这个大头，就有了把握全局的主动权"。这些论述深刻阐释了"三农"问题的重要性、艰巨性和长期性，标志着党在对"三农"问题的认识上达到了一个新的理论高度。

党的十六大以来，解决好"三农"问题逐步上升为全党工作的重中之重。中央要求全面落实科学发展观，构建社会主义和谐社会，全面建设小康社会，加快推进农业现代化。2003年，中央提出"执政兴国、富农兴邦"的新任务，分别于年初和年底两次召开农村工作会议，专门讨论《中共中央 国务院关于促进农民增加收入若干政策的意见（送审稿）》，并确定其为2004年的中央一号文件。[1] 文件首次提出，要把农业、农村和农民问题作为全党工作的重中之重，努力开创农业和农村工作的新局面。2004年3月，十届全国人大二次会议的《政府工作报告》重申要解决好"三农"问题，强调这是全党工作的重中之重。还提出要按照统筹城乡发展的要求，采取更直接、更有力的政策措施来加强农业、保护农业，努力增加农民的收入。"三农"问题由此被列入政府的核心工作，并在以后的重要会议中多次被重申。

"重中之重"思想的形成，表明中央对"三农"工作的重视程度已提升到了前所未有的高度。从"基础地位"到"首要位置"，从全党工作的"重中之重"，再到全部工作的"重中之重"，这些表述的变化，充分反映了中央对解决"三农"问题的高度重视，体现了

---

[1] 方辉振：《新定位新方略新论断新目标——十六大以来党的中央领导集体对"三农"思想的贡献》，《中共天津市委党校学报》2007年第4期。

第三章　新农村建设开创"三农"工作新局面（2002—2006）

"三农"在全国经济、政治大局中的战略地位，具有历史性的坐标意义。把解决好"三农"问题作为全党及全部工作的重中之重，是一个全新的思想理论和战略定位。新理念完全突破了农业社会和工业化初期传统的"重农"思想，是在"以工哺农，以城带乡"的历史新时期中全面破解"三农"问题最基本的理论基础。

2."两个趋向"论断

与"重中之重"思想相对应的，是关于"两个趋向"的重要论断。2004年9月，中共十六届四中全会明确提出"两个趋向"的重要论断，认为在工业化初始阶段，农业支持工业、为工业提供积累，是带有普遍性的趋向。但在工业化达到相当程度以后，工业反哺农业、城市支持农村，实现工业与农业、城市与农村协调发展，也是带有普遍性的趋向。2004年12月初召开的中央经济工作会议再次强调"两个趋向"是基于一个非常重要的判断：我国现在总体上已经到了工业反哺农业、城市支持农村，即"以工补农，以城带乡"的发展阶段。会上还要求各级领导干部，在思想上要更加自觉地调整国民收入分配结构，更加自觉地加强农业基础建设。新形势下作出的"两个趋向"的重要论断，从思想认识和政策取向上，进一步升华了对工农关系和城乡关系的已有认识。"两个趋向"论断站在全局和战略的高度，提出了解决"三农"问题的指导思想，是对工业化、城市化发展到一定阶段后的工农关系和城乡关系的科学概括。新时期提出"两个趋向"论断，有助于科学地认识和把握经济社会发展规律，正确处理工农关系和城乡关系，落实统筹城乡发展方略，切实做好"三农"工作。

"两个趋向"的重要论断，是对国际社会经济发展一般经验的精辟概括。在工业化发展的初始阶段，农业在国民经济中所占的比重较大，农业部门的从业人员是社会劳动力的主体，农业在客观上承担着为工业化提供原始积累的任务。当工业化发展到一定阶段后，工业逐步具备了自我积累和发展的能力，由此进入工农业协调发展阶段。此时必须调整发展策略,加大工业对农业、城市对农村的支持力度,实现工业反哺农业的政策转变。许多国家的经验表明:当工业化、城市化进程加速,国民经济发展到工业对农业反哺期时,如及时扶持农业,工农、城乡就会协调发展,国家就能顺利实现工业化和现代化。如果继续忽视农业,就会导致农业萎缩,城乡差距扩大,贫富悬殊,社会矛盾加剧,甚至出现社会动荡和倒退。因此"两个趋向"的重要论断,是对我国经济发展阶段的科学判断。新中国成立之初,我国依靠农业提供积累,建立起了比较完整的工业体系和国民经济体系。经过改革开放 20 多年的发展积累,21 世纪初期,我国已进入工业化的中期阶段,工业产值比重已远超农业,成为国民经济的主导产业。根据国际上的成功经验,在工业已经发展壮大的情况下,应不失时机地转入工业反哺农业、城市支持农村的新阶段。因此,"两个趋向"的论断不仅符合国际发展经验,更是对我国经济社会发展当期所处阶段的精准判断。

"两个趋向"的重要论断,是指导经济社会协调发展的战略思想。21 世纪初期,我国经济社会结构快速调整,各种利益关系复杂化,社会矛盾尖锐化。国民经济发展战略和政策设计得当与否,直接关系着工农关系和城乡关系处理结果的好坏,影响经济发展的顺畅程度和社会的稳定。发展中国家城乡二元结构特征明显,工农关系和城乡关系处理得当与否至关重要。我国的基本国情是农业基础仍然薄弱,农村发展仍然滞后,农民增收仍然困难,农村改革依然面临农民自主性、能动性和创造性主体缺失的困境。我国农村的社会事业和基础设施依然严重落后于城市,既不利于国民经济持续、快速、协调和健康发展,也严重影响了全面建设小康社会目标的实现,以及整个社会的稳定与和谐。此时提出"两个趋向"的重要论断,可以说是极富深意的。

"两个趋向"的重要论断,为农业和农村政策的科学制定提供了基本依据。自新中国成立以来,解决人民的温饱问题始终是头等大事，扶持和保护农业，始终是确保国家粮食安全的迫切需要。目前我国仍有60%以上的人口居住在农村，农民安居乐业对政权的稳定具有决定性的作用。只有加快农业和农村经济发展，增加农民收入，工业才有广阔的市场，城乡关系才能协调，农村社会才能稳定，国家的长治久安才有保障。在"两个趋向"论断的指引下，国家不断加大对"三农"的扶持力度，逐步从重点支持工业和城市、给予市民实惠，转向重点支持农业和农村、给予农民更多的实惠，各项支农政策的设计更加规范化、制度化，形成了促进农业和农村持续健康发展的长效机制，不断开辟农业与农村工作的新局面。

3. 统筹城乡发展方略

"三农"问题中的农民增收问题突出表现在城乡差距过大，固化了城乡二元隔离的体制。二元隔离不利于城乡协调发展，不利于社会经济持续、快速和健康发展，最终将影响全面建设和谐、小康社会的大局。根据经济社会发展面临的新特点和难点，2002年，中共十六大首次将"城乡二元结构"作为理论概念写进大会报告，并针对城乡二元结构的制约性体制障碍，提出城乡同时协调发展的思想。2003年10月14日，中共十六届三中全会审议并通过了《中共中央关于完善社会主义市场经济体制若干问题的决定》（以下简称《决定》）。《决定》第一次正式提出"统筹城乡发展"的思想。在后来召开的中共十六届四中全会中，"统筹城乡发展"被列为"五个统筹"之首。对如何协调城乡经济发展，《决定》作出了一系列明确的规定，例如：壮大县域经济，引导农村劳动力合理有序流动；以现有的县城和有条件的建制镇为基础发展小城镇，消除城镇化发展的体制性和政策性障碍，走中国特色城镇化道路；统筹城乡经济社会发展，使工农差别、城乡差别和地区差别扩大的趋势逐步得到扭转。

中共十六大报告还提出统筹城乡经济社会发展的新要求，把发展农村经济与推进城镇化作为今后工作的重点。"统筹城乡发展"是新的历史时期破解"三农"问题的重大方略，是对"三农"发展理论和思路的重大创新。"统筹城乡发展"的重大方略，革命性地跳出就"三农"论"三农"的传统思维，把农业和农村经济放到国民经济发展全局中统筹部署，提出要充分发挥城市对农村的带动作用，使城乡居民共享改革发展的成果。"统筹城乡发展"方略旨在打破以"二元结构"为基本特征的城乡分治格局，大力推进城乡一体化进程，最终建立起城乡互补互促、共同进步、平等和谐的经济社会发展新格局。多年的改革实践证明，在工业化、城市化、市场化条件下，就农业解决农业问题、就农村解决农村问题、就农民解决农民问题是行不通的。因此，中共十六大报告提出，农业与农村发展的可行路径，是在建立和完善社会主义市场经济体制的总目标下，实行城乡统筹，使城市与农村协调发展。

4. 新农村建设战略目标

按照城乡统筹发展的总体思路，中央确立了建设社会主义新农村的战略目标。2005年10月，中共十六届五中全会提出，当前已进入社会主义现代化建设的关键时期，推进社会主义新农村建设，是必须承担并完成的重大历史使命。会议认为，新农村建设是一项战略举措，关系到全面建设小康社会和推进社会主义现代化，同时可惠及广大农民，确保国家长治久安。

事实上，早在20世纪50年代，中央就曾提出建设社会主义新农村。到了80年代初期，中央又重申建设社会主义新农村，认为这是建设小康社会的重要内容之一。中共十六届五中全会所提建设社会主义新农村，是在新的历史背景和工作理念指导下，促进农村综合变革向纵深推进的新起点。在2005年的中央经济工作会议和中央农村工作会议上，以及2006年发布的中央一号文件中，分别对社会主义新农村建设的时代特征和科学内涵作出了详细诠释。

党在新时期提出的社会主义新农村建设具有时代"新"意，主要体现在以下4个方面：

一是时代背景新。社会主义新农村建设是在我国总体进入以工促

第三章 新农村建设开创"三农"工作新局面（2002—2006）

农、以城带乡的新阶段后，为适应新的时代背景而提出的新课题。新中国成立初期，城乡分割的二元格局已经形成，由于缺乏国家财政支持，社会主义新农村建设的软、硬实力均不具备，而单靠地方和农民的个人意愿，不可能真正建成社会主义新农村。迈入21世纪之后，我国总体上进入以工促农、以城带乡的发展新阶段，全国上下基本形成共识，要在城乡统筹发展格局下，重视"三农"工作，建设社会主义新农村。中共十六届五中全会提出推进社会主义新农村建设，为解决"三农"问题提出了更为明确的要求，为后续的"三农"工作提供了难得的机遇。

二是发展思路和目标新。过去搞社会主义建设，体现的发展思路是农业支持工业、农村支持城市，以农业为基础、以工业为主导，城乡二元格局长期固化为一种体制。新时期党中央提出推进社会主义新农村建设，是按照科学发展观和建设社会主义和谐社会的要求，注重改善农民的生产生活条件和居住环境。中央强调要立足于促进农业和农村自身的改革与发展，发挥农民的主体作用，在符合农民意愿的基础上，稳步推进新农村建设。还提出要重视在经济上保障农民的物质利益，同时继续推进农村基层民主建设，促进农村制度和机制创新，形成家庭和睦、民风淳朴、互助合作、社区安宁的良好社会氛围和道德风貌。中共十六届五中全会提出的新农村建设，更加注重促进农村经济社会全面发展；更加重视发挥政府的支持和引导作用，着眼于工业支持农业、城市带动农村发展；更加强调要尊重并保护农民在政治上的民主权利。中央要求遵循"少取、多予、放活"的方针，并提出建设新农村的二十字方针，即"生产发展，生活宽裕，乡风文明，村容整洁，管理民主"。二十字方针不仅立足于解决当时面临的突出问题，而且着眼于更加长远的未来，既涵盖经济、政治、文化、社会和党的建设事业，又囊括当前和今后一个时期"三农"工作的主要方面，包括农民持续增收、农村社会事业发展、环境卫生状况得到改善，以及农村基层民主政治建设等内容。

三是建设任务和要求新。2004年元旦以后,中央连续下发文件,提出新时期的新任务,要求推进农业现代化,加强农村基础设施建设,加快发展农村社会事业,推进农村综合改革,完善乡村治理机制等。还提出系列具体要求,指导现代农业建设,繁荣农村经济。中央强调必须坚持"五个原则",包括:始终以发展农村经济为工作重心,进一步解放和发展农村生产力,促进粮食稳定发展,农民持续增收;坚持农村基本经营制度,尊重农民的主体地位,不断创新农村体制机制;坚持以人为本,着力解决农民生产生活中最迫切的实际问题,切实让农民得到实惠;坚持科学规划,实行因地制宜、分类指导,有计划、有步骤、有重点地逐步推进建设任务;坚持发挥各方面的积极性,依靠农民辛勤劳动、国家扶持和社会力量的广泛参与,使社会主义新农村建设成为全党全国的共同行动。还强调要做到"五要五不",具体是:要注重实效,不搞形式主义;要量力而行,不盲目攀比;要民主商议,不强迫命令;要突出特色,不强求一律;要引导扶持,不包办代替。[①] 中央还把推进以巩固税费改革成果为主要内容的农村综合改革,作为新农村建设过程中体制创新的一大新任务。按照社会主义新农村建设的新精神,进入"十一五"的第一年,国家即宣布全面取消农业税,农民彻底告别"皇粮国税"的历史,农业步入"无税时代"。中央还要求全面推进系列改革任务,包括乡镇机构改革、农村义务教育改革和县乡财政管理体制改革等。系列改革涉及农村的政治、社会、经济、文化等领域,核心是要建立起精干高效的农村基层行政管理体制,以及覆盖城乡的公共财政制度。

四是建设主体新,强调农民的主体地位。在相当长的一段时间里,农民成为积贫积弱的群体,处在社会的最底层,农民的个体行为和主体性功能始终未能得到充分释放,导致"三农"问题越积越深。

---

① 中华人民共和国中央人民政府:《中共中央 国务院关于推进社会主义新农村建设的若干意见》,2005年12月31日更新,http://www.gov.cn/gongbao/content/2006/content_254151.htm,2012年10月10日引用。

在我国，农民占社会总人口的60%以上，其群体力量对社会的推动作用不容忽视，只有依靠农民，才能实现农业、农村乃至整个国家的现代化。要实现全面建设小康社会的目标，根本还在于提高农民的素质，让农民成为新农村建设的主体力量。要建设新农村，必须培育和造就一批集文化、技术和经营能力于一身的新型农民。培育新型农民，是转化农村人口压力为人力资源优势的根本途径，可以为持续推动社会主义新农村建设开发力量源泉。

"重中之重"的新定位、统筹城乡发展的新方略、"两个趋向"的新论断，以及社会主义新农村建设的新目标，体现了新时期破解"三农"问题的新精神和新境界。统筹城乡发展，以工补农、以城带乡，体现了新时期调整城乡关系的战略思路和政策取向。社会主义新农村建设，是体现"重中之重"和"两个趋向"的战略举措，是实现城乡统筹发展，以工补农、以城带乡的必要途径和重要手段。

三、新农村建设的调研和准备

农村地区的建设和发展，始终是国家建设中的重要环节。20世纪50年代中期，党中央提出建设社会主义新农村的号召，将新农村建设列入国家建设目标，从多方面进行了探索。到了90年代中后期，为借鉴韩国"新村运动"的成功经验，国家开始进行新农村建设试点工作。21世纪初，城乡二元体制矛盾加剧，新农村建设成为新世纪新的主题，全国上下为此展开了新的探索。此时，我国的国情、农情、社会基本矛盾及文化背景与韩国的"新村运动"时期十分相似，因此韩国和日本成为主要的考察对象。

1. 建设社会主义新农村的探索

新中国成立初期，为了早日实现国富民强的目标，国家开始实施工业优先发展战略，所需资金只能来自农业剩余。为了加速农业发展，1956年6月，一届全国人大第三次会议通过了《高级农业生产合作社示范章程》，首次提出"建设社会主义新农村"的奋斗目标。

会议指出,《高级农业生产合作社示范章程》是建设社会主义新农村的法规。① 后来,中央进一步细化了"社会主义新农村"的概念。20世纪60年代初期,为了解决粮食危机,中央决定压缩城镇粮食销量,推动城镇人口向农村转移。1964年1月,中共中央、国务院发布《关于动员和组织城市知识青年参加农村社会主义建设的决定(草案)》,动员和组织大批城市知识青年下乡参加农业生产。经过政策调整,安置工作取得成效,大批城市知识青年投身农村,参加社会主义新农村建设。

这一时期的社会主义新农村建设取得了一定的成绩,涌现出一批以大寨为代表的社会主义新农村的典型,出现了一大批如陈永贵一样的"社会主义新农民";在上山下乡的知识青年中,也出现了建设社会主义新农村的榜样,如邢燕子、吕玉兰和侯隽等。农业和农村得到了一定的发展,农民的生产生活条件得到改善。水利化、机械化、良种化和化学化等,成为推动农业发展的主要措施。毛泽东提出"水利是农业的命脉","农业的根本出路在于机械化",还提倡实施农业"八字宪法"等,因此这一时期农业基础设施建设成效显著,全国大修水利,兴建了很多水库和灌溉工程,对农业生产发展起到了重要的作用。

在建设社会主义新农村的过程中,国家逐步建立了劳动保险、困难补助、生活补贴、社会救济和农村五保供养制度,建立了简易的社会保障组织,如敬老院、合作医疗等,在一定程度上改善了农民的生产和生活条件。但由于当时国力有限,从中央到地方再到农民个人,都没有足够的资金推动新农村建设,最终未能实现建成社会主义新农村的目的。

改革开放以后,党开始对建设社会主义新农村重新展开探索。1981年11月,中共中央发布《当前的经济形势和今后经济建设的方

---

① 王传富:《建国后周恩来建设社会主义新农村思想探析》,《毛泽东思想研究》2007年第1期。

第三章 新农村建设开创"三农"工作新局面（2002—2006）

针》，号召全党带领和团结亿万农民，为建设社会主义新农村而奋斗。文件强调，在社会主义新农村建设中，要首先抓好农业生产，发展农村经济。但在家庭联产承包责任制实施的过程中，一些基层党组织出现了瘫痪、半瘫痪现象，严重影响了党在农村的凝聚力和战斗力。1991年11月，中共中央发布《关于进一步加强农业和农村工作的决定》，提出建设社会主义新农村，必须加强以党组织为核心的基层组织建设。1994年11月，中共中央发出《关于加强农村基层组织建设的通知》，要求加强农村基层组织建设，把亿万农民紧密团结在党的周围，凝聚成建设社会主义新农村的强大力量，推进农村改革的深化、经济的发展和社会的进步。

1996年10月，全国农村基层组织建设工作座谈会召开，胡锦涛在会上提出，一定要把领导班子和干部队伍建设作为基层组织建设的治本之道、长久之计，下大力气和真功夫抓紧抓好，在乡、村两级逐步造就一支政治强、思想好、清正廉洁、公道能干、同群众保持密切联系、能带领农民群众建设社会主义新农村的干部队伍。

中央还号召加强农村精神文明建设，为建设社会主义新农村打好文化基础。1982年10月27日至11月5日，全国农村思想政治工作会议在北京召开。会议提出，必须加强对农村干部和群众的思想政治工作，要求农村基层干部和共产党员经过整党整风，能在开创农村社会主义建设新局面中起模范作用；认为农村精神文明建设最根本的是要加强对农民的思想教育，即要紧紧围绕经济建设这个中心，着力解决亿万农民的精神支柱和精神动力问题。1996年10月，党的十四届六中全会进一步提出：要以提高农民素质、奔小康和建设社会主义新农村为目标，开展创建文明村镇活动。[①] 中央还提出要"建设有中国特色的社会主义新农村"，并规定了到2010年的奋斗目标：在经济

---

① 中共中央文献研究室：《十四大以来重要文献选编（下）》，北京：人民出版社，1999年，第2062~2063页。

上，坚持以公有制为主体、多种所有制经济共同发展，不断解放和发展农村生产力；在政治上，坚持中国共产党的领导，加强农村社会主义民主政治建设，进一步扩大基层民主，保证农民依法直接行使民主权利；在文化上，坚持全面推进农村社会主义精神文明建设，培养有理想、有道德、有文化、有纪律的新型农民。[①] 在新农村建设的过程中，党开始实施"多予、少取、放活"的政策。1998年10月，中共十五届三中全会明确提出要"坚持多予少取，让农民得到更多的实惠"。随后，中央提出要改革农村管理体制，搞活农村经济。

改革开放以来的新农村建设取得巨大成就，农民收入增长明显，农村涌现出一批发展的典型。1978—2004年，全国农村贫困人口比例下降了89.5%，农民人均纯收入增长近22倍，农村居民的恩格尔系数下降了20.5个百分点。涌现出了一批新农村的典型，如河南南街村、江苏华西村、北京韩村河村等。[②]

改革开放至此，中央围绕"三农"工作已陆续出台了一系列政策措施，不同程度地促进了农村经济社会的发展。但已出台的大部分措施，基本上还停留在松绑和减负的范畴。工农关系、城乡关系并没有得到根本调整，城乡分割的二元体制没有被彻底打破，农村难以得到城市文明和工业文明的辐射带动。一些关系长远发展的深层次矛盾依然存在，包括农村发展的规划、机制、途径和组织保障，以及农村税费改革后乡村职能的转变等，都亟待研究和解决。

中共十六大提出了全面建设小康社会的奋斗目标，要求在21世纪头20年，集中力量，全面建设惠及10多亿人口的更高水平的小康社会。党中央认识到，要实现这个目标，其重点和难点在农村。认为要加快农村发展，必须打破城乡二元体制，树立科学发展观，坚持城

---

① 宋宇：《中国社会主义新农村建设的历史进程及其绩效分析》，《齐齐哈尔师范高等专科学校学报》2007年第1期。
② 古土：《建设社会主义新农村之一——中国共产党建设社会主义新农村的探索历程》，《中国党政干部论坛》2006年第4期。

第三章　新农村建设开创"三农"工作新局面（2002—2006）

乡统筹发展。2003年1月，中央农村工作会议指出，全面建设小康社会，必须统筹城乡经济社会发展，更多地关注农村、关心农民、支持农业，把解决好"三农"问题作为全党工作的重中之重。2003年10月，中共十六届三中全会进一步提出科学发展观和统筹城乡发展的要求。2004年9月，中共十六届四中全会明确提出"两个趋向"的重要论断，由此形成了一系列加强"三农"工作的新理念、新举措。2005年10月，中共十六届五中全会提出了"建设社会主义新农村"的时代命题。2006年2月，胡锦涛在中共中央举办的省部级主要领导干部建设社会主义新农村专题研讨班开班式上，要求全党把思想统一到关于建设社会主义新农村的重大决策和部署上来，提高建设社会主义新农村的能力和水平。2006年2月22日，《人民日报》头版刊发了《中共中央 国务院关于推进社会主义新农村建设的若干意见》。文中指出，党的十六届五中全会通过的《中共中央关于制定国民经济和社会发展第十一个五年规划的建议》，明确了今后5年我国经济社会发展的奋斗目标和行动纲领，提出了建设社会主义新农村的重大历史任务，为做好当前和今后一个时期的"三农"工作指明了方向。[1]

尽管新时期新农村建设刚刚起步，但由于贯彻了"多予、少取、放活"的方针，采取了一系列重大措施，所以取得了明显效果。在"多予"方面，中央调整了国民收入分配结构，加大了对"三农"的扶持力度，中央财政支农资金2006年突破4 000亿元。[2] 在"少取"方面，国家从2006年开始全部免除农业税，对农村义务教育实行"经费省级统筹、管理以县为主"的政策，逐步将农村义务教育全面纳入公共财政保障范围，构建起农村义务教育经费保障的新机制。在"放活"方面，中央加快了农村改革的步伐，搞活农产品流通，促进

---

[1]《中共中央 国务院关于推进社会主义新农村建设的若干意见》，《人民日报》2006年2月22日，第1版。

[2]《理论前沿》编辑部：《继往开来共筑和谐——新年献辞》，《理论前沿》2007年第1期。

生产要素在城乡之间自由流动。各地积极扶持农村非公有制经济发展，引导农民进入小城镇就业和定居，同时不断改善农民进城就业、创业的环境，引导农村劳动力合理有序流动。在新农村建设过程中，涌现出许多先进和典型，如江西的赣州市、广西的贺州市和浙江的义乌市等。这些先进和典型所处的区域不同，自然环境和生产、生活条件差异很大，但都能够根据实际情况，因地制宜地进行新农村建设，为其他地区提供了参考和借鉴。

2. 赴韩考察新村建设经验

为了探索富有中国特色的社会主义新农村建设道路，中央和各省市纷纷派出考察人员，赴韩国、日本和西方发达国家开展调研和交流，其中尤以赴韩考察交流最为频繁。

早在1995年，为了学习韩国"新村运动"的经验，国内就已开展了试点工作。1995年，中国农学会开展了"科教兴村"活动，主要内容是学习韩国"新村运动"经验，振兴中国农村，并确定河北省易县柴厂村为韩国"新村运动"经验的移植点和试点村。提出借鉴韩国"新村运动"经验，与我国的国情有关。改革开放后，工业化和城市化进程加快，我国工农业发展出现失衡，城乡居民收入差距加大。这与韩国的"新村运动"初期有着惊人的相似之处。在社会主义新农村战略启动前后，各级政府官员纷纷前往韩国"取经"，考察韩国"新村运动"的经验。

2005年5月，中央农村工作领导小组办公室、财政部、建设部、中国人民银行等部门人员组成考察团，专程到韩国考察"新村运动"。赴韩考察行程结束后，考察团提交了两份考察报告：一份是关于韩国新村运动的成果和经验的报告，另一份是关于建设社会主义新农村的建议。随后，重庆成为赴韩国考察"新村运动"的第一批省级政府，之后湖南、山东和上海等地的公务员也接踵赴韩。

四、新农村建设全面展开

《中共中央 国务院关于推进社会主义新农村建设的若干意见》发

第三章 新农村建设开创"三农"工作新局面（2002—2006）

布后，"新农村建设"成为全社会高度关注的话题，关于新农村建设的研究异常活跃，各种学术报告、学术著作、学术论坛等，争相热议中国社会出现的第三次乡村建设高潮。其研究的内容也非常广泛，包括新农村的内涵和目标释义、新农村建设的多层次力源探析、政府在新农村建设中的职能定位、农民专业组织在新农村建设中的发展等。全国各地围绕新农村建设的"二十字目标"，探索各具特色的新型村庄规划与建设路径。最具代表性的新型农村建设典型模式有：以"中心村"建设为重点的泸州模式，"五新一好"的赣州模式，多元投入的浙江绍兴模式，以及山东省青州市南张楼村"巴伐利亚实验"模式的新农村建设实践等。

1. 关于新农村建设的讨论

中共十六届五中全会明确提出了建设社会主义新农村的重大任务，虽然"建设社会主义新农村"并非新概念，但此时被重提却具有更加深远的意义和更加全面的要求。我国学术界也开始从不同的研究视角，对"新农村"展开热烈讨论。主流观点认为，新农村建设的核心是通过国家投资农村基础设施来拉动农村的内需，中国农村的根本出路是城市化，基本办法是发挥劳动力成本低的比较优势，扩大低端产品的出口。

一部分学者从基本国情出发，希望通过把农民组织起来，建立农村经济合作组织，共同应对市场风险和外在强力。这类学者主张通过引入城市社会和文化资源，重建农民的生活方式，提高农民的生活满意度。认为在市场经济条件下，在土地细碎化的国情下，分散经营的小农难以独立应对市场风险，农民只有组织起来，才能抵御外在强力，获得"劳动创造财富"的经济利益。提倡以此为径，建设社会主义新农村，还在此基础上进行了一系列的乡村建设实验，在社会舆论方面影响很大。还有一批学者从农民本位的角度出发，认为新农村建设必须站在农民主体的角度，考察他们从现代化中的获益状况。[1] 这

---

[1] 贺雪峰：《新农村建设与中国道路》，《读书》2006年第8期。

一观点认为，农村的根本问题是农民支出的增长超过收入的增长，农村社会人际价值生产能力在降低。认为农民问题已经不纯粹是一个经济问题，而是一个与生活方式极度相关的文化问题。主张通过调动村庄中的社会、文化和组织等非市场因素，增进农民的非经济福利，重建一种"低消费、高福利"的新型生活方式。这实际上是对新农村建设的核心理念作出了另类的诠释。持有这类观点的学者还选取了实验区，来开展农民文化建设项目试点。

三类研究从不同的角度，对如何建设社会主义新农村作出理论阐释，成为研究新农村建设的主流思路，对学术界的研究方向影响甚广。不少学者还围绕"新农村建设"这一主题，对概念引申的内涵进行详细的分解论述。新一轮社会主义新农村建设，既不同于旧中国知识分子推动下进行的乡村建设实验，也有别于新中国成立以来的历次乡村建设运动，其内涵、目标、依靠力量和前景都更富有深意。

人们认识到，要建设社会主义新农村，政府、农民和市场是最理想的依靠力量。学者们讨论的重点开始转移，进而关注新农村建设的依靠力量、农民专业组织的发展和机制建设、基层行政组织的体制和机制建设、政府职能的转变，以及新型农民的培育等。《中国合作经济》评论员的文章《新农村、新农民与合作社》指出："生产发展、生活宽裕、乡风文明、村容整洁、管理民主"这20个字概括了对新农村的基本要求；这5条要求是以农民为中心，以提升农民的素质为基础，是为农民的根本利益服务的；对于新农村的要求和界定，实质是对新农民的要求和界定，是对培养和造就亿万新农民的呼唤和动员。

关于新农村建设的理论研究非常活跃，成果十分丰富，与新农村的规划建设形成了良性互动。

2. 各种新农村建设模式涌现

按照新农村建设依托的产业进行分类，大致有科技兴村、农业兴村、工业兴村、商贸兴村和旅游兴村等模式。各地围绕农村小康建设

第三章 新农村建设开创"三农"工作新局面（2002—2006）

目标，开展了形式多样的新农村建设试点，其中江西、四川、浙江等地因地制宜，形成了各具鲜明特色的新农村建设模式。

第一种是江西的"赣州模式"。赣州市是江西省南部的一个农业大市。2004年9月，赣州市以维持自然、因地制宜为目标，独创"五新一好"的新农村建设模式，即：以村镇规划为龙头建设新村镇，改善农村基础设施和卫生环境；以农民增收为目标发展新产业，实行"一村一品，一县一业"战略；以实施"农民知识化"工程为依托，培育新农民；以农业产业化为动力，组建新经济组织；以创建文明村镇为先导，塑造新风貌；以"亲民、为民、富民"活动为抓手，创建好的领导班子。赣州市的"五新一好"模式，适用于中西部的低山丘陵地区。在2005年11月召开的全国村庄整治工作会议上，赣州市的社会主义新农村建设模式得到了肯定和好评。

第二种是以"中心村"建设为重点的"泸州模式"。泸州市位于四川盆地南部，与四川全省的其他市（州）相比，泸州市的综合经济实力长期处于中游水平。泸州市的新农村建设始于2002年，主要做法有以下7个方面：一是健全组织机构，加大政策研究力度，以组织领导为保障，营造良好的政策环境。二是以"中心村"建设为重点，探索新农村建设的有效模式。泸州市的规划类型包括城郊型中心村、旅游带动型中心村、市场带动型中心村和主导产业带动型中心村，建设模式主要有连片推进式、点面结合式、移民搬迁式。三是以"一池三改"为突破口，通过沼气池的建设改造厨房、厕所和圈舍，大力改善农民的生活环境。四是以基础设施建设为核心，为农村生产创造条件。五是以龙头企业为依托，推进农业产业化经营。六是以农民的需要和意愿为出发点，探索行之有效的工作方式。七是以财政补助措施为引导，调动农民投资投劳的积极性。

第三种是采取多元投入方式建设新农村的"绍兴模式"。浙江省绍兴市经济发达、实力雄厚，当时地区生产总值已突破千亿元，位居全国前列。绍兴市财政宽裕、民资丰厚，在新农村建设过程中大胆创新，探索出"政府＋企业＋村集体＋农户"的多元投入模式。绍兴市积极争取各种力量，动员基层政府、个体私营企业主、村集体和农民个体等，为新村发展蓄积了大量的建设资金和人力资本。"绍兴模式"采取多元化的投入方式，政府把拆迁新建、整理改造、保留治理相结合，采取税费减免、用地优惠和考核奖励的办法来推动新农村建设。绍兴市还建立了专门性的组织机构，开展舆论宣传和监管，确保新农村建设的顺利进行。通过确立多元投入模式，绍兴市基本解决了新农村建设资金这一关键问题。

第四种是山东省青州市南张楼村的"中德新村建设模式"，又称"巴伐利亚实验"模式。1988年，山东省政府和德国巴伐利亚州以及德国赛德尔基金会协作，把青州市南张楼村确定为"中德土地整理与农村发展合作试验区"，开始进行一场"城乡等值化"实验。"巴伐利亚实验"的目的是，证明在农村生活并不会降低生活质量。经过15年的合作试验，2005年，南张楼村已然形成清晰的4个功能区，即拥有50多家企业的村南工业区、村东大田区、村北文化教育区和村中心生活区。中德新村建设的核心内容是：进行产业调整，开展园区建设，加大农民培训，加强人居环境和基层民主文明建设等。

各具特色的新型村庄建设实践，为下一时期多元化统筹推进新农村建设提供了宝贵的经验，奠定了重要的理论基础。

第二节　农业基础设施建设和综合生产力的提高

改革开放以来，农业综合生产能力逐步成为衡量农业生产总体水平、反映农村经济整体实力的主要标志。我国对于农业综合生产能力的认识，是在农业发展实践中形成并逐步得到深化的。土地家庭承包经营方式被成功推行后，农业的多种经营帮助农民实现了增产增收，农业综合发展的客观必然性逐渐被大众认识。20世纪80年代中后期，粮、棉等主要农产品的种植面积连年缩减，农业生产一度徘徊不前。学术界和农业相关部门逐渐认识到，必须依靠政策、科技和投入才能实现农业的可持续发展。这一思想体现在中央的兴农举措中，就是明确要提高农业的综合生产能力。21世纪初农业发展进入成题、破题和解题阶段。农业国际化战略正式实施，我国进入"以工促农、以城带乡"的发展阶段，农业科技投入、政策扶持和财政支持力度加大，农业综合生产力建设迎来重要的发展机遇。

一、统筹加强农田水利设施建设

农田水利设施是农民抵御自然风险、增强防灾减灾能力的硬件基础。为了贯彻落实"多予、少取、放活"的惠农方针，政府完善了农业补贴、农产品价格和扶贫开发等政策，直接给予农民实惠，同时加大了对农业和农村基础设施以及公共服务的投入。为了改变不利于农业生产发展的自然条件，国家开始统筹农田水利建设专项资金，通过水利工程技术，修建了大批为农田服务的水利设施；同时还加大力度，推进粮食生产力战略工程和灌区节水改造工程建设，建成了大面积的旱涝保收、高产稳产的基本农田，使农业的生产功能得到巩固和强化。

1. 统筹农田水利建设专项资金

统筹农田水利专项资金，目的是为了改善中西部农田水利设施落后的状况。中西部地区分布着我国80%以上的耕地，但地域环境和经济发展水平相对落后，中低产田面积占比相对较大，农田水利设施亟待完善，对农田水利建设资金的需求相对更大。进入21世纪以来，农业生产技术和科学技术不断发展，农业走节水灌溉之路的战略思想日渐清晰。为了实现不同区域之间的统筹发展，迫切需要拓宽农村水利投资渠道，改善农田水利基础设施落后的现状。为了完成21世纪农村水利建设任务，中央和地方各级计划、财政和信贷部门合力稳定各项水利投资渠道，尽力调整投资比例，在国家基本建设投资中逐步增加中西部重要建设项目，特别是事关全局的节水灌溉和大型灌区改造等项目的投资。各地充分利用农村劳动力资源禀赋优势，引导农民个人、农村集体和社会各界，以资金或劳动力投入方式参与农村水利基础设施建设，从多种渠道拓宽了农村水利建设的投资空间，保障了灌区建设及节水改造、人饮工程建设、农村水电建设工程的顺利实施。

公共财政覆盖农村的范围越来越宽，中央财政对小型农田水利的投入力度加大，在各类支出份额中占据主体地位。2005年，中央投入13亿元，重点发展北方地区、粮食主产区大型灌区续建配套与节水改造续建项目，适当开展部分老化失修严重、增产潜力大的大型灌区节水改造项目；继续实施节水灌溉示范项目；安排内蒙古和新疆等六地牧区开展水利建设试点；开展部分灌区末级渠系改造试点项目。同年，中央财政设立小型农田水利工程设施建设补助专项资金，逐年加大投入，以弥补税费改革取消"两工"[1]后形成的农田水利建设历史欠账。自2009年起，财政部、水利部分期分批实施了小型农田水利县建设项目，以改善小型农田水利设施，提高粮食综合生产能力。2005—2010年，各地水利资金投入的绝对数额连年增长，主要投向农田灌溉、病险水库整治、土地整治及防洪抗旱等方面。[2] 2011—2012年，国家继续按照统筹战略，调高土地出让收益中的计提资金比例，专项用于农田水利设施建设，重点支持的区域有少数民族地区、粮食主产区、中西部地区、革命老区，以及边疆地区和贫困地区。适当调高中央统筹比例，既调动了省、市、县开展农田水利建设的积极性，

---

[1] "两工"指劳动积累工和义务工。农村税费改革后，为了切实减轻农民负担，国家对无偿调用农村劳动力的"两工"制度作了重大调整。

[2] 国务院发展研究中心"完善小型农田水利建设和管理机制研究"课题组：《小型农田水利建设投入机制分析》，2011年9月1日更新，http://www.jsgg.com.cn/Index/Display.asp? NewsID=14949，2012年10月28日引用。

又有效地化解了土地出让收益和农水建设资金需求不匹配的矛盾，同时兼顾解决了区域发展不平衡的问题。

2. 启动粮食战略工程建设

进入21世纪以来，国家启动了粮食战略工程建设，加强了农业基础设施建设，农业综合生产能力显著提高。2006年，农业部发布了《全国农业和农村经济发展第十一个五年规划（2006—2010年）》，确定了"十一五"时期农业和农村经济发展的三大基本任务，其中首要任务是确保粮食等农产品有效供给。规划提出，在保障国家粮食安全的前提下，适应国民经济发展和城乡居民生活水平不断提高的需要，优化农产品品种结构，推进农产品标准化生产，提高农产品质量安全水平，使农业加快向高产、优质、高效、生态、安全的方向发展，从数量和质量上保障农产品有效供给。规划提出，保护提高粮食综合生产能力，稳定发展粮食产业，是未来5年的发展重点之一。按照规划要求，全国范围内继续实施优质粮食产业工程、种子工程、植保工程和新一轮沃土工程和大型商品粮基地建设工程，开展了大规模的粮食生产基地创建工程，促进粮、棉、油、糖高产，促进园艺产品生产和畜牧、水产养殖标准化。同时，顺利实施了粮食综合生产能力增强行动和农机具购置补贴政策等，改善了粮食生产物质技术装备和农业生产条件，粮食生产能力迈上万亿斤的新台阶。2008—2010年，全国粮食总产量平均达到10 700亿斤。2011年，全国粮食总产量高达11 400多亿斤，粮食单产创历史新高，实现了自2004年以来"八连增"的伟大奇迹。

粮食增产的贡献因素主要来自两个方面，即单产的提高和播种面积的扩大。粮食增产带有明显的区域特征，增产区域主要是东北和内蒙古粮食主产区。在优质耕地面积和粮食产业精壮劳动力呈现持续减少的形势下，我国粮食总产量能够连续保持8年稳定增长，且自2007年以来保持在1万亿斤以上，实属不易，当归功于这一时期开展的粮食综合生产能力建设，表明我国粮食生产率跨上了一个新的台阶。除棉花、糖料和烟草等种植业产品减产外，其他主要农产品都大幅增产，肉、蛋、奶、水产品和蔬菜产量的增长尤其突出，农产品市场供应充足，足以应对城乡居民的多样化需求。

3. 灌区续建配套与节水改造工程

粮食战略工程建设启动后，国家将大批农田水利专项资金拨付给粮食主产区，主要用于灌区续建配套与节水改造项目。1998年，国家开始实施大型灌区续建配套与节水改造项目，截至2004年年底，投入资金总额已高达135.5亿元，其中国债资金达74.4亿元，覆盖全国63%以上的大型灌区。东、中、西部和粮食主产区所获得的资金，集中投向北方的黄河中上游地区、内陆区及黄淮海平原，其次是东北区、长江中下游区和珠闽区、西南区。其中，西部地区安排的投资额度最大，占整个投资总额的50%以上。灌区续建配套与节水改造规划具备科学性，项目以水资源的高效利用为中心，可有效改善西部灌区的生态环境。[①]

已有灌区经节水改造后节省出的水量，被用于新增一批极富生产潜力的灌区。新灌区的开发充分考虑当地水土资源条件，挖潜改造已有灌区新建工程，所需水量基本是从节水改造灌区省出的水量中解决。有条件的地方还积极开发利用天然雨水，适度开发地下水资源，采取蓄、引、提灌和井灌工程并重的方式实施开发。新灌区开发的重点，主要集中在水资源相对丰富，但土地资源有限或者分布零散，且具备一定开发潜力的地区，如东北地区、黄淮海地区、黄河中上游地区，以及内陆和西南部分地区。除了大型灌区开发以外，国家还同步推进了小型农田水利设施建设，主要有田间工程灌区末级渠系的新建、修复、续建、配套及改造，山丘区小水窖、小水池、小塘坝、小泵站、小水渠工程的建设，并且积极推广渠道防渗、管道输水、喷

[①] 水利部农村水利司，水利部规划计划司，中国灌溉排水发展中心：《全国大型灌区节水改造项目中期评估报告要点》，《中国水利》2005年第23期。

灌、滴灌等节水灌溉技术。

二、节水灌溉提高粮食生产能力

我国正处于工业化的中后期,这一时期的经济发展规律是:工业反哺农业,城市支持农村,以工促农、以城带乡,实现工农城乡协调发展。新时期党的惠农思想是坚持"多予、少取、放活"的方针,实施利民休养生息的政策;以提高农业综合生产能力为重点,强化农业基础设施建设。具体方案包括:以提高粮食综合生产能力为重点,实施战略工程建设;以改建小型水利设施为重点,实施灌区续建配套与节水改造工程;以良种工程为重点,提高农业科技创新和转化能力。通过系列系统工程建设,农业对国家粮食安全的保障能力提升,农业对农民增收的支撑作用增强。

1. 农田灌排体系的修复及完善

水利是农业的命脉,水利事业的健康发展是农业增长、农民增收的重要保证。发展农村水利基础设施意义重大,能改善农业生产条件和区域生态环境,帮助提高农民的生活水平,保障农业和农村经济持续稳定增长。农村水利基础设施建设,直接关系到水资源的可持续利用,关系到粮食安全乃至整个国民经济和社会的可持续发展,一直受到党中央的高度重视。20世纪50~90年代,我国农田水利建设取得了显著成就。特别是改革开放以来,国家对农村水利的投入和建设步伐加快,初步建立起比较完善的农田灌排体系,农田粮食生产力提升。

一是以塘坝、蓄水池为重点,强化了农村小型水源工程建设。小型水源工程以"蓄"为核心,以流域总体规划为基础,根据当地的水土资源情况,利用当地的有利地势建设微小型水源工程。其主要作用是拦、蓄当地地表径流,集蓄雨水,解决灌区外围零星耕地的灌溉问题。建设重点主要集中在丘陵、山地,如北方的甘肃、宁夏山丘区,江苏南部和四川大部的山丘地区。

二是加强旱作农业水利建设。旱作农业的核心是"集雨节灌"，通过农艺、生物技术措施，提高土壤的蓄水保墒能力，建设土壤水库和高标准的"三保"①农田。旱作农业主要开发利用雨水资源，大力发展雨水集蓄利用工程，如水池、水窖、旱井等。通过集蓄天然雨水发展补充灌溉，能够解决干旱缺水山区群众饮水难、农民增收难的问题。旱作农业水利建设具有重要的作用，既能促进农业种植结构的调整以及陡坡退耕还林还草，也有利于改善旱区生态环境，促进山区经济发展。

三是在牧区实施节水灌溉。改革开放以来，国家倡导各牧区结合自身特点发展节水灌溉，推广适合牧草灌溉的节水设备，以改善牧业生产条件，建设并保护生态屏障，并且重点在黑龙江、吉林、内蒙古、甘肃、青海、四川和新疆等省（自治区）有计划地开展了供水、排水和草场灌溉等水利基础设施建设。建设的主要内容是提高草场产草率和载畜能力，发展人工饲草料基地、家庭草库伦（草圈子）和天然草场灌溉。

截至1998年，全国农业有效灌溉面积发展到8亿亩，治理易涝耕地3.08亿亩、盐碱耕地8 418万亩、渍害田5 000多万亩，全国旱涝保收面积达到6亿亩左右，农业年供水量由1 000亿立方米增加到3 920亿立方米。② 21世纪初，一大批农田灌排工程建设完成，农村水利设施得以修复并完善。

2. 农艺节水技术措施推行

农艺节水技术是非工程节水技术之一，在节水农业发展中极具潜力。农艺节水是通过农田土壤调控技术和作物生理调控技术，实现节约用水的目标。21世纪初，土壤动力、植物生理和生化等学科取得重大理论研究进展，转基因技术开始在农业领域应用，农用薄膜产品

---

① "三保"指"保水、保肥、保土"。
② 张岳：《21世纪初期中国农村水利发展纲要》，2011年4月16日更新，http://www.civilcn.com/shuili/lunwen/ntsl/1302935781139302.html，2012年10月28日引用。

实现可降解。科学技术领域的革命，推动农艺节水技术取得重大突破，现代化的农艺节水技术开始在农业领域逐步推行。这一时期我国推行的农艺节水技术主要有以下3种类型。①

第一种类型是土壤水高效利用技术。农艺节水技术的主要途径，是最大限度地利用土壤水。作物品种的差异导致作物水分的利用率存在较大的差异，如玉米对土壤水分的利用率明显高于小麦。实践证明，根据区域和种植区的实际情况，调整和优化种植结构，有利于提高农田整体水分利用效率。此外，利用现代生物技术、基因工程技术等，培育节水高产品种，也是提高作物产量的重要途径。培育抗旱增产品种，是现代作物育种的新方向，也是提高农业用水效率的重要措施。

第二种类型是耕作覆盖保墒技术。该技术可保持土壤水分，有利于农作物的生长发育，在农业生产中应用极为广泛。保墒技术主要分为耕作保墒和覆盖保墒两种。耕作保墒包括深耕松土、镇压、耙、糖、中耕松土和免耕少耕。深耕可加深耕层疏松土壤的厚度，改善作物根系的生长环境，增加土壤的蓄水容量和深层土壤水的利用量。中耕松土可抑制灌后、雨后的土壤水分蒸发，促进灌溉水及降雨入渗与贮存，起到蓄水保墒的效果，是农田灌溉必不可少的配套节水技术。覆盖保墒包括地膜覆盖、秸秆覆盖和沙石覆盖。农田覆盖保墒技术利用人工手段，调控土壤和作物之间的水分条件，可有效降低农田水分的无效蒸发，提高农田用水效率。其中地膜覆盖具有增温、保墒、改善土壤理化性状的作用，可提升作物的矿质养分吸收能力，促进种子萌发以及作物早出苗、出壮苗，达到早熟高产的目的。秸秆覆盖技术资源禀赋充足，兼具培肥增效的经济功能以及绿色环保的生态功能，是农田非工程节水技术的重要内容。

---

① 杜贞栋，谷维龙，王华忠：《农业非工程节水技术》，北京：中国水利水电出版社，2004年，第33~94页。

第三种类型是理化多手段控制节水。进入 21 世纪以来，物理、化学和生物技术实现革新，促使农艺节水技术得到新发展。培肥地力及水肥耦合技术获得长足发展，以肥调水、以水调肥的节水方式开始在农业领域推行。在物理、化学等多手段节水的基础上，产生了一系列高效节水灌溉制度，如作物品种筛选制度和高效种植制度等。生物、化学控制节水技术促进了农业领域的技术革新，保水剂、复合包衣剂、黄腐酸、多功能抑蒸抗旱剂和 ABT 生根粉等，被逐步应用到农业生产实践中。农业领域广泛采用了保水剂拌种包衣技术，还大面积推广应用了多功能抑蒸抗旱剂，有效抑制了作物植株表面的水分蒸发，取得了节水、防旱、抗旱和增产多重效果。我国还广泛采用适期叶面喷施生长调节剂的方法，增强农作物根系的吸水能力，提高根系活力，在农业生产中取得了显著成效。

3. 农村供水管理体制改革

农村供水管理体制改革，主要围绕水价格的调整展开。早在 1985 年 7 月，国务院就颁布了《水利工程水费核定、计收和管理办法》，标志着我国水利工程结束了长期无偿供水的局面。为了适应全面向市场经济体制转轨，1992 年，国家物价主管部门明确定位"水利工程供水"为商品。2000 年，财政部、国家计委、农业部联合发文，明确水利工程水费为经营性收费。供水水价改革稳步推进，促进了水利工程的可持续运行，有利于水利事业的发展。

21 世纪初期，我国农业发展局面并不乐观，农田灌溉渠系破损严重，水利工程水价计量设施落后，改革面临新的挑战和机遇。基本水情不变，但农村改革形势有变。一方面，水资源短缺与日益增长的用水需求之间矛盾突出，必须发挥价格杠杆的作用推进水价改革，促进节约用水。另一方面，农村税费改革正在推进，水费计收管理体制有待完善，以配合减轻农民负担的时代需求。而且，加入世界贸易组织后，我国农业面临很大的挑战，需充分利用世界贸易组织的"绿箱政策"，加大农田水利基础设施投入和建设，实现节约用水。由于国际国内经济形势的综合影响,农村供水管理体制改革步伐加快,水价格与水费管理体制改革取得阶段性进展。

一是国有水利工程供水水价管理权限改革加快推进。按照《水利工程水费核定、计收和管理办法》的规定,工程供水水价的管理权限由国务院统一制定并核准,具体的价格标准按分级管理原则,由省、自治区、直辖市以上人民政府负责审批确定。随着市场经济体制改革的推进,一些地方开始根据当地水利工程的供水实际,改革现有的水价确定程序和管理权限,把水价的审批权下放到县级以上物价主管部门。有些省份甚至独辟蹊径,对"五自"工程[①]和经产权制度改造的小型水利工程,实行供水、用水双方民主协商定价的方式。水利工程水价管理权限的地方性改革,是充分考虑当地实际而展开的有益探索,取得了良好的效果。

二是末级渠系水价管理权限改革取得突破性进展。农村灌区支渠或斗渠出水口以下的末级渠系,大多为农村基层政府自建自管,长期存在产权不清、水管权限不明、定价估价不准的问题。由于水价管理方式颇为混乱,为暗箱操作提供了便利,导致农业用水终端水价秩序混乱。水价改革遭遇瓶颈,随意加价和搭车收费现象严重,合理的水价调价空间被挤占,影响了水利工程水费的计收,加重了农民的额外负担。鉴于此,许多地方开始大胆进行试验,推进末级渠系水价管理改革。地方政府采取的新的定价方式主要有3种:一是实行政府定价到户,二是实行政府最高限价,三是实行用水者协会民主定价。末级渠系水价管理权限改革具有进步意义,明确了末级渠系水价的管理权限,规范了定价原则,简化了收费程序,可避免中间环节额外加价和水费截留。这些措施在减轻农民负担方面取得了很好的效果,成为农村供水管理体制改革的重要成果。

[①] "五自"工程指的是经政府批准,按照"自行筹资、自行建设、自行收费、自行还贷、自行管理"的办法,引入市场机制,吸引社会各方面投资建设经营的水库工程。

三是农业用水水费计收方式改革初见成效。水利工程农业用水水费以往采用的计收方式，主要是"计收实物"或"实物计价，货币结算"，水价随粮食价格的起伏而波动。尤其是20世纪90年代后期，农业用水价格水平随着农产品价格持续走低不升反降。农业用水水费以粮计征，不仅有悖于新世纪正施行的粮食流通体制改革政策，而且加大了水费征收的成本和难度。由于缺乏科学规范的计量设施，难以实现计量到户，多数灌区仍然实行按耕地面积均摊的方式向农民收取水费，非但难以调动农民节水的积极性，反而助长了水资源浪费的风气。针对这些问题，有关部门探索了3种水费计价方式，即"货币计价，货币结算"、按供水量计收和按合同计收。水费计收方式改革保证了水管单位水费收入的稳定性，使农户的节水意识有所提高，水资源浪费现象得到改善。为了切实减轻农民负担，许多地方改变了原来普遍采用的委托乡镇代收水费的方式，开始实行开票到户和委托农民用水者协会代征。新策略避免了基层政府"搭车收费"的现象，防止了水费被截留挪用而增加农民负担。水价格与水费管理体制的阶段性改革，有利于加强城乡水资源的统一管理，推进了城乡一体化供水进程。

三、农村饮水和乡镇供水工程建设加快

水是生命之源，获得安全饮用水是人类生存的基本要求。为广大农村群众和乡镇居民提供安全、方便的饮水，保障乡镇企业的生产用水，是社会发展的必然要求，也是促进农村现代化建设的重要内容。一方面，小城镇建设与工业化发展加快，乡镇人口数量增长迅速，人民生活水平不断提高，对乡镇供水提出了更高的要求。另一方面，新农村建设全面展开并不断深入，乡镇供水事业加快发展，成为保障农村饮水安全、推动新农村建设事业的重要基础。经济快速发展，居民饮水安全需求增加，但环境污染问题却日益严重，饮水安全隐患在全国各地出现，在农村地区表现得尤为突出。为了解决用水安全危机，

国家开始大力推进农村饮水和乡镇供水工程建设,将其作为农村水利事业的重要组成部分。

1. 农村饮水安全工程建设

水质问题和局部地区饮用水不足问题,严重影响着农村居民的身体健康。我国东北、华北、西北和黄淮海平原区,高氟水、苦咸水分布范围很广,地方性氟中毒导致氟斑牙、氟骨症,甚至骨变形、瘫痪、丧失劳动能力的现象时有发生。水质问题还造成农村居民胃肠功能紊乱、免疫力低下、心脑血管疾病加重,一些地区的居民因长期饮用砷等有害物质超标的水,导致中毒并诱发皮肤和内脏器官癌变。在细菌污染的地区,伤寒、霍乱等重大传染病的发病率居高不下,严重威胁着农村居民的身体健康和生命安全。针对农村饮水安全存在的系列突出问题,中央和地方政府加大力度予以破解。2000—2004年,各级政府和群众合力投资200多亿元,用以缓解农村6 000万人口的饮水困难问题。[①] 实施农村饮水解困工程,有助于减少疾病的发生,提高农村居民的健康水平,亦可减轻农民取水的劳动强度,解放一大批农村劳动力,促进农村经济社会全面发展。

2005年,国务院审议并通过了《2005—2006年农村饮水安全应急工程规划》(以下简称《规划》),计划在两年内在全国进行农村饮水安全工程建设,解决2 120万农村人口的饮水困难。[②]《规划》设置了5个主体内容:一是要求各地区在深入调查、科学论证的基础上,做好本地区不同阶段的规划,国家有关部门在地方规划的基础上,统筹编制总规划。二是强调水源保护要与水质处理相结合,采取防治并重、综合治理的方式;农村饮用水水源工程的建设,应重视咨询、技

[①] 李莉:《农村饮用水安全问题及其解决途径与措施研究——以陕西省泾惠渠灌区为例》,硕士学位论文,长安大学环境工程专业,2008年。

[②] 国家发展和改革委员会、水利部、卫生部:《关于进一步做好农村饮水安全工程建设工作的通知》(发改农经〔2005〕920号),《中国水利报》2005年6月16日,第3版。

术指导和治理并重。三是因地制宜、建管并重，分类采取有效措施，既保证用水安全，又节约资金。要求有条件的地方，可以同时解决饮用水和其他生活用水；部分不具备条件的地区，则可实行饮用水与其他生活用水分质供应的方式；还可按居住地点的不同，以及人口密集程度的差异，分类建设供水设施。四是拓宽投入渠道，加强专项水利资金管理。《规划》中规定，省级安排的资金应不低于地方配套资金的30%。还提倡要引导和组织受益群众，投入人力、物力、财力参与农村饮水工程建设。五是要求各部门落实责任、加强配合。《规划》对各级发展改革部门、水利部门、卫生部门、环保部门，以及县级疾病预防控制机构等，都有明确的职能分工和定位。随着《规划》的发布实施，农村饮水安全问题得到逐步缓解。

2. 乡镇供排水建设初步发展

长期以来，村镇供水用户分散，供水工程点多面广，普及率远远低于发达国家普遍实现的90%。乡镇企业的辉煌崛起和迅猛发展，一方面带动了农村县域经济蓬勃发展，另一方面也使本就滞后的乡镇供排水设施面临重重考验。由于工业排水处理设施及管理不完善，输水管管径偏小，致使输水能力严重不足。而且净化设施老化、工艺落后问题突出，即使经过先进技术工艺处理的水源水质，也难以达到国家的生活用水标准。种种有关饮水安全的问题频发，居民的水源保护意识淡薄，供水安全性差。乡镇供水工程的建后管理同样十分薄弱，"重建轻管"的现象比较严重，相当一部分已建工程管理体制不够健全，运行缺乏灵活性。部分供水站的水价低于成本价，水费征收难度大，供水系统的正常运转和及时维修等，常因水价补给不足被迫搁置。21世纪初，国家对居民饮水水质标准制定了更加严格的规定，村镇居民在获取生活饮用水的过程中，对无污染水源、经净化处理水源的需求更加迫切。随着农村两个文明建设的开展和城市化进程的加快，各地为了满足乡镇企业和小城镇发展需要，开始大力发展供排水设施建设，改善农村社区的生活条件。

第三章 新农村建设开创"三农"工作新局面（2002—2006）

这一时期的村镇供水建设，整体来看还处在起步阶段。各地因地制宜，积极探索适合地区发展的村镇供水模式。第一种是自钻井井水供应模式。村镇供水的水源，主要利用浅层地下水、井水、钻井水，或者水质较好、经过消毒处理的地表水。这种模式以1户或几户为单元，通过手压井、大口井和筒井设施实现供水，适用于居住较为分散的偏远村镇，目前还在大力推广中。第二种是集中供水模式。这种模式采取专业、先进的水工艺，对当地水质进行常规或活性炭深度处理，所供应水源的水质有更可靠的保证。集中供水模式主要应用于人口密集的乡镇，或是无法采集优质水源，水中含氟、含砷，以及苦咸水的地区。集中供水水源的选择具有多样性，如川中丘陵区，在选取集中供水水源类型方面，既有江河、溪沟、水库和坑塘等地表水，又有部分地下水。对于一些安全性水源缺乏的地区，适宜采取更为方便、有效的集雨供水方式，雨水往往成为初次采集待处理的最佳水源。第三种是城市管网延伸供水模式，是东南部沿海地区首选的供水模式。这些地区村镇较为发达，与中心城市的距离较近，直接依靠城市现有管网实现供水的可行性较高。上述3种村镇供水模式各具特色，有效地促进了农村供水事业和经济建设的发展。

第三节 深化农村改革，改善农民生活

新一轮社会主义新农村建设，显著改善了农民的生活条件，引起了国际、国内社会的广泛关注。新农村建设坚持从实际出发，尊重群众的意愿，因地制宜地搞好规划，有试点、分步骤地实施推进。资金来源采取多渠道筹措的办法，政府通过各种建设项目予以有力支持，社会各方采取不同方式予以资助，村集体和农户尽力而为，经过多年的努力，新村面貌初现。农村道路交通、人畜饮水、村户用电和电视、通信等生活设施，以及农田水利灌溉设施等，基本上得到全

面改善。村容村貌经过新建或整治明显改观，出现许多吸引游人观览的乡镇和美丽村庄。农村反贫困战略以及各种促进农民增收的强农惠农政策也在同步部署并实施，以统筹应对"三农"面临的困境。

一、深化改革，解决农民增收和农村贫困问题

社会主义新农村建设方兴未艾，一场促增收、减负担、反贫困的战役也拉开了序幕。全面取消农业税、实施西部大开发战略、制定和实施"国家八七扶贫攻坚计划"等新举措，集中体现了党在改革深化时期惠农亲民的政策思路。全面废除农业税深得民心，农民从事农业生产自此实现零税负，这是新的生产力条件下对旧经济制度的彻底颠覆。制度的变革使农业税费改革实现了根本性的突破，附着在农业税上的各种农村杂费随之消除，极大地缓解了"三农"发展中的矛盾。国家同步实施了西部大开发战略和"国家八七扶贫攻坚计划"，传统的救济式扶贫开始向开发式扶贫转变。

1. 新世纪初的增收问题

21世纪初，我国农村地区的贫穷落后状况已明显改观，但农村社会、经济、文化落后的状况还没有质的改变，农村人口返贫、致贫的潜在威胁仍然存在，主要是农民负担反弹和村级组织负债等。

在农业税取消之前，农民每年法定的缴费项目包括农业税、农业特产税、屠宰税、"三提五统"费和其他各种名目的费用。后农业税时代，除缴纳"一事一议"费用外，其他乱收费、乱摊派的情况基本得到遏制，农民负担总体上得以减轻。税费改革和农业税取消后，乡、村两级组织每年可支配的收入比税费改革前明显减少，乡、村两级地方财政支出明显增加。在统筹城乡发展的新阶段，借助农村制度创新和"三农"新政策，新农村建设事实上已由下而上广泛展开，农民分担了部分的建设资金。与此同时，农民负担出现"重心转移"，加重农民负担的内容和形式发生了变化，原来被"正税"遮掩起来、

第三章　新农村建设开创"三农"工作新局面（2002—2006）

不算突出的负担变得突出了。[①] 一些地方开始实行"税内损失税外补"的变换手法，在收费的内容、方法和对象上大做文章。一些深层次的问题，也没有随着农业税的免除得到有效的解决。表面看，由政策硬性规定而直接产生的农民负担已经不复存在，但长期形成的城乡二元体制障碍难除，农民在子女教育、就业、养老、医疗保障，以及农村基础设施建设等方面，仍然承受着较重的压力。

农业税免除后，农村基层组织发展面临新的困境。一方面，乡镇和村一级组织财力匮乏。税费改革以来，各地因减免农业税而减少了财政收入，尽管中央财政安排了专项转移支付予以补助，但乡、村两级组织的财力仍受到不同程度的影响，导致没有足够的能力提供公共产品，也无力建设和维护农村公共卫生服务体系。另一方面，村一级行政机构同样面临困境。税费改革前，"搭车"式的农业税和非农业税费，并非单靠有限的基层税务征管人员来实现全面征收，乡村干部才是征税收费的主要力量。免征农业税的做法，使乡村干部从征税收费的"中心工作"中解放出来，但村委会也同时失去了筹集公共资源、提供公共产品的能力，影响了农村公共产品的供给和公益事业的发展。上级财政转移支付，成为村级组织正常运转的主要依靠。村级组织对乡镇行政部门的依赖程度加重，固化了自上而下的农村基层财政管理模式。财政依赖不符合村委会自我管理、群众自治的组织特性，与时代发展的要求背道而驰。

另外，农民在农产品价值链分配中较为被动，导致收入增长不显著。农业是国民经济的基础，具有生存保障性功能，发挥着维持经济系统稳定的重要作用。在农业生产中，大多数农民只参与农业生产链中增加值最低的部分——农田生产，而产前和产后增加值较高的部分，则参与较少。由于农业生产资料供货渠道和农业产出品收购渠道

[①] 李铜山，陈允仓：《后农业税时代农民负担问题的调查与分析》，《中州学刊》2009年第1期。

单一，最终产生了两个后果：一是农业生产资料被以高价卖给农民，二是农业产出品不得不以较低的价格卖出。农民受自身职业特点的限制，即使在农田生产无利或微利时，也无权自行作出不生产或者退出农业的决定。即便免除了农业税，如果没有相应部门和相关制度的保护，农民应得的经济利益难以保障，农业获取资源的能力也会在市场经济中持续衰弱。

2. 全面取消农业税

为了切实促进农民增产增收，国家针对多年困扰市场的农业经济体制进行突破性改革。其中最具有历史和现实意义的创举，当属全面取消农业税。

农业税作为一种来源于农业并由农民直接承担的税赋，在我国延续了2 600年之久，曾经发挥着不可忽视的作用。封建社会时期，各代王朝运用农业税赋制度改革，调和、掩盖阶级矛盾，维持并繁荣王朝的社会政治经济。新民主主义革命时期，中国共产党制定了合理的农业税赋制度，减轻了革命根据地农民的负担，初步实现了广大农民均田的理想，也为建设革命政权提供了基本财源，支持着革命走向胜利。新中国成立之初，国际环境恶劣，农业税赋成为国家集中财力发展工业、构建国民经济体系、维护人民政权的经济基础。1958年6月3日，一届全国人大常委会第96次会议通过了《中华人民共和国农业税条例》，此后实行了近半个世纪。随着我国工业日益强大，农业的弱质地位愈来愈明显，城乡差距日益拉大，农业税成为压在农民头上的负担，阻碍着农村的发展。2004年，为了实现粮食稳定增产、农民持续增收，中央作出了5年内取消农业税的重大决定。黑龙江和吉林两省率先进行免征农业税试点，其他省份逐步降低农业税税率，取消了除烟叶外的农业特产税。2005年12月29日，十届全国人大常委会第19次会议决定，《中华人民共和国农业税条例》自2006年1月1日起废止，比原定用5年时间取消农业税的时间表整整提前了3年，延续了2 600年的"皇粮国税"，从此彻底退出历史舞台。2006

第三章　新农村建设开创"三农"工作新局面（2002—2006）

年3月，温家宝在十届全国人大四次会议上正式宣布彻底取消农业税，标志着"以农养政"时代的终结，9亿农民因此受益，其具有重大的现实意义和深远的历史意义。

在2006年全面取消农业税之前，国家一直在进行减免农业税的试点工作，并取得了明显的成效。2001—2004年，全国共减免农业税234亿元，免征除烟叶外的农业特产税68亿元，核定农业税灾歉减免160亿元，其中中央财政负担了85亿元，各级农业税征收机关共落实社会减免50亿元、落实种粮大户等其他减免9亿元。2005年，全国进一步减轻农民负担220亿元。2006年全面取消农业税后，农民减负的总额每年超过1 000亿元，人均减负120元左右。在破解"三农"问题、建设社会主义新农村的道路上，我国迈出了重要的一步。

3. 西部大开发战略为欠发达地区农业带来新机遇

中国西部地区是由西南5个省、自治区、直辖市（四川、云南、贵州、西藏、重庆），西北5个省、自治区（陕西、甘肃、青海、新疆、宁夏）和内蒙古、广西，以及湖南的湘西、湖北的恩施两个土家族苗族自治州组成。西部地区疆域辽阔，自然资源丰富，光热条件较好，水能蕴藏总量、矿产资源储量十分可观。西部地区生物资源多种多样，旅游资源得天独厚，与10多个国家接壤，发展边境贸易的前景广阔。历史上穿越西部地区的"丝绸之路"，曾是中国对外交流的第一条通道。西部地区在国家战略布局中具有重要的地位，具有发展农业产业的资源和市场优势，以及与周边展开经济贸易合作的区位优势。但西部地区农业生产和农村经济发展的总体水平，与东部地区存在较大的差距，突出表现在农村基础设施落后，水利设施不足，交通路网单薄，生态环境恶化，产业结构不合理。与东部发达地区相比，西部地区农业生产条件较差，市场化、城镇化程度较低，对外开放水平不高，科技、教育及社会事业发展严重滞后，是经济欠发达、需要加强开发的地区。①

实施西部大开发,是依据"两个大局"的战略构想作出的战略决策。从新中国成立至改革开放前夕,我国总体上实行的是区域经济平衡发展战略。国家把5%以上的基本建设资金投入内地落后地区,进行大规模的开发和建设,试图强行拉平沿海地区与内地间的经济、技术发展差距,实现区域经济的平衡发展。这种战略过分强调区域经济的平衡发展,存在着很大的缺陷。中共十一届三中全会召开后,邓小平在认真总结了国内外经济建设发展的经验后,提出区域经济发展不能搞"齐步走",应让一部分地区先富起来,然后带动和帮助落后地区发展。邓小平的这一思想,后被称为"两个大局"的战略构想。20世纪80年代初期,"两个大局"的战略构想集中体现为"部分先富,共同富裕"的区域发展战略。这一战略思想从本质上廓清了几对重要关系,包括经济发展过程中的效率与公平关系、非均衡增长与协调发展的关系,以及常规性发展与赶超型发展的关系等。按照新的区域发展战略,20世纪后期,中央提出加快发展东部沿海地区,东部沿海地区迅速成长,成为国民经济的增长点。

实施"两个大局"战略,我国总体上取得了令人瞩目的成效,国民经济发展的速度和效率提高,各地相继进入加速工业化和城市化的时期。这一时期的改革以市场为导向,成效远超过改革开放前的30年,出现了由沿海到内地的全方位的对外开放格局,形成了多元化的投资格局和经济结构,出现了多种经济成分共同发展的生动局面。1979—2000年,扣除物价上涨因素,我国经济持续以8%以上的年均增长速度高速发展。② 然而,随着我国经济的快速发展,地区差距也

---

① 陈良正,袁媛,李学林,等:《西部地区农业开发现状及发展方向探讨》,2009年12月16日更新,http://www.doc88.com/p-18264340372.html,2015年5月29日引用。

② 杜胜利:《邓小平"两个大局"思想与西部大开发》,2012年2月19日更新,http://www.docin.com/p-345389234.html,2015年5月29日引用。

第三章　新农村建设开创"三农"工作新局面（2002—2006）

在不断扩大，这种差距不仅体现在经济方面，更体现在居民收入水平和生活水平方面，不利于整个国家经济和社会的全面发展。

20世纪末，面对复杂多变的国际形势和国内区域经济发展的新情况，中央依据"两个大局"的战略构想，进一步提出了一系列解决不同区域发展关系的重要观点和方针政策，作出了实施西部大开发的重大战略性调整。1995年9月，中共十四届五中全会明确提出：解决地区发展差距，坚持区域经济协调发展，是今后改革和发展的一项战略任务。从"九五"开始，要更加重视支持中西部地区经济的发展，逐步加大阻止地区差距继续扩大趋势的力度，积极朝着缩小差距的方向努力。这一指导思想，反映了党中央在社会主义市场经济条件下对区域协调发展问题的新思考，表明西部大开发战略正在充分酝酿。1999年6月17日，江泽民在西安主持召开西北5省区国有企业改革和发展座谈会，发出西部大开发的号召，指出加快中西部地区发展步伐的时机已经成熟，强调要将西部大开发作为一项重大的战略任务，摆在更加突出的位置。会上还指明了西部大开发的指导原则、开发的重点、具体实施步骤、宏伟目标及重大意义。同年9月，中共十五届四中全会正式作出实施西部大开发战略的决定，指出这是一项规模宏大的社会经济系统工程。

实施西部大开发战略，是根据国际国内政治、经济形势新的变化，对区域经济发展战略布局进行的一次重大调整，是为促进西部地区经济发展、社会进步、民族团结、边疆稳定、国家安全而作出的重大举措。在西部大开发战略实施过程中，农业部基于深入调查研究结果，先后制定并印发实施了《关于加快发展西部地区农业和农村经济的意见》《关于贯彻十五届五中全会精神 加快西部地区农业发展的十大措施》《关于加快西部地区特色农业发展的意见》。系列文件的发布具有重要的指导意义，为西部地区农业与农村经济的发展指明了方向。国家还采取倾斜政策，加大项目支持力度，开展了一系列支持帮扶工作，如农业人才培养、农业援疆援藏、促进东西农业产业对接、开展农业国际技术合作等，促进了西部地区农业和农村经济的发展。①

农业是西部大开发的重要基础产业，实施西部大开发的首要任务，是解决西部地区农业基础设施建设滞后的问题。自实施西部大开发战略以来，发展西部农业被放在更加突出的位置，国家从5个方面展开战略部署。一是依据西部地区独特的资源禀赋，推进产业结构调整，建立符合西部实际的现代农业产业体系。通过调整农业产业结构，发展具有区域优势的特色农业，培育了一大批享誉国内外、具有举足轻重地位的特色农产品。通过发展农业产业化，转变西部农业增长方式，促进农业增效、农民增收和农村发展。农业生产的组织化程度提高，国家重点龙头企业、农民专业合作组织及入社农户等的数量增长迅速。二是以生态环境保护为中心，加大草原建设力度，提高农业资源保护能力。通过转变农业发展方式，大力推广农田节水实用技术，走资源节约、环境友好型的现代农业道路。三是针对西部地区农业生产条件存在的突出问题，综合运用各项措施，重点加强土地产出能力和设施装备能力建设。主要加强了农业机械总动力建设和农产品市场体系建设，加强了重大病虫害监测预警防控能力，以及农产品质量安全检验检测体系建设；加快发展农村沼气建设，以改善西部地区的生产生活条件，增强农业综合生产能力。四是加大中央财政对西部地区农业科技的投入，强化科技支撑，加快农业科技创新与成果的转化应用。通过农业科研基础设施建设和科技入户等项目的实施，建设了一批部级重点实验室、野外农业观测台站、农业科研成果转化试验基地；集成推广了一批重大关键技术，如测土配方施肥、保护性耕作、农田旱作节水等，促进了西部农业的发展。五是逐步建立完善了农业社会化服务体系，为西部地区现代农业发展提供了重要的保障。

---

① 中华人民共和国农业部：《西部大开发10周年农业发展计划情况》，2010年1月5日更新，http://finance.people.com.cn/nc/GB/61159/10708331.html，2015年5月20日引用。

西部大开发战略实施以来，西部地区经济发展、社会进步，各项事业取得显著成就，为全国经济发展开辟了新的广阔空间，有力地促进了区域经济的协调发展。生态建设是西部大开发的重点标志性工程，实施西部大开发战略，首先使农牧民从退耕还林工程建设中直接受益，促进了西部地区林业的发展。国家大力支持，加上地方加大配套和政策倾斜，西部地区全面启动重点生态工程建设。国家先后推进了一系列项目工程建设，如退耕还林还草、治理京津风沙源、保护天然林、保持水土等，西部地区退耕还林、荒山荒地造林面积累计超过亿亩。对于严重退化的草原，按政策实行封山禁牧、舍饲圈养、休牧育草、划区轮牧及退牧还草工程建设，并配套推进基本农田建设、农村能源建设、生态移民和易地安置，加快农牧业结构调整，有力保障了生态的长治久安和农民的长远生计。

西部大开发的第二个突出成就，是促进了农业结构的战略性调整。西部各地在开展退耕还林后，大力建设基本农田，开发绿色食品，培育绿色产业，发展特色农业，以种植业为主的农业生产逐步向林果种植业、畜牧业过渡，促进了农业结构的战略性调整。西部大开发还强化了保障西部经济发展的支撑条件，使西部的农业政策、科技、人才、物质装备和基础设施建设等得到强化，西部的农村市场和农业服务体系更加健全，农产品加工业不断壮大。西部地区还有条件地建立了大批生产基地，包括粮食、棉花、油料、畜牧及水产品等，具有"高产、优质、高效、生态、安全"的特征。西部各地还培育和发展了一批特色优势产业，特别是一些有资源、有市场、有效益的产业。农业产业结构的战略性调整，使土地产出率、劳动生产率和资源利用率提高，农业逐步走上科技含量高、经济效益好、资源消耗低、环境污染少的特色农业现代化道路。

4. 实施《国家八七扶贫攻坚计划》

《国家八七扶贫攻坚计划》是根据我国基本国情制定的，是1994—2000年全国扶贫开发工作的纲领，内容涉及让全国8 000万农村贫困人口基本解决温饱的问题。1986年，我国开始在全国范围内开展有计划、有组织、大规模的扶贫开发，到1992年年底，全国农村没有解决温饱的贫困人口已由1978年的2.5亿人减少到8000万人。为了进一步解决农村的贫困问题，缩小东西部地区的差距，实现共同富裕的目标，1994年4月15日，国务院印发了《国家八七扶贫攻坚计划》，决定从1994年到2000年，集中人力、物力和财力，动员社会各界力量，力争用7年左右的时间，基本解决农村8000万贫困人口的温饱问题。[①]《国家八七扶贫攻坚计划》内容丰富且具体，涵盖形势与任务、奋斗目标、方针与途径、资金的管理使用、政策保障等9个方面。

《国家八七扶贫攻坚计划》的扶贫开发方针和基本途径等，都体现着从救济式扶贫向开发式扶贫转变这一主旨，要求坚持开发式扶贫的方针，把贫困地区干部群众自力更生、国家扶持、市场需求导向统一起来。还要求西部各地依靠科技和当地资源优势，发展商品生产，解决温饱问题，进而脱贫致富。文件提出，扶贫开发的基本途径，是重点发展有助于直接解决群众温饱问题的种植业、养殖业，以及相关的加工业和运销业；积极发展资源开发型和劳动密集型的乡镇企业，充分发挥贫困地区的资源优势，大量安排贫困户劳动力就业。《国家八七扶贫攻坚计划》指出，要通过土地有偿租用、转让使用权等方式，加快荒地、荒山、荒坡、荒滩及荒水的开发利用；要有计划、有组织地发展劳务输出，积极引导贫困地区劳动力合理、有序地转移；对极少数生存和发展条件特别困难的村庄和农户，实行开发式移民，帮助贫困地区脱贫。

经过多方面努力，扶贫开发工作取得巨大成效，2000年年底，基本实现了"八七"扶贫攻坚的目标。一是解决了2亿多农村贫困人

[①] 中华人民共和国农业部：《1994年：国务院印发〈国家八七扶贫攻坚计划〉》，2009年9月23日更新，http://www.moa.gov.cn/ztzl/xzgnylsn/gd/200909/t20090923_1356488.htm，2012年12月28日引用。

第三章　新农村建设开创"三农"工作新局面（2002—2006）

口的温饱问题，尚未解决温饱问题的贫困人口数量由1978年的2.5亿人减少到2000年的3 000万人，农村贫困发生率从30.7%下降到3%左右。二是农村的生产生活条件明显改善。1986—2000年的15年间，农村贫困地区修建基本农田9 915万亩，解决了7 725万多人和8 398万多头大牲畜的饮水困难问题。到2000年年底，通电、通路、通邮及通电话的贫困地区行政村的比率分别达到95.5%、89%、69%和67.7%。三是经济发展速度明显加快。"八七"扶贫攻坚计划执行期间，国家重点扶持贫困县的农业增加值增长54%，工业增加值增长99.3%，地方财政收入增加近1倍，粮食产量增长12.3%。农民人均年纯收入从648元增加到1 337元，年均增长12.8%。四是贫困地区各项社会事业发展较快，人口自然增长率有所下降，办学条件得到改善。在592个国家重点扶持的贫困县中，有318个县基本普及了九年义务教育，并基本扫除了青壮年文盲。职业教育和成人教育也发展迅速，有效地提高了劳动者的素质。大多数贫困地区的乡镇卫生院得到改造或重新建设，缺医少药的状况得到缓解。还推广了一大批农业实用技术，农民科学种田的水平明显提高。群众的文化生活亦得到改善，精神面貌发生了很大变化。一些集中连片的贫困地区，特别是沂蒙山区、井冈山区、大别山区和闽西南地区等革命老区，群众的温饱问题已经基本得到解决。甘肃定西、宁夏西海固等偏远山区和少数民族地区，农村面貌大为改观，基础设施和基本生产条件明显改善，贫困状况大为缓解。

面对新农村建设和我国加入世贸组织后难得的历史机遇，扶贫开发工作在实现"八七"扶贫攻坚计划的基本目标后，开始逐步向纵深推进。2001年6月，国务院印发《中国农村扶贫开发纲要（2001—2010年）》（以下简称《纲要》），号召集中力量，尽快解决少数贫困人口的温饱问题，进一步改善贫困地区的基本生产生活条件，巩固温饱成果，提高贫困人口的生活质量和综合素质。要求加强贫困乡村的基础设施建设，改善生态环境，逐步改变贫困地区经济、社会、文化的落后状况,为达到小康水平创造条件。①

按照"集中连片、突出重点、全国统筹、区划完整"的原则,在21世纪初始10年,国家将农村扶贫开发的重点确定为西部少数民族地区、革命老区、边疆地区和特困地区。采取的方式是集中财力、物力和人力,着力解决制约贫困地区重点县发展的资金瓶颈和设施落后等困境。为了促进扶贫开发工作顺利实施,《纲要》提出了9个可行措施和路径建议:一是集中力量帮助贫困群众发展有特色、有市场的种养业项目,确保增产增收。二是积极推进农业产业化经营,帮助贫困地区形成有特色的区域性主导产业。三是加大财政转移支付力度,增加财政扶贫资金和扶贫贷款。四是加强基本农田、基础设施、环境改造和公共服务设施建设,改善贫困地区的基本生产生活条件。五是加强农村基础教育、义务教育和职业教育,提高贫困地区群众的科技文化素质。六是倡导扶贫开发主体多元化,创造良好的政策环境和投资环境,鼓励多种所有制经济组织、社会力量参与扶贫开发。七是继续做好东西部扶贫协作工作,增强帮扶力度,鼓励并引导各种层次、不同形式的民间交流与合作。八是推动扶贫开发领域的国际交流与合作,继续争取国际组织和发达国家向中国提供援助性扶贫项目。九是加强基层民主政治建设、扶贫资金审计监测和扶贫机构的组织管理,推进扶贫开发的规范化建设。

中央政府高度重视、社会各界大力支持、贫困地区群众热切期盼,共同构成保障扶贫开发不断取得新成就的重要条件。就客观环境而言,21世纪初的扶贫开发主要存在以下有利因素:一是经过改革开放以来20多年的努力,我国扶贫开发工作有了一定的基础,贫困人口已基本解决温饱问题,贫困地区的生产生活条件得到较大程度的改善,抵御自然灾害的能力明显增强,积累并创造了许多成功的经

---

① 国务院新闻办公室:《中国的农村扶贫开发》,2001年10月15日更新,http://www.people.com.cn/GB/shizheng/16/20011015/581724.html,2014年11月28日引用。

验,扶贫开发工作基本具备了向较高层次发展的能力。二是国民经济的持续增长,加快了扶贫开发工作的进程。经济增长是解决贫困问题的关键,根据21世纪初国家经济发展计划,5年内中国经济预计年增长7%,这在随后的实践中得到了印证。经济的稳步增长扩大了劳动力需求,增强了国家的综合国力,增强了贫困地区开发建设的投入力度,为贫困地区发展提供了坚实的物质基础。三是经济结构的不断调整,助力贫困地区发展。21世纪初,我国加入世贸组织后,开始致力调整和优化产业结构,一些劳动密集型产业项目,逐步向具有劳动力资源禀赋优势的欠发达地区转移,给中西部贫困地区的开发建设提供了难得的机遇。贫困地区的市场进一步扩大和开放,促进了贫困地区劳动和资源密集型产业的发展。四是西部大开发战略的实施,推动了农村扶贫工作。随着西部大开发战略的逐步实施,一大批基础设施建设工程在西部开工,国家还同步制定了一系列惠及西部发展的政策,对降低西部地区贫困发生率产生了深远的影响。

二、破解农业与农村改革难题

科学发展观的统领作用,对农业经济领域产生了重大影响。系列指导农业与农村改革的中央一号文件,推动了粮食流通和农村教育领域改革。中央尝试在粮食主销区进行粮食购销市场化改革,同时加强了粮食主产区储备粮的管理,为全面放开粮食购销市场和价格,实现粮食购销市场化积累了宝贵的经验。经过10多年的收收放放,2006年粮食价格和市场全面放开,真正走上社会主义市场经济的轨道。同样牵动亿万农民心的,还有农村免费义务教育的阶段性改革。经过改革和探索,"免费义务教育"政策真正回归义务教育的本义。农村义务教育实行全免费,使农民负担减轻、农村辍学率降低,有利于农民素质的提高,有助于为农村培育出更多的优秀人才。

1. 全面放开粮食价格和粮食市场

粮食购销政策的制定,与粮食供求关系的变化密不可分。由于存在经常性的粮食短缺，国家对粮食产品一直实行统购统销政策。改革开放后，粮食供求关系发生了变化，农产品供应由长期短缺转变为总量大体平衡、丰年有余。农产品市场由卖方市场转变为买方市场，出现了阶段性供过于求的局面。市场上的粮食价格持续走低，粮食产量连年回落，农民增收缓慢，挫伤了农民种粮的积极性。粮食统购统销制度的弊端逐步暴露出来：在粮食富余的情况下粮价下跌，造成市场信号失真；财政包袱巨大，国有粮食企业亏损严重。1998 年以来，国家推进以市场为取向的粮食流通体制改革，曾取得了显著成效，但由于粮食补贴以流通环节为主，主要是补贴国有粮食企业，农民只间接地得到了补贴利益，得到的实惠很小。

为了保护农民种粮的积极性，促进粮食生产，保证粮食安全，国家在粮食流通领域启动了重大改革。2003 年 12 月 31 日，中共中央、国务院发出《关于促进农民增加收入若干政策的意见》，明确提出要深化粮食流通体制改革，决定从 2004 年开始，全面放开粮食收购和销售市场，实行购销多渠道经营。还提出要保护种粮农民的利益，建立对农民的直接补贴制度。2004 年 5 月 31 日至 6 月 1 日，国务院召开全国粮食流通体制改革工作会议，对 2004 年全面放开粮食收购市场、进一步深化粮食流通体制改革进行了部署。这项改革不仅事关搞活粮食流通、促进粮食生产、保证粮食安全，而且事关改革发展稳定的大局。这次粮食流通体制改革在全面放开粮食收购市场的同时，全面推行对种粮农民的直接补贴，粮食补贴与流通环节脱钩，补贴转入生产过程，由暗补变为明补，由间接补贴变为直接补贴。全面放开粮食收购市场，对种粮户进行直接补贴，目的是鼓励农民积极发展粮食生产，让农民种粮不赔本、能赚钱。此项政策促进了粮食生产，使粮食播种面积扩大，粮食产量和种粮农民的收入都有增加，改变了粮食主产区农民收入长期徘徊不前的局面。为了推进粮食流通体制改革，国家又进一步细化了有关政策，决定从粮食风险基金中抽取一定的资金，用于主产区种粮农民的直接补贴，并按照公开、公平、公正的原则，将直接补贴落实到每个农户，且张榜公布，接受农民的监督。这次改革更加坚定了中国走市场经济体制道路的决心，对彻底摆脱粮食统购统销具有积极的作用。

为了防止粮价波动影响粮食流通体制改革的进程，国务院决定从2004年新粮上市起，全面放开粮食收购价格。中央明确提出，深化粮食流通体制改革的主要任务，是放开收购市场，直接补贴粮农，转换企业机制，维护市场秩序，加强宏观调控。认为当前和今后一个时期的重要任务，是提高粮食生产能力，确保国家粮食安全。[①] 为了配合这次粮食流通体制改革的需要，中央还对应该做好的重点工作作出了更为具体的部署：放开粮食收购和价格，健全粮食市场体系；建立直接补贴机制，保护种粮农民利益；加快国有粮食购销企业改革，从根本上转换企业经营机制；加强和改善粮食宏观调控，确保国家粮食安全；建立粮食产销区之间长期稳定的产销协作关系。为了使粮食价格维持在一个较合理的水平，中央决定，采取多种经济手段和价格干预等必要的行政手段，加强对粮食市场的调控，保持全国粮食供求总量基本平衡，确保粮食价格基本稳定，如对重点粮食品种在粮食主产区实行最低收购价格等。随着粮食流通体制改革的不断推进，我国粮食生产能力开始持续增长，农民种粮的收入不断提高，对稳定改革发展的大局具有积极意义。

2. 农村义务教育全免费

义务教育是法律规定的基本公共产品，但由于各方面原因，一段时间以来，义务教育被划分为"收费"和"免费"两种。在我国，义务教育曾经采取过免费模式。1956年1月11日，教育部印发了《十二年国民教育事业规划纲要（草案）》，提出7年内在全国基本上

---

① 《全面放开粮食收购市场 积极稳妥推进粮食流通体制改革》，《中国粮食经济》2004年第6期。

普及义务教育。① 1956年9月，中共第八次全国代表大会召开，会议决定将这一目标提高到"普及义务教育"，时间延长为12年。当时，基础教育在农村基本上属于"免费的午餐"。有数据显示，1965年，小学入学率由新中国成立前的不足20%跃升至89%。60年代至70年代末，公社将医疗、教育一包到底，1976年小学适龄儿童的入学比例达95%。1979年以后，义务教育的投入严重不足，再度陷入困境。1985年，小学升学率下降为68.4%，是自1978年以来的历史最低点。② 这种情况引起了国家的高度重视。1986年，《中华人民共和国义务教育法》颁布实施，明确规定实行9年义务教育，不向接受义务教育的学生收取学费、杂费。但由于基础教育长期投入不足，"义务教育"在落实过程中面临许多困难。

我国义务教育投入一直存在问题，致使义务教育长期陷于收费、乱收费的困局。自20世纪90年代开始，全国自上而下都投入经济发展热潮中，义务教育投入比例持续下滑。基础教育工作下放到地方负责，县、乡基层政府成为义务教育经费负担的主体。经济薄弱的县、乡财力，要承担占全国义务教育学生人数2/3以上的农村义务教育投入，自然不堪重负。1992年3月，国家教育委员会颁布了《中华人民共和国义务教育法实施细则》，规定"实施义务教育的学校可收取杂费"。这一规定被地方政府视为救命稻草，越来越多的收费项目被纳入"杂费"，义务教育演变为"收费义务教育"。90年代中后期，全国掀起"教育产业化"风潮，"收费义务教育"演变成教育乱收费。义务教育回归正位的呼声越来越高，政府也越来越意识到在义务教育中的缺位。③ 经过反复讨论修正，2006年6月29日，十届全国人

---

① 李铁映：《中国教育改革发展探索——李铁映论教育》，《中国教育报》2014年3月20日，第7版。
② 安澜：《义务教育均衡发展：一个孩子都不能忘》，《江淮》2007年第1期。
③ 赵志疆：《完全免费才是真正的义务教育》，2013年5月30日更新，http://www.qstheory.cn/zl/bkjx/201305/t20130530_235619.htm，2014年11月12日引用。

第三章 新农村建设开创"三农"工作新局面（2002—2006）

大常委会第 22 次会议表决通过了修订后的《中华人民共和国义务教育法》。修订后，我国义务教育由多渠道筹措经费、依靠人民办教育，向主要依靠政府财政投入办教育转变。义务教育体制由地方负责、以县为主，改为"实行国务院领导，省、自治区、直辖市人民政府统筹规划实施，县级人民政府为主管理"。

法律还提倡对贫困家庭的学生给予住宿津贴、困难补贴并形成制度。同时规定，收费义务教育要逐步向免费义务教育转变，首先从农村、中西部地区做起。国家又在原来免除学费的基础上，再免除杂费，使义务教育成了名副其实的免费教育。国家决定自 2007 年起，对中、东部农村义务教育阶段的学生全部免除学杂费，对家庭困难的学生免费提供教科书，对贫困复读生补助生活费。同时规定，享受城市最低保障政策家庭的义务教育阶段学生，与当地农村义务教育的中小学生同步享受"两免一补"政策；进城务工子女在城市义务教育阶段就读的，与所在城市义务教育的学生享受同等政策。免除学杂费后，农村每个小学生年均减负 140 元，每个初中生年均减负 180 元；如果还享受了免费教科书，小学生可年减负 210 元，初中生可年减负 320 元；补贴了生活费的寄宿生，小学生可年减负 510 元，初中生可年减负 620 元。[①] 这些政策的实施，有效地减轻了农村家庭，特别是贫困家庭的教育负担。

惠民政策得到亿万农民的支持，也激发起各级政府落实这一政策的热情。这是一项关乎 1.5 亿农村学童、涉及 52.5 万所农村学校的庞大工程。各地结合实际情况，创造性地开展了大量工作，及时化解矛盾，破解难题。改革农村义务教育经费保障机制，是义务教育发展史上具有里程碑意义的重大改革。2005 年 11 月，教育部发布《中国全民教育国家报告》，提出争取到 2007 年，全国农村义务教育阶段家

---

① 丰捷：《1.5 亿农村中小学生今年全免学杂费》，《光明日报》2007 年 2 月 28 日，第 3 版。

庭经济困难学生,都能享受到免费教科书和住宿生活补助;力争到2010年,在全国农村地区全部实行免费义务教育;到2015年,在全国普遍实行免费义务教育。"十一五"期间,新制定的各项政策得到落实,农村免费义务教育全面实现。①

3. 颁布系列"一号文件",促进农村改革和发展

扶贫开发政策主要惠及西部贫困地区。为了全面促进农民增产增收,缩小城乡收入差距和经济发展差异,2004—2006年,中央连续发布一号文件,指导、促进农村改革和发展。连续颁布的3个一号文件专讲农业和农村问题,对农民增收、农业生产和农村发展问题作出了系列具体的实施意见。系列中央一号文件也是破解"三农"问题的系列政策措施,实质上已经构成农村综合改革的基本内涵或政策走向。中央一号文件成功遏制了近年来的不利趋势,如农民收入增长缓慢、城乡居民收入差距扩大、粮食生产连年滑坡、粮价暴涨等,起到了促进农民增收和粮食增产的效果。中央一号文件赢得了社会各界尤其是农民的广泛支持,大大缓解了由于分配不公而积蓄的社会压力,缓解了基层政权与农民之间的矛盾和纠纷。中央一号文件关于农业政策的设计,扭转了我国长期以来"牺牲农业为工业"的政策导向,架构起适应经济发展水平的农业政策体系。但3个一号文件的政策措施仍不够具体,文件的基本精神和主要内容过多地偏重于"多予、少取",而对于如何做好"放活"、如何活跃农村经济等问题,政策设计方面还存在缺陷,给实际操作带来了一定的难度。

2007—2011年,中央又连续颁布了5个一号文件,全方位布政中国特色现代农业,不断加大对农业、农村的投入力度和对农民的补贴力度。

2007年1月29日,中共中央、国务院发布一号文件《关于积极

---

① 汪厚旬:《农村中小学免费义务教育之政策及意义》,《经营管理者》2008年第14期。

第三章 新农村建设开创"三农"工作新局面（2002—2006）

发展现代农业 扎实推进社会主义新农村建设的若干意见》，重点突出发展现代农业在新农村建设中的地位，把发展现代农业与建设社会主义新农村紧密联系起来，从 6 个方面诠释了农业现代化的基本内涵。文件指出，要用现代物质条件装备农业，用现代科学技术改造农业，用现代产业体系提升农业，用现代经营形式推进农业，用现代发展理念引领农业，用培养新型农民发展农业，提高农业的水利化、机械化和信息化水平，提高土地产出率、资源利用率和农业劳动生产率，提高农业素质、效益和竞争力。一号文件突出了发展现代农业的重要作用，要求夯实产业基础，凝聚农业生产发展的力量，引领新农村建设朝着正确的方向推进。

2008 年 1 月 30 日，中共中央、国务院发布一号文件《关于切实加强农业基础建设 进一步促进农业发展农民增收的若干意见》，要求以农业基础能力建设为重点。文件从经济社会发展全局和农村发展的迫切需要出发，对"三农"工作作出重大部署，强调要完善和强化强农惠农政策体系，以城乡统筹思路加大"三农"投入力度，形成农业增效、农民增收的良性互动格局，探索建立促进城乡一体化发展的体制机制。文件制定了一系列政策措施，并加以具体部署。[①] 针对农业基础薄弱制约农业和农村城镇化发展等问题，文件认为，扎实推进现代农业和社会主义新农村建设，必须首先夯实农业基础，实现农业稳定发展和农民持续增收。

2008 年，国际金融危机快速扩散和蔓延，农业和农村经济发展遭受明显冲击，保持农业稳定发展和农民持续增收的难度加大。2009 年 2 月 1 日，中共中央、国务院发布《关于 2009 年促进农业稳定发展农民持续增收的若干意见》，提出了 28 条具体意见。这些意见包括进一步增加农业农村投入、较大幅度地增加农业补贴、保持农产品价

---

① 陈叶军：《程国强：新世纪七个一号文件的主题思路梳理》，2010 年 2 月 9 日更新，http：//theory.people.com.cn/GB/148980/10956186.html，2012 年 8 月 9 日引用。

格合理水平、增强农村金融服务能力等，为农业和农村改革指明了方向。

三、全面深化农村土地、林权、牧场经营制度改革

党的十六大召开后，党中央、国务院对"三农"问题的重视上升到了一个新的高度，农村改革进入第二个黄金时期。但农业和农村发展面临的一系列深层次矛盾和体制性障碍，仍没有从根本上得到消除，农地产权制度改革正陷入两难选择的困境，农民对土地的支配力缺失，在征地过程中面临尴尬和不平等性危机。土地征用制度改革最终打开缺口，为农地产权制度改革作出了有益的探索。集体林权和牧场制度改革也在同时进行，成为政府各项工作的重点。农、林、牧民通过改革取得了稳定的承包权，广义的农村和农民都实现了家庭承包经营。党政文件和新闻媒体一度热用的"三农问题"一词，逐渐转变为"三农工作"，最终重归于通常用语"农业与农村工作"。

1. 土地征用制度改革的深化及探索

土地是农业最基本的生产要素，是农民最基本的生活保障。稳定农民对土地的承包权，是稳定农村社会的一项带有根本性的重大措施。从长远发展来看，解决人地矛盾应主要通过发展农村二、三产业，推进小城镇建设，逐步减少农业人口，引导土地使用权在农户之间合理流动，运用市场机制促进生产要素流动。这就意味着长期稳定承包权的道路行不通。这种"两难选择"的困境，最终导致3个方面的问题。

一是集体土地所有权长期处于"主体虚位"的状态，成为现行土地制度架构中最大的困惑。按照《中华人民共和国土地管理法》和《中华人民共和国物权法》的有关规定，农地所有权的主体为"农民集体"，农地所有权的行使主体有3类：集体经济组织、村民委员会和村民小组。从法律的角度来看，农民个体对农村土地不具有直接的支配力，在实际工作中也只是征地政策的被动接受者和旁观者。

第三章　新农村建设开创"三农"工作新局面（2002—2006）

二是集体土地在被征为国有土地的过程中，存在着不平等性。由于农地所有权权能的缺失，农民集体的土地权益经常受到侵害，集体所有的土地往往被强制征用后进行交易。由于低价征用和高价出售过程中形成的收益分配在农地制度中并没有相关的规定，农民因此蒙受了莫大损失，最终产生了"失地农民"问题。

三是土地管制过度与管制失效并存的问题。在高度集中和僵化的土地制度下，政府对土地征用、用途改变、耕地和宅基地转让等，采取了过于集中的管制办法，不利于农村耕地的规模化和专业化发展。但城市化和市场经济对土地有着内在强劲的要求，导致政府长期在如何正确对待"农村集体所有制"的问题上犹豫不决，带来了一系列新矛盾和新问题。

两难选择中交织着的3个方面的问题，导致农村生产要素不断向城市和工商企业"逆向流动"，亿万农民失去自身的"造血功能"，失去自我发展的能力。农民增收遭遇体制性瓶颈，农村土地征用制度改革在酝酿中呼之欲出。2001年下半年，上海市青浦区、江苏省南京市、浙江省温州市、福建省福州市及广东省佛山市等9个市、区，陆续按照《征地制度改革试点总体方案》进行征地制度试点。2002年11月，经过反复研究，中央抽调人马组成专门班子，研究起草关于征地制度改革的政策性文件。2003年3月1日，《中华人民共和国农村土地承包法》（以下简称《土地承包法》）正式施行，明确提出承包地在30年内不得随意调整。《土地承包法》旨在保护农民长期稳定的承包权，严格限制村集体的权力。同年，最高人民法院又以新出台的《土地承包法》等法律为依据，起草了关于审理农村土地承包合同纠纷案件的司法解释。2003年12月31日，最高人民法院将《最高人民法院关于审理涉及农村土地承包纠纷案件适用法律问题的若干规定（征求意见稿）》向社会公布，广泛听取社会各界的意见。司法解释为基层法院提供了受理和判案的司法依据，有利于《土地承包法》的顺利推行，有助于将农民的土地权益落到实处。

《土地承包法》出台后,在基层农村落实的情况并不理想,过去一直存在的系列问题依然十分严重。一些地方仍然强行征用农民的承包地,对欠缴税费或土地抛荒的农户强行收回承包地,甚至违背农民的意愿强迫流转承包地。全国每年发生的农地纠纷案仍有数万件之多,案件类型主要分为4种:第一种是原来农民撂荒的土地,被村集体集中,因农民回来讨还而发生纠纷。第二种更为多见,是集体把农民的承包地集中发包,给第三方搞农业开发,并且与之签订合同,由此引发纠纷。第三种是农地流转过程中引发的纠纷,如土地的互换和转包等。第四种为一些特殊群体的纠纷,包括外嫁女及其子女,上学、服兵役者和劳改、劳教人员等。农地纠纷案件频发,引起高层关注。2004年4月30日,国务院办公厅发出紧急通知,重申了《土地承包法》的基本原则以及处理纠纷的基本精神,要求各地"妥善解决当前土地承包纠纷,切实维护农民的土地权益"。①

2004年8月28日,第二次修订的《中华人民共和国土地管理法》(以下简称《土地管理法》)出台,其中对土地征收过程中的补偿标准,以及国有土地承包经营权或集体所有农地使用权的流转等,作了全面而详细的规定。2012年11月28日,国务院常务会议通过了《中华人民共和国土地管理法修正案(草案)》。法案对农民集体所有土地征收补偿制度重新作了调整和修改,这是对《土地管理法》的第三次修订。《土地管理法》的数次修订和调整,表明农业税取消后,农村土地法律制度面临巨大的冲击与挑战。随着我国改革开放的不断深入,经济发展速度不断加快,城镇化进程不断推进,城市建设用地矛盾日趋紧张,农地制度改革继续在探索中前进。

2. 集体林权和牧场制度改革

集体林权和牧场制度改革,是农牧民家庭承包经营制度改革的重

---

①《国务院办公厅关于妥善解决当前农村土地承包纠纷的紧急通知》(国办发明电〔2004〕21号),《现代农业》2004年第7期。

要内容。集体林权制度改革自新中国成立以来，大体经历了5个阶段。

第一阶段是土地改革时期，实行分山分林到户。1950年6月颁布的《中华人民共和国土地改革法》规定，大森林、大荒地、大荒山和矿山等归国家所有。没收和征收的山林、鱼塘、茶山、桐山、桑田、竹林、果园等可分土地，应按适当比例，折合成普通土地统一分配，实行农民的土地所有制。1951年4月，政务院发布的《关于适当地处理林权 明确管理保护责任的指示》指出：零星分散的山林，由当地人民政府根据实际情况，按土地改革法的规定，分别进行清理和确定林权，由县级人民政府发给林权证明。①

第二个阶段是农业合作化时期，实行山林入社。1953年，全国开始进入有计划的经济建设时期，林业和农业一起走上合作化道路。1956年6月，第一届全国人大三次会议通过的《高级农业生产合作社示范章程》规定：除少量零星的树木仍属社员所有外，幼林和苗圃、大量的成片经济林和用材林，由社员所有转为归合作社集体所有。从互助组到初级社再到高级社阶段，农村林业逐步由分散经营转向集中统一经营。

第三个阶段是人民公社时期，实行山林集体所有、统一经营。1958年8月，中共中央发布《关于在农村建立人民公社问题的决议》，提出实行政社合一的管理体制。1960年11月，中共中央发出《关于农村人民公社当前政策问题的紧急指示信》，提出以生产队为基础的三级所有制，对农村劳力、土地、耕畜、农具实行"四固定"，给生产队使用，并且登记造册。1961年6月，中共中央颁布《关于确定林权、保护山林和发展林业的若干政策规定（试行草案）》，要求开展确定山林权属的工作，提出必须坚持"谁种谁有"的原则。

---

① 国家林业局信息中心：《4月21日：政务院发布〈关于适当处理林权明确管理保护责任的指示〉》，2011年4月21日更新，http://www.forestry.gov.cn/portal/main/s/2429/content-399200.html，2014年11月25日引用。

1966年开始，社员的少量零星树木被全面收归集体所有，山林实行集体统一经营。

第四个阶段是改革开放初期，实行林业"三定"。根据《中共中央 国务院关于保护森林发展林业若干问题的决定》，1981年全国开展了林业"三定"工作，主要内容是稳定山权林权、划定自留山、确定林业生产责任制。1985年1月，中共中央、国务院颁布《关于进一步活跃农村经济的十项政策》，决定取消木材统购，放开木材市场，允许林农和集体的木材自由上市，实行议购议销。1987年6月，中共中央、国务院发出《关于加强南方集体林区森林资源管理 坚决制止乱砍滥伐的指示》，要求"集体所有集中成片的用材林，凡没有分到户的不得再分"，规定"重点产材县，由林业部门统一管理和进山收购"。1992年，中共十四大确立了建立社会主义市场经济体制的目标，多个林业改革试验区开展了一系列涉及林权制度的改革实践，如实行资源林政管理、设置木竹税费、建设林产品流通市场、实行林业股份合作等。系列改革实践起到了做示范、探路子、出经验的作用，但没有形成以林权制度改革为核心的全局性的改革大势。①

第五个阶段是深化改革时期，集体林权制度改革全面推进。2003年6月，中共中央、国务院发出《关于加快林业发展的决定》，提出要深化林业体制改革，增强林业发展活力。福建、江西和辽宁等省率先进行大胆探索，开展集体林权制度改革实践，改革的主要内容是明晰产权、放活经营权、落实处置权、保障收益权，取得了显著成效。农民在改革中得到实惠，同时保护了生态环境。2008年，中央一号文件、中央经济工作会议及中央农村工作会议，分别对集体林权制度改革作出部署，各相关部门积极参与调研和出台政策，推进集体林权制度改革。2008年6月，中共中央、国务院发出《关于全面推进集

---

① 江机生：《集体林权制度改革概述》，2010年10月更新，http://www.docin.com/p-327636691.html，2014年11月25日引用。

体林权制度改革的意见》，要求进一步解放和发展林业生产力，发展现代林业，增加农民收入，建设生态文明。集体林权制度改革自此进入全面推进和深化阶段，林区群众通过改革取得了稳定的承包权。

国有农牧场土地经营制度改革亦同步推行，国家对农垦改革的支持力度也在不断增强。2008年10月，中共十七届三中全会发布《中共中央关于推进农村改革发展若干重大问题的决定》，明确提出要推进国有农场体制改革，发挥国有农场运用先进技术建设现代农业的示范作用。各地根据中央的政策和地区的发展形势，对主要农牧场管理局实行计划单列，赋予必要的职能和权限，给予和其他县市同等的政策待遇。推行农牧场土地经营制度改革，表明国家开始调整思路，稳定承包权、搞活使用权，增强对农牧场的"统"的功能。当时提出，要集中一部分土地搞规模经营，示范和引导现代农业发展；土地使用权要面向市场，竞价发包和合理有序流转，实现农牧场土地规模集约经营。其核心是最大限度地发挥国有土地的价值，使土地资源优势尽快地转变为经济优势。

第四节　深化乡镇政府和农村基层组织改革

后农业税时代，充满希望、催人奋进，是一个落实科学发展观、全面建设小康社会和社会主义新农村的时代，但同时也是一个各种社会矛盾交织的时代。全面取消农业税费，固然是这一时期的重大举措，但也只是建设新农村的第一步。减负之后最为重要的是：如何防止农民负担反弹、促进农民收入增加；如何另辟蹊径，为乡、村两级基层组织寻找新的税源，以提高乡村财力为农村提供公共产品服务的能力。农业的发展具有特殊性，人口增长、耕地面积减少和农产品需求增长是三大不可逆的预期，"三农"发展面临的矛盾存在加剧的危险。中央反贫困战略在全面部署，强农惠农政策体系也在不断完善，农村法制和民主制度建设开始配合经济发展的客观形势，在探索中不断推进。

一、乡镇体制的调整改革

乡镇是我国行政区划的基层建制单位，新中国成立后经历过数次调整。2004年以来，为了配合农村税费改革和农村综合改革，加快推进城乡经济社会一体化进程，中央启动了新一轮乡镇机构改革。此次乡镇机构改革，只是乡镇行政管理体制改革的先导和必要环节，改革本质上是乡镇政府出于财政压力，为适应客观形势而进行的改革。在乡镇机构改革的几方面进程中，撤并乡镇、精简乡镇机构的成效值得肯定。后来的乡镇行政管理体制改革，主要以转变乡镇政府职能为核心。乡镇体制改革的目的很明确，就是努力提升并挖掘农村基层政权组织的能力，尤其是在农村社会管理和公共服务方面的能力。

1. 乡镇机构改革和体制调整

精简乡镇机构是乡镇改革最具成效的举措，直接效果是减少了乡镇及其在职干部的总数，减少了财政支出总额。精简乡镇机构的工作早在1986年就已在全国推行，在之后的10年里，政府主导了大规模的撤乡并镇工作，各地农村陆续撤乡并镇、并村。全国农业普查办公室1996年发布的农业普查数据显示，1986—1996年，全国乡镇数量从71 521个减少为43 112个，行政村的数量也减少了近10万个。①

进入21世纪，精简乡镇机构的工作进一步受到重视，在《中共中央 国务院关于做好2001年农业和农村工作的意见》和《中华人民共和国国民经济和社会发展第十个五年计划纲要》中，均提出适度撤并乡镇。2004年发布的中央一号文件，再次明确要进一步精简乡镇

---

① 全国农业普查办公室：《中国第一次农业普查资料综合提要》，北京：中国统计出版社，1998年，第21页。

第三章　新农村建设开创"三农"工作新局面（2002—2006）

机构和财政供养人员，积极稳妥地调整乡镇建制，有条件的可实行并村，提倡干部交叉任职。① 尽管干部分流导致了一次性巨额支出，但因撤并乡镇节约的长远刚性支出数额却相对更大。国家还实行严格管理，要求编制实名制，切实做到实际设置的机构与按规定审批的机构相一致，使实有人员与核定的编制职数相对应。

精简乡镇机构从根本上杜绝了相对狭小区域的重复建设。一是杜绝了基层政权机构设置的重复，因为通常只要有一级政权组织，就会有4套班子和七站八所等机构，人员、经费等必须配备完全。二是杜绝了公共服务设施建设的重复。学校、医院和市场消耗了大量的乡镇财政资金，许多乡村学校闲置，卫生院病人严重不足。当基于行政划分的公共配套服务设施成为必然建设项目时，这些矛盾便叠加起来。三是撤并乡镇杜绝了发展布局的重复。发展经济是乡镇政府承担的职能之一，创造最优秀的成绩、拿出最出彩的政绩，成为诸多乡镇竞相追逐的终极目标，若干雷同的产业园、大市场、大基地层出不穷，造成巨大浪费。而一些乡镇撤并完成后，政权组织一消失，这些现象也就随之不复存在了。

2. 乡镇政权建设面临的新问题

撤并乡镇只是减少了乡镇的数量，而不是政府体制的根本转变，因此精简后的乡镇机构面临新的管理问题。农业税费免除后，乡镇政府管理面临着四大难题，具体可分解为3个方面：

一是应急处理、服务民生等工作量加大。绝大多数原有集镇政治中心迁移后，居住在该集镇的居民生活受到一定程度的影响，部分民生问题的解决过程变得异常复杂，主要表现在群众办事极不方便，跑腿距离增加，熟识的工作人员离岗，审批盖章程序复杂化。即便有的地方设立了集中办事处，也不能够完全解决问题。基层干部的工作量

---

① 人民出版社编辑部：《中共中央　国务院关于"三农"工作的一号文件汇编（1982—2014）》，北京：人民出版社，2014年，第90页。

大幅增加，一旦发生重大突发事件，很难及时有效地进行处置。

二是政权运转的难度加大。乡镇机构精简后，绝大多数分流人员仍以各种形态存在于现有的工作体系之内。由于条件艰苦且没有编制，乡镇招考公务员远没有中直、省级机关那般火爆。乡镇撤并后产生了债务叠加效应。乡镇撤并的原则一般是经济条件较差的并入较好的，同时原有债务也一并划入新建乡镇，使得新建立的政权机构在运转过程中倍感压力。

三是政府职能转变有待完成。改革乡镇体制的根本目的是建立服务型政府，以减少对具体事务的管理。但机构设立后，整个的行政运转并不能一蹴而就，达到理想状态。另外，政府职能转变是一个渐进的过程，也需要一个相当长的时间。例如，一般的乡镇内设机构经过改革，成为党政办公室、经济发展办公室和社会事务办公室。但在实际工作中，上下对口的机构依然存在，如财政所、计划生育办公室、劳动保障所、民政办公室和安全生产办公室等。乡镇政府仍然肩负经济发展、社会管理、治安防范、就业保障等任务，"大政府"的实质没有改变。

二、农村基层组织建设全面推进

乡镇机构改革后，农村基层组织建设也在同步推进。1987年11月，第六届全国人大常务委员会审议通过了《中华人民共和国村民委员会组织法（试行）》，后经几次修订，逐步明确了村民委员会的性质、基本职能以及产生流程和选举程序。以此法律依据为基础，乡级政权组织开始酝酿新一轮的机构改革。为了理顺农村基层组织与农民的相互关系，村级组织的配套建设被提上日程，成为农村基层组织建设的重中之重。经过两轮组织建设及工作整顿，农村基层组织的结构和功能发生了很大的变化，农村基层组织在适应税费改革的新形势中，实现了组织自身的创新和发展。

1. 强化农村基层党组织建设

农村基层组织建设是个系统工程，经历了较长时间的治理和整

第三章　新农村建设开创"三农"工作新局面（2002—2006）

顿。20世纪90年代上半期，农村基层各种组织的相互关系逐步理顺，开始以党支部为核心展开村级组织配套建设。经过多年的积极探索，农村基层组织建设工作终于在世纪之交获得创新和发展。1990年8月，中央组织部、中央政策研究室、民政部等5部委联合在山东莱西县召开全国村级组织建设工作座谈会，此即著名的莱西会议。① 会议的主题是进一步加强以党支部为核心的村级组织建设，密切党和政府同农民群众的血肉联系，团结和带领广大农民群众深化农村改革，发展农村经济，走共同富裕的社会主义道路。会上总结交流了农村实行家庭联产承包责任制以来党的基层组织建设经验，明确了农村基层党组织的核心领导地位，确立了以党支部为核心的村级组织配套建设工作格局。会议强调，党和政府的统一领导对整个农村基层组织建设工作与活动具有重要意义。会议决定从1990年冬开始，用3年时间，分期分批在农村开展社会主义思想教育活动。莱西会议澄清了当时出现的思想混乱现象，统一了农村基层组织建设的工作目标和指导思想，为后期农村基层组织的全面整顿和创新发展奠定了基础。

在莱西会议确立的工作思想和目标指引下，1994年10月至2000年10月，中央开展了长达6年的村级组织治理整顿工作。首轮整顿工作开始于1994年10月，标志是全国农村基层组织建设工作会议召开，会后中共中央出台了《关于加强农村基层组织建设的通知》。首轮整顿工作的目标，是坚决改变党支部的软弱涣散和瘫痪状态。中央提出农村基层组织建设要实现"五个好"的目标，即"一个好书记带领的好领导班子，一支好的队伍，一条发展经济、脱贫致富的好路子，一个集统一经营和承包经营优越性于一体的好的经营体制，一套体现民主、有效运转的管理制度"。② 为了做好这项工作，中共中央

---

① 高相辉，王政堂：《"莱西会议"精神对新形势下农村基层组织建设的启示》，《中共青岛市委党校青岛行政学院学报》2011年第1期。
② 黎明：《中共中央发出〈关于加强农村基层组织建设的通知〉》，《党的建设》1995年第1期。

组织部专门下发《关于进一步整顿农村软弱涣散和瘫痪状态党支部的意见》,就3年内分期分批完成整顿任务提出具体要求。

1997年9月,中共十五大召开,提出了现代化建设以及党的建设的目标要求。会上对继续推进农村基层组织建设工作进行了全面部署,由此开始了第二轮农村基层组织集中整顿和建设工作。此次工作的重点目标是创建"五个好"村党支部,抓好乡镇党委建设。中央对乡镇党委建设提出"六个好"的要求,包括:选配一个坚决贯彻党的路线方针政策、公正廉洁、团结合作、战斗力强的好班子,首先要有一个党性强、作风正、能力强的乡镇党委书记;建设一支精干高效、素质优良、群众拥护的好的乡镇干部队伍;选准一条符合本地实际的发展经济、共同致富的好路子;建立一套行之有效的工作、管理和监督的好制度;保持一种密切联系群众、艰苦奋斗、实事求是的好作风;形成一个坚持"两手抓、两手硬",促进物质文明和精神文明协调发展的好的工作格局。

经过两轮治理整顿工作,农村基层组织建设工作得到加强。1998年10月,中共十五届三中全会召开,会上系统总结了农村改革20年来农村基层组织建设取得的成就和基本经验,通过了《中共中央关于农业和农村工作若干重大问题的决定》,对农村基层组织建设的目标和任务提出了新要求。①

会议强调,要建设有中国特色的社会主义新农村,关键在于加强和改善党的领导,充分发挥乡镇党委和村党支部的领导核心作用,建设一支高素质的农村基层干部队伍。1999年2月,中央颁布《中国共产党农村基层组织工作条例》;3月,中央办公厅转发《中共中央组织部关于加强农村基层干部队伍建设的意见》。按照系列文件要求,有关部门每年召开专门会议,研究和部署农村基层组织建设工作,农

---

① 中共中央党史研究室:《中国共产党大事记·1998年》,http://cpc.people.com.cn/GB/64162/64164/4416170.html,2012年11月15日引用。

村基层组织建设由此进入新的阶段。为了深入贯彻落实"三个代表"重要思想,加强和改进党对农村工作的领导,切实解决农村存在的突出问题,2000年11月,中央批准下发《中共中央办公厅关于在农村开展"三个代表"重要思想学习教育活动的意见》,决定用两年左右的时间,在全国县(市)部门、乡镇、村领导班子和基层干部中,有计划、有步骤地开展"三个代表"重要思想学习教育活动。自此开始到2002年6月,全国农村开展了轰轰烈烈的学习教育活动。教育活动以"干部受教育、群众得实惠"为目标,主要学习"三个代表"重要思想。这次学习教育活动影响面广、持续时间长、涉及人数较多,取得了实践效果和制度成果。在教育学习过程中,中央提出要用新方法、新办法和新途径提高农村基层组织建设工作,极大地巩固了党在农村的思想基础。①

2. 完善党领导的村民自治

农村基层组织建设的另一核心内容是推进村民自治。村民自治,是指广大农民群众直接行使民主权利,依法办理自己的事情,实行自我管理、自我教育、自我服务的一项基本社会政治制度。村民自治的核心内容是民主选举、民主决策、民主管理、民主监督。改革开放以来,农村基层民主制度建设大致可分为4个发展阶段。

第一个阶段是探索建立村民自治组织阶段。这个阶段大体上开始于1978年12月,止于1981年年底。农业生产责任制初步建立后,国家对农村政策不断进行充实和完善,始终强调一切从实际出发,尊重农民群众的民主选择。绝大多数农民群众在实践中选择了以家庭联产承包为主的责任制,中央给予充分肯定。1981年年底,绝大多数农村的基本核算单位实行了以家庭联产承包为主的生产责任制,原来以生产队为基本核算单位的制度瓦解,生产经营职能主要转向农户,管理职能逐步归并到原生产大队。由于"三级所有、队为基础"的体

---

① 张严:《农村基层党建取得明显成效》,《人民日报》2001年6月19日,第4版。

制被打破，长期沿用的管理方式已不再适应农村经济发展，有的地方开始探索建立新的农村基层民主制度运行体制，让群众更多地参与村务管理。1980年年底，广西河池地区的宜山、罗城两县一些农村由于社会管理的实际需要，农民自发组建了一种全新的组织——村民委员会，以取代生产大队组织。① 此时的村民委员会尚属萌芽阶段，初始功能是协助政府维持社会治安。后来，村民委员会的职能逐渐扩大，村民开始自我管理农村基层的社会、政治、经济生活等诸多事务，村民委员会的性质逐步向群众自治组织转变。其他农村地区也陆续出现了村民委员会式的组织，成为村民自治性的组织基础。

第二个阶段是法律扶持和新体制构建阶段，大体上开始于1982年，止于1986年。这一阶段，农村普遍实行以家庭联产承包为主的责任制，实行政社分设，逐步构建起新的农村基层民主制度运行框架。1982年12月，第五届全国人大第五次会议通过了新的《中华人民共和国宪法》，明确规定村民委员会是基层群众性自治组织。1983年10月，中共中央、国务院发出《关于实行政社分开建立乡政府的通知》，决定政社分开，建立乡政府作为基层政权②，提出"村民委员会是基层群众性自治组织，应按村民居住状况设立"，为村民委员会的建立铺平了道路。政社分设，建立乡政府和村民委员会，进入普遍的具体的实施阶段。1985年，全国基本完成了建立村民委员会的工作。1986年9月，中共中央、国务院发出《关于加强农村基层政权建设工作的通知》，强调加强农村基层政权建设，同时对如何搞好村民委员会建设作了较详细的规定。1982—1986年，中央连续发布了5个"一号文件"，对农村基层民主制度建设提出一系列指导性意见。至1984年年底，全国各地基本完成了政社分开建立乡镇政府和村民委员会的工作，工作重点开始转向村级组织体制和民主制度建设。

---

① 宋艳：《我国农村村民自治制度完善研究》，《理论导报》2010年第3期。
② 《中华人民共和国简史》编定组：《中华人民共和国简史》，北京：人民出版社，当代中国出版社，2021年，第164页。

第三章 新农村建设开创"三农"工作新局面（2002—2006）

1987年11月，第六届全国人大常委会第23次会议通过了《中华人民共和国村民委员会组织法（试行）》（以下简称《村民委员会组织法（试行）》），标志着农村基层民主建设进入制度化、法制化阶段，开始在全国范围内全面推进。《村民委员会组织法（试行）》依据《宪法》第111条规定，比较具体且全面地规定了村民委员会的性质、地位、职责、产生方式、组织机构和工作方式，以及村民会议的权力和组织形式等。① 村民自治作为一项新型的群众自治制度和直接的民主制度，在法律上正式确立并基本定型。《村民委员会组织法（试行）》的制定和颁布，遵循农村基础性权利结构变化的现实，具有开创性的历史意义，有利于发展基层民主，把村民自治实践纳入法制轨道。1994年10月，中共中央发出《关于加强农村基层组织建设的通知》，明确指出要依法建制、以制治村、民主管理，并作出一系列详细而具体的规定，规范村民选举制度、村民议事制度、村务公开制度和村规民约制度。四项具体制度的提出，表明农村基层民主制度的基本框架已初步形成。

1997年9月，中共十五大召开，标志着农村基层民主制度建设进入了新的发展阶段。十五大报告第一次明确提出，要建设社会主义法治国家，强调要扩大基层民主、完善民主选举和村务公开制度。1998年9月，江泽民在安徽考察农业和农村工作时进一步强调，要从民主选举、决策、管理和监督等方面入手，依法健全村民委员会的直接选举、村民议事和村务公开三大制度。1998年10月，中共十五届三中全会通过了《中共中央关于农业和农村工作若干重大问题的决定》。文件对全面推进村民自治提出了明确要求，强调要建立健全民主选举、民主议事和民主监督制度，明确了村民自治在农村跨世纪发展中的新目标和新任务。1998年11月4日，《中华人民共和国村民委员会

---

① 邵立民：《完善农村村民自治制度 构建社会主义和谐社会》，2005年中国农业经济学会年会论文，《中国会议》2005年12月。

组织法》公布并施行,充分体现了中共十五大和十五届三中全会的相关精神,符合人民获得并行使当家做主权利的愿望,对促进农村的改革、发展和稳定,推动农村社会主义民主法制建设,加快社会主义新农村建设进程具有重要的历史意义。

3. 农村三大组织关系

实行家庭联产承包责任制后,在变化的经济环境下,农村基层民主制度建设面临挑战,突出表现在理论认识和实际工作中,难以处理村民委员会与村党支部、乡镇政权和村级集体经济组织之间的关系。村民委员会、村党支部、村级集体经济组织发挥着不同的作用,都是实现农村经济发展、社会进步不可缺少的组织资源。进入21世纪以来,农村基层民主制度建设的核心内容,是理顺三者之间的相互关系。基本目标是使农村基层组织更加健全、管理更加科学、职能更加明确、更加富有效率。随着法律制度的完善,农村基层民主制度建设取得了很大进展。

一是村民委员会与村党支部的关系在协调中发展。村党支部是党在农村的基层组织,接受上级党委的领导。现行政治体制决定了无论是村民委员会还是集体经济组织,都要在村党支部的统一领导下开展工作。村民依法自治范围内的事项,如村民委员会选举、公共事务、公益事业和财务收支等,都要接受乡镇政府指导。理论和制度上的规定表明,村民委员会和村党支部的地位、关系是明确而协调的。村党支部的领导核心地位,主要体现在政治领导、思想领导和重大问题决策上的领导。但在具体的实践操作中,没有对村民委员会和村党支部的权限范围作出明确的限定。如何理顺两者的关系,成为21世纪初农村基层民主制度建设面临的现实课题。为了有效协调好村民委员会与村党支部的关系,使党组织和村民自治组织发挥各自应有的功能,各地区进行了努力探索。一方面,从制度上合理划分村党支部和村民委员会的职权范围,使两者实现不同层次上的协调和统一;另一方面,通过加强村党支部的自身建设,增强农村基层党组织的动员力和凝聚力。一些经济发达的农村，创新性地实行村党支部书记与村民委员会主任由一人共担，实践效果很好，有助于稳固农村基层党组织的权威基础，对农村基层的政治体制改革产生了深远的影响。

二是村民委员会与乡镇政府的关系也在逐步规范。按照《村民委员会组织法》的规定，乡镇政府与村民委员会之间应当是指导与协助的关系。但从实际情况看，乡镇政府与村民委员会却成了领导与被领导的关系。许多村民委员会干部习惯于行政命令的工作方式，"行政化"倾向突出，在一些中西部贫困地区，村民委员会甚至变成了由乡镇政府直接任免管理的"准政权"组织。随着村民自治制度的发展和日益完善，迫切需要处理好完成乡镇政府布置的任务与实行村民自治的关系。乡镇政府是农村基层政权组织，有权按照法律规定对本行政区域的各个单位实施行政管理，布置有关的任务。村民委员会也有义务接受乡镇政府的行政管理，协助乡镇政府开展工作，完成各项任务。国家提出规范两者关系的必要手段，是通过宣传、鼓励、示范和提供各种经验等形式，引导村民委员会与乡镇政府正确行使职权。

三是村民委员会与村级集体经济组织的关系得到了进一步明确。《村民委员会组织法》明确规定，村民委员会应当尊重集体经济组织依法独立进行经济活动的自主权，维护以家庭承包经营为基础、统分结合的双层经营体制，保障集体经济组织和村民、承包经营户、联户或者合伙的合法的财产权和其他合法的权利和利益。从《村民委员会组织法》的规定来看，村民委员会与集体经济组织的关系是清晰的。然而由于种种原因，有的地方尚未建立集体经济组织，由村民委员会代行集体经济组织的职能；有的地方名义上建立了集体经济组织，实际上却与村民委员会是同班人马；还有的地方虽然建立了集体经济组织，但由于制度不健全，没有发挥应有的作用。"村企合一"的做法在一定时期内是必要的，但如果让村民委员会陷入大量的日常经济事务中，势必会丧失其民主管理和民主选举等其他功能。村民自治组织毕竟不是经济组织，不便从事经营活动，村里的经营活动理应由集体经济组织依法独立地进行。多年来,从中央到地方都在探索一条可行的路径,以理顺村民委员会与村级集体经济组织的关系。至今仍在推行且比较有效的方式是鼓励并发展各种类型的集体经济组织,依靠这些经济法人在生产服务、协调管理、资产积累和资源开发等方面的优势,组织分散经营的单个农户,共同应对难以规避的市场风险,使农产品生产与市场需求实现对接,以提升农业产业化水平,促进农民增产增收,使村民委员会与村级集体经济组织的关系得到新的发展。

三、农村基础教育管理体制改革

21世纪初,国家逐步明确了地方政府领导和发展基础教育的责任,农村普及义务教育的进程加快,农村职业技术教育获得发展,教育与经济、社会发展脱节的状况正在改变。然而,教育与现代化建设相脱离的现象并未得到根本扭转,许多地方仍将教育改革简单地看作是解决办学经费的措施。由于管理基础教育的职责和权限划分得不合理,筹措办学经费的渠道不畅通,农村教育事业费附加的征收难落实等,农村基础教育管理体制改革受到制约。随着我国经济体制、财政体制和农村政权建设发生深刻变化,国家开始对农村基础教育管理体制进行改革,以加快农村教育事业发展,提高教育对地区社会主义现代化建设事业的服务效能。

1. 多渠道改善农村基础教育发展环境

改善农村基础教育发展环境,是基础教育管理体制改革的重要内容,主要从3个方面展开。

一是更新教育观念,完善教育体制。国家提倡转变传统的教育观念,使农村基础教育更好地为农村经济建设服务。长期以来,农村基础教育的可持续发展缺乏长效机制,教育目标单一且偏颇,甚至脱离了农村实际。重职教轻普教、重升学轻就业、重分数轻素质、重知识轻技能的现象十分严重。农村教育与农业联系不紧密,培养的教育人才多向城市输送,为城市经济建设服务。随着农村改革的不断深入,

第三章 新农村建设开创"三农"工作新局面（2002—2006）

农村强烈渴望发展生产，渴望科技致富，更渴望人才。国家逐渐认识到，需要从教育与市场经济发展以及农村经济建设的关系出发，确立全新的教育观念和教育体系。国家更新了"农村教育县域管理"的观念，更加强调在"分级办学、分级管理"的原则下，强化县级作为办学和管理主体的职能。同时强调以县为主体，正确处理县、乡两级政府办学和管理的职责与权限，完善基础教育管理体制。传统的学校评价机制逐步改革，不再单纯地以升学率来衡量一所学校的办学水平，更加注重全体学生素质的全面提高，并制定了新的教育评价制度和评价方法，评价内容更加注重对于德、智、体、美、劳的全面考核和综合评定，评价方法也更加强调知识考查与能力考查结合、口试与笔试结合、分数与等级加评语相结合等。教育评价的方式、方法和内容都发生了变化，教育观念在更大程度上得以更新。

二是努力拓宽教育经费的投入渠道，推进农村基础教育改革进程。长期以来，农村基础教育投入的来源主要有3个，分别是财政拨款、教育费附加和教育集资。其中，国家教育费附加和教育集资，成为农村基础教育经费的主要来源。税费改革后，国家取消了教育费附加和教育集资，农村教育经费削减，难以支撑大部分县乡对农村基础教育的正常投入。为了改善这种局面，国家开始加大财政投入农村基础教育的力度，积极鼓励和动员社会力量捐资、集资支持农村基础教育，不断强化农村教育经费的监督和保障机制，促进农村教育经费财务公开制度发展。国家在确保农村义务教育经费投入的同时，还增加了对农村职业教育、成人教育的经费投入，推动农村基础教育健康发展。

三是积极推进"保学控流"工作，逐步端正教育思想和办学方向。这一时期，"百年大计，教育为本"的思想更加明确，国家强调基础教育的战略地位，在筹措和分配教育经费时，也优先保证农村基础教育，农村的办学条件明显改善。国家还对农村贫困地区采取了更加特殊的教育优惠政策，如特殊的招生政策等。贫困地区的教育部门和各级各类学校，获得了更多的机会来扩大交流、引进和接受先进的管理教学经验，教育质量不断提高，缩短了与先进地区的差距。国家还开展了一系列《义务教育法》的宣传活动，积极鼓励志愿者支援落后地区乡镇中小学教育。系列举措调动了农村群众送子女入学和学生求学的积极性，相对落后的农村教育状况得到了明显的改善。

2. 多项扶持政策提高农村义务教育普及率

特定历史条件下形成的农村义务教育管理体制，在普及农村义务教育过程中，曾发挥过积极的作用。"地方负责、分级管理"的体制，不仅可以调动地方政府和人民群众办学的积极性，迅速改变农村义务教育落后的面貌，还可促进"两基"目标①的实现。但在实际工作中，基础教育管理层级不断下放，乡镇一级政府承担了发展义务教育的主要责任，在农村义务教育规模不断扩大的情况下，财力极度匮乏的乡镇政府难以完全承担起发展当地义务教育的责任，特别是难以完成巩固和提高"两基"目标的任务。教育工作面临巨大难题，即如何完善农村义务教育管理体制，促进农村义务教育发展；迫切需要从根本上解决贫困地区教育存在的突出问题，如要支付拖欠的中小学教师工资、改造教学危房、增加办公经费、减轻农民教育负担等。2001年5月，国务院印发《关于基础教育改革与发展的决定》，明确提出要进一步完善农村义务教育管理体制，实行"在国务院领导下，由地方政府负责、分级管理、以县为主"的体制。②

这次调整改变了农村义务教育"以乡为主"的原有管理体制，各级政府在农村义务教育上的管理权限发生了变化。这是农村地区教育实践不断发展的结果，是新时期进一步保证实现"两基"目标的向导。然而，农村的义务教育仍然面临两大主要难题——校舍建设滞后和失学率过高。2003年8月，国家发展和改革委员会、教育部、财政

---

① "两基"目标是指基本实施九年义务教育和基本扫除青壮年文盲。
② 李静波，张婕：《"以县为主"变革中求进——对全国254位地（市）县教育局局长的调查》，《中国教育报》2004年11月22日，第3版。

第三章 新农村建设开创"三农"工作新局面（2002—2006）

部联合发布《关于农村中小学危房改造工程的实施方案》，决定从2003—2005年，每年安排20亿元的专项资金，支持中西部贫困地区改造农村中小学危房。① 各省、市、区相继恢复和建立了义务教育阶段贫困学生的助学金制度，以切实保障农村家庭经济困难学生接受义务教育的权利，缓解因家庭贫困致使大量农村中小学生中途辍学的局面。2003年9月，国务院召开第一次全国农村教育工作会议，发布了《关于进一步加强农村教育工作的决定》，提出"到2007年，争取全国农村义务教育阶段家庭经济困难学生都能享受到'两免一补'（免杂费、免书本费，补助寄宿生生活费），努力做到不让学生因家庭经济困难而失学"；要求"到2007年，西部地区普及九年义务教育人口覆盖率要达到85%以上，青壮年文盲率降到5%以下"。

农村义务教育管理体制改革，为减轻农民负担、保障政府教育投入等，作出了许多有益的探索和尝试。各种形式的非政府组织也在农村教育事业中作出了积极贡献，努力破解欠发达地区农村教育发展滞后的难题。

3. 发展职业技术教育，改革中等教育

20世纪80年代，中等职业学校迎来发展的黄金时期，成为农村优秀学子跳出农门的首选。考入职业学校的学生拥有令人羡慕的干部身份，由国家安置工作。就业优势拉动职业学校快速发展，职业学校的生源也获得了保障。进入90年代，形势急转而下，传统的计划经济体制开始向市场经济体制转轨，各种行政支持很快消失，学生的干部身份日渐式微，就业成为难题。职业学校的境况跌入低谷，发展举步维艰。

1996年5月，为了实施科教兴国战略，发展职业教育，提高劳动者素质，促进社会主义现代化建设，国家颁布了《中华人民共和国职

---

① 陶红：《解读我国政府农村义务教育经费保障新机制》，《教学与管理》2006年第22期。

业教育法》，明确指出"职业教育是国家教育事业的重要组成部分，是促进经济、社会发展和劳动就业的重要途径"。各级政府认真落实法律规定，不断加大财政投入，加强和健全职业教育保障机制。由于全社会普遍存在重学历的倾向，职业学校的办学条件、师资力量配备普遍低于普通学校，职业学校毕业生就业质量不高，待遇偏低，在择业、升学等方面存在诸多政策限制。2002年8月，国务院发布《关于大力推进职业教育改革与发展的决定》，明确了"十五"期间职业教育改革与发展的目标、任务和工作思路，对职业教育改革与发展中亟待解决的关键问题，提出了具体的政策措施。2005年10月，国务院发布《关于大力发展职业教育的决定》。

2005年11月，为探索新型职业教育发展模式，国务院召开全国职业教育工作会议，部署贯彻《国务院关于大力发展职业教育的决定》。会上温家宝作了题为《大力发展中国特色的职业教育》的报告，提出"十一五"期间，中央财政计划对职业教育投入100亿元，重点用于支持职业教育实训基地建设，充实教学设备，资助贫困家庭学生接受职业教育。各地开始着力调整教育结构，加大公共财政对职业教育的投入。2007年，国家又出台新政策，资助中等职业学校开展学生教育和培训。各地纷纷出台政策呼应，提出农村户籍的学生、县镇非农户口的学生，以及城市家庭经济困难学生，每生每年可获得1 500元助学金。[①] 免费的职业教育政策，类似于义务教育的全免政策，受到各界的关注。近几年，农村职业教育不断发展，各地都在积极探索新模式，寻求职业教育服务于现代农业的可行路径。

---

① 张文：《扩大中职教育免学费政策实施范围 完善国家助学金制度》，《西安日报》2013年3月21日，第1版。

第四章　贯彻科学发展观　加快城乡统筹改革进程(2007—2011)

　　城市带动乡村,是世界经济发展和社会进步的共同规律。许多发达国家和地区都经历过城乡发展差距变小的阶段,大量农村劳动力转移到第二、第三产业,大量农村居民变为城市居民。我国经过30多年的改革与发展,城市先行发展的优势越来越明显,发展能量越来越大,城市有能力也有义务加大对农村的带动力度,并且能够在此过程中与农村发展实现"双赢"。党的十六大以来,中央关于城乡统筹发展的战略思路愈加成熟,明确了城市和农村要一体化发展。在城乡统筹新思维指导下,改革的重点逐步明确,即要打破历史和制度设计形成的城乡二元结构,立足城市发展,着眼农村建设,最终实现城乡差距最小化,实现城市和农村共同富裕文明。城乡统筹发展的新阶段已然到来,农村社会保障制度紧跟改革的步伐,进入全面建设时期。合作医疗制度几经风霜,此时不断革新,在原有制度框架内创造性地建立了新型农村合作医疗制度。应改革和时代的要求,农村探索并建立了三级卫生服务网。传统的农村五保供养制度,也进入规范化和法制化改革阶段。农村最低生活保障制度获得突破性发展,实现了全面普及。农村养老保险和农民工社会保险制度在探索中不断发展,促进了农村公共服务体系的建设。其中有两方面工作成效特别突出:一是改进农村公共服务运行机制,从供给内容、供给主体和供给资金来源着手,加大了农村公共产品的投资和建设。二是大力推进了农业转移人口市民化进程，引导农村劳动力要素合理有序流动，努力实现劳动力要素市场城乡一体化均衡发展。与此同时，农业生态文明建设取得突破，农村土地、资本和劳动力三大生产要素的资源配置方式日趋合理。

这一时期，国家继续实施惠农亲民政策，包括强化农业基础，改革农村义务教育，构建农村医疗卫生体系，以及促进农民工就业创业等。系列政策较以往具有更强的可操作性，实践效果更加明显，农业和农村经济持续保持良好发展态势，全国粮食产量稳定增长，不断创新历史记录。全面建设小康社会取得巨大成就，人民群众对新农村、新农业、新农民和新生活满怀期待，中国特色农业现代化愿景目标渐行渐近。

第一节　城乡统筹发展战略

21世纪初，我国经济社会发展进入加速转型阶段，城乡差距、工农差距扩大，农业增效难、农民增收难、农村社会进步慢的问题日益凸显，从经济社会发展全局角度解决农业与农村发展问题已经迫在眉睫。正是在这样的历史背景下，中共十六大提出："统筹城乡经济社会发展，建设现代农业，发展农村经济，增加农民收入，是全面建设小康社会的重大任务。"这是党中央首次提出统筹城乡经济社会发展战略，开启了中国经济社会发展的新纪元。此后，党的一系列理论创新和实践都按照这个战略的要求，突破了就农业论农业、就农村论农村、就农民论农民的思想束缚，城乡"二元"结构开始出现松动。城市与农村相互促进、农业与工业联动、经济与社会协调发展的格局开始形成，公共财政覆盖农村的范围不断扩大，城乡教育、医疗卫生、文化、社会保障制度衔接统一，工农关系协调发展逐步深入，城乡发展一体化渐次推进。

第四章 贯彻科学发展观 加快城乡统筹改革进程（2007—2011）

一、城乡统筹发展的战略思想

中共十六大提出统筹城乡经济社会发展，是关于城市和乡村实现良性互动发展的战略思考。城乡兼顾并举的思想渊源，最早可追溯至马克思主义的城乡发展理论。新中国历代领导集体关于城乡统筹发展的理论，代表着不同阶段的社会主义发展理论，是对马克思主义发展观的继承和发展。新时期的科学发展观，继承和发展了新中国历代领导人的发展观，特别是城乡协调发展和统筹兼顾的思想，提出要把解决好"三农"问题放在优先位置，打破城乡界线，优化资源配置；要求把农村经济与社会发展纳入国民经济与社会发展整体规划中通盘考虑，最终实现城乡经济社会一体化发展。统筹城乡发展是科学发展观"五个统筹"中的内容之一，是城乡物质文明、政治文明、精神文明和生态环境建设的全方位统筹。

1. 城乡统筹发展思路的形成

当代中国城乡关系理论，源于马克思主义城乡发展理论，其理论基础主要有3个要点：一是生产力发展到一定阶段，会加速城乡对立，最终导致城乡分离的结果。二是随着生产力的继续发展，城乡分离会逐渐消除并最终走向融合。三是城乡实现融合有其重要的特征，包括均衡城乡利益，去除阶级对立，均等化城乡教育和就业资源等，而废除私有制是这一切结果的前提和基础。认为消灭城乡分离是社会和谐统一的前提，需要一定的物质条件作为支撑，是一个超越意识形态的漫长的历史过程。列宁继承和发展了马克思与恩格斯的城乡发展理论，肯定了城市在社会发展中的中心地位和作用，认为消灭城乡对立和分离，是实现城乡资源共享、农村社会进步的客观需求和根本任务。列宁认为，农村居民流入城市，生活条件与非农业人口更加接近，是改变农村居民孤立无援状态，消灭城乡对立分离的最佳路径。

毛泽东在马克思主义城乡发展理论的基础上，结合中国当时的社会背景，提出了"城乡兼顾，均衡发展"的思想。这一思想可细化为三大方面的内容：一是城市支援农村，城乡协同发展。1949年3月，毛泽东在中共七届二中全会上指出，党的工作重心由农村移到了城市；城乡必须兼顾，必须使城市工作和乡村工作，使工人和农民，使工业和农业，紧密地联系起来。毛泽东特别强调城乡经济要实现互帮互助，并规划设计了城乡经济发展的理想模式，明确提出乡村的发展方向，是在不改变农村基本特征的前提下，逐步具备城市的某些特征。还建议工业生产和农业生产同时在农村地区进行，实现农产品就地消费，为城市工业提供更好的原材料。在土地改革后，国家开始大力调整城市工商业，鼓励知识青年到农村支援经济建设，城乡间的信息和技术交流更加频繁。二是在优先发展重工业的同时，决不可以忽视生活资料尤其是粮食的生产。毛泽东认为，农业是国家安定、工业发展的基础，工业则是国家富强、军事国防的保障。三是兼顾城乡发展的同时，要关注农民问题，特别是农民的素质问题。毛泽东认为，一方面，要注重农民问题，维护农民的权益，并且从保护农民土地、减轻农民负担等方面不断探索可行的方法；另一方面，应通过发展农村文化教育和卫生事业，提高农民的素质，以缩小城乡发展差距。

改革开放以后，社会各界对城乡关系的认识更加深刻。20世纪90年代中后期，城乡居民收入差距不断扩大，农村社会事业发展滞后，农民增收和减负问题日趋严峻，影响了整个经济社会的发展。2002年11月，中共十六大提出"统筹城乡经济社会发展"的战略构想。2003年11月，中央经济工作会议进一步强调，要把解决好"三农"问题作为全党工作的重中之重。2004年1月，中共中央、国务院发布《关于促进农民增加收入若干政策的意见》，该文件是改革开放以来关于"三农"的第6个中央"一号文件"，也是21世纪首个关于"三农"的一号文件。文件强调，要按照统筹城乡经济社会发展的要求，尽快扭转城乡居民收入差距不断扩大的趋势。提出要坚持

第四章　贯彻科学发展观　加快城乡统筹改革进程（2007—2011）

"多予、少取、放活"的方针，调整农业结构，扩大农民就业，加快科技进步，深化农村改革，增加农业投入，强化对农业的支持保护，力争实现农民收入较快增长。① 2005年1月，中共中央、国务院下发《关于进一步加强农村工作 提高农业综合生产能力若干政策的意见》，进一步强调要坚持统筹城乡发展的方略以及"多予、少取、放活"的方针。文件指出，应完善和强化各项支农政策，切实加强农业综合生产能力建设，继续调整农业和农村经济结构，进一步深化农村改革，努力实现粮食增产增收、农民持续增收，促进农村经济社会全面发展。2006年2月，中共中央、国务院发布《关于推进社会主义新农村建设的若干意见》，部署了"统筹城乡经济社会发展，扎实推进社会主义新农村建设"的中长期任务。2007年1月，中共中央、国务院下发《关于积极发展现代农业 扎实推进社会主义新农村建设的若干意见》，进一步强调要把解决好"三农"问题作为全党工作的重中之重，统筹城乡经济社会发展，实行"工业反哺农业，城市支持农村"和"多予、少取、放活"的方针，切实加大农业投入，积极推进现代农业建设，强化农村公共服务，深化农村综合改革。

2007年10月，中共十七大报告深刻阐述了科学发展观的内涵，还把"三农"纳入全面建设小康社会的大局，作为全党工作的重中之重。报告站在理论角度，进一步提升了"三农"在新农村建设中的高度，同时更加深刻地认识了建设社会主义新农村的重要性和长期性。报告用新的表述和新的举措，解析新农村建设的路径定位，明确未来的路径选择是突出中国特色。报告还要求，要重构农民的主体性地位，解决好农村的民生问题，同时强调建设新农村的战略意义及模式选择等。在强调新农村建设的同时，报告以全新的完整的表述，诠释了中国特色社会主义道路的科学内涵，指出这是一条新农村建设的方

---

① 人民出版社编辑部：《中共中央 国务院关于"三农"工作的一号文件汇编（1982—2014）》，北京：人民出版社，2014年，第80页。

向性道路,从而在理论上对邓小平的中国特色社会主义进行了升华。报告还结合新农村建设的国情国力,特别是社会主义新农村的本质,提出了5条与方向性道路相配套的具体道路。①

关于"路径"和"道路"的科学阐释,既包含对国际经验高度自觉地学习和借鉴,更说明中国共产党发展中国特色社会主义,统筹城乡经济社会发展的框架日渐清晰明朗。2008年和2009年,中央又相继发布了2个一号文件,将所有农业与农村工作都统领于城乡经济社会发展一体化新格局中。

2. "五位一体"统筹思想

2012年11月,中国共产党第十八次全国代表大会召开。中共十八大准确把握我国的基本国情,针对经济社会发展的阶段性特征,首次将经济、政治、文化、社会和生态文明五大建设并列,确立了"五位一体"建设中国特色社会主义的总体布局和战略思路。这一重大理论成果,是对中国共产党执政规律、社会主义建设规律和人类社会发展规律的认识不断深化的重要体现,也是推动科学发展、促进社会和谐等客观要求的最终体现,具有重大意义和深远影响。"五位一体"的战略思路,是新时期马克思主义中国化进程中又一重大理论成果。马克思在论及唯物史观基本理论时,曾精辟地阐释了政治、经济与文化三要素在社会整体发展中的相互关系,认为权利永远不能超出社会的经济结构,以及由经济结构所制约的社会的文化发展。马克思的论断揭示出人类社会发展总体布局的基本结构,为中国特色社会主义总体布局的探索,奠定了坚实的理论基础。

"五位一体"统筹思想的形成过程,也是关于社会发展诸要素之间关系的认识过程。早在新民主主义革命时期,毛泽东就曾对经济、政治和文化三者的关系进行过阐释,认为经济是政治和文化的基础,

---

① 5条具体道路分别是:中国特色自主创新道路、中国特色新兴工业化道路、中国特色农业现代化道路、中国特色城镇化道路和中国特色政治发展道路。

第四章　贯彻科学发展观　加快城乡统筹改革进程（2007—2011）

文化是一定社会政治和经济的反映，并对后者产生重大影响和重要作用，政治则是经济的集中表现。由此初步形成了社会发展"三位一体"总体布局的基本思路。实行改革开放以后，针对社会主义实践中出现的新问题，中央明确提出了要进行物质文明和精神文明建设。1986年9月，中共十二届六中全会通过了《中共中央关于社会主义精神文明建设指导方针的决议》，阐释了社会主义精神文明建设的战略地位、根本任务和基本指导方针，对于推动我国物质文明和精神文明建设，促进全面改革和对外开放，建设有中国特色的社会主义产生了深远的影响。21世纪以来，特别是中共十六大以来，社会主义现代化建设事业深入发展，社会建设作为一个独立系统的价值和地位日渐突出，构建社会主义和谐社会的目标更加明确。2004年9月，中共十六届四中全会明确提出了"构建社会主义和谐社会"的战略任务，由此形成了社会主义经济建设、政治建设、文化建设和社会建设"四位一体"的总体布局。2007年10月，中共十七大首次提出建设生态文明，并将其作为实现全面小康社会奋斗目标的新要求。2012年11月，中共十八大正式确立了中国特色社会主义"五位一体"的总体布局。

社会主义和谐社会，不仅要做到人与人、人与社会的和谐，而且要做到人与自然的和谐。只有在妥善处理社会关系的同时，协调好人与自然的关系，才能在发展中实现人民幸福和民族昌盛。因此，中共十八大报告强调，必须树立尊重自然、顺应自然、保护自然的生态文明理念，把生态文明建设放在突出地位，融入经济建设、政治建设、文化建设、社会建设各方面和全过程，努力建设美丽中国，实现中华民族永续发展。[①] 此后，习近平在多次公开讲话中重申，要扎实推进生态文明建设，努力建设美丽中国。生态文明建设被提升到总体布局

---

① 十八大报告文件起草组：《十八大报告辅导读本》，北京：人民出版社，2012年，第39页。

的高度加以强调,是中国特色社会主义实践发展的必然,是广大人民群众创造幸福生活,共享改革成果的客观要求。"美丽中国"成为全国人民自觉达成的共识,成为中华民族未来发展的期盼。

3. 城乡统筹发展规划

随着我国经济社会的发展和城镇化进程的加快,城乡之间的联系日益紧密,城市和乡村的发展日益交融。但原有的规划管理制度是建立在城乡二元结构基础上的,城市建设由《中华人民共和国城市规划法》进行规范,农村建设由《村庄和集镇规划建设管理条例》进行规范,这种模式已经不适应城乡统筹发展的要求,既影响了城乡协调健康发展,也带来了严重的经济和社会问题。为了进一步落实科学发展观,统筹城乡协调发展,打破传统的城乡二元结构发展模式,建立统一的城乡规划体系,规范和提高各地城乡规划制定的科学性,国家开始制定统筹城乡建设和发展的法律。2007年10月28日,十届全国人大常务委员会通过了《中华人民共和国城乡规划法》(以下简称《城乡规划法》),标志着我国由此进入城乡总体规划新时代。

《城乡规划法》突出强调城乡统筹,并从7个方面作出了具体规定:一是突出城乡规划的公共政策属性,重视环境保护、资源节约、文化与自然遗产保护,提倡公共财政应首先覆盖基础设施和公共项目,还强调城乡规划制定和实施全过程的公众参与。二是强调综合调控的地位和作用,从法律上界定了城乡规划的性质,指出这是政府引导和调控城乡建设与发展的一项重要的公共政策。三是建立了新的城乡规划体系,体现了一级政府、一级规划和一级事权的规划编制要求。四是进一步严格了城乡规划的修改程序,详细规定了省域城镇体系规划,城市和乡镇总体规划,以及详细规划的修改办法。五是建立了城乡规划行政许可制度,完善了以土地有偿使用和投资体制改革为核心的建设用地规划管理制度。六是提倡从3个维度强化监督管理职能和政府责任。七是明确了法律责任和法律授权,提出在适当的时机追究规划参与主体的行为和责任。

《城乡规划法》的颁布与实施,对于提高我国城乡规划的科学性、严肃性、权威性,加强城乡规划监管,协调城乡科学合理布局,保护自然资源和历史文化遗产,保护和改善人居环境,促进我国经济社会全面协调可持续发展,具有十分重要的意义。

二、城乡统筹发展的战略部署

按照城乡统筹发展的思想,城市与乡村需要互动发展,最终形成城乡共同发展的格局。为了改变过去重城市、轻农村的观念及城乡分治的做法,国家开始考虑通过体制改革和政策调整,削弱并逐步清除城乡之间的樊篱。在制定国民经济发展计划,确定国民收入分配格局,以及研究重大的经济政策过程中,国家把解决好农业、农村和农民问题放在优先位置,不断加大对农业的支持,更加关注农村,更加注重保护农民的切身利益。中央作出一系列战略部署,包括改革城乡公共财政制度,实施户籍管理制度改革,建设城乡一体化要素市场,使城市的资金、技术和人才等,以更大的规模、更快的速度流向农村,带动城乡经济社会逐步实现一体化发展。

1. 城乡公共财政制度改革

党的十七大以来,城乡公共财政制度改革从3个方面取得突破。

一是逐步健全了中央和地方财力与事权相匹配的财政体制,政府间财政分配关系随着改革的深化逐步规范,中央政府的宏观调控能力不断增强,基层政府提供基本公共服务的能力有较大提高。中央根据改革与发展的需要,对地方各级政府的收入划分和支出责任进行适当调整,通过统一内外资企业所得税,对成品油施行税费改革,逐步理顺和规范了各级政府部门间的收入划分。还同步实施了农村义务教育经费保障机制改革、医药卫生体制改革,以及新农合、新型农村社会养老保险等重大民生政策,并按照东、中、西部地区财政状况,确定了差别补助政策,促进地方政府财力与事权相匹配。中央不断健全地方财政转移支付制度,增加一般性转移支付的规模,进一步加大力度归并和清理专项转移支付。转移支付增加了地方政府的财政收入，被主要用于保障和改善民生，有利于实现基本公共服务均等化，促进了区域的协调发展。

二是进一步完善了公共财政转移支付支撑体系，促进了基本公共服务均等化和主体功能区建设，公共财政体系的建设取得明显进展。这一时期，公共服务投入领域不断拓宽，公共服务政策逐步向困难地区和基层群众倾斜，推动了整个基本公共服务体系的建设。在教育体系建设方面，国家开始全面实行城乡免费义务教育，同时大力发展职业教育。在就业服务体系建设方面，国家实施了积极的就业政策，初步建立起面向全体劳动者的公共就业服务体系。社会保障体系建设开始逐步由城镇向农村、由职工向居民扩展，基本形成集养老、城乡社会救助和社会福利于一体的保障体系。另外，国家开始深入推进医药卫生体制改革，初步建立起国家基本药物制度；全面实施了免费基本公共卫生服务项目，逐步健全了城乡基层医疗卫生服务体系，医疗保障水平不断提高。在民生工程建设方面，国家开始大规模建设廉租房和公租房，大力度进行农村危房改造，全面施行保障性安居工程建设，初步形成基本住房保障制度。公共文化服务体系也逐步实现了城乡覆盖，一大批博物馆等文化设施陆续向社会免费开放。

三是调整和完善税收制度，促进税收结构优化和社会公平。实行改革开放以来，我国的税收制度经历了3次大的调整，其中第3次的调整开始于2001年，核心内容是推行"费改税"，合并内外资企业所得税和实现增值税的转型。经过系列调整与改革，截至2007年年底，我国现行税制中的税种设置进一步减少为18个，税制更加规范、统一。2008年以来，税制改革持续深化，逐步建立和完善了以流转税和所得税为主体，其他税种相配合的复合税制。国家从政府、企业和个体3个维度出发，不断完善增值税制度，逐步推进个人住房房产税改革试点，努力健全城市维护建设税制度，通过税收的杠杆作用调节经济和收入分配，政府、企业及个人之间的分配关系得到逐步规范。

2012年，中共十八大报告再次明确提出，要加快改革财税体制，完善公共财政体系。此后，国家不断健全公共财政体制，着力规范中央和地方政府的财政分配关系，努力为城乡区域协调可持续发展提供制度保障。

2. 城乡户籍管理制度改革

在新中国成立后的很长一段时间里，受户籍制度和粮油关系的影响，城市的劳动行政部门严格管控农民进城务工，农村劳动力被限制在村域内。20世纪80年代初期，随着农村联产承包责任制的全面实施，农村剩余劳动力及其流动问题逐渐显露出来。80年代中期，乡镇企业蓬勃发展，城市经济体制改革全面展开，国家开始逐步允许农村剩余劳动力流动。90年代初期，大批农民进城寻找就业机会，加剧了城市就业压力。为了控制农村劳动力转移的速度，减轻城市就业压力，政府首次提出实行城乡统筹就业。进入21世纪，中央更加重视"三农"，并特别关注农民职业身份的转变问题，城乡统筹就业的目标因此发生实质性的变化，转变为"城乡劳动者面向一个市场，取消身份界限，平等就业"。2003年10月，中共十六届三中全会明确提出，改善农村富余劳动力转移就业的环境。农村富余劳动力在城乡之间双向流动就业，是增加农民收入和推进城镇化的重要途径。建立健全农村劳动力的培训机制，推进乡镇企业改革和调整，大力发展县域经济，积极拓展农村就业空间，取消对农民进城就业的限制性规定，为农民创造更多的就业机会。逐步统一城乡劳动力市场，加强引导和管理，形成城乡劳动者平等就业的制度。

城乡分离的户籍管理制度，是导致城乡差别扩大化的根源。为了防止城乡差距进一步扩大，国家开始改革城乡社会管理制度，淡化城市偏向，使户籍与其所挂钩的福利待遇逐步分离。2004年，中央一号文件《中共中央、国务院关于促进农民增加收入若干政策的意见》提出："健全有关法律法规，依法保障进城就业农民的各项权益。推进大中城市户籍制度改革，放宽农民进城就业和定居的条件。"2006

年3月，国务院下发《关于解决农民工问题的若干意见》，要求解决好农民工问题，消除对农民进城务工的歧视性规定和体制性障碍，并强调要深化户籍管理制度改革。2009年12月，中共中央、国务院联合发文，要求深化户籍制度改革，加快落实放宽中小城市、小城镇特别是县城和中心镇落户条件的政策，促进符合条件的农业转移人口在城镇落户并享有与当地城镇居民同等的权益。[①] 2013年11月，中共中央发布《关于全面深化改革若干重大问题的决定》，提出要创新人口管理，加快户籍制度改革，全面放开建制镇和小城市落户限制，有序放开中等城市落户限制，合理确定大城市落户条件，严格控制特大城市人口规模。

2014年7月，国务院印发《关于进一步推进户籍制度改革的意见》。文件指出，要进一步调整户口迁移政策，统一城乡户口登记制度，全面实施居住证制度，加快建设和共享国家人口基础信息库，稳步推进义务教育、就业服务、基本养老、基本医疗卫生、住房保障等城镇基本公共服务覆盖全部常住人口。到2020年，基本建立与全面建成小康社会相适应，有效支撑社会管理和公共服务，依法保障公民权利，以人为本、科学高效、规范有序的新型户籍制度，努力实现1亿左右农业转移人口和其他常住人口在城镇落户。文件进一步明确，全面放开建制镇和小城市落户限制，有序放开中等城市落户限制，合理确定大城市落户条件，严格控制特大城市的人口规模。文件的发布具有深远的意义，标志着我国实行了半个多世纪的"农业"和"非农业"二元户籍管理模式将退出历史舞台，户籍制度将逐步回归其本质，更多地发挥人口管理和社会管理的职能。

3. 城乡要素市场一体化建设

一是积极探索建立城乡一体化的土地市场。土地是农村三大生产

[①]《中共中央 国务院关于加大统筹城乡发展力度 进一步夯实农业农村发展基础的若干意见》，《人民日报》2010年2月3日，第1版。

第四章　贯彻科学发展观　加快城乡统筹改革进程（2007—2011）

要素之一，为工业化、城镇化和农业现代化等提供了资源保障，为经济社会发展提供了资本支撑，是生态保护与建设的重要组成部分。解决土地问题始终是党的核心任务，具有全局性、战略性和根本性的意义。党的十七届三中全会以来，为改变歧视性资源分配问题以及不合理的二元土地管理制度，中央决定设立城乡统筹综合配套改革试验区。全国各地以此为契机，积极探索有效的土地管理改革路径，形成了许多有价值的经验。

在土地确权颁证方面，四川省成都市先行探索，实现了农村集体土地使用权的流转。2007年，成都市被国务院批准为统筹城乡综合配套改革试验区，开始在有关方面的指导和支持下，积极探索体制、机制创新，取得明显进展。成都市探索土地及其制度改革的实践主要分3步：第一步，统筹城乡规划，推动城、镇、村一体化建设。第二步，推进土地确权颁证，实现农村集体土地使用权流转。第三步，设立耕地保护基金，由政府向拥有耕地的农户发放耕地保护补贴，补贴主要用于农民购买农村养老保险；政府与农民签订耕地保护合同，农户承担耕地保护责任，违约将被追回补偿款并承担相应处罚。成都市把"保护耕地"这一国家意志，转化为农民的个人意愿，取得了多赢的效果，既保护了耕地，又实现了农民增收和社会保险扩面。

江苏、浙江、广东等地也积极探索，通过集约高效配置城乡土地推进改革。江苏省的主要做法有3个方面：一是统筹规划，科学布局，实施"万顷良田建设工程"。二是开展农村土地集中整治，促进土地流转和规模经营。三是建立全方位的农民保障体系，实现失地农民养老保障、医疗保障和最低生活保障与城镇接轨。浙江省嘉兴市按照"土地节约集约有增量，农民安居乐业有保障"的总体要求，探索建立土地承包经营权、宅基地使用权流转的机制。嘉兴市的改革实践促进了农业生产经营集约和农村人口要素集聚，实现了"农村变城镇、农民变市民"的跨越，提高了农民的生活水平和生活质量。广东省是全国节约集约用地试点示范省，其实践重在探索城乡土地利益分配机制。广东省土地管理制度改革的主要做法有4个方面：一是通过土地承包经营权的股份化，吸引工商资本和社会资金进入农业生产加工领域，实现土地规模经营。二是探索多种集体建设用地使用权实现形式，如鼓励兴办工厂、出租厂房和以地合作等，参与集体非农建设用地经营，实现土地收益。三是建立"留用地"补偿制度，发展壮大农村集体经济。四是推进旧城镇、旧厂房及旧村庄改造，通过节约集约等方式优化用地结构。各地的探索性实践在全国具有示范效应，促进了城乡土地要素的流动，有利于实现土地资源的集约利用和高效配置。

二是一体化统筹城乡就业市场。农村剩余劳动力转移涉及农民产业身份的转换，迫切需要消除城乡二元户籍隔离制度，以及与之挂钩的各种制度歧视，一体化统筹城乡就业市场。这些带有歧视性的制度，主要涉及劳动就业、社会保障和义务教育等方面。2004年1月，中共中央、国务院下发《关于促进农民增加收入若干政策的意见》，指出进城就业的农民工已经成为产业工人的重要组成部分，要求进一步清理和取消针对农民进城就业的歧视性规定和不合理的收费。2006年3月，国务院发布《关于解决农民工问题的若干意见》，明确提出要逐步实行城乡平等的就业制度。2007年10月，中共十七大进一步强调，应建立统一规范的人力资源市场，形成城乡劳动者平等就业的制度。2008年10月，中共十七届三中全会通过了《中共中央关于推进农村改革发展若干重大问题的决定》。文件进一步提出，要加快建立城乡统一的人力资源市场，逐步实现农民工劳动报酬、子女就学、公共卫生、住房租购等与城镇居民享有同等待遇。2009年12月，中央农村工作会议全面部署2010年的农业与农村工作，把千方百计促进农民多渠道就业作为重点任务。会议指出，要加快城镇化步伐，拓展农民外出就业空间，把解决符合条件的农业转移人口逐步在城镇就业和落户作为推进城镇化的重要任务。壮大县域经济，积极促进农民就地就近就业。加强技能培训，着力提高农民就业和创业的能力。

三是统筹配置城乡教育资源。自党的十六大明确提出统筹城乡经济社会发展以来,统筹城乡教育资源被各界公认为是建构中国教育公平的核心。2010年7月,中共中央、国务院发布《国家中长期教育改革和发展规划纲要(2010—2020年)》,强调"把促进公平作为国家基本教育政策","教育公平的关键是机会公平,基本要求是保障公民依法享有受教育的权利,重点是促进义务教育均衡发展和扶持困难群体,根本措施是合理配置教育资源,向农村地区、边远贫困地区和民族地区倾斜,加快缩小教育差距"。

目前,全国性的统筹城乡教育综合改革总体上还处于起步阶段。在破解统筹城乡教育难题的过程中,各地积极探索区域城乡教育协调发展的新模式,其中较为典型的有以下3类。

第一类是融合共赢的统筹模式,主要以东部地区的浙江、江苏、上海和北京为代表。因经济水平的支撑和城市化率的大幅提高,融合共赢模式带有经济发达地区的统筹共性。相对于中西部地区而言,东部地区城乡教育资金投入较高,师资力量较为雄厚,办学基础设施较好。并且由于统筹时间较早,东部城市教育的带动能力较强,统筹城乡教育的基础更为优良。其中,江苏、浙江主要采取以普惠为取向的"倾斜型"教育统筹模式,重点扶植农村、欠发达地区和困难人群,注重城乡教育协调均衡发展;北京、上海则采取以"大城市带小农村"为特征的都市教育统筹模式。

第二类是"组团"协同的"城市群"教育统筹模式,主要以中部地区的湖北和湖南两省为代表。2008年8月和2009年8月,湖北的武汉城市圈与湖南的"长株潭"城市群,先后被教育部批准为"教育综合改革国家试验区"。武汉城市圈以武汉市为中心,与100公里半径内的鄂州、黄冈、黄石和孝感等8个中小城市组成城市群,通过教育人才交流、信息资料交换、科研合作及师资队伍培养等,实现教育统筹。湖南省的长沙、株洲及湘潭3市,也组成"长株潭"城市群。2009年8月,教育部与湖南省签订协议,携手共建"长株潭"

城市群教育综合改革国家实验区，重点探索"教育整合经营、资源共享、地区联动、城乡统筹、平衡和谐成长"的体制机制。"城市群"教育统筹模式，有利于相近区域实现教育资源均衡提升，成为统筹城乡教育发展的又一探索路径。

第三类是"全域一体"的"阶梯型"教育统筹模式，主要以西南地区的重庆市和成都市为代表。2007年6月，国务院批准成都和重庆成为"国家统筹城乡综合配套改革试验区"。2008年7月和2009年4月，成都和重庆分别被教育部批准为"国家统筹城乡教育综合改革试验区"，为下阶段国家实施中长期教育发展规划提供经验。成都统筹城乡教育的核心理念是"全域成都"，实现的方式是"大城市带小农村"。成都市按照"一元化标准、一体化管理"的原则统筹城乡教育发展模式，努力缩小城乡间教育管理、师资和教育硬件方面的差距，通过公共服务改革和教育公共治理制度创新，逐步构建起"优质教育全域成都满覆盖"的网络体系。重庆市统筹城乡教育的理念则是"一体重庆"，核心是"以城带乡、整体推进、城乡一体、科学发展，实现城乡教育规划布局、资源配置、政策制度、水平提升一体化"。①

第二节　农村医疗保障制度改革大力度推进

我国的医疗保障制度是在新中国成立后逐步建立和发展起来的。由于各种原因，长期以来我国实行的是城乡分离的两种医疗保障制度，即城市医疗保障制度和农村合作医疗保障制度，其缴纳费用和保障水平存在着很大的差异。农村医疗保障制度的建立和发展，相对于

---

① 李涛，宋玉波：《中国统筹城乡教育综合改革的全景透析：从历史到现状》，《江淮论坛》2011年第1期。

城市而言更加曲折，经历了从合作医疗制度的创立，到新型农村合作医疗制度的建设和发展，直至探索和完善农村医疗保障制度的多样化的过程。农村合作医疗制度的发展与创新，对经济发展、社会稳定和人民的健康保障等，起着重要的历史作用，曾受到世界卫生组织的高度肯定。在城乡统筹发展的历史新时期，合作医疗制度改革大力推进，不仅在原有制度框架内创造性地建立了新型农村合作医疗制度，而且应改革和时代的要求，逐步探索建立了农村三级卫生服务网，信息、网络及菜单式管理等时尚元素也被逐步嵌入农村医疗卫生服务体系中。我国正开始形成覆盖城镇和乡村，集医疗、保健和服务功能于一体，实行多层级信息化管理的农村医疗保障体系。

一、创新农村合作医疗制度

传统的农村合作医疗保障体系极富中国特色，始建于20世纪50年代后期，是以农村集体经济为物质基础，本质上属于农村居民互助合作式的初级医疗保障机制。农村合作医疗制度是农村社会通过政府、集体、个人共同筹资，为农村居民提供费用低廉的医疗保健服务的互助互济制度，既是中国医疗保障制度中有特色的组成部分，也是中国农村社会保障体系的重要内容。这项制度在20世纪70年代末，基本覆盖了90%的农村居民，为我国广大农村居民的医疗健康保障发挥了重要作用，被世界卫生组织誉为发展中国家的典范。2007年，中共十七大提出加快推进以改善民生为重点的社会建设，使沉寂多年的农村社会保障领域开始活跃，农村医疗保险制度不断创新并获得新发展。新型农村合作医疗制度经过多年试点，逐步推广开来，最终实现农村范围全覆盖，成为社会保障制度中规模最大的事业。新型农村合作医疗实行大病统筹保险政策，缩小了农村与城镇医疗保障制度之间的差距，具有重要的现实意义。

1. 农村合作医疗面临改革

自20世纪80年代开始，农村普遍推行家庭联产承包责任制，建立了统分结合的双层经营体制，大队卫生室以承包方式被个体诊所取代，农村合作医疗开始逐步解体，政府对合作医疗的管理和组织减弱。据1989年年底卫生部的统计显示，继续坚持合作医疗的行政村仅占全国的4.8%。[①] 农村合作医疗快速衰退，大部分农民又回到了自己看病自己付费的状态，农村卫生事业非但没有得到发展，反而有所削弱，城乡差距进一步拉大。突出表现为：农村卫生技术人才大量流失；第二、第三级医疗预防保健网受到严重冲击，不少地方的农村基层卫生机构和合作医疗保健制度解体，个体行医和社会办医失去控制，乱收费、高收费，群众承担不起医药费用，缺医少药状况较严重；一些已经被消灭或控制的传染病、血吸虫病再度发生，甚至泛滥起来。由于农民基本的医疗卫生服务得不到保障，因病致贫、因病返贫现象屡屡出现，严重地影响了农村经济发展和社会稳定。

为了贯彻中央关于"全党动员起来，大办农业"和"各行各业都要支援农业"的决定，1990年6月，卫生部、农业部等5部委联合向国务院提交了《关于改革和加强农村医疗卫生工作的请示》，分析了农村合作医疗出现严重萎缩的主要原因，建议"把加强农村医疗卫生工作作为战略重点，提到各级政府的议事日程上来"，要求各级领导"从卫生事业发展的长远战略着眼，从当前农村卫生事业严重不足，城乡之间医疗卫生资源分布极不合理的实际情况出发，通过治理整顿和深化改革，将农村卫生事业振兴起来，把'2000年人人享有卫生保健'作为农村卫生工作的目标"。1991年1月，国务院印发《国务院批转卫生部等部门关于改革和加强农村医疗卫生工作请示的通知》，提出"稳步推进合作医疗保健制度，为实现'人人享有卫生保健'提供社会保障"。

1993年9月开始，国务院研究室和卫生部组织部分专家，在全国

---

① 卫生部基层卫生与妇幼保健司：《农村卫生文件汇编（1951—2000）》（内部资料），2001年12月。

第四章 贯彻科学发展观 加快城乡统筹改革进程（2007—2011）

范围内进行了广泛的调查研究，形成了《加快农村合作医疗保健制度改革与建设》的研究报告。1994年，国务院研究室、卫生部与世界卫生组织合作，在全国选择了7个省、14个县作为项目合作单位，开展农村合作医疗保健制度改革与建设的试点研究，为制定"全国农村合作医疗保健制度实施管理条例"提供立法依据，以此规范推动农村合作医疗保健制度在全国推广。1993年11月，中共第十四届中央委员会第三次全体会议讨论并通过了《中共中央关于建立社会主义市场经济体制若干问题的决定》，提出要发展和完善农村合作医疗制度。1996年7月，卫生部召开全国农村合作医疗经验交流会，会议分析了农村合作医疗的产生、发展和作用，明确提出了发展和完善农村合作医疗的目标、原则和具体措施。1996年12月，中共中央、国务院召开全国卫生工作会议，江泽民在会上强调指出："现在许多农村发展合作医疗，深得民心，人民群众把它称为'民心工程'和'德政'。看来，加强农村卫生工作，关键是发展和完善农村合作医疗制度。这是长期实践经验的总结，符合中国国情，符合农民愿望。要进一步统一认识，加强领导，积极、稳妥地把这件事情办好。"

1997年1月，中共中央、国务院下发《关于卫生改革与发展的决定》，提出农村合作医疗制度改革的具体要求是："要在政府的组织和领导下，坚持民办公助和自愿参加的原则。筹资以个人投入为主，集体扶持，政府适当支持。""力争到2000年在农村多数地区建立起各种形式的合作医疗制度，并逐步提高社会化程度；有条件的地方可以逐步向社会医疗保险过渡。"1997年5月，国务院批准并转发了卫生部等5部委提出的《关于发展和完善农村合作医疗的若干意见》，对农村合作医疗的性质、组织机构、队伍建设、医疗资金使用和管理监督等有关事项作了政策性规定。此后，中央和地方政府就农村合作医疗进行了一系列的改革尝试，使农村医疗卫生事业呈现出发展态势，为以后新型农村合作医疗制度的建立奠定了基础。

2. 新型农村合作医疗制度的建立

进入21世纪后，我国开始探索新型农村合作医疗制度。

2001年5月，国务院办公厅批准并转发了国务院体改办等5部门联合提出的《关于农村卫生改革与发展的指导意见》，要求"地方各级人民政府要加强对合作医疗的组织领导"，提出"按照自愿量力、因地制宜、民办公助的原则，继续完善与发展合作医疗制度。合作医疗筹资以个人投入为主，集体扶持，政府适当支持，坚持财务公开和民主管理。合作医疗的水平、形式可有所差别。有条件的地区，提倡以县（市）为单位实行大病统筹，帮助农民抵御个人和家庭难以承担的大病风险"。

2002年10月19日，中共中央、国务院发布《关于进一步加强农村卫生工作的决定》。文件深刻阐明了卫生事业在农村经济社会发展中的重要地位和作用，全面分析了农村卫生工作面临的形势和任务，明确提出，"到2010年，在全国农村基本建立起适应社会主义市场经济体制要求和农村经济社会发展水平的农村卫生服务体系和农村合作医疗制度"，并指出要"建立以大病统筹为主的新型农村合作医疗制度和医疗救助制度"。文件还给出了相应的具体措施，要求健全农村卫生服务网络，加强农村卫生队伍建设，完善农村卫生管理体制等。2002年12月，第九届全国人大第三十一次会议通过了新修订的《中华人民共和国农业法》。法案第八十四条明确规定"国家鼓励、支持农民巩固和发展农村合作医疗和其他医疗保障形式，提高农民健康水平"，农村合作医疗制度的发展自此实现了有法可依。

2003年1月16日，国务院办公厅批准并转发了卫生部、财政部和农业部《关于建立新型农村合作医疗制度的意见》，要求"从2003年起，各省、自治区、直辖市至少要选择2~3个县（市）先行试点，取得经验后逐步推开。到2010年，实现在全国建立基本覆盖农村居民的新型农村合作医疗制度的目标"。文件还分别从不同角度，详细规定了新型农村合作医疗制度的筹资方式、筹资主体、缴费标准和管理机制等。文件提出，"从2003年起，中央财政每年通过专项转移支付对中西部地区除市区以外的参加新型农村合作医疗的农民按人均10

元安排补助资金",同时规定"地方财政每年对参加新型农村合作医疗农民的资助不低于人均10元"。

从2003年开始,新型农村合作医疗制度的试点工作在全国各地陆续展开。据统计,截至2004年6月30日,全国已有30个省、自治区、直辖市先后启动了310个县(市)的新型农村合作医疗试点,覆盖农业人口9 504万人,实际参加新型农村合作医疗的农民6 899万人,参合率为72.6%。其中,中西部22个省(市、区)启动了233个试点县(市),覆盖农业人口6 331万人,实际参加4 524万人,参合率为71.5%。全国共筹集资金30.21亿元,其中,各级财政补助15.01亿元,农民个人缴费10.88亿元,集体和其他渠道支持4.32亿元。中西部地区共筹集资金14.71亿元,其中农民个人缴费5.13亿元,中央财政补助3.93亿元,地方财政补助5.04亿元,其他渠道支持6 188万元。[①]

2005年8月,国务院召开常务会议,研究加快建立新型农村合作医疗制度问题。会议提出,要进一步加大中央和地方财政支持力度,2006年将试点的县(市、区)由占全国的21%扩大到40%左右,中央财政对参加合作医疗农民的补助标准在原有每人每年10元的基础上再增加10元,同时将中西部地区农业人口占多数的市辖区和东部地区部分参加试点的困难县(市),纳入中央财政补助范围。地方财政要相应增加补助,不提高农民的缴费标准,不增加农民负担。要进一步完善新型农村合作医疗管理运行机制,探索建立稳定的筹资机制,切实加强对合作医疗基金的监管。

2006年1月,卫生部等7部委联合下发《关于加快推进新型农村合作医疗试点工作的通知》,要求各省(区、市)在认真总结试点经验的基础上,加大工作力度,完善相关政策,扩大新型农村合作医

---

① 中华人民共和国卫生部:《中国新型农村合作医疗试点工作进展状况》,2004年11月5日更新,http://gb.cri.cn/3821/2004/11/05/922%40350522.htm,2014年11月5日引用。

疗试点。2006年，使全国试点县（市、区）数量达到全国县（市、区）总数的40%左右，2007年扩大到60%左右，2008年在全国基本推行，2010年实现新型农村合作医疗制度基本覆盖农村居民的目标。

2009年1月8日，卫生部召开全国卫生工作会议。会议宣布：经过几年努力，目前我国新型农村合作医疗已全面覆盖所有含农业人口的县（市、区），参加新型农村合作医疗的人口超过8.1亿，参合率达到91.5%，提前两年实现了中央提出的新型农村合作医疗制度基本覆盖农村居民的目标。今后的工作重点要转到巩固和完善新型农村合作医疗制度，加强基金管理，规范医疗行为，不断提高群众受益的保障水平。

二、农村三级卫生服务网建设

党的十六大召开以来，农村卫生工作被纳入社会主义新农村建设主体框架内。农村三级医疗卫生服务网以县级医疗卫生机构为龙头，以乡镇卫生院为中心，以村卫生室为基础，逐步健全并完善。国家为了实现"小病不出村，一般疾病不出乡，大病基本不出县"的农村医疗卫生发展目标，大力加强县、乡、村三级医疗卫生服务网的建设，投入了大量资金，通过提高医务人员待遇、加强基层医疗卫生人才队伍建设和医疗机构基础设施建设，大幅度改善了农村医疗卫生条件，提高了农村基层医疗卫生的服务能力，对提高广大农民的健康素质，缩短城乡差距，促进农业生产力的发展，维护农村社会发展和稳定起到了积极作用。

1. 村卫生机构建设

村卫生机构主要指村卫生室，是农村三级医疗卫生服务网的最基层单位，承担着传染病疫情报告，计划免疫，妇幼保健，健康教育，常见病、多发病的一般诊治和转诊服务以及一般康复等工作，是农村卫生工作中最贴近百姓，为广大农村居民提供便捷卫生服务的基础环

第四章　贯彻科学发展观　加快城乡统筹改革进程（2007—2011）

节。但长期以来，我国村级卫生服务机构经营管理缺乏规范，一些村卫生室由原来的"村办村管"变为个人承包、个体行医，虽然村卫生室的预防保健工作仍由乡镇卫生院负责指导和考核，但药政管理和医疗质量管理等职能逐步削弱；并且卫生专业技术人才匮乏，基础设施简陋，卫生服务水平低下。这种情况已不能满足农民群众日益增长的基本医疗卫生服务需求。直到2006年，全国仍有11.9%的行政村没有设置村卫生室，平均每个行政村仅拥有1.53名乡村医生和卫生员。①

2006年8月29日，卫生部、国家中医药管理局等4部委联合印发《农村卫生服务体系建设与发展规划》（以下简称《发展规划》），要求以完善农村卫生机构功能和提高服务能力为核心，以乡（镇）卫生院建设为重点，健全县、乡、村三级卫生服务网络，从整体上为提高农民的健康水平提供保障条件。《发展规划》进一步明确了农村各级医疗卫生服务机构的功能和性质，并对各级医疗机构的建设规模、设备配置和筹资标准等，都作了具体的规定。

2009年3月，国务院发布《关于印发医药卫生体制改革近期重点实施方案（2009—2011年）的通知》，要求重点抓好5项改革②，把基本医疗卫生制度作为公共产品向全民提供，实现人人享有基本医疗卫生服务。文件中明确提出"支持边远地区村卫生室建设，三年内实现全国每个行政村都有卫生室"，要"用三年时间，分别为乡镇卫生院、城市社区卫生服务机构和村卫生室培训医疗卫生人员36万人次、16万人次和137万人次"，要"落实好城市医院和疾病预防控制机构医生晋升中高级职称前到农村服务一年以上的政策。鼓励高校医

---

① 张永辉，王征兵：《农村合作医疗制度改革中村卫生室职能的思考》，《人口与经济》2010年第1期。
② 5项改革指的是：加快推进基本医疗保障制度建设，初步建立国家基本药物制度，健全基层医疗卫生服务体系，促进基本公共卫生服务逐步均等化，推进公立医院改革试点。

学毕业生到基层医疗机构工作。从 2009 年起，对志愿去中西部地区乡镇卫生院工作三年以上的高校医学毕业生，由国家代偿学费和助学贷款"。

2011 年 7 月，国务院办公厅下发《关于进一步加强乡村医生队伍建设的指导意见》，要求"各地要采取公建民营、政府补助等多种方式，支持村卫生室的房屋建设和设备购置"，"确保 2011 年年底前每个应设村卫生室的行政村都有 1 所村卫生室，每个村卫生室都有乡村医生"，并要求健全乡村医生培养培训制度，完善乡村医生补偿和养老政策，提高乡村医生的待遇，稳定乡村医生队伍。

2013 年 2 月，国务院办公厅下发《关于巩固完善基本药物制度和基层运行新机制的意见》，要求各地加强基层医疗卫生服务体系建设，不断提升服务能力和水平，筑牢基层医疗卫生服务"网底"。文件明确了村卫生室和乡镇卫生院的基本公共卫生服务任务分工和资金分配比例，提出"原则上将 40% 左右的基本公共卫生服务任务交由村卫生室承担，考核后将相应的基本公共卫生服务经费拨付给村卫生室，不得挤占、截留和挪用"，同时要求各地要将符合条件的村卫生室纳入新农合定点，充分发挥新农合对村卫生室的补偿作用，并进一步提高对在偏远、艰苦地区执业的乡村医生补助水平，合理解决乡村医生养老问题。

2013 年 8 月，国家卫生计生委印发《关于进一步完善乡村医生养老政策 提高乡村医生待遇的通知》，要求各地进一步完善乡村医生养老政策，提高乡村医生待遇，确保农村医疗卫生服务网"网底"不破。文件明确指出，要"全面落实乡村医生补偿政策，确保乡村医生合理收入不降低"，提出"乡村医生各项补助经费实行预拨制"，要求"各地应当采取先预拨、后结算的方式发放乡村医生补助，由县级财政部门直接将补助经费的 80% 以上按月拨付乡村医生，余额经考核后发放。要确保资金专款专用、及时足额拨付到位，不得挪用、截留"。文件还提出，要加大政策宣传和解释力度，统一思想，为加强乡村医生队伍建设营造良好的舆论环境。

为了进一步加强村卫生室管理，明确村卫生室功能定位和服务范围，保障农村居民获得公共卫生和基本医疗服务，2014年6月，国家卫生计生委等5部委联合发出《关于印发〈村卫生室管理办法（试行）〉的通知》，对村卫生室的功能任务、机构设置与审批、人员配备与管理、业务管理和财务管理等，提出了一系列具体的要求。随着《村卫生室管理办法（试行）》的发布实施，各地不断加强村卫生室的建设，村卫生室的医疗卫生服务能力明显提高。

一些地方（如浙江省）还大胆尝试，对村卫生室进行体制改革，将原来农村卫生室以行政村（下辖若干自然村）为单位进行整合，建立起农村社区卫生服务站，并将其纳入社区卫生服务中心（原乡镇卫生院）实行一体化管理。农村社区卫生服务站建立后，实行"菜单式"的社区网络信息化管理，开创性地构建了新型农村卫生服务新格局，健全了农村社区的卫生服务网络，改善了农村居民的就医环境，村级医疗卫生机构的职能更加明晰，广大农民群众得到了更加经济、便捷、满意的医疗保健服务。

2. 乡镇卫生院探索体制改革

乡镇卫生院是农村三级医疗卫生服务网的中心，与县级卫生机构和村卫生室上联下接、密切配合，提供预防、康复、保健、健康教育、基本医疗、计划生育技术指导等综合服务，承担辖区内公共卫生管理和突发公共卫生事件的报告任务，负责对村级卫生组织的技术指导和村医的培训等。计划经济时期，乡镇卫生院主要依靠县级财政与农村集体经济联合支撑。20世纪80年代我国进入转型时期，乡镇卫生院管理体制开始面临改革，以适应市场经济的要求。1992年，乡镇卫生院的人事权、财权和管理权下放到乡镇，由于缺乏集体经济的支撑、传统合作医疗大幅萎缩、乡级财政投入严重不足，许多乡镇卫生院陷入经营困境。随着我国市场经济体制改革的不断推进，全国许多地区的乡镇卫生院积极借鉴企业改革的办法，探索承包、租赁或股份合作等经营模式。改革过程中，乡镇卫生院的预防保健功能被削弱，乡镇卫生院开展基本医疗服务的目的转变为追求市场效益，同时基本放弃了对村卫生室的管理职能。乡镇卫生院不再是为农村居民提供综合的预防保健和基本医疗服务的公益性事业单位，本质上与村卫生室一样，成为单纯提供医疗服务的竞争性、营利性的医疗机构，导致农村居民在很长一段时间面临看病难、看病贵的问题。

2002年10月29日，中共中央、国务院下发《关于进一步加强农村卫生工作的决定》（以下简称《决定》），要求推进乡（镇）卫生院改革，"调整现有乡（镇）卫生院布局，在乡（镇）行政区划调整后，原则上每个乡（镇）应有1所卫生院。调整后的乡（镇）卫生院由政府举办，要严格控制规模，按服务人口、工作项目等因素核定人员，卫生院的人员、业务、经费等划归县级卫生行政部门按职责管理。对其余的乡（镇）卫生院可以进行资源重组或改制"。《决定》进一步提出，"要积极推进乡（镇）卫生院运行机制改革，探索搞活卫生院的多种运营形式，实行全员聘用制，形成有生机活力的用人机制和分配激励机制，提高乡（镇）卫生院效率"。但是，关于政府在卫生院改革中如何发挥主导作用，政府举办卫生院的方式和途径等问题仍然存在争议，导致乡镇卫生院的改革困难重重，农村因病致贫的现象未能得到有效控制。2003年11月，民政部、卫生部、财政部联合下发《关于实施农村医疗救助的意见》，提出了"力争到2005年，在全国基本建立起规范、完善的农村医疗救助制度"的目标。截至2005年年底，我国所有含农业人口的县（市、区）都建立和实施了农村医疗救助制度，覆盖全体农村贫困居民的医疗救助网初步形成。

2009年3月，国务院发布《关于印发医药卫生体制改革近期重点实施方案（2009—2011年）的通知》（以下简称《通知》），要求"完善乡镇卫生院、社区卫生服务中心建设标准。2009年，全面完成中央规划支持的2.9万所乡镇卫生院建设任务，再支持改扩建5 000所中心乡镇卫生院，每个县1～3所"，要求"乡镇卫生院要转变服务方式,组织医务人员在乡村开展巡回医疗","全面实行人员聘用制,建立能进能出的人力资源管理制度。完善收入分配制度,建立以服务质量和服务数量为核心、以岗位责任与绩效为基础的考核和激励制度"。《通知》提出:"政府负责其举办的乡镇卫生院、城市社区卫生服务中心和服务站按国家规定核定的基本建设、设备购置、人员经费及所承担公共卫生服务的业务经费,按定额定项和购买服务等方式补助。医务人员的工资水平,要与当地事业单位工作人员平均工资水平相衔接。基层医疗卫生机构提供的医疗服务价格,按扣除政府补助后的成本制定。"

2010年2月,国务院通过并转发卫生部等5部委联合制定的《关于公立医院改革试点的指导意见》,要求坚持公立医院的公益性质,把维护人民健康权益放在第一位,实行政事分开、管办分开、医药分开、营利性和非营利性分开,推进体制机制创新,调动医务人员积极性,提高公立医院运行效率,努力让群众看好病。同年7月,卫生部发布《关于落实2010年医改任务做好农村卫生服务有关工作的通知》,要求各地卫生管理部门提高乡镇卫生院门诊量占医疗机构门诊总量的比例,开展农村卫生人员培训,推进乡村卫生服务一体化管理,建立农村居民健康档案。通过推进建立国家基本药物制度,切实降低药价,减轻农村居民就医负担,不断增强乡镇卫生院在农村三级网中的骨干作用。

2011年7月,国务院办公厅下发《关于进一步加强乡村医生队伍建设的指导意见》,要求乡镇卫生院通过业务讲座、例会等多种方式加强对乡村医生的业务指导,对乡村医生及村卫生室药品器械供应使用和财务管理进行日常监督,在县级卫生行政部门统一组织下对乡村医生及村卫生室的服务质量和数量进行考核。鼓励各地在不改变乡村医生人员身份和村卫生室法人、财产关系的前提下,积极推进乡镇卫生院和村卫生室一体化管理。

2014年5月,国务院办公厅印发《深化医药卫生体制改革2014

年重点工作任务》，要求以公立医院改革为重点，深入推进医疗、医保、医药三医联动，巩固完善基本药物制度和基层医疗卫生机构运行新机制，统筹推进相关领域改革，用中国式办法破解医改这个世界性难题。

3. 县级医疗卫生机构功能强化

县级医院作为县域内的医疗卫生中心，主要负责基本医疗服务及危重急症病人的抢救，并承担对乡镇卫生院、村卫生室的业务技术指导和卫生人员的进修培训。改革开放以后，为了进一步发展农村卫生事业，国家重点加强了县级医疗卫生机构的基础设施建设，完善了县医院的医疗和业务技术指导中心功能。1980年3月，卫生部下发《关于搞好三分之一左右县的卫生事业整顿建设的意见》，要求从1979年起至1985年，在全国抓好1/3左右县的卫生事业建设。同年10月，卫生部发布《关于当前加强县医院工作的几点意见》，要求全面强化县医院建设。此后，国家不断建设和完善以县医院为重点的县级卫生机构，通过政策引导和加大资金投入，积极推进县级医疗卫生机构的基础设施和能力建设。

2009年3月，中共中央、国务院发布《关于深化医药卫生体制改革的意见》，要求大力发展农村医疗卫生服务体系，进一步健全以县级医院为龙头、乡镇卫生院和村卫生室为基础的农村医疗卫生服务网络，同时提出"积极推进农村医疗卫生基础设施和能力建设，政府重点办好县级医院"。同年7月，国务院办公厅印发《医药卫生体制五项重点改革2009年工作安排的通知》，提出要制定并出台基层医疗卫生机构建设标准，在全国支持986个县级医院（含中医院）、3 549个中心乡镇卫生院等基层医疗卫生机构建设，加强以全科医生为重点的基层医疗卫生队伍建设，同时要求900个三级医院与2 000个县级医院建立起长期对口协作关系。

2010年2月，国务院印发《关于公立医院改革试点的指导意见》（以下简称《指导意见》），开始推进公立医院改革试点工作。《指导意见》要求公立医院通过技术支持、人员培训、管理指导等多种方式，带动基层医疗卫生机构发展，使公立医院改革与健全基层医疗卫生体系紧密配合、相互促进。《指导意见》强调，要重点加强县级医院能力建设，推进县级医院标准化建设，改善县级医院的业务用房和装备条件。要完善城乡医院对口支援制度，多形式、多渠道加强人才队伍建设，逐步提高县级医院的人员素质和能力水平。

2012年3月，国务院印发《"十二五"期间深化医药卫生体制改革规划暨实施方案》（以下简称《方案》），明确了2012—2015年医药卫生体制改革的阶段目标、改革重点和主要任务。《方案》提出，"十二五"期间要把县级公立医院改革放在突出位置，以破除"以药补医"机制为关键环节，统筹推进管理体制、补偿机制、人事分配、采购机制、价格机制等方面的综合改革；加强以人才、技术、重点专科为核心的能力建设，巩固深化城市医院对口支援县级医院的长期合作帮扶机制，经批准可在县级医院设立特设岗位引进急需高层次人才，力争使县域内就诊率提高到90%左右，基本实现大病不出县。2015年要实现县级公立医院阶段性改革目标。

2012年6月，国务院办公厅印发《关于县级公立医院综合改革试点的意见》（以下简称《意见》），要求按照保基本、强基层、建机制的要求，遵循上下联动、内增活力、外加推力的原则，围绕政事分开、管办分开、医药分开、营利性和非营利性分开的改革要求，以破除"以药补医"机制为关键环节，以改革补偿机制和落实医院自主经营管理权为切入点，统筹推进管理体制、补偿机制、人事分配等7个方面的综合改革，建立起维护公益性、调动积极性、保障可持续的县级医院运行机制。同时加强以人才、技术、重点专科为核心的能力建设，统筹县域医疗卫生体系发展，力争使县域内就诊率提高到90%左右，基本实现大病不出县。《意见》从功能定位、补偿机制、人事分配、管理制度、服务能力和监管机制等方面，明确了县级公立医院改革试点的主要任务和目标，明确要求各地政府"在每个县（市）重点办好 1~2 所县级医院（含中医医院）"，"30 万人口以上的县（市）至少有 1 所医院达到二级甲等水平"。《意见》要求县级公立医院综合改革试点要以改革促发展，要合理配置医疗资源，提高技术服务水平，加强信息化建设，提高县域中医药服务能力，开展便民惠民服务，加强人才队伍建设，通过设立特岗引进急需高层次人才等，提升县域医疗服务能力，解决县域居民的看病就医问题。

2014 年 3 月，国家卫生计生委发布的《县级公立医院综合改革试点评估报告》显示，各级政府积极调整财政支出结构，加大财政投入，为综合改革提供了有力的支撑。2012 年 311 个国家试点县政府卫生投入共计 518.2 亿元，较 2011 年增长了 28.0%，占当年财政支出的比重达到 6.24%，较 2011 年提高了 0.45 个百分点。

4. 农村卫生信息化建设

农村卫生信息化是以农村居民健康管理为最终目标，以提高农村卫生管理效率和水平为原则，以计算机、网络、信息技术为手段，以医疗服务、公共卫生、药物管理、医疗保障和综合管理的数字化为内容的一项与现行农村卫生业务管理相互辅佐的过程。农村卫生信息化是现代卫生工作的重要组成部分，是深化医药卫生体制改革的重要任务和重要支撑与保障。《中共中央 国务院关于深化医药卫生体制改革的意见》中提出："加快医疗卫生信息系统建设。完善以疾病控制网络为主体的公共卫生信息系统，提高预测预警和分析报告能力；以建立居民健康档案为重点，构建乡村和社区卫生信息网络平台；以医院管理和电子病历为重点，推进医院信息化建设；利用网络信息技术，促进城市医院与社区卫生服务机构的合作。积极发展面向农村及边远地区的远程医疗。"

2010 年，按照整合医疗信息资源、建设区域卫生信息平台、加强基层医疗卫生服务体系建设的总体要求，卫生部选取陕西省子长县和安塞县作为试点，开始建设以健康档案为中心的区域卫生信息化平台，形成一个连接县卫生局到卫生监督所、疾控中心以及村卫生室的

第四章 贯彻科学发展观 加快城乡统筹改革进程（2007—2011）

区域卫生信息化网络，以信息化支持从儿童保健到妇幼保健，从疾病控制到老人健康管理的全面的卫生服务体系。作为全国首批农村医疗改革的试点项目，子长县和安塞县的信息化建设将成为我国今后医疗信息化，尤其是区域卫生信息平台建设的示范，在全国进行推广。

2012年6月，卫生部、国家中医药管理局联合下发《关于加强卫生信息化建设的指导意见》，提出"建设国家、省、区域（地市或县级）三级卫生信息平台，加强公共卫生、医疗服务、医疗保障、药品供应保障和综合管理五项业务应用系统，建设居民电子健康档案、电子病历两个基础数据库和一个业务网络，将三级卫生信息平台作为横向联系的枢纽，整合五项业务的纵向功能和应用，以居民健康卡为联结介质，促进互联互通，实现资源共享。到2015年，初步建立全国卫生信息化基本框架。到2020年，建立完善实用共享、覆盖城乡的全国卫生信息化网络和应用系统，为实现人人享有基本医疗卫生服务目标提供有力的技术支撑"。

2013年11月，国家卫生计生委、国家中医药管理局联合下发《关于加快推进人口健康信息化建设的指导意见》，要求各地统筹人口健康信息资源，强化制度、标准和安全体系建设，有效整合和共享全员人口信息、电子健康档案和电子病历三大数据库资源，实现公共卫生、计划生育、医疗服务、医疗保障、药品管理、综合管理六大业务应用，建设国家、省、地市和县四级人口健康信息平台，以四级平台作为六大业务应用纵横连接的枢纽，以居民健康卡为群众享受各项卫生计生服务的联结介质，形成覆盖各级各类卫生计生机构（含中医药机构）高效统一的网络，实现业务应用互联互通、信息共享、有效协同。同时提出至"十二五"末，基本实现各级各类卫生计生机构的信息网络安全互联；以区域为重点完成全员人口信息、电子健康档案和电子病历数据库建设，实现试点地区互联互通；结合地方实际，合理构建四级信息平台，实现六大业务应用，基本覆盖80%的省份、70%的地市以及50%的县区，公立医院综合改革试点地区全覆盖；在试点地区普及应用居民健康卡。

搭建卫生信息网络平台,是将信息化手段应用到农村医疗卫生领域的一次尝试。把信息化的手段运用到农村医疗卫生领域,可以实现远程医疗、公共卫生、妇幼保健、药品管理、疾病防控和卫生监督,以及新型农村合作医疗的即时结报。系统可辅助三级医疗卫生服务系统,实现资源网络共享;也可随时查询农民的健康数字档案,了解新型农村合作医疗补偿信息。建立农村卫生信息系统,有利于实现农村社区卫生服务集约化、促进资源共享网络化和综合管理信息化。通过开展系列项目试点,全国多省市开始自主探索,建立县、乡、村三级医疗卫生信息化系统,提升农村医疗卫生管理水平和服务质量。

第三节　农村社会保障制度全面建设

改革开放 30 余年来,农村的经济和社会发生了翻天覆地的变化,农村社会保障制度的重建与发展,也是其中重要的方面。20 世纪 80 年代中期,随着农村经济体制改革的推行,集体经济逐步解体,国家开始重建农村基本生活保障体系,并相继开展了大规模的扶贫开发行动,探索农村养老保险体系,改革农村五保供养制度,建立了农村最低生活保障制度。但由于在较长时间里,国家以经济发展为重点,并且在社会保障体系建设中更加重视城市,导致农村地区的社会保障制度发展相对缓慢,农村和城市在基本生活保障、社会保障、养老保障和医疗卫生等方面的差距越来越大。新医改方案启动后,新型农村合作医疗制度和医疗救助制度试点全面推开。农村五保供养制度进入规范化、法制化改革阶段;农村最低生活保障制度的建设取得突破性进展,在全国农村实现普及;农村养老保险制度在探索中发展,农村公共服务体系建设的步伐进一步加快。尽管与城镇社会保障制度的发展相比，农村社会保障制度仍然处于相对落后的状况，但农村社会保障制度的全面建设已然拉开了序幕。

一、政府保障型社会保障体系建设

社会保障的本质是维护社会公平进而促进社会稳定发展。《中华人民共和国宪法》规定："中华人民共和国公民在年老、疾病或者丧失劳动能力的情况下，有从国家和社会获得物质帮助的权利。国家发展为公民享受这些权利所需要的社会保险、社会救济和医疗卫生事业。"长期以来，农村社会保障资金来源主要是集体缴费、农民自筹资金和政府财政支持，其中政府财政支持一直是最为重要的渠道。然而，从社会保障资金到位的现实情况来看，政府财政投入严重不足，农村社会保障资金的统筹层次相应较低，县、乡、村的统筹款成为农村社会保障资金最主要的来源。中共十六大以后，按照加快构建社会主义和谐社会和贯彻落实科学发展观的要求，国家相继实施了新型农村合作医疗和农村最低生活保障制度，同时开展新型农村社会养老保险试点，财政支持农村社会保障建设的力度大为增强，政府保障型社会保障体系得到进一步强化，农村社会保障事业取得显著成就。

1. 财政支持农村社会保障的力度加大

长期以来，各级财政可用资金有限地投入农村社会保障体系建设，多体现为农村扶贫资金和民政救济金。由于没有针对农村社会保障建设设立专项资金，导致农村社会保障发展极度缓慢。为了改变这种状况，自2007年以来，国家开始增大公共财政在社会保障建设中承担的责任，突出表现在增加了支农额度和补助金。中央和地方各级财政预算，都把农村社会保障作为改善民生的重点予以倾斜，持续加大对农村社会保障事业的投入力度，大幅增加社会保障资金支出的额度。统计结果显示，各级财政用于农村社会保障的支出额度，从2005年的264.15亿元增加到2009年的3 054.61亿元，年均增长84.41%，远远高于同期全国财政支出20.61%的增幅。截至2012年年底，中央财政总计向新型农村社会养老保险投入补助2 320多亿元，如果再加上各级地方财政投入的300多亿元的缴费补贴，新型农村社会养老保险财政投入补助已经超过了2 620亿元。

从主要保障项目的补助幅度来看，中央财政补助农村社会保障项目的增幅，要远高于全国财政补助的增幅。例如，新型农村合作医疗项目，全国财政补助支出年均增幅达104.56%，而中央财政补助支出年均增幅高达166.78%。农村最低生活保障项目方面，全国财政补助支出年均增幅87.44%，而中央财政补助支出年均增幅高达191.87%。农村义务教育的全国财政补助支出，年均增幅为47.95%，而中央财政补助支出年均增幅为64.37%。可见公共财政发挥的作用，较以往任何时期都更为突出，表明政府在农村社会保障制度建设过程中，承担了更多的财政责任和社会责任。①

2. 农村社会保障覆盖范围不断扩大

在中央和地方各级财政的支持下，农村社会保障的覆盖范围不断扩大，突出表现在新型农村合作医疗制度提前实现全覆盖目标。2002年10月，中共中央、国务院发布《关于进一步加强农村卫生工作的决定》，明确指出要"逐步建立以大病统筹为主的新型农村合作医疗制度"，"到2010年，新型农村合作医疗制度要基本覆盖农村居民"。从2003年开始，按照"多方筹资，农民自愿参加"的原则，新型农村合作医疗的试点地区不断增加。中央财政对中西部地区除市区以外参加新型合作医疗的农民每年按人均10元安排合作医疗补助资金，地方财政对参加新型合作医疗的农民补助每年不低于人均10元。截至2004年12月，全国共有310个县、1 945万户、6 899万农民参加了新型农村合作医疗，参合率达到了72.6%。2008年7月10日，卫

---

① 王军：《中国农村社会保障制度建设：成就与展望》，《财政研究》2010年第8期。

第四章 贯彻科学发展观 加快城乡统筹改革进程（2007—2011）

生部召开例行新闻发布会宣布：截至2008年3月底，全国已经开展新型农村合作医疗的县（市、区）数达2 679个，占应开展（有农业人口）县（市、区）数的98.17%，占全国总县（市、区）数的93.57%。参加合作医疗人口8亿，参合率为91.05%。截至6月底，全国31个省份已全部实现了全面覆盖，提前实现了2008年全覆盖的目标。

同时，我国新型农村社会养老保险制度的覆盖范围也在逐步扩大。新型农村社会养老保险制度是在总结和完善我国20世纪90年代开展的农村社会养老保险制度的基础上，建立起来的一项崭新制度。其创新之处在于：一是实行基础养老金和个人账户养老金相结合的养老待遇计发办法，国家财政全额支付最低标准基础养老金；二是实行个人缴费、集体补助、政府补贴相结合的筹资办法，地方财政对农民缴费实行补贴。新型农村社会养老保险制度强调了国家对农民"老有所养"承担的责任，明确了政府资金投入的原则要求，这是与过去的农村社会养老保险制度仅依靠农民自我储蓄积累的最大区别。2009年9月，国务院发布《关于开展新型农村社会养老保险试点的指导意见》，标志着全国新型农村社会养老保险试点工作正式启动。文件确定"2009年试点覆盖面为全国10%的县（市、区、旗），以后逐步扩大试点，在全国普遍实施，2020年之前基本实现对农村适龄居民的全覆盖"。2009年我国正式启动新型农村社会养老保险试点，首批确定了320个试点县区，全国覆盖面达11.8%，大约有1 500万的60周岁以上农村老年人领到了基础养老金。2011年12月，中共中央、国务院印发《中国农村扶贫开发纲要（2011—2020年）》，提出到2015年实现新型农村社会养老保险制度全覆盖。截至2011年6月底，国家试点地区共有1.42亿人参保，3 713万人领取养老金。加上各地自行开展的试点，全国参加新型农村社会养老保险的人数共计1.99亿人，5 408万人领取了养老金。北京、天津、重庆、浙江、江苏、西藏、宁夏、青海、海南9个省（自治区、直辖市）已经实现了新型农村社会养老保险制度的全覆盖。①

另外,全国所有涉农县(市、区、旗)都建立了农村最低生活保障制度。2007年7月,国务院印发《关于在全国建立农村最低生活保障制度的通知》,要求各地要充分认识建立农村最低生活保障制度的重要意义,明确建立农村最低生活保障制度的目标和总体要求,合理确定农村最低生活保障标准和对象范围,规范农村最低生活保障管理,并落实农村最低生活保障资金。2008年,全国所有涉农县(市、区、旗)都建立了农村最低生活保障制度。据民政部统计,截至2014年年底,全国有农村最低生活保障对象2 943.6万户、5 207.2万人。全年各级财政共支出农村最低生活保障资金870.3亿元,其中中央补助资金582.6亿元,占总支出的66.9%。2014年全国农村最低生活保障平均标准为每人每年2 777元,比上年提高343元,增长14.1%。

3. 农村社会保障项目不断增加

2003年以前,农村社会保障项目比较少,仅有五保供养、自然灾害生活救助、优抚对象抚恤补助和低水平的合作医疗,以及少数地区开展的"老农保"。党的十六大以后,农村社会保障项目纷纷设立,初步建立起了针对广大农村居民的从出生到养老,从医疗到教育,从生活保障到住房保障、再到就业保障的社会保障体系。按照政策性目标和覆盖人群的不同,可将这些项目归纳为9个方面:一是社会保险项目,主要包括新型农村合作医疗和新型农村社会养老保险。二是社会救助项目,包括农村五保供养、农村居民最低生活保障、自然灾害生活救助、农村医疗救助及农村危房改造。三是优抚安置项目,包括优抚对象的医疗补助和抚恤补助、义务兵优待和退役军人安置等。四是社会福利项目,包括儿童福利、老年人福利、残疾人事业和计划生

---

① 冯学军,张学文:《推动新型农村社会养老保险制度可持续发展的对策建议》,《农业经济》2012年第4期。

育家庭奖励等。五是义务教育项目，主要指农村义务教育项目。六是公共卫生项目，包括基本公共卫生服务、国家免疫规划、艾滋病患者救治和结核病患者救治等。七是就业项目，主要指农民工就业以及就业后社会保障等方面的政策。另外两类是扶贫开发政策以及农业与农民补贴政策。① 经过多年的努力，目前我国农村社会保障制度的框架已基本形成，初步建立起了针对广大农村居民、渐成体系的社会保障"安全网"。

4. 农村社会保障标准不断提高

随着经济社会发展和财政实力的增强，在农村社会保障制度建设过程中，国家多次提高农村社会保障补助标准，为农村居民的基本生活和医疗提供了更有力的保障。以新型农村合作医疗为例，从2003年开始，中央和地方财政对参加新型合作医疗的农民的补助标准是每人每年20元，2006年起补助标准提高到每人每年40元，2008年又提高到每人每年80元，2010年进一步提高到每人每年120元。2011年2月，国务院办公厅印发《医药卫生体制五项重点改革2011年度主要工作安排》，决定2011年"政府对新农合和城镇居民医保补助标准均提高到每人每年200元"，并提出"城镇居民医保、新农合政策范围内住院费用支付比例力争达到70%左右"。2012年起，各级财政对新型农村合作医疗的补助标准从每人每年200元提高到每人每年240元。2013年9月，国家卫生计生委下发《关于做好2013年新型农村合作医疗工作的通知》，宣布"2013年起，各级财政对新农合的补助标准从每人每年240元提高到每人每年280元"，"将政策范围内住院费用报销比例提高到75%左右"，同时要求各地全面推开儿童白血病、先天性心脏病、结肠癌、直肠癌等20个病种的重大疾病保障试点工作。2014年起，各级财政对新型农村合作医疗的补助标准再

---

① 王军：《中国农村社会保障制度建设：成就与展望》，《财政研究》2010年第8期。

次提高40元,达到每人每年320元。

再以农村五保供养制度为例,中央财政的补助标准增幅也较为明显。2006年3月1日,新修订的《农村五保供养工作条例》正式施行。新《条例》明确了五保供养由政府主导,供养资金在地方人民政府预算中安排,中央财政对财政困难地区的农村五保供养给予补助;创建了五保供养标准的自然增长机制,规定农村五保供养标准不得低于当地村民的平均生活水平,并根据当地村民平均生活水平的提高适时调整;加强了农村五保供养服务机构的建设与管理,明确了依法监督管理的措施办法。新《条例》把农村五保供养纳入以公共财政保障为主的新轨道,五保供养经费来源有了根本保障,极大地促进了农村五保事业的发展。2012年7月,国务院印发《国家基本公共服务体系"十二五"规划》,提出农村五保供养目标人群覆盖率要达到100%,集中供养能力要达到50%以上。民政部发布的《2014年社会服务发展统计公报》显示:截至2014年年底,全国有农村五保供养对象529.1万人。全年各级财政共支出农村五保供养资金189.8亿元,比上年增长10.2%。其中,农村五保集中供养174.3万人,集中供养年平均标准为5 371元/人,比上年增长14.6%;农村五保分散供养354.8万人,分散供养年平均标准为4 006元/人,比上年增长14.5%。

5. 对农村社会保障体系的管理和监督不断强化

这一时期,农村社会保障制度体系不断健全,各级政府有关部门也采取了一系列措施,强化了对农村社会保障体系的管理和监督。

一是加快推进了农村社会保障体系的信息化建设。为了促进和规范全国各地新型农村合作医疗信息系统的设计和开发,2005年5月,卫生部下发《新型农村合作医疗信息系统基本规范(试行)》。2006年11月,卫生部下发《关于新型农村合作医疗信息系统建设的指导意见》(以下简称《指导意见》),就新型农村合作医疗信息系统的建设目标、建设原则、信息系统结构、建设实施进度、保障措施5个方面对新型农村合作医疗信息系统建设提出了要求。《指导意见》明确提出，要分3个阶段进行新农合信息系统建设：第一阶段是2006年至2007年年底，在推动县级网络建设与应用的同时，完成国家级和省级信息平台建设，首先实现全国第一批试点县新农合系统与省级系统的并网运行。第二阶段是2007年年底至2008年年底，进一步完善和强化国家级和省级中心数据库的设计，完成第二期应用系统（以规范化数据采集、管理为重点）的开发和实施，以省为单位统一各县新农合管理软件系统，实现各县的规范化数据在省级中心数据库的集中存储。第三阶段是2008年年底至2010年年底，完成全部系统设计和第三期应用系统（以数据综合管理、数据分析和数据挖掘为重点）的开发与实施，并随着新农合制度的不断推进，逐步实现全国新农合规范化数据的集中存储和分析。信息系统建设的框架结构，是要逐步建成以两级平台（国家级、省级）为主，多级业务网络（国家、省、市）并存的模式。信息化平台建设推动了新型农村合作医疗的发展，实现了新农合的即时结报、"一卡通"以及与农村居民健康档案的互通。目前，在国家卫生和计划生育委员会的牵头下，已经建立起了"中国城乡居民基本医疗保险（新农合）信息平台"，专门提供与新型农村合作医疗相关的政策法规及信息查询服务。

二是加强了各项农村社会保障资金的财务管理。2008年以来，各级财政通过国库集中支付方式，下达新农合补助资金，避免因资金在途时间过长引发管理难题，保证财政补助资金及时到位。与此同时，中央也在会同相关部门，严格监督和检查农村社会保障资金的管理使用情况，并逐步将各项农村社会保障基金纳入社会保险基金预算。2010年1月，国务院印发《关于试行社会保险基金预算的意见》（以下简称《意见》），决定试行社会保险基金预算，以加强社会保险基金管理，规范社会保险基金收支行为。《意见》提出，除了城镇各类保险基金以外，"根据国家法律法规建立的其他社会保险基金，条件成熟时，也应尽快纳入社会保险基金预算管理"。2011年3月，财政部、人力资源社会保障部联合印发《新型农村社会养老保险基金财务管理暂行办法》，要求将新型农村社会养老保险基金"纳入社会保障基金财政专户，实行收支两条线管理，单独记账、核算。任何地区、部门、单位和个人均不得挤占、挪用，不得用于平衡财政预算，不得用于经办机构人员和工作经费。各级经办机构的人员经费和经办新农保发生的基本运行费用、管理费用，由同级财政按国家规定予以保障"。

二、农村养老保险和最低生活保障制度改革

新型农村合作医疗制度改革取得突破，带动了农村社会养老保险和最低生活保障制度改革，全国农村逐步建立起了医疗保险、养老保险和最低生活保障3项基本制度，惠及数亿农民，实现了几千年来农民老有所养、病有所医、困有所济的愿望。养老保险制度是整个社会保障制度体系的重要组成部分，在人口老龄化日益加剧的背景下建立起来，显得尤为重要。各地本着"保基本、广覆盖、有弹性、可持续"的原则，积极探索新型农村社会养老保险试点方案。新型农村合作医疗制度以保障农村居民年老时的基本生活为目的，采取社会统筹与个人账户相结合的基本模式和个人缴费、集体补助、政府补贴相结合的筹资方式，与家庭养老、土地保障和社会救助等其他社会保障政策措施相配套。建立和健全农村社会养老保险制度是一项重大的惠民举措，对于促进社会公平正义、破除城乡二元结构、逐步实现基本公共服务均等化具有重大意义。

1. 农村养老保险制度的演进

新中国成立后，党和政府十分关心特殊困难群众的生活，开始着手建立以社会救助、社会福利和社会优抚安置为内容的社会保障制度。1954年9月，第一届全国人民代表大会第一次会议通过了《中华人民共和国宪法》，其中明确规定："中华人民共和国劳动者在年老、疾病或者丧失劳动能力的时候，有获得物质帮助的权利。"1956

第四章 贯彻科学发展观 加快城乡统筹改革进程（2007—2011）

年6月，第一届全国人民代表大会第三次会议通过了《高级农业生产合作社示范章程》，其中第53条明确规定："农业生产合作社对于缺乏劳动力或者完全丧失劳动力、生活没有依靠的老、弱、孤、寡、残疾的社员，在生产上和生活上给以适当的安排和照顾，保证他们的吃、穿和柴火的供应，保证年幼的受到教育和年老的死后安葬，使他们生、养、死、葬都有依靠。"《1956年到1967年全国农业发展纲要》中明确提出："农业合作社对于社内缺乏劳动力、生活没有依靠的鳏寡孤独的社员，应当统一筹划，指定生产队或者生产小组在生产上给以适当的安排，使他们能够参加力能胜任的劳动；在生活上给以适当的照顾，做到保吃、保穿、保烧（燃料）、保教（儿童和少年）、保葬，使他们的生、养、死、葬都有指靠。"由此，人们便将"保吃、保穿、保烧、保教、保葬"这5项保障简称为"五保"〔1994年改为"保吃、保穿、保住、保医、保葬（孤儿保教）"〕，将享受"五保"的家庭称为"五保户"，形成了独具中国特色的农村五保供养制度。20世纪50年代开始，各地相继兴办了敬老院，将部分五保对象集中供养，逐步形成了集中供养和分散供养相结合的五保供养模式。60年代初期，国家对农村政策进行调整，规定了储备粮和公益金的提取、使用，形成了对公社社员尤其是老年社员基本生活的保障。

党的十一届三中全会召开后，农村家庭联产承包责任制普遍推行，集体养老保障功能削弱。为了适应新形势，国家"七五"计划提出，"七五"期间"建立中国农村社会保障制度雏形"的任务。1986年年初，民政部开始着手就建立农村社会保障制度的问题，组织力量调查研究，开展理论探讨，并在经济比较发达的地区进行了试点。10月中旬，民政部在江苏省沙洲县（现为张家港市）召开全国农村基层社会保障工作座谈会，探讨了在农村建立社会保障制度的必要性和可行性，并初步形成了一些构想。12月，民政部向国务院递交了《关于探索建立农村基层社会保障制度的报告》（以下简称《报告》），从农村基层社会保障制度的建设、资金来源、重视家庭的作用和明确主管部门等方面，提出了初步构想。《报告》经国务院同意后于1987年3月正式发布，极大地推动了各地建立农村社会养老保障制度的步伐。

1991年6月，国务院发布《关于企业职工养老保险制度改革的决定》，明确提出"国家机关、事业单位和农村（含乡镇企业）的养老保险制度改革，分别由人事部、民政部负责"，由此确定以民政部为农村（含乡镇企业）养老保险制度改革的责任主体。1992年1月，民政部印发《县级农村社会养老保险基本方案（试行）》，就农村社会养老保险的保险对象及交纳、领取保险费的年龄，保险资金的筹集，交费标准、支付及变动，基金的管理与保值增值，立法、机构、管理和经费等作出规定。《县级农村社会养老保险基本方案（试行）》中强调：建立农村社会养老保险制度，要从我国农村的实际出发，以保障老年人基本生活为目的；坚持资金个人交纳为主，集体补助为辅，国家予以政策扶持；坚持自助为主、互济为辅；坚持社会养老保险与家庭养老相结合；坚持农村务农、务工、经商等各类人员社会养老保险制度一体化的方向。此后，社会养老保险在全国农村逐步发展起来。截至1997年年底，全国已有30个省（自治区、直辖市）的2 097个县（市、区）开展了农村社会养老保险工作，8 288万农村人口参加了养老保险，基金积累超过140亿元，52.24万农民领取了养老金，并且建立了农村社会养老保险机构27 797个，基本形成了中央部委、省、地、县、乡、村多级工作网络和上下贯通的管理体系。[①]

1998年政府机构改革，农村社会养老保险由民政部门移交给劳动和社会保障部。由于管理体制不顺、保障水平较低等多种因素的影响，全国大部分地区的农村社会养老保险工作出现了参保人数下降、基金运行难度加大等困难，一些地区农村社会养老保险工作甚至陷入

---

① 王以才：《谁来赡养中国老农？——农村社会养老保险的现状、问题及措施》，《中外管理导报》1999年第2期。

停顿状态。与此形成鲜明对比的是，农村养老现状令人担忧，农村青壮年劳动力大规模跨区域流动，涌向经济发达的大中型城市，农村老年人口比例上升，家庭养老功能弱化，土地也难以承担养老的功能，农村社会养老保险制度面临严峻挑战。

2. 探索新型农村社会养老保险制度

2002年11月，中共十六大报告提出："发展城乡社会救济和社会福利事业。有条件的地方，探索建立农村养老、医疗保险和最低生活保障制度。"2003年开始，各地针对传统养老保险制度存在的问题，结合农村改革的新形势，积极探索，开展新型农村社会养老保险试点，为建立全国统一的新型农村社会养老保险制度积累了宝贵的经验。2006年1月，劳动和社会保障部选择北京市大兴区、山东省烟台市招远市、山东省菏泽市牡丹区、福建省南平市延平区、安徽省霍邱县、山西省柳林县、四川省巴中市通江县、云南省南华县8个县（市、区），启动新型农村社会养老保险制度建设试点工作。各试点地区从实际出发，建立了缴费补贴、贴息等多种方式的农民参保补贴制度，形成了个人缴费、集体补助、政府补贴的多方筹资机制。截至2007年年底，全国已有31个省、自治区、直辖市的近2 000个县（市、区、旗）不同程度地开展了新型农村社会养老保险试点工作，有5 000多万农民参保，积累保险基金300多亿元，有300多万参保农民领取了养老金。[①]

2008年10月，中共十七届三中全会审议通过了《中共中央关于推进农村改革发展若干重大问题的决定》，对进一步推进农村改革发展作出了全面部署。《决定》要求："贯彻广覆盖、保基本、多层次、可持续原则，加快健全农村社会保障体系。按照个人缴费、集体补助、政府补贴相结合的要求，建立新型农村社会养老保险制度。"

---

① 黄佳豪：《我国农村养老保险制度的历史演进及其探索》，《重庆社会科学》2009年第10期。

2009年，国家开始探索建立全国统一的新型农村社会养老保险制度。2009年8月18日，国务院召开全国新型农村社会养老保险试点工作会议，温家宝在会上指出："新农保的制度创新，最主要有两个方面：一是实行基础养老金和个人账户养老金相结合的养老待遇，国家财政全额支付最低标准基础养老金；二是实行个人缴费、集体补助、政府补贴相结合的筹资办法，地方财政对农民缴费实行补贴。新农保制度的这两个显著特点，强调了国家对农民老有所养承担的重要责任，明确了政府资金投入的原则要求，这是与老农保仅靠农民自我储蓄积累的最大区别。""支持新农保制度建设，关系经济发展社会稳定的大局，关系广大农民的福祉，各级政府责无旁贷，宁可少上点项目、压缩其他方面的开支，也要挤出钱来把这件大事办好。"9月，国务院印发《关于开展新型农村社会养老保险试点的指导意见》，提出"2009年试点覆盖面为全国10%的县（市、区、旗），以后逐步扩大试点，在全国普遍实施，2020年之前基本实现对农村适龄居民的全覆盖"。2009年12月，江西、甘肃、浙江等省的新型农村社会养老保险试点工作正式启动，山西、上海、浙江、广东、北京等17个省（自治区、直辖市）的养老保险实现了省级统筹。

2010年4月，人力资源和社会保障部下发《关于2010年扩大新型农村社会养老保险试点的通知》，决定2010年扩大新型农村社会养老保险试点，"实行重点扩面①与普遍扩面相结合，全国总的试点覆盖范围扩大到23%左右"。人力资源和社会保障部发布的2011年全国社会保险情况显示：截至2011年年底，全国27个省、自治区的1 914个县（市、区、旗）和4个直辖市部分区县纳入国家新型农村社会养老保险试点，总覆盖面约为60%。国家新农保试点参保人数达到3.26亿人（含已开展城乡居民养老保险地区），全国试点地区共有

---

① 扩大试点的重点地区有：西藏自治区全区和四川、云南、甘肃、青海四省藏区县；新疆维吾尔自治区喀什地区、和田地区和克孜勒苏柯尔克孜自治州的全部县市，阿克苏市的乌什县、柯坪县及全疆其他边境县、国家扶贫开发工作重点县。

8 922万人领取新农保养老金。此外，还有17个省份的339个县（市、区、旗）自行开展了新农保试点。全国共计3.58亿人参加新农保。北京、天津、浙江、江苏、宁夏、青海、海南、西藏已经实现新农保制度全覆盖。

2012年，我国新型农村社会养老保险制度基本实现全覆盖。新型农村社会养老保险制度与过去实行的农村养老保险制度（简称"老农保"）相比，在以下两方面取得了突破：一是筹资渠道有所拓宽，筹资结构发生变化。"老农保"主要采取的方式是农民自己缴费，本质上属于自我储蓄的筹资模式。新型农村社会养老保险实行个人缴费、集体补助和政府补贴相结合的方式，筹资渠道明显拓宽。中央财政对地方进行补助的过程中，采取直接补贴的方式惠及农民，成为继取消农业税、农业直补和新型农村合作医疗政策之后，农村社会保障体系建设过程中又一重大的惠农政策。二是形成两部分支付结构，替代农民个人的账户。与之前实行的"老农保"相比，新型农村社会养老保险不再单纯建立农民的个人账户，支付结构由基础养老金和个人账户养老金两部分组成，基础养老金由国家财政全部保证支付。新型农村社会养老保险规定最低缴费年限为15年，并且规定养老金不分男女性别限制，中国农民一律从60岁以后享受国家普惠式的养老金。

2013年，国家开始研究制定城乡养老保险制度衔接的新政策。2014年2月21日，国务院印发《关于建立统一的城乡居民基本养老保险制度的意见》，决定将新型农村社会养老保险和城镇居民社会养老保险两项制度合并实施，在全国范围内建立统一的城乡居民基本养老保险制度。《意见》提出："十二五"末，在全国基本实现新型农村社会养老保险制度和城镇居民社会养老保险制度合并实施，并与职工基本养老保险制度相衔接。2020年前，全面建成公平、统一、规范的城乡居民养老保险制度，与社会救助、社会福利等其他社会保障政策相配套，充分发挥家庭养老等传统保障方式的积极作用，更好地保障参保城乡居民的老年基本生活。2月24日，人力资源社会保障部、财政部联合印发《城乡养老保险制度衔接暂行办法》，规定"参加城镇职工养老保险和城乡居民养老保险人员，达到城镇职工养老保险法定退休年龄后，城镇职工养老保险缴费年限满15年（含延长缴费至15年）的，可以申请从城乡居民养老保险转入城镇职工养老保险，按照城镇职工养老保险办法计发相应待遇；城镇职工养老保险缴费年限不足15年的，可以申请从城镇职工养老保险转入城乡居民养老保险，待达到城乡居民养老保险规定的领取条件时，按照城乡居民养老保险办法计发相应待遇"。

建立统一的城乡养老保险制度，通过制度整合与制度衔接，使全体人民公平地享有基本养老保障，是我国经济社会发展的必然要求，有利于促进城乡劳动力的合理流动，保障广大城乡参保人员的权益，对于健全和完善城乡统筹的社会保障体系具有重要的现实意义。

3. 农村最低生活保障制度普及

农村最低生活保障制度，是指对家庭人均纯收入低于当地农村居民最低生活保障标准的农村贫困人口，由地方政府按照最低生活保障标准，提供维持其基本生活的物质帮助的社会救济制度。农村最低生活保障制度是在农村特困群众定期定量生活救助制度的基础上，逐步发展和完善的一项规范化的社会救济制度。1994年5月，国务院召开第十次全国民政工作会议，会议提出在20世纪末，要"在农村初步建立起与经济发展水平相适应的层次不同、标准有别的社会保障制度"。同年，上海市率先通过实施农村居民最低生活保障制度，开始探索针对农村贫困居民的科学有效的救济方式。随后，山西、山东、浙江、河北、湖南、河南、广东等省成为农村社会保障体系建设的首批试点地区，试点中，最低生活保障制度建设被作为农村社会保障体系建设的重点。1996年，民政部印发了《关于加快农村社会保障体系建设的意见》和《农村社会保障体系建设指导方案》，要求各地把建立农村最低生活保障制度作为农村社会保障体系建设的重点来抓。

第四章 贯彻科学发展观 加快城乡统筹改革进程（2007—2011）

随后，农村最低生活保障制度推行范围迅速扩大，河北、广西、陕西、山东、浙江、广东等16个省（市、区），陆续建立起农村最低生活保障制度。截至2001年年底，全国已建立农村最低生活保障制度的县（市、区）达2 037个，占总数的81%，304.6万农村贫困人口得到了农村最低生活保障。①

为了将符合条件的农村贫困人口全部纳入农村最低生活保障范围，稳定、持久、有效地解决全国农村贫困人口的温饱问题，中央开始加快推进农村最低生活保障制度建设。2002年11月，中共十六大提出要"建立健全同经济发展水平相适应的社会保障体系"，"有条件的地方，探索建立农村养老、医疗保险和最低生活保障制度"。2006年10月，中共十六届六中全会审议通过了《中共中央关于构建社会主义和谐社会若干重大问题的决定》，强调要"完善社会保障制度，保障群众基本生活"，"逐步建立农村最低生活保障制度"。

2007年7月，国务院下发《关于在全国建立农村最低生活保障制度的通知》（以下简称《通知》），决定2007年在全国建立农村最低生活保障制度。《通知》要求："农村最低生活保障标准由县级以上地方人民政府按照能够维持当地农村居民全年基本生活所必需的吃饭、穿衣、用水、用电等费用确定，并报上一级地方人民政府备案后公布执行。农村最低生活保障标准要随着当地生活必需品价格变化和人民生活水平提高适时进行调整。"《通知》明确了农村最低生活保障对象是"家庭年人均纯收入低于当地最低生活保障标准的农村居民，主要是因病残、年老体弱、丧失劳动能力以及生存条件恶劣等原因造成生活常年困难的农村居民"。《通知》的发布和实施，标志着我国农村的最低生活保障开始以制度的形式在全国范围内建立起来，并由此进入全面落实和完善的阶段。

---

① 李杰，陈改玲，李梦：《我国农村居民最低生活保障制度资金的供给与监管》，《渭南师范学院学报》2009年第3期。

2007年12月,中央农村工作会议提出,要"加大农村最低生活保障补助力度,将符合条件的农村贫困家庭全部纳入低保范围,做到应保尽保"。此后,农村最低生活保障制度在全国建立了起来,农村最低生活保障对象逐年增加,保障标准也在逐年提高,基本实现了"应保尽保"。民政部发布的《2008年民政事业发展统计报告》显示:截至2008年年底,全国已有1 982.2万户、4 305.5万人得到了农村最低生活保障,比上年同期增加739.2万人,增长了20.7%。

2010年5月,国务院办公厅转发国务院扶贫开发领导小组办公室、民政部等5部门《关于做好农村最低生活保障制度和扶贫开发政策有效衔接扩大试点工作的意见》,要求各地通过探索两项制度的有效衔接,充分发挥农村最低生活保障制度和扶贫开发政策的作用,保障农村贫困人口基本生活,提高收入水平和自我发展能力,从而稳定解决温饱并实现脱贫致富,为全面实施两项制度有效衔接、实现到2020年基本消除绝对贫困现象的目标奠定基础。2011年12月,中共中央、国务院印发《中国农村扶贫开发纲要(2011—2020年)》,强调"逐步提高农村最低生活保障和五保供养水平,切实保障没有劳动能力和生活常年困难农村人口的基本生活"。2011年11月29日召开的中央扶贫开发工作会议宣布,中央决定将农民人均纯收入2 300元(2010年不变价)作为新的国家扶贫标准。这个标准比2009年的1 196元提高了92%,把农村更多低收入人口纳入了扶贫的范围。截至2014年年底,全国共有农村低保对象5 209万人,全国农村低保平均标准提高为每人每年2 777元,月人均补助125元,分别比上年同期增长14.1%、12.5%。[①] 农村最低生活保障制度的建立,对于促进农村经济社会发展、逐步缩小城乡差距、维护社会公平,具有重要的意义。

---

① 国务院新闻办公室:《2014年中国人权事业的进展》,2015年6月8日更新,http://www.gov.cn/zhengce/2015-06/08/content_2875262.htm,2016年6月8日引用。

第四章 贯彻科学发展观 加快城乡统筹改革进程（2007—2011）◀

第四节 城乡公共服务资源均衡化发展

这一时期，为了确保经济社会持续稳定健康发展，国家开始尝试推进农村公共服务体系建设，逐步探索城乡一体化的公共服务资源配置方式。随着农村公共服务体系的不断完善，城乡公共服务资源配置朝着均衡化方向发展，促进了社会主义新农村建设和城乡一体化发展，对全面建成小康社会具有重要的战略意义。在公共服务体系建设过程中，政府重点突出了两个方面的工作：一是改进农村公共服务运行机制，从供给内容、供给主体和供给资金来源着手，加大了农村公共产品的投资和建设。二是大力推进了农业转移人口市民化的进程，引导农村劳动力要素合理有序流动，努力实现劳动力要素市场城乡一体化均衡发展。与此同时，农业生态文明建设有所突破，农村土地、资本和劳动力三大生产要素的资源配置方式日趋合理化。

一、农村公共服务运行机制改进

自新医改方案启动以来，国家财政支出结构配套作出相应的调整。一方面，加大了对农村的财政转移支付力度，在提供公共服务方面重点向农村倾斜，建立起"工业反哺农业，城市反哺农村"的新机制；另一方面，国家调整了财政和国债投入的结构，增加了农村基础设施建设的投资数量和比重。特别是对自然环境和经济环境存在差异的地区，采取了有差别的、倾斜性的财政政策，以缩小地区之间的发展差距。农村因此获得更多的财政支持，逐步缓解了因公共服务匮乏所引起的诸多困难和问题。除了政府财政转移资金的支持以外，由于公共产品供给主体的多样性，公共产品筹资渠道也朝着多元化的方向发展，缓解了农村公共产品供给短缺的矛盾。

1. 公共服务更契合民需

一是契合农民的健康需求，强化了农村基本公共卫生服务的建设。2009年7月,卫生部、财政部、国家人口和计划生育委员会联合发布《关于促进基本公共卫生服务逐步均等化的意见》,决定实施国家基本公共卫生服务项目①和重大公共卫生服务项目②,人口和计划生育部门继续组织开展计划生育技术服务③。文件还明确了促进基本公共卫生服务逐步均等化的目标:"到2011年,国家基本公共卫生服务项目得到普及,城乡和地区间公共卫生服务差距明显缩小。到2020年,基本公共卫生服务逐步均等化的机制基本完善,重大疾病和主要健康危险因素得到有效控制,城乡居民健康水平得到进一步提高。"2011年4月,卫生部印发《国家基本公共卫生服务规范(2011年版)》,同时宣布自2011年起,国家人均基本公共卫生服务经费标准由每年15元提高至25元。2013年6月,国家卫生和计划生育委员会、财政部、国家中医药管理局联合发出《关于做好2013年国家基本公共卫生服务项目工作的通知》,宣布2013年人均基本公共卫生服务经费补助标准由25元提高至30元,同时要求各地进一步扩大受益人群范围、强化基础性服务项目。并且提出"2013年,各地以乡镇(街道)为单位,将适龄儿童(包括流动人口)国家免疫规划疫苗接种率保持在90%以上","以县(区、市)为单位,2013年65岁以上老年人健康管理率要达到65%以上","2013年,以县(区、市)为单位,高血压和糖尿病患者健康管理率要分别达到35%和20%以上,全国管理人数分别达到7 000万人和2 000万人以上"。2014年,我国

---

① 国家基本公共卫生服务项目主要包括:建立居民健康档案,健康教育,预防接种,传染病防治,高血压、糖尿病等慢性病和重性精神疾病管理,儿童保健,孕产妇保健,老年人保健等。

② 重大公共卫生服务项目主要包括:继续实施结核病、艾滋病等重大疾病防控,国家免疫规划,农村孕产妇住院分娩,贫困白内障患者复明,农村改水改厕,消除燃煤型氟中毒危害等重大公共卫生服务项目;新增15岁以下人群补种乙肝疫苗,农村妇女孕前和孕早期增补叶酸预防神经管缺陷,农村妇女乳腺癌、宫颈癌检查等项目。

③ 计划生育技术服务主要包括:避孕节育、优生优育科普宣传,避孕方法咨询指导,发放避孕药具,实施避孕节育和恢复生育力手术,随访服务,开展计划生育手术并发症及避孕药具不良反应诊治等。

第四章 贯彻科学发展观 加快城乡统筹改革进程（2007—2011）

人均基本公共卫生服务经费补助标准由30元提高至35元。

二是契合农民的教育需求和发展需求，以农村义务教育改革为重点，强化了发展性服务体系的建设。中共中央、国务院历来高度重视农村义务教育事业发展，特别是农村税费改革以来，先后发布了《国务院关于基础教育改革与发展的决定》《国务院关于进一步加强农村教育工作的决定》等一系列重要文件，确立了"在国务院领导下，由地方政府负责，分级管理，以县为主"的农村义务教育管理体制，逐步将农村义务教育纳入公共财政保障范围。2007年12月，国务院办公厅转发国务院农村综合改革工作小组《关于开展清理化解农村义务教育"普九"债务试点工作意见的通知》，要求做好清理化解"普九"债务的试点工作，以维护农村中小学的正常教学秩序，保障农村义务教育经费保障机制改革顺利进行，巩固农村税费改革成果，消除农民负担反弹隐患，推进农村综合改革。同一年，我国全面实施了农村义务教育阶段"两免一补"政策，农村义务教育发展迈入新的阶段。2012年9月，国务院办公厅发出《关于规范农村义务教育学校布局调整的意见》，要求科学制定农村义务教育学校布局规划，严格规范学校撤并程序和行为，办好村小学和教学点，进一步规范农村义务教育学校布局调整，努力办好令人民满意的教育。此后，国家开始综合考虑户籍制度改革、计划生育政策调整、人口及学生流动给城乡义务教育学校规划布局和城镇学位供给等因素，统筹城乡义务教育资源均衡配置，推进城乡义务教育一体化改革，促进义务教育事业持续健康发展。

三是契合农民的社会保障需求，不断改革创新农村社会养老保险和合作医疗等福利性社会保障制度，强化保障性公共服务支持体系。2009年以来，新型农村社会养老保险试点推开，国家开始大范围普及农村最低生活保障制度，逐步建立起一个较为系统的农村社会保障体系安全网。2014年，针对试点阶段新型农村社会养老保险和城镇居民养老保险取得的显著成绩，我国决定将新型农村社会养老保险和城镇居民养老保险合二为一，建立统一的城乡居民基本养老保险制度。目前，我国已经建立了普遍性的养老金制度和全民医疗保险制度，社会保险覆盖范围从城镇扩大到乡村，从国有企业扩大到各类企业，从就业群体扩大到非就业群体，并持续不断地提升养老金水平和医疗保险水平，城乡居民医疗保险住院费用报销比例达到70%，医保基金最高支付限额分别达居民年人均可支配收入的6倍。在建立和完善农村社会保障制度过程中，我国坚持制度创新、试点先行，逐步实现了保障制度从无到有、覆盖范围从小到大、保障水平由低到高、服务能力由弱到强，探索出一条适合中国国情的农村社会保障道路。

2. 公共服务供给主体多样化发展

农村公共服务供给的根本目标是满足农民群众的公共需求。提高农村公共服务供给的水平和质量，对于改善农村生产生活条件，缩小城乡差距，全面建成小康社会具有重要作用。农村公共服务供给的主体，取决于农村公共服务供给模式的选择。由于农村公共服务具有多重性的特点，既具备一般公共产品的属性，同时还具有地域性、分散性及多层次性等特殊属性，因此近年来农村公共服务供给主体和提供方式逐步呈现多样化，初步形成了政府主导、社会参与、公办民办并举的公共服务供给模式。目前农村公共服务供给主体有以下4类：

第一类供给主体是政府。政府即各级国家行政机关，可分为中央政府和地方政府。政府在农村公共服务供给中的主要责任，包括制定和完善农村公共服务发展政策、承担公共服务支出责任、引导和监管其他农村公共服务供给主体等。通常，具有非排他性、非竞争性的农村公共服务产品主要由政府来提供。其中，中央政府主要负责提供关系国家总体利益和农民基本权利的农村公共服务，如农村基本医疗卫生、农村义务教育，以及全国性的农业与农村管理服务、农业公共信息传播、农业科技成果推广等。地方政府则负责提供统辖区域内，与农业、农村和农民相关的公共服务，主要包括农村法律知识的普及、社区服务的投入、农业科技成果的推广，以及农村养老保险和农村最

第四章 贯彻科学发展观 加快城乡统筹改革进程（2007—2011）

低生活保障等福利项目。新中国成立以来，政府一直是农村公共服务供给的单一主体。但是，由于国家单方供给的方式容易造成公共服务质量和效率不高、规模不足和发展不平衡等问题，因此近年来，国家开始创新公共服务供给模式，有效动员社会力量，构建多层次、多方式的公共服务供给体系，以提供更加方便、快捷、优质、高效的公共服务。2003年9月，国务院办公厅下发《关于政府向社会力量购买服务的指导意见》，明确要求各地在公共服务领域更多利用社会力量，加大政府购买服务的力度。文件指出：推行政府向社会力量购买服务是创新公共服务提供方式、加快服务业发展、引导有效需求的重要途径，对于深化社会领域改革，推动政府职能转变，整合利用社会资源，增强公众参与意识，激发经济社会活力，增加公共服务供给，提高公共服务水平和效率，都具有重要意义。同时提出：到2020年，在全国基本建立比较完善的政府向社会力量购买服务制度，形成与经济社会发展相适应、高效合理的公共服务资源配置体系和供给体系，公共服务水平和质量显著提高。

第二类供给主体是农村社区。在农村税费改革之前，村提留、乡统筹和农村劳动积累工、义务工（简称"两工"）是村级公益事业建设的主要资金、劳务来源。农村税费改革逐步取消了村提留、乡统筹和"两工"，国家规定村级公益事业建设所需资金、劳务，实行村民"一事一议"筹资筹劳制度。为了规范村民一事一议筹资筹劳，2007年1月，国务院办公厅转发农业部《村民一事一议筹资筹劳管理办法》，要求各地认真贯彻执行。但是，一事一议筹资筹劳工作开展得不平衡，整体覆盖面较小，不能满足村级公益事业建设投入的需求，村级公益事业建设投入总体上呈下滑趋势。2008年2月，国务院农村综合改革工作小组、财政部、农业部联合下发《关于开展村级公益事业一事一议财政奖补试点工作的通知》，提出中央和省级财政要安排适当资金，作为一事一议财政奖补资金。有条件的市、县财政也要加大对村级公益事业建设支持力度，形成一事一议财政奖补资金的稳定来源。同时，鼓励村级组织发展集体经济，提高自我发展和自我建设能力，倡导社会各界捐赠赞助开展村级公益事业建设。

另外两类供给主体，分别是市场和一些社会组织（如慈善组织、基金会、非营利性组织、志愿性团体、企业等）。市场供给的农村公共服务，主要是一些可根据市场经济原则运行的服务。社会组织提供的农村公共服务，尤其对贫困地区的农村公共服务供给具有重要的补充作用。

在上述 4 类供给主体中，政府既是农村基本公共服务的提供者，也是非基本公共服务供给的倡导者和参与者，还是整个农村公共服务供给的规划者和管理者。随着农村公共服务供给主体朝着多元化方向发展，在多元化的公共产品供给选择模式下，政府、市场、社会以及农民多股力量，在供给过程中实现优势互补，有利于实现公共决策的民主性和科学性，有利于促进农村公共服务供给效率的持续改善。

3. 公共服务供给资金来源多元化

近年来，国家不断加大对农村公共服务的资金投入，资金的来源渠道也逐步向着多样化的方向发展。国家通过创新政府投入引导和激励机制，灵活运用财政贴息、税收优惠、民办公助、以物代资、以奖代补、奖补结合等方式，发挥财政资金"四两拨千斤"的示范和带动作用，引导地方政府财政资金以及信贷资金、工商企业资本和民间资本参与农村公共服务建设。例如，对于社会养老服务体系建设资金，国家开始尝试多渠道筹集解决的办法。2011 年 12 月，国务院办公厅印发《社会养老服务体系建设规划（2011—2015 年）》，其中提出"社会养老服务体系建设资金需多方筹措，多渠道解决"。具体解决思路是：通过用地保障、信贷支持、补助贴息和政府采购等多种形式，积极引导和鼓励企业、公益慈善组织及其他社会力量加大投入，参与养老服务设施的建设、运行和管理。

2013 年 11 月，中共十八届三中全会提出，推进城乡要素平等交换和公共资源均衡配置。鼓励社会资本投向农村建设，允许企业和社会组织在农村兴办各类事业。此后，越来越多的企业和社会组织参与农村公共服务建设，更多社会资本投向农业和农村领域。

二、农业转移人口市民化进程推进

农民工问题是"三农"问题和城镇化问题的核心，是长期城乡分治的社会制度和城市化进程下的必然产物，深刻反映了农村劳动力市场资源禀赋不足的缺陷。无论是从迁移规模还是从群体影响力看，农村劳动力大规模转移进城都独具中国特色，且史无前例。中央决策层高度重视农民工问题，努力从政策方面予以破解。近年来，中央秉持"以人为本"的发展理念，把农民工就业、农民工子女教育和返乡创业等问题，纳入以改善民生为重点的社会建设框架内。特别是在2010年，新生代农民工问题走出隐性状态，首次在中央的红头文件中得到正面回应，要求采取积极的措施，帮助新生代农民工市民化，由此形成多方合力破解农民工市民化问题的良好局面。

1. 农民工问题研究升温

关于农民工问题的研究，首先集中在新生代农民工市民化问题上。起初不少学者从社会学和政治学的角度入手，对新生代农民工的群体特征展开研究，包括新生代农民工的代际划分、文化程度及价值观念等。尽管理论界对新生代农民工的代际划分尚存在一些争议，但关于新生代农民工的界定和代际特征问题，学术界基本形成了共识。学者普遍认为，新生代农民工指的是出生于20世纪80年代，且年满16周岁及以上，在异地以非农业方式就业的农业户籍人口。新生代农民工的群体特征更加鲜明，即文化程度更高，消费观念更开放，生活方式和生活目标更趋向于城市市民，维权意识和城市归属感也更加强烈。不少学者开始关注新生代农民工的"半城市化"身份，从宏观和微观层面展开研究，包括这一群体面临的生存发展困境、心理困境以及制度和文化困境等。新生代农民工是农村社会的精英群体，但这一群体的就业选择已经面临双重边缘化的困境。新生代农民工本是土地承包经营主体，但由于必要条件缺失，主动或被动地处在农业经营的边缘地带。同时，作为新产业工人，新生代农民工的专业技能和从业经验又稍显不足，导致其职业生涯的稳定性不够，职业能力的提升受到限制。

制度困境和社会文化心理困境，是研究新生代农民工市民化困境的又一焦点。学者们一致探讨城乡二元户籍制度，以及与之相关的法律、法规和政策，认为户籍管理制度固化了城乡二元体制，导致合理的社会流动被阻断，农民工的制度性身份因此代代传递难以改变。新生代农民工无法与城市居民平等享有教育、医疗和就业等权利，而集体土地的保障功能又难以发挥，加剧了新生代农民工市民身份转变的困境。对新生代农民工的社会文化心理困境研究，学者们主要从新生代农民工的归属取向、自我认同和文化特质等方面展开，认为新生代农民工根在农村，具有一定程度的乡土文化特质，但进城务工后因乡土文化脱离农村而不具备竞争优势。新生代农民工自身也试图从心理上摆脱乡土社会记忆，向城市居民的价值观念和生活习惯靠近，但异质文化的差异性和不兼容性，导致新生代农民工遭遇身份认同危机，面临情感和精神需求难以得到满足的困境。另外，还有不少学者采用抽样调查和追踪访谈的方法，对新生代农民工的职能培训和婚恋状态等展开深入的研究。

关于农民工返乡创业的问题，是农民工问题研究的另一着力点。早在20世纪80年代末期，不少学者就开始致力于研究农民工回乡创业的相关性，并取得了一系列的学术研究成果。进入21世纪以来，农民工回流的调查方法、指标解释和研究框架更加成熟。在社会主义新农村建设工程启动后，农村民生问题特别是农民工返乡创业的问题，被提到前所未有的高度。不少学者针对社会主义新农村建设背景下的特殊环境，重新审视农民工返乡的推力和拉力，并展开深层次的力源探析。大量学者经过研究形成共识，认为乡土情结下的家庭拉力，以及农民工自身素质缺陷产生的推力，仍然是农民工返乡的重要推动力。同时认为，农村社会经济环境的改善和城市就业环境的恶化，成为农民工返乡的两大推动力。通过对农民工返乡的力源分析，衍生出农民工返乡创业的社会背景、创业类型和困境解析。

相当数量的学者开始从社会学角度，专门研究农民工回流及其返乡创业对农村社会的影响。创业返乡和被迫回乡，是农民工返乡的两种主要类型。学者们普遍对创业返乡持肯定态度，大力推崇返乡创业的文化传播效应和经济发展效应。研究者们认为，返乡创业的农民工具有现代的思想观念，且熟识健康文明的生活方式，可引导农村的留守者抛弃乡村社会愚昧的封建习俗，摒弃陈旧保守的思想观念，推动乡村社会改善人文环境。并且，返乡创业意味着资金和人力资源的回流与积聚，对县域经济的发展大有促进。基于以上两点认识，学者们大力推崇农民工返乡创业，甚至有学者预测返乡创业潮即将到来。但客观来说，多数研究者在探讨农民工与乡村社会的适应性方面深度不够，存在欠缺，他们忽略了返乡者有限的创业资金，对创业者承担风险的能力估计过于乐观。事实上，绝大多数返乡的创业者正面临诸如创业无门、关系网络"陌生化"等困境。但研究者们关于返乡农民工类型的划分、返乡力源的多层次解析，以及返乡创业的效应分析等，仍然值得肯定。

2. 农民工保护政策更加完善

随着越来越多的农村富余劳动力转移到非农产业和城镇中，农民工问题也愈显突出，主要表现在工资偏低且被拖欠现象严重，劳动时间长、安全条件差，缺乏社会保障，培训就业、子女上学、生活居住等方面存在诸多困难，经济、政治、文化权益得不到有效保障。农民工问题关系着我国经济和社会发展的全局，备受中央领导集体和各级政府的关注。2003年、2004年，国务院办公厅就做好农民进城务工就业管理和服务工作、做好改善农民进城就业环境工作，连续发出通知。2004年、2005年、2006年连续出台的3个中央一号文件都强调了解决农民工问题的重要性。2006年3月，国务院发布《关于解决农民工问题的若干意见》，指出"解决农民工问题是建设中国特色社会主义的战略任务"，内容涉及农民工工资、就业、技能培训、劳动保护、社会保障、公共管理和服务、户籍管理制度改革、土地承包权益等各个方面的政策措施。这是国务院制定的一个全面研究解决农民工问题的重要指导性文件，对于切实保障农民工合法权益，改善农民工就业环境，引导农村富余劳动力合理有序转移，促进城乡协调发展，维护社会公平正义，保持社会和谐稳定有着重要意义。2007年6月、8月和12月，国家相继出台了《中华人民共和国劳动合同法》《中华人民共和国就业促进法》和《中华人民共和国劳动争议调解仲裁法》，由此构架起涉及农民工劳动和就业的政策保障体系。

2008年12月，国务院办公厅印发《关于切实做好当前农民工工作的通知》，要求各地针对国际金融危机影响下国内部分企业生产经营遇到困难、就业压力明显增加的问题，加上元旦、春节临近，农民工集中返乡的情况，采取多种措施促进农民工就业，加强农民工技能培训和职业教育，大力支持农民工返乡创业和投身新农村建设，确保农民工工资按时足额发放，做好农民工社会保障和公共服务工作，切实保障返乡农民工土地承包权益。2010年1月、2月，国务院办公厅连续发布《关于进一步做好农民工培训工作的指导意见》和《关于切实解决企业拖欠农民工工资问题的紧急通知》。2011年1月，人力资源和社会保障部、国家发展和改革委员会、监察部、财政部、住房和城乡建设部联合发布《关于加强建设工程项目管理解决拖欠农民工工资问题的通知》，要求加大解决建设领域拖欠工程款力度，切实解决拖欠农民工工资问题。

同时，国家逐步强化了关于农民工子女教育的政策。2003年9月，国务院办公厅转发教育部等6部门《关于进一步做好进城务工就业农民子女义务教育工作的意见》，要求进城务工就业农民流入地政府负责进城务工就业农民子女接受义务教育工作，将进城务工就业农民子女义务教育工作纳入当地普及九年义务教育工作范畴和重要工作

第四章　贯彻科学发展观　加快城乡统筹改革进程（2007—2011）

内容，建立进城务工就业农民子女接受义务教育的经费筹措保障机制，切实减轻进城务工就业农民子女教育费用负担。2010年7月，中共中央、国务院印发《国家中长期教育改革和发展规划纲要（2010—2020年）》，其中提出："坚持以输入地政府管理为主、以全日制公办中小学为主，确保进城务工人员随迁子女平等接受义务教育，研究制定进城务工人员随迁子女接受义务教育后在当地参加升学考试的办法。"2012年9月，国务院印发《关于深入推进义务教育均衡发展的意见》，要求各地坚持"以流入地为主、以公办学校为主"的政策，将常住人口纳入区域教育发展规划，按照进城务工人员随迁子女在校人数拨付教育经费，适度扩大公办学校资源，尽力满足进城务工人员随迁子女在公办学校平等接受义务教育。

随着系列文件的颁布实施，农民工随迁子女入学难的问题得到很大改善。统计数据显示，截至2013年年底，全国义务教育阶段的农民工随迁子女达1 277万人，占到义务教育学生总数的9.3%。其中，进入公办学校就学的学生比例达80.4%。上海、浙江等地，国家财政性教育经费保障随迁子女就学的比例已达83.5%。我国以公办学校为主接收随迁子女就学的格局已基本形成。①

三、农村生态文明建设步伐加快

工业化与城镇化高速发展过程中，城市和工业的污染逐渐转移到农村。在城乡二元体制下，有限的环境保护投资及资源主要被配置在城市及工业地带，环境保护和治理也呈现出城乡二元结构特征，导致农村生态文明建设严重滞后。2007年中共十七大报告首次明确提出要建设生态文明，强调"必须把建设资源节约型、环境友好型社会放在工业化、现代化发展战略的突出位置"，要"基本形成节约能源资

---

① 国务院新闻办公室：《全国超八成随迁子女就读公办校》，《中国教育报》2014年2月21日。

源和保护生态环境的产业结构、增长方式及消费模式"。2012年中共十八大从新的历史起点出发,做出"大力推进生态文明建设"的战略决策,把生态文明建设纳入中国特色社会主义事业"五位一体"总体布局,首次把"美丽中国"作为生态文明建设的宏伟目标,从10个方面绘出生态文明建设的宏伟蓝图。生态文明建设是中国面对全球性的环境污染和生态破坏作出的积极回应。把生态文明建设纳入中国特色社会主义事业总体布局,是全面贯彻落实科学发展观、构建社会主义和谐社会的实践和升华。生态文明建设目标的提出,既为我国农业发展指明了方向,也对我国农业发展提出了更高要求。

1. 生态农业建设

生态农业是按照生态学原理和经济学原理,运用现代科学技术成果和现代管理手段,以及传统农业的有效经验建立起来的,能获得较高的经济效益、生态效益和社会效益的现代化高效农业。生态农业既是一个农业生态经济复合系统,也是农、林、牧、副、渔各业综合起来的大农业,又是把农业生产、加工、销售综合起来,适应市场经济发展的现代农业。

我国对生态农业的研究和探索始于20世纪70年代末。1984年5月,国务院发布《关于环境保护工作的决定》,要求"各级环境保护部门要会同有关部门积极推广生态农业,防止农业环境的污染和破坏"。生态农业发展自此突破学术研究范畴,成为政府行为。1993年,经国务院批准,农业部、水利部、国家环保局等7个部门组成全国生态农业试点县建设领导小组,按照不同的生态类型地区,在全国选择了51个县作为第一批生态农业试点县。截至2000年,全国各级各类生态农业试点达2 000个,区域面积约占全国的10%,有7个村被联合国确定为生态农业"全球500佳"。2000年3月,农业部等7部门在北京召开第二次全国生态农业县建设工作会议,对第一批51个县的试点工作进行了总结,并对第二批50个示范县的工作进行了部署,同时提出了在全国大力推广和发展生态农业的任务。2002年6

第四章　贯彻科学发展观　加快城乡统筹改革进程（2007—2011）

月29日，第九届全国人大常务委员会第二十八次会议通过《中华人民共和国清洁生产促进法》。2002年12月28日，第九届全国人民代表大会常务委员通过《中华人民共和国农业法》，其中第五十七条规定："发展农业和农村经济必须合理利用和保护土地、水、森林、草原、野生动植物等自然资源，合理开发和利用水能、沼气、太阳能、风能等可再生能源和清洁能源，发展生态农业，保护和改善生态环境。"2004年12月29日，第十届全国人民代表大会常务委员会第十三次会议修订通过《中华人民共和国固体废物污染环境防治法》。2006年4月29日，第十届全国人大常务委员会第二十一次会议通过《中华人民共和国农产品质量安全法》。2007年1月，中共中央、国务院下发《关于积极发展现代农业 扎实推进社会主义新农村建设的若干意见》，提出"鼓励发展循环农业、生态农业，有条件的地方可加快发展有机农业"，以加强农村环境保护，提高农业可持续发展的能力。

党的十七大以来，生态农业探索步伐加快。2008年8月29日，第十一届全国人大常务委员会通过《中华人民共和国循环经济促进法》，其中第二十四条规定："县级以上人民政府及其农业等主管部门应当推进土地集约利用，鼓励和支持农业生产者采用节水、节肥、节药的先进种植、养殖和灌溉技术，推动农业机械节能，优先发展生态农业。"2008年10月，中共第十七届中央委员会第三次全体会议通过了《关于推进农村改革发展若干重大问题的决定》，要求各地按照建设生态文明的要求，发展节约型农业、循环农业、生态农业，加强生态环境保护。2009年12月，中共中央、国务院在《关于加大统筹城乡发展力度 进一步夯实农业农村发展基础的若干意见》中，再次强调要构筑牢固的生态安全屏障，加强农业面源污染治理，发展循环农业和生态农业。2011年10月，国务院发布《关于加强环境保护重点工作的意见》，要求加快推进农村环境保护，"发展生态农业和有机农业，科学使用化肥、农药和农膜，切实减少面源污染"。

2012年1月，国务院印发《全国现代农业发展规划（2011—

2015年)》。《全国现代农业发展规划（2011—2015年)》将农业资源和生态环境保护作为未来5年的重点任务之一，要求大力推进农业节能减排，"树立绿色、低碳发展理念，积极发展资源节约型和环境友好型农业，大力推广节地、节水、节种、节肥、节药、节能和循环农业技术"。经过多年的探索和发展，我国基本创造出了适合我国国情的生态农业模式，并初步形成了较为完善的生态农业配套体系。

2. 生态村庄建设

生态农业解决的是农业以及农村经济的可持续发展问题，而生态村庄建设是要改善农村人居环境状况。我国许多地区农业生产使用化肥、农药不合理，农村生活垃圾未经处理随意堆放，畜禽养殖污染物、生活污水直接排入沟渠、河流，加之工业和城市污染向农村转移，农村生态环境形势严峻，点源污染与面源污染共存，生活污染与工业污染叠加，各种新旧污染与二次污染相互交织，土壤污染日趋严重，危及农村饮水安全和农产品安全，严重制约了农村经济社会可持续发展。2005年10月，中共十六届五中全会通过《中共中央关于制定国民经济和社会发展第十一个五年规划的建议》，提出要按照"生产发展、生活宽裕、乡风文明、村容整洁、管理民主"的要求，扎实稳步推进新农村建设。

为了保护和改善农村环境，促进社会主义新农村建设，2007年11月，国务院办公厅批准并转发国家环保总局等部门联合制定的《关于加强农村环境保护工作的意见》，要求各地各部门切实加强农村饮用水水源地环境保护和水质改善工作，大力推进农村生活污染治理，严格控制农村地区的工业污染，把农村环境保护与改善农村人居环境、促进农业可持续发展、提高农民生活质量和健康水平，以及保障农产品质量安全结合起来，着力推进环境友好型的农村生产生活方式。

2008年7月24日，新中国成立以来的首次全国农村环境保护会议召开。会议确定了我国农村环境保护的主要目标：到2010年，农

第四章 贯彻科学发展观 加快城乡统筹改革进程（2007—2011）

村饮用水水源地水质有所改善，农业面源污染防治取得一定进展，严重的农村环境健康危害得到有效控制。农村生活污水处理率、生活垃圾处理率、畜禽粪便资源化利用率、测土配方施肥技术覆盖率、低毒高效农药使用率均提高10%以上。到2015年，农村人居环境和生态状况明显改善，农村环境监管能力显著提高。[①] 2008年10月12日，中共第十七届中央委员会第三次全体会议通过了《中共中央关于推进农村改革发展若干重大问题的决定》，明确提出要科学制定乡镇村庄建设规划，把农村建设成为广大农民的美好家园。2011年3月，中央财政计划对纳入农村环境连片整治的15个省份投入资金115亿元以上，用以推进农村环境连片整治，加快社会主义新农村建设。

随着社会主义新农村建设的不断推进，特别是随着生态、集约型城镇化战略的启动，城乡统筹规划发展的战略也在逐步推进。不少地区开始把村庄规划与小城镇建设结合起来，一方面注重庭院的绿化和公共休闲场地的绿化，倡导农民种植具有食用价值或者具有观赏性的植物，绿化以家庭为单位的庭院；通过实行较为全面的亮化工程，美化农村社区内的公共场所。另一方面注重按照新型城镇化发展的战略目标，强化农村公共休闲区的基础设施建设，以进一步满足农民的精神文化需要和生活需求。一些地方还将村庄建设规划纳入村民民主议事的范围，推动了农村民主政治制度的建设。还有一些地方努力尝试，开始把垃圾分类和处理纳入村庄规划中，对农民进行相关的知识培训，指导农民合理处理和利用有机垃圾，取得了很好的实践效果。

3. 生态文化建设

生态文化是关于人与自然和谐共生、协同发展的文化。生态文化是生态文明主流价值观的核心理念和生态文明建设的重要支撑，是传

[①] 农业农村部农村经济研究中心：《中国农业大事记（1978—2017）》，北京：中国农业出版社，2019年，第326页。

承中华民族优秀传统文化与生态智慧，融合现代文明成果与时代精神，促进人与自然和谐共存的重要文化载体。党的十七大以来，国家逐步启动了新型城镇化战略，要求将城镇化与新农村建设结合起来，实现城乡统筹协调发展。在新型城镇化战略逐步实施过程中，生态文化建设获得新发展，其内容在传统的农村敬畏文化、"善"文化和集体主义文化基础上有所拓展。

2012年11月，中共十八大明确提出要"把生态文明建设放在突出位置，融入经济建设、政治建设、文化建设、社会建设各方面和全过程，努力建设美丽中国，实现中华民族永续发展"，确定了建设生态文明的战略任务。要求加强生态文明制度建设，加强生态文明宣传教育，增强全民的节约意识、环保意识、生态意识，形成合理消费的社会风尚，营造爱护生态环境的良好风气。

党的十八大以来，各级政府和部门积极培育和倡导生态文化，将生态价值观、生态道德观、生态发展观、生态消费观等生态文明核心理念纳入社会主流价值观，努力推进多种类型、各具特色的森林公园、湿地公园、美丽乡村和民族生态文化原生地等生态旅游业，打造优质规范的生态文化教育、科普、体验基地和生态科普展馆等生态文化公共服务业。生态文化已贯穿于国家经济社会发展战略、规划布局、制度建设、宣传教育、科技创新等生态文明建设全过程，弘扬生态文化、共建生态文明的良好社会氛围正在形成。

第五章　新时代全面深化改革　大力发展现代农业（2012—2016）

党的十八大以来，中国特色社会主义进入新时代。在工业化、城镇化深入发展中同步推进农业现代化，成为农业农村发展的目标任务。这一时期，我国城镇化率超过50%，城镇建设达到世界平均水平。城镇化快速发展的背后，潜藏着诸多矛盾，凸显城乡经济、社会发展的不平衡。如何在工业化、城镇化快速推进中，促进中国特色现代农业快速发展，成为新时代面临的重大课题。为促进城镇化健康发展，中央多次召开重要会议，制定发展规划，明确了城镇化由速度扩张向质量提升转型的新思路，形成了"以大城市为依托，以中小城市为重点，逐步形成辐射作用大的城市群，促进大中小城市和小城镇协调发展"的新型城镇化发展战略。

新型城镇化战略部署实施，工业化、城镇化进程快速推进，农村劳动力大量转移，农村土地流转的步伐加快。为了适应不断变化的形势和发展需求，新一轮农村改革启动。以农村承包地和宅基地的"三权分置"及集体经营性建设用地入市为重点，农村土地产权制度改革取得突破性进展。以稳定土地承包关系和构建新型农业经营体系为重点，一系列促进农业经营体系完善和创新的相关政策陆续出台，以适应现代农业发展的客观要求。为了保障农民的土地权益，国家对征地程序进行规范，完善了对被征地农民的保障机制，逐步构建起多元化的土地管理政策体系。为了给农业农村发展创造更加适宜、良好的融资环境，农村金融体制改革不断深化，农村金融供给方面有诸多创新，更加注重发挥金融对"三农"的普惠性和服务功能。

按照党的十八大确立的"四化同步"和创新驱动发展战略部署，农业现代化成为主攻方向，改善农业设施装备条件、提升农业科技水平成为着力点，农业科技创新步伐明显加快。为了破除科研与经济"两张皮"的问题，农业科技体制改革全面深化，旨在破除科技管理中的制度藩篱，打通科技创新与经济社会发展的通道。农业科研体系建设迎来新发展，科研院所、高校、企业等各类创新主体功能定位更加清晰，协同创新、融合发展的体制机制不断完善并广泛实施，科研体系的整体效能显著提升。为了满足农业科技发展对人才的需要，党中央、国务院先后印发多个重要文件，加强对农业农村科技人才的管理、培育、评价及创新创业激励，农业农村人才队伍建设获得长足发展。

农业科技与人才开发，加快了农业现代化的步伐，农业与农村经济发展取得巨大成就，粮食产量历史性地实现了自新中国成立以来的"十二连增"。巨大成就的背后，是以农业资源长期过度开发、农业面源污染加重、农业生态系统退化为代价的，农业正面临资源、环境双重约束和农产品质量安全等重大挑战。绿色是农业永续发展的必要条件，为了让农业重回本色，党和政府以绿色发展理念为引领，以绿色保护为基础，不断加大对农业资源、农业生态环境的保护和利用，全面实施农产品质量安全战略，将绿色化贯穿到农业现代化中，逐步构建起与农业生产力及资源环境承载力相匹配的生态农业新格局。

第一节　新型城镇化建设宏图大略

改革开放30多年来，我国的城镇化取得了举世瞩目的成就，其规模和速度都堪称世界之最。城镇化率以年均1%的速度增长，从1978年的17.9%上升至2011年的51.27%，城镇人口从1.72亿增加

第五章 新时代全面深化改革 大力发展现代农业（2012—2016）

到6.9亿。随着城镇建设的快速发展，背后潜藏的诸多矛盾和问题也日益凸显。如何走出一条符合中国实际、具有中国特色的新型城镇化道路，成为一个宏大而深远的时代命题。以习近平同志为核心的党中央高瞻远瞩，站在时代发展的制高点，立足中国经济社会发展的现实，描绘出一幅以人为本、四化同步、优化布局、生态文明、文化传承的中国特色新型城镇化宏伟蓝图。新型城镇化坚持以人为核心，将城乡一体、四化同步发展作为终极目标，为破解农业农村农民问题、破除城乡二元结构，提供了重要的途径。在部署实施新型城镇化战略的同时，新一轮农村改革同步启动，农村社会建设全面发展，全面建成小康社会进入新阶段。

一、实施新型城镇化战略

改革开放以来，城镇化成为推动我国经济增长的一大基点。从表面上看，我国的城镇化建设已达到世界平均水平，但随着城镇化的快速推进，城市和乡村发展的不平衡更加凸显。东部地区和北京、上海、广州等大型城市，成为吸纳农业转移人口的主要地区，人口过度密集，自然资源和教育、医疗等社会公共服务的合理利用存在很大问题。与城市人口的快速膨胀相反，农业人口出现过度萎缩的现象。面对城镇化之忧，中央多次召开专门会议，研究制定新型城镇化规划，引导城镇化健康发展。

1. 城乡发展不平衡问题显现

城镇化快速推进的同时，地区发展不平衡、城乡差距扩大等问题难以避免。国家统计局公布的数据显示，2011年中国城镇人口数量达6.9亿人，其占总人口的比重首次过半，达到51.27%。与2010年相比，城镇人口上升了1.32个百分点，增加了2 100万人，乡村人口则减少了1 456万人。这组数据表明，中国的社会经济结构已经出现了质的变化，开始进入以城市为主体的发展阶段。国家人口和计划生育委员会流动人口服务管理司发布的《中国流动人口发展报告2011》

指出：2011年，我国流动人口继续向沿海、沿江、沿线聚集，城市群成为城镇化发展的主体形态。报告预测：未来10年，累计要转移农村人口1亿以上；未来30年，还将有3亿农村人口进入城镇；2020年中国的城镇人口将超过8亿。综合以上两组数据可知，中国城镇化至少10年内将继续保持较高的增长势头，东部地区仍将是吸纳农村转移人口的主要地区，其吸纳新增城镇人口的能力仍将强于中西部地区。这在某种程度上意味着，我国人口的空间分布将随着城市集群和产业结构的调整更加不平衡。

事实亦然，随着城镇化的快速推进，农村经济发展水平并未提高，反而与城市的差距越拉越大。突出表现在3个方面：一是城乡基础设施发展不平衡。城市的道路、管网等公共基础设施建设得比较完备，有专门的机构进行管理和维护；农村的公共基础设施投入少、发展滞后，居民生产生活条件相对较差。二是城乡居民收入不平衡问题突出。改革开放以来，城乡居民生活水平明显提高，但城市居民收入增长速度要远快于农村居民，城乡居民收入差距呈现扩大的态势。国家统计局公布的数据表明：1978—2011年，城乡居民收入比由2.57:1扩大到3.13:1。三是城乡公共服务水平不平衡。城市的教育、医疗及社会保障体系相对健全，基本实现了对城镇居民的全覆盖；农村教育资源缺乏，医疗卫生设施落后，人才流失严重，其公共服务发展水平与城市相比，存在明显差距。

2. 城乡一体化发展战略布局

党对城乡关系的认识有一个逐渐深入的过程。由于历史和政策原因，我国形成了二元经济社会结构下的城乡差别，这种差别随着工业化、城镇化的快速推进，显现为城乡之间日益扩大的发展差距，由此引发各种经济社会矛盾。针对1997年以来城乡收入差距不断扩大的状况，2002年，中共十六大提出"统筹城乡经济社会发展"的战略构想，并将这一思想贯穿在此后发布的7个中央一号文件中，由此开启破除城乡二元体制的历史进程。2007年，中共十七大首次使用了

第五章 新时代全面深化改革 大力发展现代农业（2012—2016）

"城乡经济社会一体化"的概念，明确提出要"建立以工促农、以城带乡长效机制，形成城乡经济社会发展一体化新格局"。2012年，中共十八大对新型城乡关系的构建进行了深刻、全面的阐述。中共十八大报告中指出，要构建"以工促农、以城带乡、工农互惠、城乡一体的新型工农、城乡关系"，明确城乡发展一体化是解决"三农"问题的根本途径，要求加大统筹城乡发展力度，增强农村发展活力，逐步缩小城乡差距，促进城乡共同繁荣；坚持工业反哺农业、城市支持农村和多予少取放活方针，加大强农惠农富农政策力度，让广大农民平等参与现代化进程、共同分享现代化成果。

2012年年底，全国推行城乡住户调查一体化改革。12月1日，城乡一体化住户调查开始实施。此次改革规范并统一了城乡居民收入和支出的分类标准、指标名称与口径。通过统一的调查指标、样本抽取、数据生产、数据发布，形成了城乡、地域可比的全体居民收入、支出和消费数据。[①] 国家统计局各省级调查总队会同省级统计局，依据本省的国家和地方样本单位资料，汇总计算分市、分县的居民收入、支出和消费数据。城乡一体化住户调查的正式实施，为中共十八大提出的"实现国内生产总值和城乡居民人均收入比2010年翻一番"提供了依据，更为推动城乡经济发展，改善民生，科学制定收入分配和社会保障政策等提供了数据支撑。

3. 新型城镇化的推进

如何立足人口众多、资源相对短缺、生态环境比较脆弱、城乡区域发展不平衡的基本国情，科学规划、正确引导城镇化发展，走出一条具有中国特色的新型城镇化道路，成为党和政府迫切需要解决的重

[①] 按照统一的抽样方法和程序，国家统计局从全国4亿多城镇和农村家庭中随机抽取40万户作为样本单位，其中，国家样本单位16万户，地方样本单位24万户。被抽取住户中的固定人员，按照国家统一要求，将家庭中每位成员的每项收入和支出，按照发生日期记录在国家统一印制的账册上。国家样本单位，由市级、县级国家调查队按月收取账册，经审核、编码、录入后，通过统计专用网，直接上报国家统计局。

大历史性课题。2011年3月14日,《中华人民共和国国民经济和社会发展第十二个五年规划纲要》(以下简称《十二五规划》)第二十章明确提出,优化城市化布局和形态,加强城镇化管理,不断提升城镇化的质量和水平。《十二五规划》就如何积极稳妥推进城镇化,从3个方面给出思路性的建议:一是构建城市化战略格局。按照统筹规划、合理布局、完善功能、以大带小的原则,遵循城市发展客观规律,以大城市为依托,以中小城市为重点,逐步形成辐射作用大的城市群,促进大中小城市和小城镇协调发展。二是稳步推进农业转移人口转为城镇居民。要求充分尊重农民在进城或留乡问题上的自主选择权,把符合落户条件的农业转移人口逐步转为城镇居民作为推进城镇化的重要任务,对暂时不具备在城镇落户条件的农民工,要改善公共服务,加强权益保护。三是增强城镇综合承载能力。坚持以人为本、节地节能、生态环保、安全实用、突出特色、保护文化和自然遗产的原则,科学编制城市规划,健全城镇建设标准,强化规划约束力。

2011年6月,国家发改委发布《全国主体功能区规划》(以下简称《规划》),这是我国第一个国土空间开发规划。《规划》确立了未来国土空间开发的主要目标和战略格局,将国土空间划分为优化开发、重点开发、限制开发和禁止开发4类主体功能区。《规划》提出了未来国土空间开发的6个新理念[①]和5个开发原则[②],具有战略性、基础性和约束性的特点,有利于坚持以人为本,缩小地区间公共服务差距,促进区域协调发展,为城镇化的推进提供了空间开发和布局上的基本依据。

2012年12月15~16日,中央经济工作会议将"积极稳妥推进城镇化,着力提高城镇化质量"作为2013年经济工作六大主要任务之

---

① 6个开发理念:根据自然条件适宜性开发的理念,区分主体功能的理念,根据资源环境承载能力开发的理念,控制开发强度的理念,调整空间结构的理念,提供生态产品的理念。

② 5个开发原则:优化结构,保护自然,集约开发,协调开发,陆海统筹。

第五章 新时代全面深化改革 大力发展现代农业（2012—2016）

一。会议指出，城镇化是我国现代化建设的历史任务，也是扩大内需的最大潜力所在，要围绕提高城镇化质量，因势利导、趋利避害，积极引导城镇化健康发展。要构建科学合理的城市格局，大中小城市和小城镇、城市群要科学布局，与区域经济发展和产业布局紧密衔接，与资源环境承载能力相适应。要把有序推进农业转移人口市民化作为重要任务抓实抓好。要把生态文明理念和原则全面融入城镇化全过程，走集约、智能、绿色、低碳的新型城镇化道路。[①] 会议的召开，对于推进城镇化进程、提高城镇化质量具有深远意义。

2013年12月12～13日，中央召开自改革开放以来的第一次城镇化工作会议。会议从促进中国特色新型工业化、信息化、城镇化、农业现代化同步发展的高度，科学分析我国城镇化发展形势，明确了推进城镇化的指导思想、主要目标、基本原则、重点任务，从战略和全局上作出了一系列重大部署。会上提出了推进城镇化的六大任务：推进农业转移人口市民化，提高城镇建设用地利用效率，建立多元可持续的资金保障机制，优化城镇化布局和形态，提高城镇建设水平以及加强对城镇化的管理。此次城镇化工作会议的召开，对于统一思想、凝聚共识，推动城镇化沿着正确方向发展，具有重要战略意义和指导作用。

2014年3月，中共中央、国务院印发《国家新型城镇化规划（2014—2020年）》（以下简称《新型城镇化规划》）单行本。《新型城镇化规划》按照走中国特色新型城镇化道路、全面提高城镇化质量的新要求，明确未来城镇化的发展路径、主要目标和战略任务，统筹相关领域制度和政策创新，是指导全国城镇化健康发展的宏观性、战略性、基础性规划。同年12月29日，国家新型城镇化综合试点名单正式公布。

---

① 人民网：《中央经济工作会议在北京举行 习近平、温家宝、李克强作重要讲话》，2012年12月17日更新，http://cpc.people.com.cn/n/2012/1217/c64094-19914709-3.html，2020年2月18日引用。

二、新一轮农村改革启动

城镇化的快速推进，加快了农业人口市民化的进程。农村人口大量涌入城市，将近3亿拥有农民户籍的人外出，转移到城市就业，甚至长期居住。原有的"两权分置"的基本产权制度，已不能适应资源高效利用的现实需求。在新的历史条件下，农村启动新一轮改革，分别对承包地、宅基地进行"三权分置"的改革，对集体经营性建设用地进行入市改革，同时完善土地征用及管理政策，深化农村金融体制创新。各项改革的实施，有利于破解既往城镇建设中的"三农"问题，加快了新型城镇化建设的步伐。

1. 农村土地产权制度改革的突破

改革开放以来实行的家庭联产承包经营，实现了对集体所有权和农户土地承包经营权的两权分置，在特殊的时代背景下，其制度效能和优越性得到了最广泛的认可。随着工业化、城市化、全球化步伐的加快，承包农户外出务工需求日渐增多，农村土地流转、融资的需求不断增加。承包权和经营权在现实中不断发生分离，迫切需要对所有权、承包权和经营权实行"三权分置"。

2013年7月，习近平在湖北考察改革发展工作时指出："深化农村改革，完善农村基本经营制度，要好好研究农村土地所有权、承包权、经营权三者之间的关系，土地流转要尊重农民意愿、保障基本农田和粮食安全，要有利于增加农民收入。"2013年11月，中共十八届三中全会审议通过了《中共中央关于全面深化改革若干重大问题的决定》（以下简称《决定》）。《决定》提出"坚持家庭经营在农业中的基础性地位"，"坚持农村土地集体所有权，依法维护农民土地承包经营权，发展壮大集体经济。稳定农村土地承包关系并保持长久不变，在坚持和完善最严格的耕地保护制度前提下，赋予农民对承包地占有、使用、收益、流转及承包经营权抵押、担保权能，允许农民以承包经营权入股发展农业产业化经营。鼓励承包经营权在公开市场上

第五章 新时代全面深化改革 大力发展现代农业（2012—2016）

向专业大户、家庭农场、农民合作社、农业企业流转，发展多种形式规模经营"。《决定》对土地集体所有权、承包权、经营权3种权利进行了概念上的区分，从政策上对承包权和经营权进行了分离。文件发布的同时，全国多个地方已在开展"三权分置"的实践。

2013年12月23日召开的中央农村工作会议上，习近平发表重要讲话，他提出："顺应农民保留土地承包权、流转土地经营权的意愿，把农民土地承包经营权分为承包权和经营权，实现承包权和经营权分置并行。"2014年1月，中共中央、国务院印发《关于全面深化农村改革 加快推进农业现代化的若干意见》。文件旗帜鲜明地提出："在落实农村土地集体所有权的基础上，稳定农户承包权、放活土地经营权，允许承包土地的经营权向金融机构抵押融资。有关部门要抓紧研究提出规范的实施办法，建立配套的抵押资产处置机制，推动修订相关法律法规。"

2014年11月，中共中央办公厅、国务院办公厅印发《关于引导农村土地经营权有序流转 发展农业适度规模经营的意见》（以下简称《意见》），明确了农地"三权分置"改革的思路："坚持农村土地集体所有，实现所有权、承包权、经营权三权分置，引导土地经营权有序流转。""抓紧研究探索集体所有权、农户承包权、土地经营权在土地流转中的相互权利关系和具体实现形式。按照全国统一安排，稳步推进土地经营权抵押、担保试点，研究制定统一规范的实施办法，探索建立抵押资产处置机制。"《意见》是专门规范土地经营权流转的第一个正式文件，从概念上重新界定了土地流转是"经营权流转"，而不再是"承包经营权流转"。

2015年11月，中共中央办公厅、国务院办公厅印发《深化农村改革综合性实施方案》（以下简称《方案》）。《方案》提出："把握好土地集体所有制和家庭承包经营的关系，现有农村土地承包关系保持稳定并长久不变，落实集体所有权，稳定农户承包权，放活土地经营权，实行'三权分置'。"《方案》就如何落实集体所有权、稳定农户承包权、放活土地经营权,作出了详细的阐释,为农地"三权分置"改革提供了重要的政策依据。2015年12月31日发布的《中共中央 国务院关于落实发展新理念 加快农业现代化 实现全面小康目标的若干意见》,再次对农地"三权分置"的相关政策进行了巩固,提出:"稳定农村土地承包关系,落实集体所有权,稳定农户承包权,放活土地经营权,完善'三权分置'办法,明确农村土地承包关系长久不变的具体规定。"

2016年10月30日,中共中央办公厅、国务院办公厅印发《关于完善农村土地所有权承包权经营权分置办法的意见》(以下简称《意见》)。这是我国第一部专门针对农地"三权分置"的政策文件,该文件的发布,标志着农地"三权分置"进入全面贯彻落实阶段。《意见》对农地"三权分置"的重要意义、总体要求、如何逐步形成"三权分置"格局、确保"三权分置"有序实施作了全面的规定。《意见》所提出的顺应农民意愿,保留土地承包权,流转土地经营权的"三权分置"格局,符合时代发展的需要,是此后我国土地产权制度改革的趋势。

2. 农业经营体系的完善与创新

改革开放以来确立的以家庭承包经营为基础、统分结合的双层经营体制,使我国农业经济得到飞速发展。但随着农业农村经济的不断发展,农业组织化程度低、市场竞争力弱等问题逐渐凸显,现代农业的发展面临挑战。面对资源约束的现实和国际国内环境的变化,党和政府围绕稳定土地承包关系、构建新型农业经营体系两大重点内容,制定出了有利于农业经营体系完善和创新的政策措施。

2012年11月,中共十八大报告明确提出:"坚持和完善农村基本经营制度,依法维护农民土地承包经营权、宅基地使用权、集体收益分配权,壮大集体经济实力,发展农民专业合作和股份合作,培育新型经营主体,发展多种形式规模经营,构建集约化、专业化、组织化、社会化相结合的新型农业经营体系。"2013年1月31日,中央一

第五章　新时代全面深化改革　大力发展现代农业（2012—2016）

号文件《中共中央 国务院关于加快发展现代农业 进一步增强农村发展活力的若干意见》发布，文件提出要"围绕现代农业建设，充分发挥农村基本经营制度的优越性，着力构建集约化、专业化、组织化、社会化相结合的新型农业经营体系"。文件从"创新农业生产经营体制，稳步提高农民组织化程度""构建农业社会化服务新机制，大力培育发展多元服务主体""改革农村集体产权制度，有效保障农民财产权利"等方面，就如何稳定土地承包关系、完善和创新农业经营体系提出系列政策性措施。

2013年12月召开的中央农村工作会议指出，坚持党的农村政策，首要的就是坚持农村基本经营制度。坚持农村土地农民集体所有，这是坚持农村基本经营制度的"魂"。坚持家庭经营基础性地位，农村集体土地应该由作为集体经济组织成员的农民家庭承包，其他任何主体都不能取代农民家庭的土地承包地位，不论承包经营权如何流转，集体土地承包权都属于农民家庭。坚持稳定土地承包关系，依法保障农民对承包地占有、使用、收益、流转及承包经营权抵押、担保权利。土地承包经营权主体同经营权主体发生分离，这是我国农业生产关系变化的新趋势，对完善农村基本经营制度提出了新的要求，要不断探索农村土地集体所有制的有效实现形式，落实集体所有权、稳定农户承包权、放活土地经营权，加快构建以农户家庭经营为基础、合作与联合为纽带、社会化服务为支撑的立体式复合型现代农业经营体系。[①] 习近平在此次会议上发表了重要讲话，肯定了现阶段出现的各种农业经营形式，并鼓励"要根据各地实际，根据不同农产品生产特点，让农民自主选择他们满意的经营形式"。[②]

[①] 新华社：《中央农村工作会议举行 习近平、李克强作重要讲话》，2013年12月24日更新，http://www.gov.cn/ldhd/2013-12/24/content_2553842.htm，2019年12月18日引用。

[②] 韩长赋：《新中国农业发展70年：政策成就卷》，北京：中国农业出版社，2019年，第130~131页。

2014年1月19日,中共中央、国务院印发《关于全面深化农村改革 加快推进农业现代化的若干意见》,指出:"要以解决好地怎么种为导向加快构建新型农业经营体系,以解决好地少水缺的资源环境约束为导向深入推进农业发展方式转变,以满足吃得好吃得安全为导向大力发展优质安全农产品,努力走出一条生产技术先进、经营规模适度、市场竞争力强、生态环境可持续的中国特色新型农业现代化道路。"就如何构建新型农业经营体系,文件再次提出4点具体要求:发展多种形式规模经营,扶持发展新型农业经营主体,健全农业社会化服务体系,加快供销合作社改革发展。

随着政策的逐步落实和农民的创新实践,农业生产经营体系得到完善和创新,新型农业生产经营主体快速成长。家庭农场等规模经营户得到发展,农村土地流转速度加快,呈现出向新型农业经营主体集中的趋势。截至2013年6月底,全国农户承包耕地面积为13.1亿亩,承包土地流转面积达3.14亿亩,占比23.9%。其中,流转入农户、合作社和企业的面积分别占61.8%、18.9%和9.7%;经营耕地面积在30亩以上的农户有891万户;家庭农场达到87.7万家,平均经营耕地面积达到200.1亩。农民合作社快速发展,并开始由数量扩张向数量增长与质量提升并重转变,由注重生产联合向产、加、销一体化经营转变,由单一要素合作向劳动、技术、资金、土地等多要素合作转变。截至2013年9月底,全国依法登记的农民专业合作社达到91.1万家,入社成员有6 838万户,约占全国农户总数的26.3%。截至2013年年底,以龙头企业为主体的产业化经营组织超过30万个,辐射带动农户1.2亿户,农户加入产业化经营年户均增收2 800多元。新型社会化服务体系建设成效显著,初步形成了以公益性服务机构为主导、多元服务主体广泛参与的农业社会化服务体系。截至2013年年底,全国各类农业公益性服务机构达到15.2万个,农业经营性服务组织超过100万个,在农机作业、农作物病虫害统防统治、动物疫病防控等方面发挥着日益重要的作用。①

3. 土地征用及管理制度不断完善

自1986年新修订的《中华人民共和国土地管理办法》颁布实施以来，土地征用及管理政策几经调整，不断细化并完善。党的十八大以来，国家强化土地用途管制，上调征地补偿标准，实行更加严格的农民土地产权利益保护，土地资源市场秩序日趋稳定，人民的土地权益不断得到保障。

2013年11月12日，中共十八届中央委员会第三次全体会议通过了《中共中央关于全面深化改革若干重大问题的决定》（以下简称《决定》）。《决定》将"建立城乡统一的建设用地市场"列入现代市场体系中，提出：缩小征地范围，规范征地程序，完善对被征地农民合理、规范、多元保障机制。扩大国有土地有偿使用范围，减少非公益性用地划拨。建立兼顾国家、集体、个人的土地增值收益分配机制，合理提高个人收益。完善土地租赁、转让、抵押二级市场。《决定》的发布，进一步强化了对被征地农民土地权益的保护。

为了建立健全统一衔接的空间规划体系，提升国家国土空间治理能力和效率，2017年1月9日，中共中央办公厅、国务院办公厅印发《省级空间规划试点方案》，要求以主体功能区规划为基础，划定"三区三线"②，注重开发强度管控和主要控制线落地。2017年2月4日，国务院印发《全国国土规划纲要（2016—2030年）》。这是我国首个国土空间开发与保护的战略性、综合性、基础性规划，对涉及国土空间开发、资源环境保护、国土综合整治和保障体系建设等各类活动作出总体部署与统筹安排，对我国国土资源专项规划和有效配置具

---

① 农业部新闻办公室：《新型农业经营体系稳步推进》，2013年12月13日更新，http://jiuban.moa.gov.cn/zwllm/zwdt/201312/t20131213_3714269.htm，2020年2月19日引用。

② "三区"指生态、农业、城镇3类空间。"三线"指的是根据生态空间、农业空间、城镇空间划定的生态保护红线、永久基本农田、城镇开发边界3条控制线。

有引领作用。2017年2月3日,国土资源部印发《关于有序开展村土地利用规划编制工作的指导意见》(以下简称《指导意见》)。《指导意见》鼓励有条件的地区①编制村土地利用规划,统筹安排农村各项土地利用活动;要求落实基本农田保护任务,加强对农村建设用地的保护,合理控制集体经营性建设用地,科学指导农村土地整治和高标准农田建设,加强生态环境的修复和治理。2017年2月7日,中共中央办公厅、国务院办公厅印发《关于划定并严守生态保护红线的若干意见》,就科学划定并严守生态保护红线提出系列指导性意见。此后,国土资源部、国家海洋局、国家林业局等部门,分别结合实际工作,就自然生态空间、海岸线、林业自然保护区的管护,制定出有针对性的政策措施。2017年5月8日,国土资源部印发《土地利用总体规划管理办法》,详细规定了土地规划编制办法、土地资源用途管理等。

4. 农村普惠金融体系逐步构建

党的十八大以来,国家部署实施了系列服务"三农"、支持农业农村发展的金融政策。这些政策坚持问题导向,以发展普惠性金融为目标,服务于脱贫攻坚、乡村振兴等国家战略,它们相互作用、互为补充,共同构成支持"三农"发展的多层次大金融政策体系。

2011年2月14日,《中国银监会办公厅关于全面做好农村金融服务工作的通知》(以下简称《通知》)对外发布。《通知》落实中央抗旱减灾、全面促进粮食生产发展的工作部署,提出:以支持水利改革发展为重点,突出农村金融服务针对性;加大抗旱救灾和春耕备耕资金投入,切实做好促进粮食生产的金融支持;深入推进农村金融服务均等化建设,努力提升贫弱地区服务质量和水平。《通知》要求:各级监管部门和各银行业金融机构要认清农村经济金融形势,增强大局意识,做好应对各种风险挑战的准备,把支持农业增产、农民增收和

---

① "有条件的地区"主要指开展了农村土地制度改革试点、社会主义新农村建设、新型农村社区建设、土地整治和特色景观旅游名镇名村保护的地方。

第五章 新时代全面深化改革 大力发展现代农业（2012—2016）

农村经济发展作为应尽义务，在注重防范金融风险前提下，确保涉农信贷支持力度不减弱，涉农信贷投放增速不低于其他各项贷款平均增速，创新农村金融服务工作思路，扎实、深入、有效地做好农村金融服务和监管工作，为促进我国农业现代化发展作出新贡献。3月23日，《中国银监会办公厅关于进一步推进空白乡镇基础金融服务工作的通知》发布，就进一步做好空白乡镇基础金融服务全覆盖工作提出6点要求。

2012年6月18日，《中国银监会办公厅关于农村中小金融机构实施金融服务进村入社区工程的指导意见》《中国银监会办公厅关于农村中小金融机构实施阳光信贷工程的指导意见》《中国银监会办公厅关于农村中小金融机构实施富民惠农金融创新工程的指导意见》同时发布，为普惠金融在农村的推进发挥了积极的作用。2013年11月12日，中共十八届中央委员会第三次全体会议审议并通过了《中共中央关于全面深化改革若干重大问题的决定》，明确提出要发展普惠金融，鼓励金融创新，丰富金融市场层次和产品。2014年，中国银监会分别就加强农村商业银行三农金融服务机制建设、推进基础金融服务"村村通"等出台指导意见，完善金融基本服务和设施供给，改善农村金融服务环境。

2015年12月31日，国务院印发《推进普惠金融发展规划（2016—2020年）》（以下简称《发展规划》），这是我国首个发展普惠金融的国家级战略规划。《发展规划》提出：到2020年，建立与全面建成小康社会相适应的普惠金融服务和保障体系，特别是要让小微企业、农民、城镇低收入人群、贫困人群和残疾人、老年人等及时获取价格合理、便捷安全的金融服务，使我国普惠金融发展水平居于国际中上游水平。为了确保普惠金融惠及"三农"，中国人民银行、证监会聚焦小微企业和"三农"领域，多次实施定向降准政策，逐步降低农村金融机构考核标准，农村普惠金融服务的覆盖范围逐步扩大。

三、农村社会建设事业全面发展

党的十八大以来,为了实现全面建成小康社会的奋斗目标,党中央以新的理念和思路破解农村发展难题。新型农村社会养老保险、新型农村合作医疗在探索中建立,城乡居民基本养老保险和医疗保险制度不断发展,农村五保供养制度走向成熟,农村社会救助制度朝着社会化、多元化方向发展,针对失地农民、农民工等特殊群体的社会保障模式在探索中取得新进展,农村社会保障"安全网"更加牢固。以党的建设为治理总纲,加强基层党组织建设;推进乡镇机构改革,建设新型基层政府;采取多元互动协调治理的方式,完善村民民主自治机制。具有中国特色的乡村治理体系在实践中不断发展。

1. 全面建成小康社会目标步入新阶段

20世纪70年代末80年代初,邓小平在规划中国现代化建设蓝图时,提出了"小康社会"的构想:"现在我们搞四个现代化,提的目标就是争取二十年翻两番,前十年翻一番,后十年再翻一番。到本世纪末人均国民生产总值达到八百至一千美元,进入小康社会。"[①]

改革开放30多年来,"小康社会"目标随着时代的前进而不断发展、创新和完善。20世纪末期,我国已基本实现小康目标,圆满地完成了第一个翻两番的目标。1997年9月,中共十五大提出小康阶段的"新三步走"战略,即"第一个十年实现国民生产总值比2000年翻一番,使人民的小康生活更加宽裕,形成比较完善的社会主义市场经济体制;再经过十年的努力,到建党一百年时,使国民经济更加发展,各项制度更加完善;到世纪中叶新中国成立一百年时,基本实现现代化,建成富强民主文明的社会主义国家"。21世纪伊始,我国刚刚进入小康社会的初期阶段,此时的小康还是低水平、不全面、发展

[①] 中共中央文献研究室:《邓小平年谱(1975—1997)》,北京:中央文献出版社,2014年,第681页。

第五章　新时代全面深化改革　大力发展现代农业（2012—2016）

很不平衡的小康。2002年11月，中共十六大正式提出：在21世纪头20年，集中力量，全面建设惠及10多亿人口的更高水平的小康社会，即"经济更加发展、民主更加健全、科教更加进步、文化更加繁荣、社会更加和谐、人民生活更加殷实"的全面建设小康社会的奋斗目标。2007年10月，中共十七大在中共十六大确立的全面建设小康社会目标的基础上，从经济建设、政治建设、文化建设、社会建设和生态文明建设5个方面提出了一系列新的要求，包括实现人均国内生产总值到2020年比2000年翻两番。

2012年11月，在中共十六大、十七大确立的全面建设小康社会目标的基础上，中共十八大正式提出"到2020年实现全面建成小康社会"的目标，并进一步从经济持续健康发展，人民民主不断扩大，文化软实力显著增强，人民生活水平全面提高，资源节约型、环境友好型社会建设取得重大进展5个方面，充实和完善了对全面建成小康社会的要求，包括到2020年"实现国内生产总值和城乡居民人均收入比2010年翻一番"。中共十八大确立的全面建成"小康社会"，是党中央根据我国经济社会发展实际提出的更加清晰完整的新要求，它根据中国特色社会主义五位一体总体布局，从经济建设、政治建设、文化建设、社会建设、生态文明建设5个方面充实和完善了全面建成小康社会的目标。

随着全面建成小康社会新阶段的到来，农业与农村工作被摆在更加突出的位置。2013年4月，习近平在海南农村考察时强调"小康不小康，关键看老乡"。2013年11月，习近平到湖南湘西考察时作出了"实事求是、因地制宜、分类指导、精准扶贫"的重要指示。2013年12月，在中央农村工作会议上，习近平指出："中国要强，农业必须强；中国要美，农村必须美；中国要富，农民必须富。"2014年12月，习近平在江苏调研时提出：要"协调推进全面建成小康社会、全面深化改革、全面推进依法治国、全面从严治党，推动改革开放和社会主义现代化建设迈上新台阶"。"四个全面"战略布局对实现"两个一百年"奋斗目标意义重大,为新形势下全面深化改革提供了思想指引。

2. 农村社会保障制度全面展开

党的十八大以来,以新型农村合作医疗制度、农村居民基本养老保险、农村五保供养制度、自然灾害生活救助制度等的建设为主要内容,初步构建起了项目密集、统筹层次清晰,针对广大农村居民的从出生到养老、从医疗卫生到教育、从生活保障到住房保障和就业保障的"安全网"。

居民养老保险方面,我国从2003年开始探索建立新型农村养老保险制度,中央和地方各级政府,不断提高补贴标准,2009年正式在全国范围内建立了农村社会养老保险制度。这项工作发展很快,截至2012年年底,参保人数就达到4.6亿人。2011年7月26日,人力资源和社会保障部颁布《关于印发〈开展城镇居民社会养老保险试点工作宣传提纲〉的通知》,决定从2011年7月1日启动城镇居民社会养老保险试点工作。2014年2月26日,《国务院关于建立统一的城乡居民基本养老保险制度的意见》(以下简称《意见》)发布。《意见》提出,将2009年试点的新农保和2011年试点的城居保两项制度合并实施,在全国范围内建立统一的城乡居民基本养老保险制度。《意见》规定:城乡居民养老保险基金由个人缴费、集体补助、政府补贴构成,保险费用的个人缴纳标准在100~2 000元之间划分12个档次,对按最低和最高档次标准缴费的参保人给予政府补贴,鼓励参保人自主选择档次缴费,多缴多得。2015年,全国30个省(区、市)出台实施办法及相关配套政策,城乡居民养老保险待遇水平不断提高,城乡居民基础养老金最低标准提高至每人每月70元。

居民基本医疗保险方面,2002年10月19日,《中共中央 国务院关于进一步加强农村卫生工作的决定》指出:到2010年,在全国农村基本建立起适应社会主义市场经济体制要求和农村经济社会发展水平的农村卫生服务体系和农村合作医疗制度。2003年1月,《国务院

第五章　新时代全面深化改革　大力发展现代农业（2012—2016）

办公厅转发卫生部等部门关于建立新型农村合作医疗制度意见的通知》发布，新型农村合作医疗开始在全国部分农村地区试点。经过5年时间的发展，至2008年年底，新型农村合作医疗制度在全国2 729个县建立起来，参合农民超过8亿人。2008年以后，开始进入新型农村合作医疗与城镇居民基本医疗保险整合发展阶段。2012年8月开始，新型农村社会养老保险和城镇居民社会养老保险制度全覆盖工作全面启动，合并为城乡居民社会养老保险。2016年1月3日，《国务院关于整合城乡居民基本医疗保险制度的意见》（以下简称《意见》）出台。《意见》提出：整合城镇居民基本医疗保险和新型农村合作医疗两项制度，建立统一的城乡居民基本医疗保险制度。国家统计局年度统计公报的调查数据显示，2012—2016年，城乡居民社会养老保险参保人数已由48 369.5万人增加到50 847.1万人。

救助供养制度方面，2012年9月1日，《国务院关于进一步加强和改进最低生活保障工作的意见》发布，要求坚持应保尽保，把保障困难群众基本生活放到更加突出的位置，确保把所有符合条件的困难群众全部纳入最低生活保障范围；坚持公平公正，健全最低生活保障法规制度；坚持动态管理，采取最低生活保障对象定期报告和管理审批机关分类复核相结合等方法，加强对最低生活保障对象的日常管理和服务；坚持统筹兼顾，做到最低生活保障标准与经济社会发展水平相适应，最低生活保障制度与其他社会保障制度相衔接，有效保障困难群众基本生活。2014年2月21日，国务院公布《社会救助暂行办法》（自2014年5月1日起施行），其中将城乡"三无"人员保障制度统一为特困人员供养制度，对最低生活保障、特困人员供养、受灾人员救助、医疗救助、教育救助、住房救助、就业救助和临时救助等，分别作出详细规定。城乡特困人员保障工作由此进入新的发展阶段。为了切实保障特困人员基本生活，2016年2月10日，《国务院关于进一步健全特困人员救助供养制度的意见》发布，文件就城乡特困人员救助供养的内容、标准和形式等，作出了一系列具体规定。

特殊群体的社会保障方面,主要完善了城镇化、工业化过程中出现的失地农民和进城务工人员的权益保障。早在20世纪末期,广东等劳务输入大省就开始尝试将农民工纳入城镇职工社会保险体系中。21世纪初,上海、浙江、山西等省(市),也在积极探索农民工参与社会保险的有效模式。2010年10月28日,第十一届全国人大常委会第十七次会议审议通过了《中华人民共和国社会保险法》(以下简称《社会保险法》)。《社会保险法》第九十五、第九十六条规定:进城务工的农村居民依法参加社会保险;征收农村集体所有的土地,应当足额安排被征地农民的社会保险费,按照国务院规定将被征地农民纳入相应的社会保险制度。《社会保险法》的颁布和实施,对更好地维护并保障特殊群体参与社会保险起到了重要的作用。2013年11月12日,中共十八届三中全会通过《中共中央关于全面深化改革若干重大问题的决定》,其中要求完善对被征地农民合理、规范、多元保障机制,把进城落户农民完全纳入城镇住房和社会保障体系,将在农村参加的养老保险和医疗保险规范接入城镇社保体系。2014年9月12日,《国务院关于进一步做好为农民工服务工作的意见》发布,文件要求公平保障农民工作为用人单位职工、作为城镇常住人口的权益,帮助农民工解决最关心最直接最现实的利益问题,实现改革发展成果共享。文件就如何扩大农民工参加城镇社会保险覆盖面的问题,作出了详细规定:依法将与用人单位建立稳定劳动关系的农民工纳入城镇职工基本养老保险和基本医疗保险,研究完善灵活就业农民工参加基本养老保险政策,灵活就业农民工可以参加当地城镇居民基本医疗保险;完善社会保险关系转移接续政策;努力实现用人单位的农民工全部参加工伤保险,着力解决未参保用人单位的农民工工伤保险待遇保障问题;推动农民工与城镇职工平等参加失业保险、生育保险并平等享受待遇;对劳务派遣单位或用工单位侵害被派遣农民工社会保险权益的,依法追究连带责任;实施"全民参保登记计划",推进农民工等群体依法全面持续参加社会保险;整合各项社会保险经办管理资源,优化经办业

第五章 新时代全面深化改革 大力发展现代农业（2012—2016）

务流程，增强对农民工的社会保险服务能力。目前，相关政策还在不断完善，努力给予各类社会群体更加公平的社会待遇。

3. 建立特色乡村治理体系

党的十八大以来，我国的国家治理和地方治理工作进入新时代，既延续以往的发展思路，又出现了一些新的变革，独具中国特色的乡村治理体系不断发展。

以党的建设为治理总纲，加强基层党组织建设。党的十八大以来，党和政府高度重视基层党组织建设，提出了一系列实效性较强的指导性措施。早在2010年2月8日，中共中央办公厅印发的《关于推进学习型党组织建设的意见》中，就曾提出要注意抓好偏远地区农村党员的学习，努力使建设学习型党组织的任务覆盖到每个基层党组织、每个党员。2012年，中共十八大报告提出：要创新基层党建工作，夯实党执政的组织基础。2013年中共十八届三中全会强调，要充分发挥基层党组织的战斗堡垒作用，为全面深化改革作出积极贡献。2014年5月28日，中共中央办公厅印发《关于加强基层服务型党组织建设的意见》，其中全面阐释了基层服务型党组织建设的重要意义、主要任务及方法措施。2014年12月，习近平在江苏调研时提出"全面从严治党"，并将其提升到战略高度，与全面建成小康社会、全面深化改革、全面依法治国并列，形成"四个全面"战略布局，成为乡村治理开始重视党建工作的关键。2016年2月28日，中共中央办公厅印发《关于在全体党员中开展"学党章党规、学系列讲话，做合格党员"学习教育方案》，强调要推动全面从严治党向基层延伸。各地结合精准脱贫等中心工作，在实践中创新性地探索出了"党建+"①模式，成为乡村治理的发力点。

推进乡镇机构改革，建立新型基层政府。改革开放以来，党和政

---

① 较有代表性的有：辽宁阜新的"党建+合作社"模式、河北承德的"党建+帮带"模式、甘肃平凉的"党建+社会中介"模式、贵州黔东南的"党建+多产业"模式、江西赣州的"党建+三大行动"模式、广西南宁的"党建+电商"模式，等等。

府为优化乡镇机构人员配备,在精简政府机构及其人员编制方面,做了大量的工作,乡镇机构的设置得到明显简化。截至 2016 年,乡镇数量减少至 31 755 个。[①] 随着改革的不断深入和市场经济的不断发展,迫切需要建立与之相适应的政府机构。2016 年 9 月 25 日,《国务院关于加快推进"互联网+政务服务"工作的指导意见》(以下简称《指导意见》)发布。《指导意见》从优化再造政务服务、融合升级平台渠道、夯实支撑基础、加强组织保障四大方面,针对性地制定了一系列推进措施,从而为各省(区、市)人民政府落实"互联网+政务服务"工作确立了科学的行动指南。《指导意见》与这一时期有关政务公开、政务信息资源共享、大数据监管等方面密集出台的系列文件一道,逐步形成了全面深化"互联网+政务"改革与发展的政策布局,对新时期加快转变政府职能,提高政府服务效率和透明度具有重要意义。2016 年 12 月,中共中央办公厅、国务院办公厅印发《关于深入推进经济发达镇行政管理体制改革的指导意见》,要求贯彻落实中共十八届三中全会提出的"对吸纳人口多、经济实力强的镇,可赋予同人口和经济规模相适应的管理权"精神,对经济发达镇行政管理体制改革工作提出指导性意见。

采取多元互动协调治理的方式,完善村民民主自治机制。党的十八大以来,乡村治理更注重强化治理主体之间的沟通与协调,从而发挥乡村治理的合力与潜力。2013 年、2015 年发布的中央一号文件,分别就村务监督机制的建立与完善提出系列指导意见,村民民主自治机制随着政策的完善不断规范。为了探索符合我国特色的城乡社区治理模式,2011 年以来,民政部先后确定了 83 个全国社区治理和服务创新实验区、48 个全国农村社区治理实验区。[②] 2014 年 9 月 21 日,

---

[①] 陈锡文,罗丹,张征:《中国农村改革 40 年》,北京:人民出版社,2018 年,第 130 页。

[②] 罗燕:《让居民担当社区治理主角——专访民政部基层政权和社区建设司司长陈越良》,2018 年 6 月 14 日更新,http://www.mca.gov.cn/article/wh/whbq/jsmlsq/cssqzl/201806/20180600009619.shtml,2020 年 2 月 19 日引用。

第五章 新时代全面深化改革 大力发展现代农业（2012—2016）

习近平在庆祝中国人民政治协商会议成立65周年大会上发表重要讲话，全面阐述了协商民主尤其是包括乡村在内的基层协商民主。2015年2月，中共中央印发《关于加强社会主义协商民主建设的意见》，专门提出要"稳步推进基层协商"①。2015年7月22日，新华社全文转载中共中央办公厅、国务院办公厅印发的《关于加强城乡社区协商的意见》（以下简称《意见》）。《意见》强调要"充分发挥村（社区）党组织在基层协商中的领导核心作用"，"坚持基层群众自治制度，充分保障群众的知情权、参与权、表达权、监督权，促进群众依法自我管理、自我服务、自我教育、自我监督。坚持依法协商，保证协商活动有序进行，协商结果合法有效"，"以扩大有序参与、推进信息公开、加强议事协商、强化权力监督为重点，拓宽协商范围和渠道，丰富协商内容和形式，保障人民群众享有更多更切实的民主权利"。《意见》要求地方各级党委和政府要把城乡社区协商工作纳入重要议事日程，并详细规定了协商的内容、主体、形式和程序等，农村的协商民主由此加快发展。

第二节 农业科技创新加快步伐

改革开放以来，党和政府根据不同时期农业发展的特点，制定了一系列促进农业经济和农村社会发展的科技政策，农业科技事业快速发展，农业科技成果转化和推广不断加强，在保障粮食安全、保证农产品有效供给、促进农业增效和农民增收等方面，作出了重要的贡献。党的十八大以来，农业发展已然进入调结构、转方式的新阶段，迫切需要强化农业科技在产业发展中的支撑和引领作用。以习近平同志为核心的党中央，将农业科技创新摆在国家发展全局的核心位置，

---

① 《人民日报》2015年2月10日。

全面深化农业科技体制机制改革和农业科技成果处置改革，强化农村人才队伍和科技支撑平台建设，推进农业科技交流与国际合作，农业科技的跨越式发展迎来难得的机遇，自主创新能力不断提高，在促进农业调整经济结构、转变生产方式中，发挥了重要的作用。

一、农业科技体制改革全面深化

长期以来，农业科技领域都存在科研与经济"两张皮"的问题，大量的农业科技成果无法被应用到农业生产实践中。农业科技与经济的有效对接，比想象中还要艰难，成为制约创新驱动的一大障碍。为了破解这一问题，党和政府按照"四化同步"的战略部署，坚持中国特色农业现代化发展方向，全面深化农业科技体制机制改革，着力改善农业设施装备条件，提升农业科技水平，综合施策、持续发力，促进传统农业向现代农业转变。

1. 农业科技政策体系不断健全

围绕农业科技领域的重大问题，中央以农业现代化为主攻方向，深刻把握农业科技发展规律，密集推出一系列重大举措，不断健全农业科技政策体系，为加快推进农业科技创新提供了依据和遵循。

种业科技是农业科技"走出去"的重要领域。2013年12月，《国务院办公厅关于深化种业体制改革 提高创新能力的意见》（以下简称《意见》）中，就如何强化企业技术创新主体地位，调动科研人员积极性，加强国家良种重大科研攻关，提高基础性公益性服务能力，加快种子生产基地建设和市场监管等，提出了具体的指导意见。《意见》强调："充分调动科研人员积极性，保护科研人员发明创造的合法权益，促进产学研结合，提高企业自主创新能力，构建商业化育种体系，加快推进现代种业发展，建设种业强国，为国家粮食安全、生态安全和农林业持续稳定发展提供根本性保障。"

2014年1月发布的中央一号文件《关于全面深化农村改革 加快推进农业现代化的若干意见》中，将推进农业科技创新作为强化农业

第五章 新时代全面深化改革 大力发展现代农业（2012—2016）

支持保护制度的重点措施之一，并就科技体制改革、科技成果转化机制、农业科技研发及推广、科技创新平台建设、科技人才的培育等进行了全面的阐述。文件中提出：深化农业科技体制改革，对具备条件的项目，实施法人责任制和专员制，推行农业领域国家科技报告制度。明晰和保护财政资助科研成果产权，创新成果转化机制，发展农业科技成果托管中心和交易市场。采取多种方式，引导和支持科研机构与企业联合研发。加大农业科技创新平台基地建设和技术集成推广力度，推动发展国家农业科技园区协同创新战略联盟，支持现代农业产业技术体系建设。加强以分子育种为重点的基础研究和生物技术开发，建设以农业物联网和精准装备为重点的农业全程信息化和机械化技术体系，推进以设施农业和农产品精深加工为重点的新兴产业技术研发，组织重大农业科技攻关。继续开展高产创建，加大农业先进适用技术推广应用和农民技术培训力度。发挥现代农业示范区的引领作用，加强农用航空建设，将农业作为财政科技投入优先领域，引导金融信贷、风险投资等进入农业科技创新领域。推行科技特派员制度，发挥高校在农业科研和农业技术推广中的作用。

2015年8月4日，《农业部关于深化农业科技体制机制改革 加快实施创新驱动发展战略的意见》（以下简称《意见》）发布。《意见》就如何深化农业科技体制机制改革，不断释放创新活力、增强创新能力、提高创新效率，促进农业质量、效益和竞争力不断提升，提出指导性意见。《意见》明确提出：要"以保障国家粮食安全为首要任务，以转变农业发展方式为主线，以提高土地产出率、资源利用率、劳动生产率为主要目标，以增产增效并重、良种良法配套、农机农艺结合、生产生态协调为基本要求，强化顶层设计，优化科技资源布局、拓展科技创新领域、壮大农业科技力量、完善农业科技管理，构建适应产出高效、产品安全、资源节约、环境友好农业发展要求的技术体系，提升农业科技创新能力，为中国特色农业现代化建设提供强有力的科技支撑"。①

2016年12月30日,农业部召开常务会议,会上审议并原则通过了《"十三五"农业科技发展规划》(以下简称《规划》)。《规划》确立了农业科技发展"三步走"的战略目标,并围绕农业科技创新、技术推广、农村人才队伍建设和科技创新条件能力建设等方面,谋划了一系列重点领域和重点工程。要求抓好细化落实,制定出台重点工程专项工作方案,确保任务落地;要形成工作合力,充分调动科研院所、企业、社会组织和科研人员的积极性,共同推动农业科技发展提质增效;要积极争取支持,发挥好财政资金引导作用,积极吸引各类资本参与农业科技创新。

涉及农业科技创新的系列文件,对未来我国农业科技发展提供了有益的探索。农业科技的创新与发展,得益于农业科技政策的完善;而农业科技政策的完善,亦来源于对农业科技实践的不断总结。在传统农业向现代农业不断转型的阶段,仍需发挥农业科技政策的积极作用。

2. 农业科技高效协同创新机制新发展

改革开放以来,国家不断加大对科技工作的财政投入,推动农业科技不断创新发展,其中一大成就就是构建了多部门共同推进农业科技发展的组织管理机制,保障了农业与农业科技不断发展。随着现代农业科学技术的迅猛发展,科研分工越来越细,农业领域的重大技术问题越来越具有综合性,多部门、跨学科协作攻关成为一种科学、合理、必需的制度安排,农业科研协作、农业科技创新联盟等快速发展,在推动农业科技进步中发挥着越来越重要的作用。

农业科研大协作取得重大进展。在农业部的统一组织下,一大批农业科研机构成立了科研协作组,学科领域涵盖育种、栽培、土肥

---

① 农业部:《农业部关于深化农业科技体制改革 加快实施创新驱动发展战略的意见》2017年12月2日更新,http://www.moa.gov.cn/nybgb/2015/jiuqi/201712/t20171219_6103768.htm,2020年2月20日引用。

第五章 新时代全面深化改革 大力发展现代农业（2012—2016）

等，在促进农业增产增效中发挥了重要的作用。以水稻的科研协作为例，自1996年农业部正式立项超级稻育种计划以来，超级稻亩产不断超越新目标。2013年4月9日，农业部正式启动实施"中国千公斤超级稻攻关计划"。该计划由袁隆平院士总牵头，组织国家杂交水稻工程技术中心、中国水稻研究所、中国农业科学院作物科学研究所等研究团队，通过联合协作攻关，选育出在我国水稻主产区，百亩连片实现平均亩产1 000千克以上的超级稻品种。2013年年底，超级稻推广面积达1.3亿亩。2014年，我国成功攻克多项超级杂交稻在平原栽培的关键技术，有力促进了超级杂交水稻的健康发展和水稻总产量的稳步增加。同时，超级稻第四期攻关项目获得重大突破，百亩连片平均每公顷产量超过15吨，创造了15.4吨的新纪录。

农业科技创新联盟快速发展。长期以来，农业科技体制在发展过程中，一直难以克服资源共享不足的难题，各类农业科技协同创新联盟的建立，为农业科技协同攻关提供了平台。2013年5月7日，湖北荆门市20多个农机专业合作社联合，成立了中国农谷东风农机合作社联盟。2014年12月22日，国家农业科技创新联盟在北京成立，中国农业科学院牵头，全国近千家单位共同参与联盟建设。2015年2月1日，中共中央、国务院印发《关于加大改革创新力度 加快农业现代化建设的若干意见》，明确要求建立农业科技协同创新联盟。此后，全国多个省、市陆续建立了适合各自农业科技发展要求的协同创新联盟。2015年4月21日，中国农业科学院启动"东北黑土地保护协同创新行动"，以举全国相关学科之力，来遏制我国东北黑土地的退化；12月12日，中国农业大学成立中国农产品物联商务创新联盟，该联盟由国内外政、商、产、学、研、融、推等多个领域众多单位和个人自愿联合组成，属于农产品物联商务建设与运营推广的非营利性合作组织。2016年1月17日，国家牧草产业技术创新战略联盟研究院在北京成立，成为我国开展自主研发、产业升级、成果转化等工作的重要载体；6月16日，西北农林科技大学联合甘肃省农业科学院、甘肃省林业科学院、宁夏农林科学院等西北五省（区）10个单位，共同发起成立了西北农林科技创新联盟。科技联盟的成立，有效提升了农业科技的创新效率和水平，推进了农业科技协同攻关的进程。

3. 农业科技评价体制改革深化

农业科技评价作为科技评价的重要组成部分，是政府进行农业科技管理的必要手段。改革开放以来，农业科技评价工作不断发展，经历从无到有、从单一评价向综合考核转变的发展过程。党的十八大以来，随着科技管理体制改革的深入，农业科技评价制度也在不断完善，突出表现在科研成果评价及奖励机制改革不断深化，给予科研人员更多的权益保护。

2014年以来，农业部、科学技术部、财政部三部委，选取中国农业科学院作物科学研究所等4家中央科研单位，实施种业科研成果权益比例改革试点，核心是科研人员个人从其成果中获得直接回报，而且比例将不低于40%。4家试点单位结合实际，出台了详细的实施方案，并且在具体权益比例上，按照更加公平的原则，对资金来源进行分类。例如，中国农业科学院作物科学研究所在实施方案中规定：由国家财政资金支持取得的科研成果，个人所占比例为50%，而由个人出资取得的成果，个人占比可高达70%。同时规定，科研人员享有的知识产权相关权益，不因工作单位和岗位变动而丧失。在实践过程中，一些单位积极创新，将种业科研成果"确权"给科研单位和科技人员，鼓励科技人员持股兼职，推进科技成果公开交易，由此推动更多科技成果落地，激发了农业科技人员创新创业的热潮。

2015年3月23日，中共中央、国务院发布《关于深化体制机制改革 加快实施创新驱动发展战略的若干意见》，分别就营造激励创新的公平竞争环境，建立技术创新市场导向机制，强化金融创新的功能，完善成果转化激励政策，构建更加高效的科研体系，创新培养、用好和吸引人才机制，推动形成深度融合的开放创新局面，加强创新政策统筹协调，提出了具体意见。2015年9月24日，中共中央办公

第五章 新时代全面深化改革 大力发展现代农业（2012—2016）

厅、国务院办公厅印发《深化科技体制改革实施方案》，提出实行科技人员分类评价，建立以能力和贡献为导向的评价和激励机制；深化科技奖励制度改革，强化奖励的荣誉性和对人的激励。2016年12月31日，《中共中央 国务院关于深入推进农业供给侧结构性改革 加快培育农业农村发展新动能的若干意见》（以下简称《若干意见》）发布。《若干意见》提出：要完善农业科技创新激励机制，加快落实科技成果转化收益、科技人员兼职取酬等制度规定，通过"后补助"等方式支持农业科技创新。实施农业科研杰出人才培养计划，深入推进科研成果权益改革试点。发展面向市场的新型农业技术研发、成果转化和产业孵化机构。完善符合农业科技创新规律的基础研究支持方式，建立差别化农业科技评价制度。

农业科研成果评价及奖励机制改革的不断深入，优化了农业科技人才成长和发展的环境，促进了农业科技人才的创新，推动了农业科技的进步。

二、农业科技体系建设新发展

改革开放以来，农业科技体系在改革中由弱变强，发展规模由小变大，专业门类更加齐全。党的十八大以来，随着创新驱动发展战略的部署和实施，农业科技体制改革不断深入，农业科技体系在探索中迎来新发展。农业科研体系建设方面，逐步形成了国家级、省级综合性研发机构、涉农高校及协同融合发展的局面。农业技术推广体系更加注重服务供给，呈现多元化发展的趋势。农民教育培训体系在转型中升级，逐步转向以提升农民的职业化水平为目标。

1. 农业科研体系协调融合发展

这一时期，国家加大对农业科研体系的引导和支持，农业科技的基础性地位更加明确，农业科研机构、涉农高校不断发展壮大，各层级农业科研机构的定位更加明确，分工协作更加密切，农业科研体系在发展中不断健全。

2012年中央一号文件《中共中央 国务院关于加快推进农业科技创新 持续增强农产品供给保障能力的若干意见》（以下简称《若干意见》），明确了农业科技具有"显著的公共性、基础性、社会性"地位。《若干意见》提出，要坚持科教兴农战略，把农业科技摆上更加突出的位置，下决心突破体制机制障碍，大幅度增加农业科技投入，推动农业科技跨越式发展。此后，国家加大了对农林院校和农业科研机构的支持，农业科研机构和涉农高校不断发展壮大。《2019公益性农业科研机构科技创新与支撑产业发展报告》显示，2010—2017年，中国公益性农业科研机构稳步发展，基本建设投资总额年平均增长14.22%，投资额从16.29亿元增加到32.15亿元，8年时间增幅近1倍。截至2017年，全国农林类大学数量已超过90所。

涉农企业的技术创新主体地位，也在这一时期持续加强。2012年9月23日，中共中央、国务院印发《关于深化科技体制改革 加快国家创新体系建设的意见》。文件要求突出企业在技术创新中的主体作用，强化产、学、研、用紧密结合，促进科技资源开放共享，各类创新主体协同合作，提升国家创新体系整体效能。2013年2月4日，《国务院办公厅关于强化企业技术创新主体地位 全面提升企业创新能力的意见》发布，标志着企业的技术创新主体地位基本确立。2013年11月，中共十八届三中全会审议通过了《中共中央关于全面深化改革若干重大问题的决定》（以下简称《决定》）。《决定》中提出：建立产学研协同创新机制，强化企业在技术创新中的主体地位，发挥大型企业创新骨干作用，激发中小企业创新活力，推进应用型技术研发机构市场化、企业化改革，建设国家创新体系。经过多年持续不断的努力，企业创新主体建设取得重大进展。截至2019年5月，我国企业研发投入占全社会研发投入比重超过70%，规模以上工业企业中，超过四成企业开展了技术创新活动。

然而，涉农企业的发展并不理想。截至2017年，我国上市公司合计3 034家企业，涉农类（不包含茶类）企业合计为121家，占比约4%，远低于农业在国民经济中的占比。其中涉农制造业69家，农

第五章 新时代全面深化改革 大力发展现代农业（2012—2016）

业52家。在所有农业上市公司中，食品制造业和食品加工业这2类农业企业，占所有涉农类上市企业的比重均为31%，可见食品制造与加工是目前涉农上市公司的主要类型。① 这一现状表明，农业企业的科技创新仍然乏力，仍需加强其创新主体的建设。

2. "一主多元"农业技术推广体系形成

要实现全面建成小康社会，需进一步强化农业科技的支撑作用，补齐农业农村发展的突出短板，这就对农业技术的推广和应用提出了更好要求。党中央、国务院作出一系列重大决策部署，推动形成以国家农业技术推广机构为主导，农业科研院校、社会化服务组织等广泛参与的"一主多元"、融合发展的农业技术推广体系。

修订农业技术推广法，完善并落实农业技术推广政策。2012年中央一号文件《中共中央 国务院关于加快推进农业科技创新 持续增加农产品供给保障能力的若干意见》提出，要普遍健全乡镇或区域性农业技术推广等公共服务机构，明确公益性定位。加快分离基层农业技术推广机构的经营性职能，按照市场化方式运作，探索公益性服务多种实现形式。文件还提出"一个衔接、两个覆盖"② 政策。全国各地贯彻落实中央一号文件精神，强化农业技术推广机构的公益性职能，提高农业技术推广项目经费保障水平，改善农业技术推广设施条件，取得了较好的实践效果。水产技术、旱作农业技术、农业机械化技术、农垦节水农业技术等，被更广泛地应用到农业生产实践中。2013年1月1日，新修订的《中华人民共和国农业技术推广法》正式施行。该法从法律上对农业技术、农业技术推广、农业技术推广体系、农业技术的推广与应用等进行了明确界定，从而为农业技术推广增强了法律保障。

---

① 数据来源：前瞻产业研究院。
② 一个衔接、两个覆盖：实现农业技术推广在岗人员工资收入与基层事业单位人员工资收入平均水平相衔接，基层农业技术推广体系改革与建设示范县项目基本覆盖农业县（市、区、场），农业技术推广机构条件建设项目覆盖全部乡镇。

产、学、研、用一体化农业技术推广联盟不断发展。2012年4月,农业部提出开展国家现代农业示范区与农业科研院校科技结对工作,共收到来自全国153个国家现代农业示范区的600多项科技结对需求。同年11月,五大农业科研院校[①]与国家现代农业示范区成功开展科技对接,合作共建试验示范基地,组建科技推广联盟,加强农业关键技术研发、集成和应用。

农业技术推广方式方法在实践中创新。在强化农业技术推广过程中,一些基层农业技术推广机构积极探索,总结出了具有创新性的农业技术推广方式和方法,为农业技术的推广和应用积累了丰富的经验。如山东滨州的"农技宝"智能云平台、高唐县的"新媒体"农业技术服务等,为农户、农技人员与农业部门搭建起线上沟通交流平台。湖北省按照适应现代农业规模化、集约化、机械化、轻简化应用的要求,遴选出53项实用农业新成果,编制农业主推技术指南,使各级农业技术推广机构的职能更加明确。这些地方性实践,是农业新技术在农村基层推广及应用的鲜活案例。

3. 农民教育培训体系转型升级

这一时期,农民教育培训工作逐步转向以大力培训新型职业农民、构建职业农民队伍为主。农民教育培训体系得到丰富和完善,农业科技知识在更大范围内得到普及,农民综合素质得到提高,促进了农业与农村经济的发展。

2012年中央一号文件突出强调加快农业科技创新,并首次提出要大力培育新型职业农民。2013年中央一号文件强调着力加强农业职业教育和职业培训,是中央科学把握现代农业发展规律作出的重大决策,是新形势下加快推进"三化"同步发展的重大部署。加快农业农村人才培养,特别是新型职业农民的培养,解决将来"谁来种地"的问题,成为社会各界关注的焦点。

---

① 五大农业科研院校:中国农业科学院、农业部规划设计研究院、中国水产科学研究院、中国热带农业科学院及中国农业大学。

第五章　新时代全面深化改革　大力发展现代农业（2012—2016）

2013年4月23日，农业部办公厅、财政部办公厅联合印发《2013年农村劳动力培训阳光工程项目实施指导意见》，提出以种养大户、家庭农场、农民专业合作组织、农业社会化服务体系的骨干农民为重点对象，培养一支结构合理、数量充足、素质优良的现代农业劳动者队伍，强化现代农业发展和新农村建设的人才支撑。2013年7月，《农业部关于加强农业广播电视学校建设　加快构建新型职业农民教育培训体系的意见》（以下简称《意见》）发布。《意见》提出，要加快构建以农业广播电视学校为基础依托的"一主多元"新型职业农民教育培训体系[①]。2013年11月，全国农业广播电视学校体系建设工作会议提出，要以农业广播电视学校为主体构建新型职业农民教育培训体系，力争5年内实现全国所有地（市）和农牧业县（市、区）农广校全覆盖，依托农广校建立的农民科技教育培训中心覆盖率达到100%，空中课堂、固定课堂、流动课堂和田间课堂一体化建设基本配套，县级校实训基地覆盖率达到100%；专兼职教师队伍扩大到10万人以上，"双师型"教师比例达到80%以上，各级校长和办学人员队伍实现全员培训。[②] 截至2013年12月底，共培训新型经营主体112万人次，在全国100个县开展新型职业农民培育试点。

2014年，中央财政安排农民培训补助资金，在全国遴选2个示范省（覆盖不少于1/2的农业县）、14个示范市（覆盖不少于2/3的农业县）和300个示范县，作为新型职业农民培育重点示范区，开展新型职业农民培育示范工作。在新型职业农民培育工作的助推下，各地

[①] "一主多元"新型职业农民教育培训系：以农业广播电视学校、农民科技教育培训中心等农民教育培训专门机构为主体，以农业科研院所、农业院校和农业技术推广服务机构及其他社会力量为补充，以农业园区、农业企业和农民专业合作社为基地，满足新型职业农民多层次、多形式、广覆盖、经常性、制度化教育培训需求的新型职业农民教育培训体系。

[②] 农业部新闻办公室：《全国农广校体系建设工作会议提出以农广校为主体构建新型职业农民教育培训体系》，2013年11月19日更新，http：//www.gov.cn/gzdt/2013-11/19/content_2530137.htm，2020年3月20日引用。

逐步构建起以政府为主导,农业部门牵头,公益性培训机构为主体,社会力量共同参与的新型职业农民教育培训体系。2017年,全国农广校系统共培训新型职业农民56.6万人,占全国任务总量的64.5%。在新型职业农民培育工作中,有1 378所农广校作为专门机构承担培育基础性工作,占全国农广校的58%;有1 201所县级农广校参与了认定管理工作,认定新型职业农民20.9万人。截至2018年5月,各级农广校建立新型职业农民培育基地近3万个,其中农民田间学校1.5万个,实训基地8 752个,创业孵化基地1 600个,综合基地1 397个。随着乡村振兴战略的全面启动,培育新型职业农民成为壮大新型农业经营主体的重要途径,在提升农业质量、效益和竞争力,促进农业农村经济发展中,发挥着越来越重要的作用。

三、农业农村人才队伍建设长足发展

2010年,我国发布了第一个中长期人才发展规划纲要,明确要在农业科技等国民经济重点领域培养开发急需紧缺专门人才,并把农村实用人才列为6支人才队伍之一,把现代农业人才支撑计划作为12项重大人才工程之一。党的十八大以来,国家将农业科技人才队伍建设摆在更加突出的位置,不断健全和完善农业科技推广体系,先后就农村科技人才的管理、培育、评价、创新创业等发布多个重要文件,农业农村人才队伍建设获得长足发展。

1. 农业科研人才队伍建设跨越式发展

这一时期,国家加大对农业科研人才的政策支持,稳定增加对这类人才的科研经费投入,为农业科研人才的成长搭建平台。

根据《国家中长期人才发展规划纲要(2010—2020年)》和《农村实用人才和农业科技人才队伍建设中长期规划(2010—2020年)》精神,从2011年起,农业部牵头组织实施农业科研杰出人才培养计划(以下简称"培养计划"),计划到2020年,在全国选拔培养300名农业科研杰出人才,建立300个农业科研优秀创新团队,建立一支

第五章 新时代全面深化改革 大力发展现代农业（2012—2016）

学科专业布局合理、整体素质能力较强、自主创新能力较强的高层次农业科研人才队伍。

依托培养计划，产生了一批国家级农业科研领军人才。农业部人力资源开发中心的统计结果显示，300名农业科研杰出人才中，276名主持了国家级科研项目，合计有839项，累计获得项目经费55.82亿元。有239名农业科研杰出人才入选了国家级人才计划，其中79人入选"万人计划"、51人入选"国家杰出青年"、31人入选"长江学者"、134人入选"百千万人才工程"。农业科研杰出人才作为第一完成人，共计获得国家级科技奖励47项，其中国家科技进步一等奖1项、二等奖37项，国家自然科学二等奖2项，国家技术发明二等奖7项。一批优秀的青年科学家在各自领域中脱颖而出，95人入选国家级各类青年人才计划，入选人数占人才总数的31.7%。这些杰出的青年农业科学家集中在作物、畜牧兽医、信息与机械、资源环境、渔业、园艺、植物保护、质量加工等领域，成为我国农业科研战线上的中坚力量，担负着我国农业科技实现整体跃升、跻身世界农业科技强国的历史重任。

2. 农业技术推广队伍建设实现创新发展

2012年以来，农业技术推广责任制度、农业技术推广人员聘用制度、农业技术工作绩效考评制度等得到普及和推广，农业技术推广条件得到明显改善，农业技术推广人员的待遇得到提升，农业技术推广工作的积极性和效率明显提高。

2012年中央一号文件明确要求加快培养农业科技人才，广泛开展基层农业技术推广人员分层分类定期培训。2012年8月新修订的《中华人民共和国农业技术推广法》进一步完善了农业技术推广法律制度，明确了农业技术推广的责任与权力，基层农业技术推广人员的工资收入与基层事业单位人员相衔接。为了进一步加强农业技术推广人才队伍建设，提升农业科技的服务能力，2012年10月，农业部组织实施"万名农技推广骨干人才培养计划"。按照培养计划，各地围绕农业主导产业及重点专业，从基层（以县为主）选拔1万名左右有较高知名度和专业技术权威的农业技术推广骨干，与国家现代农业产业技术体系对接，指导当地的农业技术推广工作。2013年，农业部牵头，支持近3万个乡镇农业技术推广机构改善条件，基本覆盖所有农业县，启动实施的"万名农技推广骨干人才培养计划"取得显著成效，全年共培训农业技术推广人员30万人次。

针对乡镇农业技术推广机构编制不足的现状，为了满足基层农业技术推广服务的迫切需求，2013年8月15日，农业部、人力资源和社会保障部、教育部、科学技术部联合发布《关于实施农业技术推广服务特设岗位计划的意见》，引导鼓励高校涉农专业毕业生进入基层农业技术推广服务机构担任农技特岗人员，开展农业技术推广、动植物疫病防控、农产品质量安全服务等工作。通过机制创新和政策扶持，为乡镇或区域性农业技术推广机构补充新生力量，为现代农业发展提供强有力的科技和人才支撑。农业技术推广服务特设岗位计划（以下简称"农技特岗计划"）实施过程中，浙江、福建、江西3省与当地涉农高校结合，探索出"定向招生、定向培养、定向就业"的联合培养机制，有效解决了"农技特岗计划"人员来源、专业选择和稳定性的问题。据统计，截至2018年9月，全国20余个省（区、市）实施了"农技特岗计划"，共招录农业技术人员1.3万名。

2015年8月，《农业部关于深化农业科技体制机制改革 加快实施创新驱动发展战略的意见》发布，文件明确提出要强化农业技术推广队伍建设，完善农业技术人员考核评价制度，出台农业技术推广研究员分层分类评价办法，健全激励机制。为了引导高等院校、农业科研单位的农业技术人员开展农业技术推广服务，农业部、教育部联合下发文件，要求突出这类人员的农业技术推广工作业绩，建立分类考核制度。此后，涉农高校和农业企业在农业技术推广中的作用不断凸显，农业技术推广人员队伍不断壮大。

3. 农村实用人才队伍建设取得重大进展

农村实用人才作为一类人才的概念，是自改革开放以后逐步明晰

第五章 新时代全面深化改革 大力发展现代农业（2012—2016）

起来的。2002年5月，中共中央办公厅、国务院办公厅印发《2002—2005年全国人才队伍建设规划纲要》，明确提出要实施"人才强国"战略。2003年12月19日，新中国历史上第一次全国人才工作会议召开，明确提出要"加强农村实用人才队伍建设"。2007年11月，中共中央办公厅、国务院办公厅印发《关于加强农村实用人才建设和农村人力资源开发的意见》，这是指导我国农村人力资源开发的开创性、纲领性文件。2011年3月，中共中央组织部、农业部、人力资源和社会保障部、教育部和科学技术部联合印发《农村实用人才和农业科技人才队伍建设中长期规划（2010—2020年）》（以下简称《中长期规划》）。《中长期规划》提出，农村实用人才和农业科技人才是农业农村人才中的骨干力量。加强农村实用人才和农业科技人才队伍建设，是农业农村人才工作的重点领域，是实施人才强农战略的关键环节。并提出到2015年，农业科技人才增加到68万人左右，农村实用人才达到1 300万人。到2020年，农业科技人才增加到70万人，农村实用人才达到1 800万人。

关于农村实用人才队伍建设的顶层设计更加完善。习近平多次就农业农村人才发展作出重要指示，强调农业农村人才是强农兴农的根本，要求强化乡村振兴人才支撑等，为培养造就懂农业、爱农村、爱农民的农业农村人才队伍提供了根本遵循。2012年中央一号文件首次提出大力培育新型职业农民。2015年2月，《农业部关于进一步调整优化农业结构的指导意见》发布，提出实施每年万名现代青年农场主和农村实用人才培养计划，示范带动农业结构调整优化。2016年3月，中共中央印发《关于深化人才发展体制机制改革的意见》（以下简称《意见》）。《意见》提出："建立产教融合、校企合作的技术技能人才培养模式"，强调要健全以职业农民为主体的农村实用人才培养机制。各级农业部门采取切实措施，不断加大农业农村人才工作力度，农业农村人才队伍建设取得显著成效。截至2017年年底，全国农村实用人才总量突破2 000万人，比2010年增长了49%，其中新型职业农民总量超过 1 500 万，占到 75%，为保障农业农村经济和社会发展提供了人才支撑和保障。[①] 2018 年中央一号文件《中共中央 国务院关于实施乡村振兴战略的意见》和《乡村振兴战略规划(2018—2022 年)》，对强化乡村振兴人才支撑作出专门部署，农业农村人才工作逐渐纳入并日益成为我国人才战略的重要组成部分。

第三节 推进农业绿色发展

随着城乡居民收入水平的持续提高，人们对安全、质优农产品的需求也日益增多。面对农业发展新形势，一批推进农业绿色发展的重大行动逐步实施。2015 年 4 月，农业部印发《关于打好农业面源污染防治攻坚战的实施意见》，提出力争到 2020 年农业面源污染加剧的趋势得到有效遏制，实现农业用水总量控制，化肥、农药使用量减少，畜禽粪便、农作物秸秆、农膜基本资源化利用的"一控两减三基本"目标任务，正式打响了农业面源污染防治攻坚战。通过控量提效发展节水农业，农业灌溉水利用系数大幅提升；通过减量替代、减量控害，推广测土配方技术，加强农业绿色防控，全国化肥使用量首次接近（农药施用量保持）零增长；通过种养结合推进畜禽粪污治理，全面开展秸秆资源化利用，综合施策修订地膜标准，实施耕地质量保护提升行动。农业资源环境保护初见成效，生态农业新格局建立起来，绿色发展与现代农业更加融合。

一、农业资源保护和高效利用强化

党的十八大以来，一系列支持现代种业发展的政策文件先后发

[①] 胡永万：《统筹推进农业农村人才队伍建设 聚力乡村人才振兴》，2018 年 10 月 28 日更新，http://ngx.net.cn/ztzl/2018xxnmlt/lt/lt1/201810/t20181028_204667.html，2020 年 2 月 26 日引用。

布，有力强化了种业的国家基础性、战略性核心产业地位，作物、畜禽、水产、农业微生物等农业种质资源保护与利用工作取得积极成效。农业种质资源总量持续增加，位居世界前列；农业种质资源保护体系初步构建，并全面启动作物种质库新库建设；农业种质资源开发利用成效明显，推进了区域特色产业的发展，在打造区域特色品牌、助力乡村振兴等方面发挥了重要作用。

1. 农业水土资源高效利用取得重要进展

党的十八大以来，农业土壤改良技术和肥力地力提升技术取得突破，耕地质量得到有效提升。

我国有9 900多万公顷盐碱地，盐碱地改良一直是土壤改良的重点内容之一。2009—2013年，农业部实施了"盐碱地农业高效利用配套技术模式研究与示范"公益性行业（农业）科研专项经费项目，在土壤控盐抑盐、节水灌溉洗盐、生物农艺和化学治盐等实用特色关键技术的研发方面，取得了突破性的进展，显著提升了盐碱地的治理改良及综合利用水平。2014年，中国科学院提出全国盐碱地分类治理技术示范的建议与报告，得到中央的高度重视。[①] 同年4月，国家发展和改革委员会、科学技术部、财政部、国土资源部等10部委联合发布《关于加强盐碱地治理的指导意见》，要求采取有效措施，扎实推进盐碱地治理。2015年中央一号文件《中共中央 国务院关于加大改革创新力度 加快农业现代化建设的若干意见》，在谈到增强粮食生产能力时，明确提出要"实施粮食丰产科技工程和盐碱地改造科技示范"，表明国家层面已认识到盐碱地治理改良对保障粮食有效供给的重要性和必要性。通过持续治理改造，我国盐碱地呈现面积总量减少、重度盐碱地面积比例降低、中轻度盐碱地比例上升的趋势。

[①] 杨劲松，姚荣江：《我国盐碱地的治理与农业高效利用》，《中国科学院院刊》2015年第30卷（增刊）。

农业水资源的利用和开发一直受到党和政府的高度重视，在节水灌溉、作物水分的高效利用和雨水积蓄等方面，形成了一整套具有中国特色的技术体系。2012年11月26日，国务院办公厅印发《国家农业节水纲要（2012—2020年）》（以下简称《节水纲要》）。《节水纲要》提出："到2020年，在全国初步建立农业生产布局与水土资源条件相匹配、农业用水规模与用水效率相协调、工程措施与非工程措施相结合的农业节水体系。基本完成大型灌区、重点中型灌区续建配套与节水改造和大中型灌排泵站更新改造，小型农田水利重点县建设基本覆盖农业大县；全国农田有效灌溉面积达到10亿亩，新增节水灌溉工程面积3亿亩，其中新增高效节水灌溉工程面积1.5亿亩以上；全国农业用水量基本稳定，农田灌溉水有效利用系数达到0.55以上；全国旱作节水农业技术推广面积达到5亿亩以上，高效用水技术覆盖率达到50%以上。"[1] 节水灌溉发展进入前所未有的快车道。截至2013年年底，全国有效灌溉面积达到6 347万公顷，其中节水灌溉工程面积2 711万公顷，约占有效灌溉面积的43%；高效节水灌溉面积1 427万公顷，约占有效灌溉面积的22%，其中低压管道输水740万公顷、喷灌300万公顷、微灌387万公顷。[2] 另据2017年10月7日《人民日报》报道：5年来，全国新增高效节水灌溉面积1亿亩，高效节水灌溉面积超过3亿亩，灌溉水有效利用系数达到0.542，在保障国家粮食安全的同时，农业灌溉用水总量实现零增长。与此同时，痕量灌溉等农业节水新技术在国内试验成功，为干旱地区破解农业节水难题提供了新的出路。

2. 农作物种质资源保护利用取得新突破

农作物种质资源是推进农业高质量发展的"芯片"，是保障国家

---

[1] 国务院办公厅：《国务院办公厅关于印发〈国家农业节水纲要（2012—2020年）〉的通知》，2012年12月15日更新，http://www.gov.cn/zwgk/2012-12/15/content_2291002.htm，2020年3月20日引用。

[2] 农业农村部农村经济研究中心：《中国农业大事记（1978—2017）》，北京：中国农业出版社，2019年，第382页。

第五章 新时代全面深化改革 大力发展现代农业（2012—2016）

粮食安全、生物产业发展和生态文明建设的关键性战略性资源。为了查清农作物种质资源家底，我国分别于1956—1957年、1979—1983年对作物种质资源进行了两次普查，收集资源30多万份。随着气候、自然环境、种植业结构和土地经营方式等的变化，大量地方品种迅速消失，作物野生近缘植物资源急剧减少。为了加强我国农作物种质资源的保护和利用工作，强化农作物种质资源对现代种业发展的支撑作用，2015年2月，农业部、国家发展和改革委员会、科学技术部联合印发《全国农作物种质资源保护与利用中长期发展规划（2015—2030年）》（以下简称《规划》）。《规划》首次提出"在保护中利用与在利用中保护"，明确实行种质资源登记制度，实行差别化管理、权益化激励，对创新资源依规赋权交易。提出建立和完善"三大体系"、开展"五大行动"。①

为了贯彻落实《规划》要求，摸清作物种质资源种类，抢救古老地方品种及野生资源，2015年7月，农业部启动第三次全国农作物种质资源普查与收集行动。该行动拟用5年时间，对全国2 200个农业县进行农作物种质资源的全面普查与系统收集，对其中650个种质资源丰富的县进行实地调查与抢救性收集，征集和收集10万份农作物种质资源，鉴定评价后编目入库保存7万份，并建立第三次全国农作物种质资源普查与收集数据库，实现珍惜资源、有效收集和保护野生资源的目的，使农作物种质资源保存总量大幅提升。

农作物种质资源保护与利用取得显著成效。截至2012年，我国共建成国家长期库1座、国家中期库10座，省级中期库29座，国家

---

① "三大体系"是指：完善以长期库为核心，以中期库、种质保存圃和原生境保护点为依托的国家农作物种质资源保护体系；拓展农作物种质资源保存库（圃）功能，建立国家农作物种质资源精准鉴定评价体系；完善以中国农作物种质资源信息系统为核心，种质保存库、种质保存圃、原生境保护点、鉴定评价中心为网点的国家农作物种质资源共享利用体系。"五大行动"是指：第三次全国农作物种质资源普查与收集行动、农作物种质资源引进与交换行动、农作物种质资源保护与检测行动、农作物种质资源精准鉴定与评价行动、优异种质资源创制与应用行动。

种质圃43个，原生境保护点116个，基本形成了国家作物种质资源保护体系。① 种质资源普查与收集行动开展后，强化了对农作物种质资源的保护和利用。统计数据显示，截至2015年年底，我国共保存各类农作物种质资源470 295份，保存总量居世界第二位，其中国家种质库长期保存资源已突破40万份。② 2016年，新收集与引进作物137种、种质资源16 207份，共编目16 371份，其中30种作物10 528份种质资源经繁种入国家种质库长期保存，79种作物1 585份无性繁殖作物种质资源繁殖入国家种质圃长期保存。③ 对种质资源的深入研究也在同步展开，支撑一批重大成果产生，推动了农业科技的原始创新。

3. 农业微生物资源面向社会开放共享

起步相对较晚的农业微生物资源保护工作，在这一时期取得突破性进展，完善了农业微生物资源的收集、鉴定评价工作体系，拓展了农业微生物资源共享服务的领域和范围。

农业微生物菌种资源的保护利用具有代表性。我国在1979年成立了中国农业微生物菌种保藏管理中心（英文缩写ACCC）。ACCC围绕农业微生物菌种资源的挖掘与利用展开研究，主要包括肥料、饲料、生物防治、污染降解等功能微生物菌株的挖掘评价，以及极端环境微生物资源的抗逆、降解等重要功能基因的分离及功能鉴定与评价，微生物资源农业生产应用的新类型、新品种、新基因、新代谢物等的研究，提高可利用潜力。截至2018年年底，中心库藏资源总量达17 441株，备份38万余份，分属于497属、1 774种，覆盖国内主

---

① 付深造，张恩瑜，陈超：《我国作物种质资源保护利用现状及发展建议》，《种子世界》2013年第10期。
② 农业农村部农村经济研究中心：《中国农业大事记（1978—2017）》，北京：中国农业出版社，2019年，第396页。
③ 姜淑荣，陈丽娟：《我国农作物种质资源保护与利用成效显著》，《中国种业》2017年第4期。

第五章 新时代全面深化改革 大力发展现代农业（2012—2016）

要农业优势微生物资源总量的35%左右。[①] ACCC目前正在开展农业微生物资源的对外共享服务，共享方式[②]较为多样化，共享服务的对象包括企业、高等院校、科研院所及个人等，服务科研项目涉及领域和范围较广，有效支撑了我国生物农业产业的发展和科研进步。

2011年11月，农业部整合ACCC、微生物资源与利用研究室、食用菌产业科技研究室，以及农业部微生物肥料和食用菌菌种质量监督检验测试中心的科研力量，成立农业微生物资源收集与保藏重点实验室，开展农业微生物代谢、功能多样性资源收集、筛选评价和信息集成，以及农业微生物资源分离、保藏、鉴别技术等公益性研究，为现代农业发展提供技术和生物材料支撑。2012年，国家微生物资源平台网站（www.cdcm.net）建成并运行。2014年2月，被列入国家重点基础研究发展计划（"973"计划）的"食用菌产量和品质形成的分子机理及调控"项目启动实施。拟用5年时间，揭示食用菌产量和质量形成的分子机理，建立科学研究的理论和方法体系以及遗传改良基础平台，提高食用菌产业的原始创新和关键技术创新能力。[③] 经过几年的系统研究，食用菌高效育种技术取得突破，促进了食用菌品种的更新换代，提高了食用菌菌种的质量，推动了食用菌产业快速发展。

二、农业生态环境保护力度加大

注重生态保育，是农业绿色发展的根本要求，也是全面建成小康

[①] 中国农业微生物菌种保藏管理中心：《中国农业微生物菌种保藏管理中心（ACCC）简介》，http://www.accc.org.cn/Column_Content.asp?Column_ID=34924，2020年3月30日引用。

[②] 共享方式有：公益性共享、合作研究共享、知识产权交易性共享、资源纯交易性共享、资源交换性共享等。

[③] 农业部网站：《食用菌产量和品质形成的分子机理及调控项目启动》，2014年2月16日更新，http://www.gov.cn/gzdt/2014-02/16/content_2605911.htm，2020年3月31日引用。

社会宏伟目标的必然选择。党的十八大以来，生态文明建设被纳入全面建成小康社会的奋斗目标体系和"五位一体"总体布局，加入我国经济和社会发展的主战场。作为生态文明建设的重要目标，农业生态环境保护也在这一时期得到加强。各级政府部门把农业农村环境保护工作纳入重要日程，不断加大资金投入，重点支持农业污染源和农村人居环境综合治理，农业农村生态环境得到极大改善。

1. 实施农业污染源普查及定位监测

我国在2007年启动实施了第一次全国农业污染源普查工作，普查内容包括各类污染源的基本情况、主要污染物的产生和排放数量、污染治理情况等，并围绕种植业、畜禽养殖业和水产养殖业，在全国设置了数百个原位监测点。经过5年的发展，2012年，全国农业面源污染国控监测点达到160余个，新建了由300余个定位监测试验点组成的农田地膜残留污染国控监测网络，初步搭建了覆盖全国的监测网络框架。2013年，全国农业面源污染监测网络基本形成，共建立农田面源监测国控点270个，农田地膜残留国控监测点210个。

2013年10月，国务院常务会议审议通过《畜禽规模养殖污染防治条例》，自2014年1月1日起施行。这是我国首部国家层面上的专门的农业环境保护类法规。2014年，农业部启动全国畜禽养殖污染调查与监测工作，在全国25个省（区、市）的生猪、奶牛优势产区，建立26个国控监测点。农田氮磷流失监测也在同一年展开，为掌握农田氮、磷等涉水污染物的流失规律提供了数据支撑。此外，地膜使用量与残留量监测、秸秆使用及污染情况调查也在同步展开。

2016年11月24日，国务院发布《"十三五"生态环境保护规划》（以下简称《规划》）。《规划》提出："大力推进畜禽养殖污染防治。划定禁止建设畜禽规模养殖场（小区）区域，加强分区分类管理，以废弃物资源化利用为途径，整县推进畜禽养殖污染防治。养殖密集区推行粪污集中处理和资源化综合利用。2017年年底前，各地区依法关闭或搬迁禁养区内的畜禽养殖场（小区）和养殖专业户。大

第五章 新时代全面深化改革 大力发展现代农业（2012—2016）

力支持畜禽规模养殖场（小区）标准化改造和建设。"[1] 为了摸清农业污染源基本信息，了解和掌握不同农业污染物的区域分布和产生、排放情况，2017年11月20日，农业部办公厅印发《关于做好第二次全国农业污染源普查有关工作的通知》，明确农业污染源普查内容重点包括种植业源、畜禽养殖业污染源、水产养殖业污染源、地膜、秸秆5个方面。

2. 强化农用地土壤环境监测及安全管理

2012年年初，农业部、财政部联合印发《农产品产地土壤重金属污染防治实施方案》，提出从源头保障农产品质量安全，并在全国启动了农产品产地土壤重金属污染调查，调查面积16.23亿亩。经过调查，初步掌握了全国土壤污染的基本特征和格局。截至2015年12月，全国已设立土壤环境质量监测国控点位31 367个，其中包括一般点位22 816个，风险点位8 551个，覆盖90%的县（市、区）。此后，福建、湖北、湖南、河南、广东、吉林等省，先后开展了土壤污染防治立法工作。2016年5月28日，国务院印发《土壤污染防治行动计划》，这是当前和今后一个时期全国土壤污染防治工作的行动纲领，包括了土地监测、评估、风险防控、治理试点等内容。2016年11月，国务院发布《"十三五"生态环境保护规划》（以下简称《规划》），明确提出要实施农用地土壤环境分类管理。《规划》中提出：按污染程度将农用地划为3个类别[2]，分别采取相应管理措施。各省级人民政府要对本行政区域内优先保护类耕地面积减少或土壤环境质量下降的县（市、区）进行预警提醒并依法采取环评限批等限制性措施。将符合条件的优先保护类耕地划为永久基本农田，实行严格保护，确保

---

[1] 国务院：《国务院关于印发〈"十三五"生态环境保护规划〉的通知》，2016年12月6日更新，http://www.mee.gov.cn/ywgz/fgbz/xzfg/201706/t20170607_415615.shtml，2020年3月31日引用。

[2] 未污染和轻微污染的划为优先保护类，轻度和中度污染的划为安全利用类，重度污染的划为严格管控类。

其面积不减少、土壤环境质量不下降。根据土壤污染状况和农产品超标情况，安全利用类耕地集中的县（市、区）要结合当地主要作物品种和种植习惯，制定实施受污染耕地安全利用方案，采取农艺调控、替代种植等措施，降低农产品超标风险，加强对严格管控类耕地的用途管理。

测土配方施肥技术推广应用加快，农药和化肥环境安全管理得到强化。一方面，通过减量替代，加快推广测土配方施肥项目，有效地减少了不合理用肥现象。我国自2005年开始实施测土配方施肥项目，截至2012年，累计投入57亿元，项目县（场、单位）达到2 498个，基本覆盖所有农业县（场），实现了从无到有、由小到大、由试点到全覆盖的历史性跨越，测土配方施肥技术推广面积达到8 000万公顷以上，惠及全国2/3的农户。[①] 这一时期的测土配方施肥工作探索出了农企合作的方式，注重调动化肥企业的积极性，强化配方肥应用，改进施肥方式，取得了较好的实践效果。2016年，全国化肥使用量首次接近零增长，测土配方施肥技术推广应用面积近16亿亩，有机肥施用面积3.8亿亩次，绿肥种植面积约4 800万亩。另一方面，通过减量控害，积极采取高毒农药削减措施，全面禁止甲胺磷、对硫磷等高毒农药的使用，加强绿色防控，全国农药施用量保持零增长，三大粮食作物实施专业化统防统治面积达到14亿亩次，粮食、蔬菜、果树、茶叶等作物绿色防控技术应用面积超过5亿亩。

3. 农村人居环境综合治理力度加大

2008年以来，我国实施了农村环境"以奖促治"政策，取得了一定的成效。党的十八大以来，中央以新的思维，对建设生态文明和加强农村生态环境保护提出了新要求，相关政策和法律法规不断完善，财政投入不断增加。

[①] 农业农村部农村经济研究中心：《中国农业大事记（1978—2017）》，北京：中国农业出版社，2019年，第362页。

第五章　新时代全面深化改革　大力发展现代农业（2012—2016）

2012年6月，环境保护部、财政部联合印发《全国农村环境综合整治"十二五"规划》，明确"十二五"期间全国农村环境综合整治的总体目标、主要任务和保障措施。2012年11月，中共十八大工作报告中明确提出："必须树立尊重自然、顺应自然、保护自然的生态文明理念，把生态文明建设放在突出地位，融入经济建设、政治建设、文化建设、社会建设各方面和全过程，努力建设美丽中国，实现中华民族永续发展。"

2014年5月，国务院办公厅印发《关于改善农村人居环境的指导意见》，提出到2020年，全国农村居民住房、饮水和出行等基本条件明显改善，人居环境基本实现干净、整洁、便捷，建成一批各具特色的美丽宜居乡村。截至2014年年底，中央财政累计安排农村环保专项资金255亿元，共支持5.9万个村庄开展环境综合整治，建成并运行了一大批农村环境保护和污染治理设施，一大批农村突出环境问题得到有效解决，1.1亿农村人口直接受益。整治过的村庄饮用水水源地得到保护，生活污水、垃圾和畜禽养殖污染得到有效治理，村庄环境面貌得到明显改善。2014年9月，农业部开展了"中国最美休闲乡村和中国美丽田园推介活动"，对于发展现代农业、带动农民就业增收、建设美丽乡村、传承农耕文明和促进城乡一体化发展具有积极的作用。

2015年1月1日，《中华人民共和国环境保护法》正式施行，其中第33条明确规定：各级人民政府应当加强对农业环境的保护，促进农业环境保护新技术的使用，加强对农业污染源的监测预警。[①] 为了探索治理农村环境卫生"脏、乱、差"的有效途径，各地积极开展"一池三改"[②] 和垃圾、污水处理，取得了显著的实践效果。沼气池

[①] 中华人民共和国生态环境部：《中华人民共和国环境保护法（自2015年1月1日起施行）》，2014年4月25日更新，http://fgs.mee.gov.cn/fl/201811/t20181129_676283.shtml，2020年4月1日引用。

[②] "一池三改"即沼气池的建造与改圈、改厕、改厨同步进行。

建设方面，积极推广"粪污贮存+农田利用""沼气发酵+综合利用"等畜禽养殖污染防治技术和养殖模式，提高对畜禽养殖废弃物的处理利用能力。截至2013年年底，全国农村户用沼气达到4 000多万户。"三改"方面，农村改厕项目实施效果明显，截至2013年年底，全国2.6亿农户中，卫生厕所的普及率达到74.09%，有效预防和减少了疾病的发生，改善了农村环境卫生面貌，促进了群众卫生行为和习惯的养成，推动了农村精神文明建设和社会主义新农村建设。垃圾和污水处理方面，2009—2013年，各级财政用于农村生活垃圾治理的投入平均每年增加20%，对垃圾进行处理的行政村比例年增长在5个百分点以上，比例达35.9%；全国农村用水普及率提高到59.4%，集中供水的行政村比例达到61.3%。2014年，我国全面启动农村生活垃圾治理专项行动，决定用5年时间，使全国90%村庄的生活垃圾得到处理，基本扭转农村环境脏、乱、差的局面，并形成农村生活垃圾治理的长效机制。

农村环境卫生监测也在全面展开，为推进农村人居环境综合治理提供了数据支撑。2012年，中央财政支持在全国700个县14 000个监测点开展农村环境卫生监测工作，监测内容包括农村污水、垃圾、粪便无害化处理，土壤卫生、病媒生物防治以及农村学校环境卫生。农村环境卫生监测工作的目的在于了解农村环境卫生基本状况，为控制和消除环境中健康危害因素，进一步采取公共卫生干预措施提供了依据。同年12月，环境保护部出台《关于全国生态和农村环境监察工作的指导意见》，明确了生态和农村环境监察的重大意义、重点领域、工作内容和保障措施，推动农村环境卫生监测工作全面展开。

在开展人居环境综合治理过程中，各地积极探索农村人居环境可持续发展新模式。2010年开始，农业部在全国范围开展中国最有魅力休闲乡村推荐活动，每年认定10个魅力乡村推荐给社会大众。2013年2月22日，《农业部办公厅关于开展"美丽乡村"创建活动的意见》（以下简称《意见》）发布。《意见》提出，创建"美丽乡

第五章 新时代全面深化改革 大力发展现代农业（2012—2016）

村"是落实党的十八大精神，推进生态文明建设的需要；是加强农业生态环境保护，推进农业农村经济科学发展的需要；是改善农村人居环境，提升社会主义新农村建设水平的需要。开展"美丽乡村"创建，推进农业发展方式转变，加强农业资源环境保护，有效提高农业资源利用率，走资源节约、环境友好的农业发展道路，是发展现代农业的必然要求，是实现农业农村经济可持续发展的必然趋势。《意见》决定：2013—2015年，以促进农业生产发展、人居环境改善、生态文化传承、文明新风培育为目标，在全国不同类型、不同特点、不同发展水平的地区，试点建设1 000个天蓝、地绿、水净，安居、乐业、增收的"美丽乡村"。

"美丽乡村"创建活动启动后，当年，中央农村环保专项资金投入规模达到60亿元，选择江苏、宁夏两省（区）作为试点省份，启动了全省覆盖拉网式农村环境综合整治试点工作。试点地区加大了对农业生态环境资源的有效利用，更加关注农业发展方式的转变和农业功能多样性发展，推动形成了农业产业结构、农民生产生活方式与农业资源环境相互协调的发展模式。目前，建设美丽乡村已成为优化农村经济结构、转变农业发展方式、带动农民增收致富、传承优秀农耕文化、推动可持续发展的必然选择。

三、农产品质量安全战略实施

党的十八大以来，党和政府高度重视农产品质量安全工作。2013年召开的中央农村工作会议提出"源头治理"和"四个最严"[①]，为农产品质量安全工作指明了方向。2015年中央一号文件明确，要"提升农产品质量和食品安全水平"。为了确保不发生重大农产品质量安全事件，农产品质量安全战略围绕两个方面展开：一是深入推进农

---

① 2013年中央农村工作会议提出：食品安全源头在农产品，基础在农业，必须正本清源，首先把农产品质量抓好。用最严谨的标准、最严格的监管、最严厉的处罚、最严肃的问责，确保广大人民群众"舌尖上的安全"。

业标准化生产,加快转变农业发展方式,从源头上提升农产品质量安全水平。二是强化农产品质量安全执法监管及风险评估,着力解决引发农产品质量安全的突出问题。农产品质量安全战略的实施,缓解了农产品质量安全引发的危机,守住了农产品质量安全这条底线,质量兴农愿景可期。

1. 农产品质量安全标准化体系建设加快

标准的制定和修订进程加快,农业生产全过程质量安全标准体系构建完成。2012年,新制定农业国家标准和行业标准730项,完成了农药残留限量标准的清理整合,发布322种农药的2 293个最大残留限量,基本实现对常用农药和大宗农产品全覆盖,有效解决了农残标准并存、交叉、老化等问题。为了系统解决我国农药残留标准缺失和滞后的问题,2015年农业部组织制定了《加快完善我国农药残留标准体系的工作方案(2015—2020年)》,明确到"十三五"末,我国农药残留限量及其配套检测方法标准达到10 000项以上。2016年,农业标准制修订5年行动计划开始实施,共制定发布农业行业标准5 494项,初步形成了以国家和行业标准为核心、地方标准为基础、企业标准为补充的4级标准体系结构。截至2016年1月,农业国家标准和行业标准增至10 000项,基本覆盖了农业产地环境、产地建设、农业投入品、生产规范、产品质量、安全限量、检测方法、包装标识、贮存运输等方面,农产品生产全过程质量安全标准体系框架已构建完成。

标准化示范县创建强化,农业标准化生产示范体系建设进程加快。这一时期,强化了标准示范园建设,截至2015年9月,共创建国家级农业标准化示范县(场)687个,支持建设蔬菜水果茶叶标准园、畜禽标准化示范场、水产健康养殖场示范场(简称"三园两场")12 548个。在推进标准化示范创建过程中,打造了一批区域优质农产品品牌,积累了丰富的实践经验。例如,北京、湖南等地结合产业发展实际,制定了一大批农产品生产技术要求和操作规程,在提

第五章 新时代全面深化改革 大力发展现代农业（2012—2016）

升农业产业素质的同时，有力保障了农产品质量安全。上海市加强市郊蔬菜生产档案农业建设，统一印发田间档案记录本，要求蔬菜园艺场、专业合作社、种植大户对蔬菜生产过程中各项农事操作进行档案记载，取得了较好的实践效果。截至2015年年底，我国累计有效使用绿色食品标志的企业达9 579家，产品达23 386个，已创建665个绿色食品原料标准化生产基地，面积达1.69亿亩。我国21个有机农产品示范基地面积超过1 000万亩。[①]

农产品质量安全"三品一标"检测和认证力度加大。"三品一标"是政府主导的安全优质农产品公共品牌，它的出现是农业发展进入新阶段的战略选择，是传统农业向现代农业转变的重要标志。党的十八大以来，为推动无公害农产品健康发展，农业部数次调整无公害农产品认证产品目录，加大了对无公害农产品、绿色食品、有机食品和农产品地理标志的开发及认证力度。截至2015年9月，已登记认证无公害农产品7.3万多个，绿色食品2.2万个，有机农产品3 000多个，获得国家农产品地理标志登记保护的农产品数量达1 733个，"三品一标"总数达到10万多个。[②] 目前，"三品一标"已成为我国农产品生产消费的主导产品。

2. 农产品产地环境净化行动强力实施

为了净化农产品产地，从源头上确保农业生产安全和生态环境安全，国家强力实施了化肥农（兽）药减量增效行动。

2013—2015年，农业部先后对氯磺隆、胺苯磺隆、甲磺隆、福美胂、福美甲胂、毒死蜱和三唑磷、杀扑磷等10种农药采取进一步禁限用管理措施。截至2016年9月，我国共制定了433种农药的4 140

[①] 农业农村部农村经济研究中心：《中国农业大事记（1978—2017）》，北京：中国农业出版社，2019年，第398页。

[②] 农业部农产品质量安全监管局：《十二届全国人大三次会议第2533号建议答复摘要》，2015年10月9日更新，http://www.moa.gov.cn/govpublic/ncpzlaq/201510/t20151009_4858349.htm，2020年4月1日引用。

项最大残留限量及配套的413项检测方法国家标准;对135种兽药做出了禁限用规定,制定兽药残留限量标准1 548项及配套的519项检测方法国家标准,基本覆盖了我国常用农药、兽药品种和主要食品农产品种类。[1]

为了解决农业投入品(这里主要指化肥和农药)过量使用、利用率不高的问题,2015年2月,农业部印发《到2020年化肥使用量零增长行动方案》和《到2020年农药使用量零增长行动方案》,要求各地改进施肥方式,提高肥料利用率,减少不合理投入,保障粮食等主要农产品有效供给,促进农业可持续发展。2017年,我国开始实施有机肥替代化肥行动,通过推广测土配方施肥、推进水肥一体化和种肥同播等技术,提高化肥的资源利用率。同年,化肥农药使用量"零增长"目标提前实现,水稻、玉米、小麦三大粮食作物化肥利用率达到37.8%,农药利用率达到38.8%,提前3年实现到2020年化肥、农药使用量零增长的目标。[2]

3. 农产品质量安全监测管理强化

围绕监管、监测和执法3个方面,强化了对农产品质量安全监督管理工作,形成了以监测为抓手、政府主导、社会广泛参与监督的农产品质量安全监管机制。

进入21世纪以来,我国农产品质量安全管理的基本工作格局初步形成,随着《中华人民共和国农产品质量安全法》《农产品质量安全体系建设"十一五"规划》《中华人民共和国食品安全法》等的陆续实施,农产品质量安全体系建设取得显著进展,农产品质量安全水平明显提高。2012年,农业部陆续发布实施了《农产品质量安全监

---

[1] 农业部农产品质量安全监管局:《对十二届全国人大四次会议第1226号建议的答复》,2016年10月8日更新,http://www.moa.gov.cn/govpublic/ncpzlaq/201610/t20161008_5298115.htm,2020年4月1日引用。

[2] 高云才:《今年粮食产量1.23万亿斤 农民收入有望突破1.3万》,《人民日报》2017年12月29日,第10版。

第五章 新时代全面深化改革 大力发展现代农业（2012—2016）

测管理办法》《全国农产品质量安全检验检测体系建设规划（2011—2015年）》，依法建立了国家农产品质量安全风险评估制度，并加大对农产品质量安全的财政支持。截至2016年，中央财政累计投资129.12亿元，支持建设了部省级农业质检机构116家，地市级农业质检机构340家，县市级农业质检机构2 251家，基本覆盖主要大中城市和农产品产区，对重点农产品和农业投入品开展例行监测、专项监测和监督抽查的一整套农产品质量安全监测制度，对于客观准确评价和把握我国农产品质量安全状况及发展形势起到了重要作用。

从2013年开始，农业部在先行试点的基础上，逐步推进国家农产品质量安全监管示范县创建工作，通过典型示范带动，全面提升农产品质量安全监管能力和水平。截至2013年年底，60%以上的地市、近一半的县（市、区）和97%的乡镇建立了农产品质量安全监管机构。2013年11月，为了加快推进我国农产品质量安全风险评估体系建设，农业部在加快推进建立国家农产品质量安全风险评估中心和各专业性与区域性农业部农产品质量安全风险评估实验室建设的基础上，在全国各农产品主产区择优认定150个左右的农产品质量安全检测、科研方面的技术机构，作为首批农业部农产品质量安全风险评估实验站，承担授权主产区范围内相应农产品质量安全风险评估的定点动态跟踪和风险隐患摸底排查工作，为全国农产品质量安全风险评估和农产品质量安全风险管理提供技术支撑。

2014年1月，农业部发布《关于加强农产品质量安全全程监管的意见》，围绕7个方面[①]提出了27条实施意见，要求各级农业部门要把农产品质量安全工作摆在更加突出的位置，坚持严格执法监管和推进标准化生产两手抓、"产"出来和"管"出来两手硬，用最严谨的标准、最严格的监管、最严厉的处罚、最严肃的问责，落实监管职

---

① 7个方面分别是：加强产地安全管理，严格农业投入品监管，规范生产行为，推行产地准出和追溯管理，加强农产品收贮运环节监管，强化专项整治和监测评估，着力提升执法监管能力。

责，强化全程监管，确保不发生重大农产品质量安全事件，切实维护人民群众"舌尖上的安全"。2014年12月，农业部印发《关于加快推进农产品质量安全信用体系建设的指导意见》，要求各级农业行政主管部门和各有关行业协会积极推进农产品质量安全信用体系建设，完善信用信息记录，强化企业和行业的诚信责任，完善信用体系运行机制，努力营造诚信守法的良好氛围。到2020年，农产品质量安全信用体系基本建成，重点生产经营主体的信用信息基本实现全覆盖，守信激励和失信惩戒机制有力有效，信用体系在保障农产品质量安全上发挥重要的基础作用，农产品质量水平明显提升，消费者对农产品质量安全的满意度大幅提高。

系列政策性文件的发布，推动了农产品质量安全监管工作，农产品质量安全检验检测体系更加健全，农产品质量安全监管和服务能力显著提高，基本形成了布局合理、层次完整、职责明确、运行顺畅的农产品质量安全检验检测体系，在农产品质量安全监管实践中发挥着重要作用。截至2016年9月，全国所有省级农口厅局、88%的地市、75%的县、97%的乡镇建立了监管机构。30个省、271个地市和2 322个县开展了农业综合执法工作，在岗综合执法人员2.8万人，县级覆盖率达到99%。农产品质量安全监测范围扩大到152个大中城市、5大类产品、108个品种、94项指标，共有部、省、地（市）、县四级农业质检机构3 332个（部级264个、省级198个、地市级534个、县级2 405个），有检测人员3.5万人，基本涵盖主要城市、产区、品种和参数，我国农产品质量安全检验检测体系已初步建立。

第四节　大力发展现代农业

随着新型工业化、城镇化、信息化的深入推进，农业发展出现了许多新的特征，对物质装备条件、经营管理水平、产业化程度和信息化服务等现代要素提出了新的要求。面对旧问题和新趋势，为了巩固农业的基础地位，保障农业持续稳定发展，中央加大了对农业的投入力度，全面修缮并恢复农田水利设施，增强农业综合生产能力，强化对农业资源环境的保护，加快农产品市场化改革和对外合作交流步伐。通过持续不断的市场化改革与现代化建设，粮食生产能力在高起点再上新台阶，农业机械化、科技化、良种化、规模化、设施化水平明显提高，农业资源环境突出问题初步得到遏制，开始朝着绿色、生态、优质、高效的方向迈进。

一、粮食生产能力全面增强

党中央、国务院高度重视粮食和农业生产的发展，坚持把"三农"工作作为全部工作的重中之重，统筹实施高标准农田建设，强化农田水利等基础设施建设，加快耕地质量的保护与提升，夯实农业生产的根基，促进粮食稳定增产。2014年，农村居民人均纯收入从4 761元增加到9 892元，增幅连续第五年超过城镇居民收入的增幅。2015年，粮食播种面积、单位面积产量、粮食总产量和谷物产量继续保持增长势头，其中粮食总产量增至12 428.7亿斤，历史性地实现了自新中国成立以来的"十二连增"，为稳定向好的经济基本面增添了亮色。

1. 高标准农田建设统筹实施

改革开放以来，农田建设取得较大进步，但农田水利"最后一公里"问题依然突出，农业靠天吃饭的局面仍未根本改变。为了夯实保障国家粮食安全的重要基础，国家作出了建设高标准农田的战略举措。

一是加快了高标准农田建设规划与国民经济社会发展总体规划及其他涉农规划的政策衔接。2008年10月，国务院印发《全国土地利用总体规划纲要（2006—2020年）》，提出：守住18亿亩耕地红线，确保15.6亿亩基本农田数量不减少、质量有提高。2011年3月，《中华人民共和国国民经济和社会发展第十二个五年规划纲要（2011—2015）》明确要求：加强以农田水利设施为基础的田间工程建设，大规模建设旱涝保收高标准农田。《全国土地整治规划（2011—2015年）》中明确提出，"十二五"期间再建成4亿亩旱涝保收高标准基本农田。2013年3月，《国家农业综合开发高标准农田建设规划》（以下简称《规划》）获得国务院批准。《规划》提出：到2020年，改造中低产田、建设高标准农田4亿亩。这对于保障国家粮食安全和重要农产品有效供给，加快农业现代化进程，推动城乡发展一体化具有重要意义。[①] 2014年6月25日，国家标准《高标准农田建设 通则》（GB/T30600—2014）（以下简称《通则》）正式实施。《通则》指出，在加强农田基础设施建设的同时，把土壤改良、培肥地力、耕地质量监测网点建设等作为高标准农田建设项目实施的重要内容。《通则》是我国首部高标准农田建设国家标准，其制定和实施表明高标准农田建设工作思路已然发生重大转变。

二是持续加大中央预算内投资对高标准农田建设的支持力度。2009年4月，国务院常务会议讨论并原则通过了《全国新增1 000亿斤粮食生产能力规划（2009—2020年）》（以下简称《规划》）。为了贯彻落实《规划》要求，农业部、国家发展和改革委员会等部门通过新增1 000亿斤粮食生产能力田间工程投资渠道，加快推进800个产粮大县高标准农田建设。2012年、2014年、2015年，中央财政预算安排农业综合开发资金累计超过700亿元，主要用于加强粮食主产区中低产田改造、高标准农田建设，加快中型灌区节水配套改造，推进粮食核心区现代农业发展。统计数据显示，"十二五"期间，我国累计建设高标准农田4亿多亩，粮食核心区耕地的质量和产能明显提升。

[①] 财政部网站：《推进高标准农田建设 增强农业综合生产能力》，2013年6月24日更新，http://www.cnafun.moa.gov.cn/kx/gn/201306/t20130624_3502788.html，2020年4月2日引用。

2. 耕地质量保护与提升加快

在粮食"十二连增"的情况下，耕地质量问题和用地供求矛盾依然突出，影响着粮食生产能力的提升和农业的可持续发展，保护耕地和集约节约利用土地势在必行。

为了进一步加强耕地质量建设和生态管护，2012年，《国土资源部关于提升耕地保护水平 全面加强耕地质量建设与管理的通知》（以下简称《通知》）发布。《通知》提出全面加强耕地质量建设与管理的6个方面16条具体措施。同年3月，国务院批准《全国土地整治规划（2011—2015年）》，就"十二五"期间农用地整治提出几点意见：大规模建设旱涝保收高标准基本农田，切实加强耕地质量建设，适度开发宜耕后备土地，积极推进其他农用地整治。为了保证土地复垦的有效实施，2013年3月1日，《土地复垦条例实施办法》正式施行。

2014年12月，农业部发布《全国耕地质量等级情况报告》（以下简称《报告》），首次将耕地分等定级。根据《报告》，评价为1~3等的耕地面积为4.98亿亩，占耕地总面积的27.3%；评价为4~6等的耕地面积为8.18亿亩，占耕地总面积的44.8%；评价为7~10等的耕地面积为5.10亿亩，占耕地总面积的27.9%。[1]《报告》同时指出，4~6等地所处环境气候条件基本适宜，农田基础设施条件较好，障碍因素不明显，是今后粮食增产的重点区域和重要突破口；7~10等地基础地力相对较差，生产障碍因素突出，短时间内较难得到根本改善，应持续开展农田基础设施和耕地内在质量建设。[2] 显然，仅仅保住18亿亩耕地数量远远不够，必须以建设促保护，通过提高耕地

---

[1] 农业农村部农村经济研究中心：《中国农业大事记（1978—2017）》，北京：中国农业出版社，2019年，第376页。
[2] 农业部：《关于全国耕地质量等级情况的公报》，2017年11月29日更新，http://www.moa.gov.cn/nybgb/2015/yi/201711/t20171129_5922750.htm，2020年4月2日引用。

质量等级,确保耕地生产能力稳步提升。

2015年2月1日,《中共中央 国务院关于加大改革创新力度 加快农业现代化建设的若干意见》(以下简称《若干意见》)印发并实施。《若干意见》明确提出"实施耕地质量保护与提升行动","全面推进建设占用耕地剥离耕作层土壤再利用"。2015年11月,农业部出台《耕地质量保护与提升行动方案》,指出到2020年,实现3个"持续提升";全国耕地地力平均提高0.5个等级,其中新建成的8亿亩高标准农田耕地地力平均提高1个等级以上;全国耕地土壤有机质含量平均提高0.2个百分点,耕作层厚度平均达到25厘米以上。2016年1月,《中共中央 国务院关于落实发展新理念 加快农业现代化 实现全面小康目标的若干意见》(2016年中央一号文件)发布,明确提出要实施"藏粮于地"战略。2016年1月,《2016年中国土地政策蓝皮书》(以下简称《蓝皮书》)发布。《蓝皮书》指出,"2016年我国将进一步深化管控性保护、激励性保护、建设性保护相结合的耕地保护机制""完善耕地占补平衡制度,耕地占补平衡将更加注重空间平衡、生态效应,探索建设占用耕地补充责任的多元化实现途径,推进补充耕地的跨区域国家统筹"。[①] 同年4月,财政部、农业部联合印发《关于全面推开农业"三项补贴"改革工作的通知》(以下简称《通知》)。《通知》明确,2016年在全国范围全面推开农业"三项补贴"改革,即将种粮农民直接补贴、农作物良种补贴和农资综合补贴合并为农业支持保护补贴,政策目标调整为支持耕地地力保护和粮食适度规模经营。同一年,全国开始试点耕地轮作500万亩、休耕116万亩,并对承担轮作休耕任务的农民予以必要补贴。

通过实施耕地质量保护与提升行动,"十二五"期间共建成高标准农田超过4亿亩。为进一步加强耕地保护和改进占补平衡工作,

[①] 农业农村部农村经济研究中心:《中国农业大事记(1978—2017)》,北京:中国农业出版社,2019年,第392页。

第五章　新时代全面深化改革　大力发展现代农业（2012—2016）

2017年1月，《中共中央 国务院关于加强耕地保护和改进占补平衡的意见》出台，提出守住耕地的"两条底线"，即18.65亿亩耕地数量的红线和耕地质量的红线，到2020年确保建成8亿亩、力争建成10亿亩高标准农田，努力达到"藏粮于地"的要求。①

3. 农业基础设施建设强化

2007年以来，中央就曾对加强农业基础能力建设，作出了一系列重大的战略部署。2008年1月30日，《中共中央 国务院关于切实加强农业基础建设 进一步促进农业发展农民增收的若干意见》提出，要突出抓好农业基础设施建设，着力强化农业科技和服务体系的基本支撑，逐步提高农村基本公共服务水平。文件提出，"加强以农田水利为重点的农业基础设施建设是强化农业基础的紧迫任务，必须切实加大投入力度，加快建设步伐，努力提高农业综合生产能力，尽快改变农业基础设施长期薄弱的局面"，"要狠抓小型农田水利建设，大力发展节水灌溉，抓紧实施病险水库除险加固"。2009年2月1日，《中共中央 国务院关于2009年促进农业稳定发展农民持续增收的若干意见》强调，要进一步加强水利基础设施建设，推进基层农业公共服务机构建设。2010年1月31日，《中共中央 国务院关于加大统筹城乡发展力度 进一步夯实农业农村发展基础的若干意见》强调，要突出抓好水利基础设施建设。2011年1月29日，《中共中央 国务院关于加快水利改革发展的决定》发布，这是新中国成立以来中央文件首次对水利工作进行全面部署。

党的十八大以来，为了夯实农业生产的根基，党中央、国务院颁布并实施了系列政策措施。2012年2月1日，中共中央、国务院印发《关于加快推进农业科技创新 持续增强农产品供给保障能力的若干意见》（以下简称《若干意见》）。《若干意见》指出："坚持不懈加强

---

① 新华社：《中共中央 国务院关于加强耕地保护和改进占补平衡的意见》，2017年1月23日更新，http://www.gov.cn/zhengce/2017-01/23/content_5162649.htm，2020年4月2日引用。

农田水利建设。加快推进水源工程建设、大江大河大湖和中小河流治理、病险水库水闸除险加固、山洪地质灾害防治，加大大中型灌区续建配套与节水改造、大中型灌溉排水泵站更新改造力度，在水土资源条件具备的地方新建一批灌区，努力扩大有效灌溉面积。"① 2013年1月31日，《中共中央 国务院关于加快发展现代农业 进一步增强农村发展活力的若干意见》提出：着力加强800个产粮大县基础设施建设，推进东北4省区节水增粮行动、粮食丰产科技工程；支持优势产区棉花、油料、糖料生产基地建设；扩大粮棉油糖高产创建规模，在重点产区实行整建制推进，集成推广区域性、标准化的高产高效模式。加快大中型灌区配套改造、灌排泵站更新改造、中小河流治理，扩大小型农田水利重点县覆盖范围，大力发展高效节水灌溉，加大雨水集蓄利用、堰塘整治等工程建设力度，提高防汛抗旱减灾能力；加大财政对小型水库建设和除险加固等的支持力度。2014年1月19日，中共中央、国务院印发《关于全面深化农村改革 加快推进农业现代化的若干意见》（以下简称《若干意见》）。《若干意见》提出，"完善农田水利建设管护机制。深化水利工程管理体制改革，加快落实灌排工程运行维护经费财政补助政策。开展农田水利设施产权制度改革和创新运行管护机制试点，落实小型水利工程管护主体、责任和经费。通过以奖代补、先建后补等方式，探索农田水利基本建设新机制"。②

　　按照系列中央一号文件的要求，各级财政不断加大对农田水利等基础设施建设的支持，在水土资源条件具备的地区，新建了大量灌区，增加了农田有效灌溉面积；同时加快推进小型农田水利重点县建设，优先安排产粮大县，加强灌区末级渠系建设和田间工程配套，促

---

① 新华社：《中共中央 国务院印发〈关于加快推进农业科技创新 持续增强农产品供给保障能力的若干意见〉》，2012年2月2日更新，http://www.moa.gov.cn/ztzl/yh-wj/zywj/201202/t20120215_2481552.htm，2020年4月1日引用。
② 新华社：《关于全面深化农村改革 加快推进农业现代化的若干意见》，2014年1月19日更新，http://www.gov.cn/jrzg/2014-01/19/content_2570454.htm，2020年4月1日引用。

进旱涝保收高标准农田建设；加快推进了大中型灌区配套改造、灌排泵站更新改造、中小河流治理的步伐，进一步扩大了小型农田水利重点县的覆盖范围，加大了高效节水浇灌、雨水资源集蓄利用、堰塘整治等工程的建设力度，增强了农业防汛抗旱减灾能力，为保障国家粮食安全夯实了基础。

二、现代农业支持保护体系建立健全

党的十八大以来，中央提出了坚持重中之重战略地位、坚持农业农村优先发展、坚持立足国内保障自给、坚持绿色生态导向等发展理念，进一步丰富和发展了农业支持保护的理念及其内涵。农业补贴政策逐步进行调整，朝着更加注重提升农业质量效益和竞争力、强化绿色生态的导向转变，在一定程度上促进了农业结构的优化与调整。农业补贴政策不断调整完善，各类促进三产融合发展的财税政策得以落实，社会化服务激励保障机制更加健全，农业保险保障水平提升，支持保护的内涵和方式更加丰富，在保障粮食等主要农产品有效供给、促进农民增收、实现农业可持续发展中发挥了重要的支持保障作用。

1. 农业补贴政策效能提高

这一时期国家的农业补贴政策，主要包括以下3大类：

第一类是对农作物生产的补贴，主要包括粮食直补、良种补贴、农机具购置补贴和农业生产资料价格综合补贴。粮食直补是对种粮户进行直接补贴的政策，补贴金额逐年提高，2014年资金额度达到最高值，即每年151亿元。良种补贴是对农民选用优质农作物品种给予补贴，目的在于提高优良作物种子的覆盖率，增加粮食等主要农产品的产量。2012—2016年，良种补贴的金额每年保持在200亿元以上。农机具购置补贴主要是对农民使用先进适用的农业机械进行鼓励和支持。截至2014年年底，中央财政10年累计安排农机购置补贴资金1 200亿元，补贴购置各类农机具超过3 500万台（套），全国农作物耕种收综合机械化水平提高到61%，为保障我国粮食安全、加快农业现代化提供了坚实的基础。农业生产资料价格综合补贴主要是对农民购买生产资料进行直接补贴，以减少因生产资料价格波动而对种粮农民收益造成影响。例如2012年，在全国油价上涨的情况下，财政部再次拨付各地农资综合补贴资金243亿元，全国平均每公顷新增补贴资金约210元，直接补贴给农民，确保农民种粮收益不因农资价格上涨而降低。4类补贴政策至此已施行10余年，为了更好地适应农业农村发展新形势，2015年，经国务院批准，启动了对农作物良种补贴、种粮农民直接补贴和农资综合补贴等三项补贴政策的调整完善工作[①]，通过"三合一"更有效发挥财政资金支持粮食生产的作用。2016年，财政部、农业部联合印发《关于全面推开农业"三项补贴"政策工作的通知》，农业"三项补贴"改革在全国范围铺开，政策效能转向功能性、环节性补贴，指向更明确，实效性更强。

第二类是促进农业生产的补贴，包括农产品生产大县奖励和农业保险保费补贴等。2005年中央财政出台产粮大县奖励政策，逐年加大奖励力度，不断完善奖励机制，目前已形成了包括常规产粮大县、超级产粮大县、产油大县、商品粮大省和制种大县的奖励政策体系，奖励资金规模由2005年的55亿元增加到2015年的372亿元，累计安排2 684.2亿元。2016年，中央财政安排15亿元资金支持开展绿色高产高效创建，其中13个粮食主产省安排补助资金10.8亿元，创建县数达196个，占创建县总数的近70%。农业保险保费补贴方面，2014年，我国已成为全球第二、亚洲第一的农业保险市场。2013年，中央财政拨付农业保险保费补贴资金126.88亿元，带动全国农业保

---

① 在全国范围内从农资综合补贴中调整20%的资金，加上种粮大户补贴试点资金和农业"三项补贴"增量资金，统筹用于支持粮食适度规模经营，重点用于支持建立完善农业信贷担保体系。支持对象为主要粮食作物的适度规模生产经营者，重点向种粮大户、家庭农场、农民合作社、农业社会化服务组织等新型经营主体倾斜，体现"谁多种粮食，就优先支持谁"。同时选择部分省开展试点，将农业"三项补贴"合并为农业支持保护补贴，将政策目标调整为支持耕地地力保护和粮食适度规模经营。

险实现保费收入306.7亿元，为2.14亿户次投保农户提供风险保障1.39万亿元。2007—2013年，我国农业保险累计提供风险保障4.07万亿元，向全国1.2亿户次的投保农户支付赔款759亿元，发挥了较好的强农惠农政策作用。

第三类是资源和生态补贴，主要对保护农业生态资源和环境的行为进行直接补助和奖励。2014年1月，国家林业局正式启动沙化土地封禁保护补助试点工作，实施范围包括内蒙古、西藏、陕西、甘肃、青海、宁夏、新疆7个省、自治区的30个县，下达封禁保护财政补助资金3亿元。同年5月，草原生态保护补助奖励政策继续在全国13个省、自治区①，以及新疆生产建设兵团、黑龙江省农垦总局实施。这些政策的逐步推行，促进了草原生物的多样性和土壤有机质含量等的提高，增强了草原涵养水源、防风固沙的功能。

2. 农业保险保障水平提升

农业保险是专为农业生产者在从事种植业、林业、畜牧业和渔业生产过程中，对遭受自然灾害、意外事故、疫病、疾病等保险事故所造成的经济损失提供保障的一种赔偿保险。自2007年开展农业保险保费补贴试点以来，农业保险的投入不断加大、品种不断增加、范围不断扩大，为有效化解农业灾害风险发挥了积极作用。数据显示，"十二五"时期，保险服务农业现代化取得显著成效，累计为10.4亿户次农户提供风险保障6.5万亿元，向1.2亿户次农户支付赔款914亿元，2015年我国承保的主要农作物突破14.5亿亩，占全国播种面积的59%，三大主粮作物平均承保覆盖率超过70%，承保农作物品种达189类。2016年，农业保险保费收入、提供风险保障金额、参保农户人数及承保农作物，分别从2007年的51.8亿元、1 126亿元、4 981万户次、2.3亿亩增至417.1亿元、2.2万亿元、2亿户次、

---

① 13个省、自治区具体是：内蒙古、四川、云南、西藏、甘肃、青海、宁夏、新疆、河北、山西、辽宁、吉林、黑龙江。

17.2亿亩，已覆盖所有省份，三级财政补贴的玉米、水稻、小麦三大口粮作物承保覆盖率已经超过70%。① 农业保险实现了对受灾农民点对点风险补偿，解决了在分散型农业生产方式下开展保险经营的世界性难题。

农业保险体系的建设也在不断完善。2014年中央一号文件首次提出要完善农产品价格形成机制，探索农产品价格指数保险试点。农产品价格指数保险作为农产品价格稳定机制的一环，在我国得以广泛开展。2016年中央一号文件提出要完善农业保险制度，要求"把农业保险作为支持农业的重要手段，扩大农业保险覆盖面、增加保险品种、提高风险保障水平。积极开发适应新型农业经营主体需求的保险品种。探索开展重要农产品目标价格保险，以及收入保险、天气指数保险试点。支持地方发展特色优势农产品保险、渔业保险、设施农业保险。完善森林保险制度。探索建立农业补贴、涉农信贷、农产品期货和农业保险联动机制。积极探索农业保险保单质押贷款和农户信用保证保险。稳步扩大'保险+期货'试点。鼓励和支持保险资金开展支农融资业务创新试点。进一步完善农业保险大灾风险分散机制"。② 2016年2月，中国保监会与农业部联合召开"保险支持农业现代化建设座谈会"，共同研究探讨完善农业保险制度，并对保险服务农业现代化进行了部署。

随着系列文件及部署的实施，各地结合区域产业特点，积极探索富有特色的农业保险品种，农业保险覆盖范围和保障能力逐渐提高，为加快推进农业现代化提供了重要支撑，对农业连年增产、农民持续增收发挥了重要的"稳定器"作用。当前，农业现代化进程不断加快，农业适度规模经营快速发展，农业"三大风险"③不断累加，对

---

① 曲哲涵，王沛：《算算农业保险这本账》，《人民日报》2017年3月7日。
② 新华社：《中共中央 国务院关于落实发展新理念加快农业现代化 实现全面小康目标的若干意见》，2016年1月28日更新，http://www.moa.gov.cn/ztzl/2016zyyhwj/2016zyyhwj/201601/t20160129_5002063.htm，2020年4月1日引用。
③ 农业"三大风险"即自然风险、市场风险和质量安全风险。

第五章 新时代全面深化改革 大力发展现代农业（2012—2016）

农业保险的需求更加强烈，加快发展以需求为导向，风险（特别是农业巨灾）补偿和资金融通作用得到充分发挥，面向适度规模经营户和新型农业经营主体的灵活多样的农业保险变得十分迫切。未来的农业保险，必将在有效化解农业灾害风险、助力现代农业发展过程中，发挥越来越重要的为农惠农作用。

3. 农业社会化服务激励保障机制更加健全

党中央、国务院高度重视农业社会化服务体系建设，在历年发布的重要文件中，都把建设完善农业社会化服务体系作为重要内容。

2012年中央一号文件提出，要"培育和支持新型农业社会化服务组织。通过政府订购、定向委托、招投标等方式，扶持农民专业合作社、供销合作社、专业技术协会、农民用水合作组织、涉农企业等社会力量广泛参与农业产前、产中、产后服务"。2014年8月，国务院发布《关于加快发展生产性服务业 促进产业结构调整升级的指导意见》（以下简称《指导意见》），明确了农业生产性服务业的发展导向。《指导意见》提出："搭建各类农业生产服务平台，加强政策法律咨询、市场信息、病虫害防治、测土配方施肥、种养过程监控等服务。健全农业生产资料配送网络，鼓励开展农机跨区作业、承包作业、机具租赁和维修服务。"[①]

2016年1月，《中共中央 国务院关于落实发展新理念加快农业现代化 实现全面小康目标的若干意见》（以下简称《若干意见》）发布。《若干意见》提出，"支持多种类型的新型农业服务主体开展代耕代种、联耕联种、土地托管等专业化规模化服务。加强气象为农服务体系建设。实施农业社会化服务支撑工程，扩大政府购买农业公益性服务机制创新试点。加快发展农业生产性服务业。完善工商资本租赁农地准入、监管和风险防范机制。健全县乡农村经营管理体系，加

[①] 国务院：《国务院关于加快发展生产性服务业 促进产业结构调整升级的指导意见》，2014年8月6日更新，http://www.gov.cn/zhengce/content/2014-08/06/content_8955.htm，2020年4月1日引用。

强对土地流转和规模经营的管理服务"。① 2016年6月14日，农业部办公厅发布《关于创新农业社会化服务 加快农垦现代农业建设的指导意见》（以下简称《指导意见》）。《指导意见》提出，"力争到2020年，基本建成覆盖全程、综合配套、机制灵活、保障有力、运转高效、竞争力强的农垦农业社会化服务体系。形成上下贯通、层次清晰、纵横交错的网络化服务格局"。并对新型服务主体的培育、服务体系和服务机制的健全等，提出指导性的意见。

系列政策性文件发布的同时，围绕壮大经营性服务组织，创新社会化服务模式的工作也在同步展开。2013年，财政部在8个省启动了农业生产社会化服务体系建设试点，并于2015年将试点范围扩大到17个省份。2015年，农业部在辽宁、吉林、江苏、浙江、安徽、山东、湖南、四川、新疆9个省（自治区）24个县（市、区），组织开展政府购买农业公益性服务机制创新试点，围绕公益性较强、覆盖面广、农民急需、收益相对较低的农业生产性服务关键领域和关键环节，以统防统治、农机作业、粮食烘干、集中育秧、统一供种、动物防疫、畜禽粪便及废弃物处理等普惠性服务为重点，试点引入市场机制，创新服务供给方式。② 2016年5月，又继续在河北、内蒙古、吉林、黑龙江、辽宁、江苏、浙江、安徽、福建、江西、山东、河南、湖北、湖南、广西、重庆、四川17个省份启动了农业生产全程社会化服务试点工作。在试点工作的带动下，合作式、订单式、托管式、承包式等多种农业社会化服务模式在全国各地不断涌现。有的地方积极整合各类服务资源，探索性地搭建了区域性农业社会化服务综合平台。农业社会化服务模式的探索和发展，推动多元化服务主体蓬勃发

---

① 新华社：《中共中央 国务院关于落实发展新理念加快农业现代化 实现全面小康目标的若干意见》，2016年1月28日更新，http：//www.moa.gov.cn/ztzl/2016zyyhwj/2016zyyhwj/201601/t20160129_5002063.htm，2020年4月1日引用。

② 农业部：《对十二届全国人大四次会议5185号建议的答复》，2016年7月19日更新，http：//www.moa.gov.cn/govpublic/SCYJJXXS/201607/t20160719_5211782.htm，2020年4月1日引用。

展,农业社会化服务机制也在实践中得到进一步完善和丰富,为现代农业提供了重要的支撑。

4. 促进三产融合发展的财税金融政策得以落实

党和政府高度重视农村一二三产业融合发展,出台了一系列重要文件,指导推进农村产业融合发展工作,促进农民就业增收。2015年12月,国务院办公厅印发《关于推进农村一二三产业融合发展的指导意见》,提出了农村一二三产业融合发展的指导思想、基本原则和主要目标。文件提出,要"加大财税支持力度。支持地方扩大农产品加工企业进项税额核定扣除试点行业范围,完善农产品初加工所得税优惠目录。落实小微企业税收扶持政策,积极支持'互联网+现代农业'等新型业态和商业模式发展"。

2016年,加强金融支持、促进农村产业融合的相关政策密集出台。2016年7月,农业部、国家发展和改革委员会等14部委联合印发《关于大力发展休闲农业的指导意见》,鼓励各地采取以奖代补、先建后补、财政贴息、设立产业投资基金等方式加大财政扶持力度。金融机构要创新担保机制和信贷模式,扩大对休闲农业和乡村旅游经营主体的信贷支持。2016年8月,农业部办公厅、中国农业银行办公室联合发布《关于金融支持农村一二三产业融合发展试点示范项目的通知》,提出要坚持政府引导、商业运作,突出重点,加大对农村一二三产业融合发展试点示范项目的金融支持,针对性地支持一批农村产业融合发展主体。2016年11月,《国务院办公厅关于支持返乡下乡人员创业创新 促进农村一二三产业融合发展的意见》(以下简称《意见》)发布。《意见》提出,要采取财政贴息、融资担保、扩大抵押物范围等综合措施,努力解决返乡下乡人员创业创新融资难问题。农村一二三产业融合发展等各类财政支农项目和产业基金,要将符合条件的返乡下乡人员纳入扶持范围,采取以奖代补、先建后补、政府购买服务等方式予以积极支持。并建议把返乡下乡人员开展农业适度规模经营所需贷款纳入全国农业信贷担保体系,切实落实好定向减税和普遍性降费政策。2016年12月,国务院办公厅印发《关于进一步促进农产品加工业发展的意见》,提出完善税收政策,扩大农产品增值税进项税额核定扣除试点的行业范围,落实农产品初加工企业所得税优惠政策。

随着各项政策的逐步落实,农业生产领域一系列财税金融政策得以落地,助推农村一二三产业加快融合发展。据统计,2013年以来,累计公布取消、停征、减免了496项行政事业性收费和政府性基金。对国家需要重点扶持的高新技术企业,减按15%的税率征收企业所得税;对符合条件的小型微利企业,其所得税减按50%计入应纳税所得额,并减按20%的税率征收企业所得税,实际税负仅为10%。[①] 从2015年起,农业部会同财政部开展农村产业融合发展试点示范项目。2015年安排资金10亿元,重点扶持10个省份的新型农业经营主体,推动粮食等主要农产品生产、储存、加工、销售一体化融合发展,延伸农业产业链;2016年,中央财政共安排12亿元,采取竞争立项的方式,在12个试点省份支持发展农产品加工流通和直供直销、农村电子商务、农业多功能性拓展和产业扶贫。

三、现代农产品流通体系加快建设

农产品流通是连接农民生产和市民消费的中间通道,农产品流通体系建设一直是党和政府关注的重点工作。经过多年发展,多元化的农产品流通体系已然建立起来。随着国家对农业与农村问题的关注,农产品流通体系在保持与以往连续性的情况下,适应农业农村发展新形势、新要求进行深化和创新。以平台为中心的农产品电子商务蓬勃发展,B2B、B2C、C2C、O2O等农产品电商创新模式竞相推出,传统流通渠道模式与新型流通渠道模式交叉融合,农产品国家贸易

---

① 农业部:《关于政协十二届全国委员会第五次会议第1868号(农业水利类173号)提案答复的函》,2017年9月4日更新,http://www.moa.gov.cn/govpublic/XZQYJ/201709/t20170906_5808266.htm,2020年4月3日引用。

第五章 新时代全面深化改革 大力发展现代农业（2012—2016）

与交流合作加快推进，整个流通产业步入大变革、大调整、大发展阶段。

1. 农产品市场体系转型升级

党和政府历来高度重视农产品市场调控工作，特别是2012年以来，通过推进农产品市场化改革，引导农民根据市场需求调整优化农业结构，农产品市场体系建设取得长足发展，在服务"三农"、保障和改善民生方面发挥了重要作用。然而，我国的农产品流通体系仍然薄弱，仍然存在流通成本高、流通效率低等突出问题，中央决定加强农产品流通设施建设，创新农产品流通方式，完善农产品市场调控，提高市场流通效率，切实保障农产品稳定均衡供给。

2012年8月，国务院发布《关于深化流通体制改革加快流通产业发展的意见》，要求在一定期限内免征农产品批发市场、农贸市场城镇土地使用税和房产税，将免征蔬菜流通环节增值税政策扩大到有条件的鲜活农产品。同年12月，商务部发布《关于加快推进鲜活农产品流通创新的指导意见》，提出"开展鲜活农产品流通创新就是要经过3~5年的发展，使得流通环节进一步减少，流通成本明显降低，流通效率明显提高，流通的现代化水平明显提升，流通的公益性特征更加突出"。2013年中央一号文件《中共中央 国务院关于加快发展现代农业 进一步增强农村发展活力的若干意见》提出：要提高农产品流通效率，加强和完善农产品信息统计发布制度。2013年11月，《农业部办公厅关于建立全国农产品市场公共信息服务平台的通知》（以下简称《通知》）发布。《通知》要求"依托中国农业信息网建立'全国农产品市场公共信息服务平台'"，发布内容包括：农产品市场价格日报、农产品市场周报、农产品市场供需形势分析月报和重要农产品市场及行业动态。

为了加快建设高效畅通、安全规范、竞争有序的农产品市场体系，2014年2月，商务部等13部门联合下发《关于进一步加强农产品市场体系建设的指导意见》（以下简称《指导意见》）。《指导意见》

提出:"利用5~10年时间,健全统一大市场基础机制,优化农产品市场体系架构,提升农产品市场功能,规范农产品市场秩序,初步建立起以功能集聚的农产品批发市场为中心,以绿色便捷的农产品零售市场为基础,以高效规范的电子商务等新型市场为重要补充,有形和无形市场相结合、产地和销地市场相匹配的,统一开放、竞争有序、制度完备、业态多元、互动高效的中国特色农产品市场体系。"2014年6月,国务院常务会议研究决定完善农产品价格和市场调控机制,确定促进产业转移和重点产业布局调整的政策。

各地按照中央部署,加快推进主要农产品的市场化改革。2016年,东北三省和内蒙古自治区调整玉米临时收储政策,实行"市场化收购+补贴"的新机制,使玉米价格反映市场供求关系,同时综合考虑农民合理收益、财政承受能力、产业协调发展等因素,建立玉米生产者补贴制度。玉米收储制度改革是供给侧结构性改革在农业领域的重大举措,也是深化农业市场经济体制改革的重要一步。同年,农业部以玉米为重点推进种植业结构调整,调整"镰刀弯"等非优势产区面积近3 000万亩。此时已明确:今后调整农业结构不能靠行政推动,要更多利用市场信号和价格传导机制。玉米收储制度改革在当年就取得了良好的效果,全国籽粒玉米种植面积减少3 000万亩,其中东北地区减少2 300万亩,玉米"一粮独大"局面发生改变。

2. 涉农电子商务平台建设加快

随着国内互联网的普及和电子商务模式在各行各业的推动,农业电子商务也呈线性增长,在促进农业产业升级、推动农业发展方式转变、增强农业国际竞争力方面发挥着越来越重要的作用。为了加快农产品电子商务发展,国家出台了一系列指导性文件,为农村电子商务的健康快速发展创造了良好的政策环境。

2012年中央一号文件《关于加快推进农业科技创新 持续增强农产品供给保障能力的若干意见》提出,要"创新农产品流通方式。充

第五章 新时代全面深化改革 大力发展现代农业（2012—2016）

分利用现代信息技术手段，发展农产品电子商务等现代交易方式。探索建立生产与消费者有效衔接、灵活多样的农产品产销模式，减少流通环节，降低流通成本"；要大力发展订单农业，充分发挥农产品期货市场引导生产、规避风险的积极作用。2014年中央一号文件首次提出"加强农产品电子商务平台建设"，进一步推进了涉农电子商务的高速发展。2015年5月、7月，《国务院关于大力发展电子商务加快培育经济新动力的意见》和《国务院关于积极推进"互联网+"行动的指导意见》先后发布。9月，农业部、国家发展和改革委员会、商务部出台《推进农业电子商务发展行动计划》，围绕农业电子商务市场主体培育、农业电子商务公共服务平台构建、农业电子商务渠道疏通、农业电子商务技术创新应用和农业电子商务政策体系完善5个方面，制定了20项具体行动计划。10月，农业部在全国组织开展农业电子商务"平台对接"专项行动，促进农产品、农业生产资料生产、经营单位与涉农电子商务企业对接，积极引导农产品、农业生产资料上线销售，推进农业电子商务加快发展。11月，国务院办公厅印发《关于促进农村电子商务加快发展的指导意见》，提出到2020年，初步建成统一开放、竞争有序、诚信守法、安全可靠、绿色环保的农村电子商务市场体系。

在国家政策的带动下，农产品网上交易快速增长，以阿里巴巴（农村淘宝）、京东、苏宁云商为首的电商巨头纷纷深度布局农村电商，种子、化肥、农药等农资电商平台以及休闲观光农业、民宿电子商务平台迅速涌现。据不完全统计，这一时期全国农产品电商平台已超过3 000家，农产品电子商务（网络零售）交易额由2013年的500亿元增长到2014年的1 000亿元。[1] 以阿里巴巴平台为例，2010年，平台上的农产品销售额为13亿元，仅2013年前5个月就迅

---

[1] 苏万明，于文静：《农业部：农产品电子商务去年交易额超500亿元》，2014年10月26日更新，http://www.moa.gov.cn/ztzl/2014nnyxxhzt/mtjx/201410/t20141030_4121662.htm，2020年4月2日引用。

速发展到150亿元，年均增长超过200%。① 农产品电子商务的迅猛发展离不开互联网体系的支持。截至2016年年底，我国固定宽带已覆盖全国所有乡镇和95%行政村②，农村居民的生活发生了翻天覆地的变化。

此外，电商扶贫政策也在积极制定和实施中。农业电子商务的发展，为农产品流通提供了更广阔的空间、更畅通的渠道，倒逼了农业生产标准化，促进了农业产业形态实现重塑，加快了跨区域电商平台与本地电商平台的合作与发展。当前，东、中、西部电商平台协作运营、农产品进城与工业品下乡双向互动的发展格局正在形成。

3. 农产品国际贸易与交流合作提速

2012年，中国经济结束了近20年的两位数增长，步入"增长速度换挡期、结构调整阵痛期、前期刺激政策消化期"阶段。③ 面对严重的国内产能过剩问题，国家实施了积极的外交策略。2013年，习近平先后提出"丝绸之路经济带"和"21世纪海上丝绸之路"的重大倡议，合称"一带一路"倡议；党的十七大、十八大以来，自由贸易区建设上升为国家战略。我国农产品领域与"一带一路"沿线很多国家具有一定的差异性和互补性，"一带一路"倡议和自由贸易试验区建设的稳步推进，为我国农产品走向国际市场提供了更为广阔的发展空间和更加多元化的发展途径。

一方面，实施农产品"优进优出"策略，加快农产品国际贸易的步伐。一是搭建"优进"平台，建成各类进境农产品制定口岸273个。有效对接国内产业和消费需求，优化供给结构，不断拓展国外农

---

① 韦科：《电子商务促进农户对接大市场——农业电子商务论坛在青岛召开》，2014年10月27日更新，http://www.moa.gov.cn/ztzl/2014nnyxxhzt/zhjj/201410/t20141027_4115865.htm，2020年4月2日引用。

② 安亚杰：《2014年行业十大新词》，《营销界（农资与市场）》2014年第24期。

③ 韩长赋：《新中国农业发展70年：政策成就卷》，北京：中国农业出版社，2019年，第302页。

第五章 新时代全面深化改革 大力发展现代农业（2012—2016）

产品进口来源，与 81 个国家（地区）签署动植物检疫协议 159 份，实现 57 个国家（地区）的粮食、饲料、水果、种苗、种畜禽等优质农产品和种质资源首次进口，增加优质农产品供给。累计帮助产业界引进种牛 72 万头，种猪 5.7 万头，种禽 1 257 万只，植物种子 35.2 万吨，苗木 36.37 亿株，木材 3.97 亿立方米。二是夯实"优出"基础，支持各地建成国家级出口食品农产品质量安全示范区 359 个，在海南省建成澄迈县出口食品农产品质量安全示范区和文昌市出口食品农产品质量安全示范区，实现 4 种特色优势农产品首次出口。组织开展"促进农产品出口及供给侧改革"宣讲活动 10 场，2 300 多家农产品企业直接受益。三是立足农产品出口提质增效，强化农产品营销促销公共服务，打造出境展国家展团和境外展示中心，推动中国农产品"组团出海"。[1]

另一方面，主动对接国际农产品流通主体，加快国际交流与合作。2012 年 9 月，第十届中国国际农产品交易会在全国农业展览馆举行，22 个国家和地区的 2 000 多家企业参展。2014 年 7 月，世界葡萄大会在北京延庆县开幕，这是世界葡萄大会自 20 世纪 70 年代创办以来，首次在亚洲举办。同年 9 月，"2014 品牌农业发展国际研讨会"在北京举行，来自世界 17 个国家和地区以及国际组织的代表、国内农业品牌方面的专家、企业界代表 200 多人参会。2015 年 12 月 15 日，由国内外政、商、产、学、研、融、推等多个领域众多单位和个人自愿联合组成的农产品物联商务建设与运营推广组织——中国农产品物联商务创新联盟正式成立，以"建设农产品品牌孵化的全产业链商业环境，形成农产品优质优价的完整生态系统，保障食品安全，为消费者健康保驾护航"为基本愿景。2016 年 10 月，第一届世界苹果

---

[1] 农业农村部：《关于政协十三届全国委员会第一次会议第 3677 号（农业水利类 354 号）提案答复的函》，2018 年 8 月 15 日更新，http://www.moa.gov.cn/govpublic/GJHZS/201808/t20180815_6155769.htm，2020 年 4 月 2 日引用。

大会在陕西举办,来自 30 多个国家和地区的 150 余位世界知名苹果专家以及大型企业、产业协会负责人出席。会议以"变革的苹果使更多人受益——现代科技与苹果可持续发展"为题,对于各国苹果生产技术的提升、经营理念的改善,以及整个苹果产业链的发展发挥了重要作用。

第六章　实施乡村振兴战略　贯彻"三农"优先发展总方针（2017—2019）

党的十八大以来，党中央、国务院出台了一系列促进农业增产农民增收的政策措施，推动了"三农"领域的理论创新、实践创新和制度创新，农业农村发展取得了历史性成就，为新时代开创新局面提供了有力支撑。然而，由于历史欠账太多，农业依然是"四化同步"的"短腿"，农村依然是全面小康的"短板"，农民依旧是贫困人口的主体。为如期实现全面建成小康社会和第一个百年奋斗目标，中共十九大提出"坚持农业农村优先发展"，把农业农村工作摆在党和国家的优先位置，并在此后召开的重要会议、发布的重要文件中一以贯之，树立起农业农村优先发展的政策导向。围绕农业农村优先发展的总方针，国家对"三农"工作进行了部署，进一步明确了农业农村在全面建成小康社会和现代化建设中的突出地位。农业农村发展迎来重大历史机遇，踏上全新的征程。

坚持农业农村优先发展，农业始终是重头。这一时期，我国农业发展进入新阶段，农业的主要矛盾已经由总量不足转变为结构性失衡，主要表现为阶段性的供过于求和供给不足并存。为适应农业发展的新形势，不断提高农业质量和竞争力，实现粮食安全和高效农业相统一，中央作出推进农业供给侧结构性改革的重大战略部署。农业供给侧结构性改革突出"优、绿、新"，重在调优产品结构、调好生产方式、调顺产业体系。经过两年多的实施，农业供给侧结构性改革取得良好进展，农产品供需错配问题明显改善，农业绿色发展正在兴起，农产品质量持续提升，农业可持续发展的后劲更足。

坚持农业农村优先发展，迫切需要解决城乡发展不平衡、农村发展不充分的问题。自新中国成立以来特别是改革开放以来，党和政府始终致力于消除农村贫困、实现总体小康，取得了举世瞩目的成就，农村贫困人口减少了7.5亿人。然而，在全面建成小康社会决胜阶段到来之际，农村仍然存在大量的贫困人口，农民仍然是贫困人口的主要群体。为如期实现中共十八届五中全会提出的到2020年"7 000多万贫困人口全部脱贫"目标，中共十九大提出将脱贫攻坚列为三大攻坚战之一，制定了精准扶贫、精准脱贫的基本方略，走出了一条具有中国特色的减贫之路，为全球反贫困事业提供了中国智慧和中国方案。

以精准扶贫为核心的脱贫攻坚，力度大、范围广、影响深远，将我国扶贫开发事业推向前所未有的高度。为巩固和提升脱贫攻坚成果，中央提出按照产业兴旺、生态宜居、乡风文明、治理有效、生活富裕的总要求，全面实施乡村振兴战略，农业农村发展迎来了重大战略机遇，农民比任何时候都更加接近美好生活的愿景目标。与此同时，《乡村振兴战略规划（2018—2022年）》《中共中央 国务院关于新时代推进西部大开发形成新格局的指导意见》先后印发，对促进乡村全面振兴和构建西部大开发格局分别作出新的决策部署，由此开启了全面建设社会主义现代化的新征程。

第一节　坚持农业农村优先发展战略

党的十八大以来农业农村发展取得的历史性成就，为"三农"工作积累了丰富的经验。但农村发展不平衡、不充分问题仍然十分突出，具体表现在农产品阶段性供过于求和供给不足并存，农村第一、

二、三产业融合发展深度不够,农业供给质量和效应亟待提高,农村基础设施和国家支农体系等相对较为薄弱。没有农业农村的现代化,就没有国家的现代化。面对农业农村发展历史新阶段和全面建成小康社会决胜期的到来,中央提出"坚持农业农村优先发展",并将其明确为做好"三农"工作的总方针。按照"坚持农业农村优先发展"的战略方针,国家调整政策思路和政府行为,决定将资源要素的配置和财政投入等优先向农业农村倾斜,由此进入城乡一体融合发展新阶段。

一、干部配备优先充实"三农"战线

干部配备优先是农业农村发展"四个优先"之一。按照干部配备优先原则,中央提出要优先把优秀干部充实到"三农"战线、把精锐力量充实到基层一线、把熟悉"三农"工作的干部充实到各地党政班子,建立健全干部队伍培养、配备、管理、使用机制,打造一支懂农业、爱农村、爱农民的"三农"工作队伍。各地积极响应中央号召,积极探索"引进挂职+选派学习"等干部培育机制,助力当地脱贫攻坚事业和农业农村发展。

1. 选派各类人才充实"三农"干部队伍

2016年11月,国务院印发《"十三五"脱贫攻坚规划》,对干部人才政策作出明确要求:各单位选派优秀中青年干部到定点扶贫县挂职、担任贫困村第一书记。加大选派优秀年轻干部到贫困地区工作的力度,加大中央单位和中西部地区、民族地区、贫困地区之间干部交流任职的力度,有计划地选派后备干部到贫困县挂职任职。完善和落实引导人才向基层和艰苦地区流动的激励政策。通过双向挂职锻炼、扶贫协作等方式,推动东、中、西部地区之间,经济发达地区与贫困地区之间事业单位人员交流,大力选派培养与西部等艰苦地区优势产业、保障和改善民生密切相关的专业技术人才。

2017年中共十九大报告提出,注重在基层一线和困难艰苦的地方培养锻炼年轻干部，源源不断地选拔使用经过实践考验的优秀年轻干部；加快建设人才强国，鼓励引导人才向边远贫困地区、边疆民族地区、革命老区、基层一线流动。2017年12月，中央农村工作会议进一步指出，要加强"三农"工作干部队伍的培养、配备、管理、使用，把到农村一线锻炼作为培养干部的重要途径，形成人才向农村基层一线流动的用人导向，造就一支懂农业、爱农村、爱农民的农村工作队伍。2018年年初，中组部、财政部、国务院扶贫办联合印发《关于聚焦脱贫攻坚 选派干部到西部地区、老工业基地和革命老区挂职锻炼的通知》。随后，中组部选派大批干部挂职地方，来自中央国家机关、中央企业和高等院校的283名干部到西部地区、老工业基地和革命老区挂职锻炼。

2019年2月19日，中央一号文件《中共中央 国务院关于坚持农业农村优先发展 做好"三农"工作的若干意见》（以下简称《若干意见》）发布。《若干意见》强调，要加强党对"三农"工作的领导，落实农业农村优先发展总方针，培养懂农业、爱农村、爱农民的"三农"工作队伍。《若干意见》指出，要建立"三农"工作干部队伍的培养、配备、管理、使用机制，落实关爱激励政策。把乡村人才纳入各级人才培养计划予以重点支持。建立县域人才统筹使用制度和乡村人才定向委托培养制度，探索通过岗编适度分离、在岗学历教育、创新职称评定等多种方式，引导各类人才投身乡村振兴。对作出突出贡献的各类人才给予表彰和奖励。2019年1月23日，中央全面深化改革委员会第六次会议审议通过了《关于鼓励引导人才向艰苦边远地区和基层一线流动的意见》（以下简称《意见》）。2019年6月，中共中央办公厅印发了《意见》。《意见》指出："要发挥产业和科技项目集聚效应，搭建人才到艰苦边远地区和基层一线干事创业平台。鼓励艰苦边远地区和基层一线依托本地特有自然人文资源、特色优势产业和有关科研项目，积极打造事业平台，让各类人才干事有舞台、创业有机会、发展有空间。要完善人才管理政策，畅通人才向艰苦边远地区

第六章　实施乡村振兴战略　贯彻"三农"优先发展总方针(2017—2019)

和基层一线流动渠道。"①

2019年9月1日,中共中央印发《中国共产党农村工作条例》,其中第二十条提出:各级党委应当把懂农业、爱农村、爱农民作为基本要求,加强农村工作队伍建设。各级党委和政府主要负责人应当懂"三农"、会抓"三农",分管负责人应当成为抓"三农"的行家里手。加强农村工作干部队伍的培养、配备、管理、使用,健全培养锻炼制度,选派优秀干部到县乡挂职任职、到村担任第一书记,把到农村一线工作锻炼、干事创业作为培养干部的重要途径,注重提拔使用实绩优秀的农村工作干部。

在中央政策的引导下,一大批"80后""90后"年轻干部被选派到脱贫一线,经历多岗位锻炼,在推进当地农业农村发展中发挥了重要作用。

2. 重视本土干部队伍的建设及整体优化

在选派年轻干部深入农业农村一线的同时,党和政府十分重视从本土人才中培育年轻干部,出台了一系列政策措施,激励本土干部队伍整体优化提升。

2018年5月,中共中央办公厅印发《关于进一步激励广大干部新时代新担当新作为的意见》(以下简称《意见》)。《意见》对建立激励机制和容错纠错机制,进一步激励广大干部新时代新担当新作为提出明确要求:大力教育引导干部担当作为、干事创业,鲜明树立重实干重实绩的用人导向,充分发挥干部考核评价的激励鞭策作用,切实为敢于担当的干部撑腰鼓劲,着力增强干部适应新时代发展要求的本领能力,满怀热情关心关爱干部,凝聚形成创新创业的强大合力。《意见》强调,要加强源头建设,做好干部队伍的增量文章,更需要突出提升干部精神状态,做好干部队伍的存量文章,把我们的干部队

---

① 新华社:《中共中央办公厅印发〈关于鼓励引导人才向艰苦边远地区和基层一线流动的意见〉》,2019年6月19日更新,http://www.gov.cn/xinwen/2019-06/19/content_5401652.htm,2020年4月30日引用。

伍建设得更有理想、更有力量、更有作为。《意见》的制定实施，对充分调动和激发干部队伍的积极性、主动性、创造性，教育引导广大干部为决胜全面建成小康社会、夺取新时代中国特色社会主义伟大胜利、实现中华民族伟大复兴的中国梦不懈奋斗，具有十分重要的意义。①

2019年中央一号文件《中共中央 国务院关于坚持农业农村优先发展做好"三农"工作的若干意见》提出：引导教育"三农"干部大兴调查研究之风，倡导求真务实精神，密切与群众联系，加深对农民的感情。坚决纠正脱贫攻坚和乡村振兴工作中的形式主义、官僚主义，清理规范各类检查评比、考核督导事项，切实解决基层疲于迎评迎检的问题，让基层干部把精力集中到为群众办实事办好事上来。2019年1月，中共中央印发《中国共产党农村基层组织工作条例》（以下简称《工作条例》）。《工作条例》对农村基层党组织领导班子和干部队伍建设提出明确要求：农村基层干部应当认真学习和忠实践行习近平新时代中国特色社会主义思想，学习党的基本理论、基本路线、基本方略，学习必备知识技能。懂农业，掌握"三农"政策，熟悉农村情况，有能力、有措施、有办法解决实际问题；爱农村，扎根农村基层，安身安心安业，甘于奉献、苦干实干；爱农民，对农民群众充满感情、始终放在心上，把农民群众的利益摆在第一位，与农民群众想在一起、干在一起，不断创造美好生活。《工作条例》强调，各级党组织应当注重加强农村基层干部的教育培训，不断提高其素质。加强农村基层干部队伍的作风建设。坚持实事求是，不准虚假浮夸；坚持依法办事，不准违法乱纪；坚持艰苦奋斗，不准奢侈浪费；坚持说服教育，不准强迫命令；坚持廉洁奉公，不准以权谋私。坚决反对形式主义、官僚主义、享乐主义和奢靡之风。

---

① 新华社：《中共中央办公厅印发〈关于进一步激励广大干部新时代新担当新作为的意见〉》，2018年5月20日更新，http://news.12371.cn/2018/05/20/ARTI1526813816788126.shtml，2020年5月2日引用。

第六章　实施乡村振兴战略　贯彻"三农"优先发展总方针（2017—2019）

2019年9月1日，中共中央印发《中国共产党农村工作条例》，其中明确强调"农村工作干部应当增强做群众工作的本领，改进工作作风，深入基层，认真倾听农民群众呼声，不断增进与农民群众的感情，坚决反对'四风'特别是形式主义、官僚主义"。提出健全五级书记抓乡村振兴考核机制，要求"上级党委和政府应当对下级党委和政府主要负责人、农村基层党组织书记履行第一责任人职责情况开展督查考核，并将考核结果作为干部选拔任用、评先奖优、问责追责的重要参考"。

随着相关政策的逐步落实，各地加大本土人才培育力度，从本村致富能手、外出务工经商返乡人员、本乡本土大学毕业生、退役军人党员中培养选拔了大批村党组织书记。中央组织部最新党内统计数据显示，截至2018年年底，全国54.3万名村党组织书记中，大专及以上学历的占20.7%，45岁及以下的占29.2%，致富带头人占51.2%；10.1万名社区党组织书记中，大专及以上学历的占63.7%，45岁及以下的占45.9%。[①] 村党组织带头人整体素质和人员结构得到优化提升。

二、生产要素配置优先满足"三农"需要

改革开放以来，各类要素在城乡之间的流动日益活跃，实现了从统包统配的计划分配向市场化配置资源的根本性转变。城乡之间要素流动频率加快，流动规模越来越大，对经济社会文化等的影响越来越广。但由于受市场和制度等诸多因素的影响，各类要素流动配置机制很不健全，要素流向主要以从农村向城市的单向无序流动为主，造成了城乡之间发展的不平衡和不充分。为推进要素在城乡之间双向流动、平等交换，中央推进政府"放管服"改革和商事制度改革，让市

[①] 盛若蔚：《中国共产党党员总数超9 000万》，《人民日报》2019年7月1日，第4版。

场主导资源配置，同时采取人才等要素配置优先向农业农村倾斜的政策，加快城市资源要素向农村集聚。这些政策措施更加侧重"双向"和"平等"，推动形成工农互促、城乡互补、全面融合、共同繁荣的新格局。

1. 强化制度性供给，重塑工农城乡关系

工农城乡关系自新中国成立以来经历了不同的发展阶段，特别是改革开放以来，工农城乡关系从以"放权让利"为主要手段的城乡关系缓和时期，逐步转向以"还权赋能"为主要方式的工农城乡融合发展阶段。在此过程中，生产要素的流动和交换成为工农城乡关系发展变化的主线，而不平衡、不协调始终是城乡发展面临的突出问题。中共十八大提出重塑工农城乡关系，中共十九大进一步提出实施乡村振兴战略，随后发布系列重要文件和规划，为新时代协调处理工农城乡关系奠定了新的框架。

2017年2月4日，国务院印发《全国国土规划纲要（2016—2030年）》（以下简称《规划纲要》）。《规划纲要》明确提出要促进城乡一体化发展，具体内容是："全面统筹城乡规划、基础设施建设、公共服务、产业发展、生态环境保护和社会管理，加快完善体制机制，促进城乡生产要素自由流动、城乡居民自由迁徙、城乡公共资源均衡配置。"[①] 2018年1月发布的中央一号文件《中共中央 国务院关于实施乡村振兴战略的意见》中指出，要准确把握乡村振兴的科学内涵，挖掘乡村的多种功能和价值，统筹谋划农村的经济建设、政治建设、文化建设、社会建设、生态文明建设和党的建设。要坚决破除体制机制弊端，使市场在资源配置中起决定性作用，更好地发挥政府作用，推动城乡要素自由流动、平等交换，推动"四化"同步发展，加快形成工农互促、城乡互补、全面融合、共同繁荣的新型工农城乡关系。

[①] 国务院：《国务院关于印发〈全国国土规划纲要（2016—2030年）〉的通知》，2017年2月4日更新，http://www.gov.cn/zhengce/content/2017-02/04/content_5165309.htm，2020年4月30日引用。

第六章　实施乡村振兴战略　贯彻"三农"优先发展总方针(2017—2019)

2018年9月,中共中央、国务院印发《乡村振兴战略规划(2018—2022年)》,提出从强化空间用途管制、完善城乡布局结构、推进城乡统一规划3个方面统筹城乡发展空间。2018年11月,《中共中央 国务院关于建立更加有效的区域协调发展新机制的意见》(以下简称《意见》)发布。《意见》提出,全面放宽城市落户条件,完善配套政策,打破阻碍劳动力在城乡、区域间流动的不合理壁垒,促进人力资源优化配置。加快深化农村土地制度改革,推动建立城乡统一的建设用地市场。调整完善转移支付体系,基本公共服务投入向贫困地区、薄弱环节、重点人群倾斜,增强市县财政特别是县级财政基本公共服务保障能力。推动城乡区域间基本公共服务衔接。加快建立医疗卫生、劳动就业等基本公共服务跨城乡跨区域流转衔接制度,研究制定跨省转移接续具体办法和配套措施,强化跨区域基本公共服务统筹合作。

2019年5月,《中共中央 国务院关于建立健全城乡融合发展体制机制和政策体系的意见》(以下简称《意见》)发布。《意见》提出,坚持以人民为中心的发展思想,坚持稳中求进工作总基调,坚持新发展理念,坚持推进高质量发展,坚持农业农村优先发展,以协调推进乡村振兴战略和新型城镇化战略为抓手,以缩小城乡发展差距和居民生活水平差距为目标,以完善产权制度和要素市场化配置为重点,坚决破除体制机制弊端,促进城乡要素自由流动、平等交换和公共资源合理配置,加快形成工农互促、城乡互补、全面融合、共同繁荣的新型工农城乡关系。《意见》就如何建立健全有利于城乡要素合理配置、城乡基本公共服务普惠共享、城乡基础设施一体化发展、乡村经济多元化发展以及农民收入持续增长的体制机制,提出了详细的指导意见,为推进城乡融合发展指明了方向。

2. 推进市场化改革,加速各要素融合流动

为夯实各类要素顺畅有序流动的基础,这一时期,中央深化政府"放管服"改革和商事制度改革,完善人才流动管理政策,为各类要素资源在城乡顺畅有序流动和优化配置创造了公平、良好的市场环境。

深化政府"放管服"改革,激发市场活力。为解决政府配置资源中存在的市场价格扭曲、配置效率较低、公共服务供给不足等突出问题,2017年1月,中共中央办公厅、国务院办公厅印发《关于创新政府配置资源方式的指导意见》(以下简称《指导意见》)。《指导意见》提出,从广度和深度上推进市场化改革,大幅度减少政府对资源的直接配置,创新配置方式,更多引入市场机制和市场化手段,提高资源配置的效率和效益。改革目标是:"到2020年,公共资源产权制度进一步健全,形成合理的资源收益分配机制,资源所有者权益得到进一步保障;行政性配置范围进一步厘清,结构进一步优化,市场配置资源的决定性作用明显增强;以目录管理、统一平台、规范交易、全程监管为主要内容的新型资源配置体系基本建立,资源配置过程公开公平公正,公共资源配置的效益和效率显著提高。"《指导意见》明确提出,对自然资源配置方式、经营性国有资产配置方式、非经营性国有资产配置方式、资源配置组织方式和资源配置监管方式进行创新,并提出建立健全自然资源产权制度,健全国家自然资源资产管理体制,完善市场交易机制,建立健全信息服务机制等23项具体措施。[①] 2018年6月28日,国务院召开全国深化"放管服"改革转变政府职能电视电话会议,提出持续深化"放管服"改革,推动政府职能深刻转变,优化发展环境,最大限度地激发市场活力。

深化商事制度改革,为要素流动营造公平的市场环境。2017年1月,国务院决定第三批取消39项中央指定地方实施的行政许可事项,内容涉及企业生产经营和个人就业创业等。这些行政许可事项的取消,充分释放了市场活力,激发了百姓投资创业的热情,促进了市

---

① 新华社:《中共中央办公厅 国务院办公厅印发〈关于创新政府配置资源方式的指导意见〉》,2017年1月11日更新,http://www.gov.cn/zhengce/2017-01/11/content_5159007.htm,2020年4月30日引用。

第六章　实施乡村振兴战略　贯彻"三农"优先发展总方针（2017—2019）

场主体快速增长。与此同时，国务院印发《"十三五"市场监管规划》（以下简称《规划》），这是我国第一部全国性的市场监管中长期规划，是进一步深化商事制度改革、推动市场监管改革创新的行动纲领。《规划》提出，树立现代市场监管理念，着力营造"三个环境"①、推进5个方面改革创新②，为市场监管提供了明确的框架，对维护全国统一的大市场具有重要意义。2017年10月，中共十九大提出，要深化商事制度改革，打破行政性垄断，防止市场垄断，加快要素价格市场化改革，放宽服务业准入限制，完善市场监管体制。为解决市场监管执法标准不统一、执法力量分散、基层力量薄弱、专业能力不强的问题，2018年4月组建国家市场监督管理总局。全国市场主体数量呈现"井喷式"增长，2018年我国新增市场主体2 149.58万户，其中日均新增企业1.83万户，有力支撑了经济社会发展，创造了大量就业岗位，为城乡要素的顺畅流动提供了更多更有利的条件。

健全人力资源市场体系，夯实人才流动的基础。为优先满足"三农"发展人才要素配置，国家密集出台系列促进人才流动的政策措施。2018年5月2日，国务院常务会议通过了《人力资源市场暂行条例（草案）》（以下简称《条例（草案）》）。《条例（草案）》突出规范人力资源市场活动，促进人力资源自由有序流动，细化了就业促进等规定，明确了市场监管措施。2018年7月，国务院公布《人力资源市场暂行条例》（以下简称《条例》）。《条例》规范了用人单位、求职者、人力资源服务机构、政府监管部门4类主体，在求职、招聘、开展人力资源服务以及在市场监管活动中形成的权利义务关系，对健全完善人力资源市场体系具有重要意义。2019年1月11日，人

---

① 《规划》把营造整体市场环境作为市场监管的重点任务，明确提出着力营造"三个环境"，即着力营造宽松便捷的市场准入环境、公平有序的市场竞争环境、安全放心的市场消费环境。

② 即创新监管政策、健全监管机制、丰富监管手段、改革监管体制、强化法治保障。

力资源和社会保障部印发《关于充分发挥市场作用促进人才顺畅有序流动的意见》（以下简称《意见》），这是近年来人才工作领域首个关于人才流动配置的改革性文件。《意见》从健全人才流动市场机制、畅通人才流动渠道、规范人才流动秩序、完善人才流动服务体系4个方面提出16条有针对性的措施。9月，人力资源和社会保障部印发《关于进一步规范人力资源市场秩序的意见》，从加强日常监督管理、加大劳动保障监察执法力度、健全信用激励约束机制、提升公共服务水平4个方面，对规范人力资源市场秩序提出了12条具体举措。12月，中共中央办公厅、国务院办公厅印发《关于促进劳动力和人才社会性流动体制机制改革的意见》，围绕筑牢社会性流动基础、畅通有序流动渠道、完善评价激励机制、健全兜底保障机制4个方面，提出了13项促进劳动力和人才社会性流动的具体举措。2020年4月9日，中共中央、国务院印发《关于构建更加完善的要素市场化配置体制机制的意见》。这是中央关于要素市场化配置的第一份文件，对于形成生产要素从低质低效领域向优质高效领域流动的机制，提高要素质量和配置效率，引导各类要素协同向先进生产力集聚，推动经济发展质量变革、效率变革、动力变革，加快完善社会主义市场经济体制，具有重大意义。

3. 实施就业创业行动，鼓励乡土人才回归

改革开放以来，农村经历了三波创新创业热潮。20世纪80年代，一批敢为人先、百折不挠的农村能人纷纷登场，创办农村第二、三产业。20世纪90年代，农村青壮年就地就近创业和进城务工经商创业。党的十八大以来，技术与产业交互联动、深度融合，催生了大批新产业新业态，大批返乡入乡在乡人员利用在城市积累的资金、技术、经验和市场渠道，在农业内外、生产两端和城乡两头创业，形成第三次创业浪潮。中共十九大提出实施乡村振兴战略，要求创新乡村人才工作体制机制，充分激发乡村现有人才活力，把更多城市人才引向乡村创新创业，由此吸引资金、技术、人才等各类资源要素更多地流向农

第六章　实施乡村振兴战略　贯彻"三农"优先发展总方针(2017—2019)

业农村领域,掀起就业创业的新浪潮。

2019年6月17日,国务院印发《关于促进乡村产业振兴的指导意见》(以下简称《指导意见》)。《指导意见》提出从3个方面促进农村创新创业:一是培育创新创业群体。《指导意见》强调,实施乡村就业创业促进行动,落实创新创业扶持政策,以政策推动、乡情感动、项目带动,搭建能人返乡、企业兴乡和市民下乡平台,引导农民工、大中专毕业生、退役军人、科技人员等返乡入乡人员和在乡"田秀才""土专家""乡创客"创新创业,把智创、文创、农创引入乡村,加速资金、技术和服务向乡村延伸,支持返乡入乡人员创新创业,支持返乡农民工到县城和中心镇就业创业,引导农民工在青壮年时返乡创业。二是搭建平台载体。《指导意见》提出,创建一批具有区域特色的农村创新创业和实训孵化基地。积极搭建"互联网+创业创新""生鲜电商+冷链宅配""中央厨房+食材冷链配送"等平台,培育发展网络化、智能化、精细化现代乡村产业发展载体,推行智能生产、经营平台、物流终端、产业联盟和资源共享等新模式。三是强化公共服务。推动"放管服"改革,加强技术培训,让各类人才在乡村投资兴业更加便捷,让新农民成为农村创新创业的主角。

2020年6月,农业农村部、国家发展和改革委员会等9部门联合印发《关于深入实施农村创新创业带头人培育行动的意见》,以引导更多农民工、大中专毕业生、退役军人、科研人员等返乡入乡,在乡开办新企业、开发新产品、开拓新市场、培育新业态,促进农业与现代产业跨界配置要素,打通城乡人才、技术、资金等要素双向流动渠道,促进乡村全面振兴。此次实施的农村创新创业带头人培育行动,主要从"钱、地、人"3个方面给予政策支持。在用钱方面,对首次创业、正常经营1年以上的农村创新创业带头人给予一次性补贴,加强创业担保贷款等金融扶持。在用地方面,强化农村创新创业用地计划保障,盘活现有土地资源,将农村集体经营性建设用地、复垦腾退建设用地指标,优先用于乡村新产业新业态和返乡入乡创新创业。在用人方面，一是通过政策激励，将农村创新创业带头人及其所需人才纳入地方政府人才引进政策奖励和住房补贴等范围；二是给予社会保障支持，对符合条件的农村创新创业带头人及其共同生活的配偶、子女和父母，全面放开城镇落户限制，纳入城镇住房保障范围，增加优质教育、住房等供给。

随着各项就业创业政策的逐步落实，农村创新创业快速发展，为乡村产业振兴注入新动能，加快了资金、技术和人才等要素向农业农村集聚的步伐。截至2018年，全国返乡入乡创新创业人员总数达780万人，比2017年增加40万人，成为乡村振兴的重要力量。这一轮回归农村的创新创业人员，既不同于20世纪80年代初"洗脚上田"创业的农民，也不同于20世纪90年代体制内到农村"下海"创业的人员。新时代的创新创业人员平均年龄在45岁左右，以返乡农民工、大中专毕业生、退役军人、科技人员、留学归国人员、企业主等为主，40%以上拥有高中和大中专以上学历，而且有资金、有经验、懂管理、懂市场，属于开创型、知识型、技能型人才。创新创业主体带动产业重心向农业农村下沉，打造出一批"孵化器"和"加速器"。据监测，创新创业主体的经营场所设置在县城区域的占13%，设置在县城以下的占87%，与乡村和农户的联系更紧密，辐射带动作用更明显。多数创新创业主体依托当地资源优势，发展小众类、中高端、特色化产业产品，创响一批独特、优质的"土字号""乡字号"品牌，在联农带农、促进区域发展中发挥了重要的作用。①

为优化各类人才返乡创新创业的环境，国家积极搭建返乡入乡创业平台，强化返乡入乡创新创业服务。截至2018年，农业农村部在全国认定了1 096个各具特色的全国农村创新创业基地（园区）和100个全国农村创新创业典型县；2019年，新认定100个全国农村创

---

① 农业农村部新闻办公室：《农村创新创业加快推进 增添乡村产业振兴新动能》，2019年7月10日更新，http://www.moa.gov.cn/xw/zwdt/201907/t20190710_6320637.htm，2020年5月2日引用。

新创业典型县、200个全国农村创新创业园区和200个全国农村创新创业孵化实训基地，培育了一批农村创新创业导师和领军人物。①

三、资金投入优先保障农业农村领域

农业农村发展离不开"真金白银"的支持。党的十九大以来，中央落实"资金投入优先保障'三农'"的方针，坚持把农业农村当作财政优先保障领域和金融优先服务领域。这一时期，国家大幅度增加公共财政投入，允许贫困县整合使用涉农资金，解决了困扰基层多年的财政资金使用效率不高的问题。金融机构加大对扶贫的信贷支持，农村信用体系建设也率先在贫困乡村实现突破。通过城乡建设用地增减挂钩指标交易，为脱贫攻坚筹集了一大批资金，开创了土地增值收益"取之于农，主要用之于农"的先河。同时，采取多种措施，吸引社会资金广泛参与农业农村的发展，形成多元化的投入机制。

1. 探索财政涉农资金统筹整合长效机制

我国自2016年开始启动实施贫困县涉农资金整合试点，将部分涉农资金的配置权下放到处于脱贫攻坚一线的贫困县，支持贫困县依据当地脱贫攻坚规划，自主确定实施扶贫项目。按照当时的试点要求，在连片特困地区县和国家扶贫开发工作重点县，优先选择领导班子强、工作基础好、脱贫攻坚任务重的贫困县开展试点，试点贫困县数量不少于贫困县总数的1/3，具备条件的可扩大试点范围。统筹整合使用的资金范围是各级财政安排用于农业生产发展和农村基础设施建设等方面的资金。2017年，涉农资金整合试点推广至全国的832个贫困县。

随着资金投入的不断增加，涉农资金管理中出现条块分割、交叉重复、上下权责不匹配等问题，影响了涉农资金的使用效益和国家支

---

① 农业农村部乡村产业发展司：《对十三届全国人大二次会议第2089号建议的答复》，2019年9月18日更新，http://www.moa.gov.cn/govpublic/XZQYJ/201909/t20190918_6328211.htm，2020年5月2日引用。

农政策的效果。2017年12月21日，国务院印发《关于探索建立涉农资金统筹整合长效机制的意见》（以下简称《意见》），部署推进涉农资金统筹整合工作。一是推动源头整合，提高涉农资金的配置效率。二是促进权责匹配，充分发挥中央部门和地方部门的积极性。三是实施"大专项+任务清单"管理模式，赋予地方必要的涉农资金统筹权，根据中央和地方在任务清单划定、实施等环节的调整、反馈，逐步厘清中央和地方承担各项支农事权与支出责任的边界，推动形成依法规范、运转高效的财政支农事权和支出责任划分模式。四是优化国家支农政策体系，提升农业农村国家治理能力。《意见》明确提出：到2018年，实现农业发展领域行业内涉农专项转移支付的统筹整合。到2019年，基本实现农业发展领域行业间涉农专项转移支付和涉农基建投资的分类统筹整合。到2020年，构建形成农业发展领域权责匹配、相互协调、上下联动、步调一致的涉农资金统筹整合长效机制。

针对贫困县涉农资金整合试点工作推进过程中，部分省（区、市）存在的超范围整合、权限下放不到位、对贫困县督促指导不够，部分试点贫困县实施方案质量不高、资金使用和项目管理仍有待规范和加强等问题，2018年4月8日，财政部、国务院扶贫开发领导小组办公室联合印发《关于做好2018年贫困县涉农资金整合试点工作的通知》，要求各地进一步抓好实施方案编制和落地，加强整合资金和项目管理。

但涉农资金整合试点过程中存在的政策把握不准、方案编制不实、项目安排不精准、审核备案不严、部门合力不强等问题依然十分突出。针对这些问题，2019年3月13日，财政部、国务院扶贫开发领导小组办公室联合发布《关于做好2019年贫困县涉农资金整合试点工作的通知》（以下简称《通知》）。《通知》要求各地准确把握政策，严格在832个贫困县内整合规定范围的涉农资金，杜绝借整合之名乱作为。同时，《通知》明确列出整合资金支出的负面清单，包括但不限于村级办公场所、卫生室、学校等公共服务设施建设，大中型基础设施建设，医疗保障，购买各类保险，偿还债务或垫资等。《通知》明确，彻底放权到位，取消限制统筹整合的各项规定。督促各地着力治理对整合试点支持不坚决甚至软抵制的问题。加强脱贫攻坚规划与部门专项规划、约束性任务的有效衔接，但不得以部门专项规划、约束性任务为由限制贫困县统筹整合资金，不得考核贫困县约束性任务完成情况。①

据统计，2016—2018 年，贫困县累计整合涉农资金超过 9 000 亿元。截至 2019 年 6 月底，全国 832 个贫困县实际整合 2018 年各级相关涉农资金 3 283 亿元，占计划整合资金规模的 98.7%；已完成支出 3 170 亿元，占实际整合资金规模的 96.5%。从整合资金的投向来看，用于农业生产发展方向的资金总额为 1 158 亿元，占已完成支出的 37%；用于农村基础设施建设方向的资金总额为 1 776 亿元，占已完成支出的 56%。从各地上报的数据看，2019 年上半年全国涉农资金投向进一步优化，投向农业生产发展方向的资金占比同比提升 3 个百分点，投向农村基础设施建设方向的资金占比同比下降 1 个百分点，初步体现了优先发展产业的要求。②

贫困县涉农资金整合试点具有积极的意义和深远的影响，破解了困扰基层多年的财政资金使用效率不高的问题，推动形成了"多个渠道引水、一个龙头放水"的扶贫投入新格局。

2. 实施土地出让收入取之于农、用之于农

长期以来，国有土地使用权出让收益是"取之于乡、用之于城"，所得收益主要用于城市建设，导致城乡差距越拉越大。中共十九大提出坚持农业农村优先发展，明确要保证要素优先，尤其要保证城市生产要素流向农业和农村。但是改变资源要素的配置理应伴之以利益格

---

① 董碧娟：《两部门联合发布通知 坚持放权到位整合贫困县涉农资金》，《经济日报》2019 年 3 月 14 日。
② 财政部：《上半年全国贫困县整合相关涉农资金 2 343 亿元》，2019 年 8 月 29 日更新，www.gov.cn/xinwen/2019-08/29/content_5425531.htm，2020 年 4 月 1 日引用。

局的相对均衡。为弥补城乡的差距鸿沟，中央提出"取之于农、主要用之于农"的要求，提高土地出让收入用于农业农村投入的比例，打破了长期以来"取之于农、用之于城"的格局。

2018年3月，国务院办公厅发出《关于印发〈跨省域补充耕地国家统筹管理办法〉和〈城乡建设用地增减挂钩节余指标跨省域调剂管理办法〉的通知》（以下简称《通知》）。《跨省域补充耕地国家统筹管理办法》中的第十条提出："跨省域补充耕地资金，全部用于巩固脱贫攻坚成果和支持实施乡村振兴战略。其中，一部分安排给承担国家统筹补充耕地任务的省份，优先用于高标准农田建设等补充耕地任务；其余部分由中央财政统一安排使用。"按照《通知》要求，全国建立了跨省域补充耕地国家统筹和城乡建设用地增减挂钩节余指标跨省域调剂机制，中央财政设立了相关专项，筹集资金支持脱贫攻坚和农村人居环境整治等工作。[①]

2019年2月19日，2019年中央一号文件《中共中央 国务院关于坚持农业农村优先发展做好"三农"工作的若干意见》发布。文件提出，按照"取之于农，主要用之于农"的要求，调整完善土地出让收入使用范围，提高农业农村投入比例，重点用于农村人居环境整治、乡村基础设施建设和高标准农田建设。扎实开展新增耕地指标和城乡建设用地增减挂钩结余指标跨省域调剂使用，调剂收益全部用于巩固脱贫攻坚成果和支持乡村振兴。

2019年6月28日，国务院印发《关于促进乡村产业振兴的指导意见》（以下简称《指导意见》）。《指导意见》要求各地认真落实农业农村优先发展要求，加大对乡村产业的投资力度，在"钱、地、人"3个方面打出政策"组合拳"，引导撬动各类资源要素加速向乡村产业集聚。《指导意见》要求，加强一般公共预算投入保障，提高

[①] 农业农村部：《对十三届全国人大二次会议第5038号建议的答复》，2019年9月29日更新，http://www.moa.gov.cn/govpublic/CWS/201909/t20190929_6329373.htm，2020年4月1日引用。

第六章 实施乡村振兴战略 贯彻"三农"优先发展总方针(2017—2019)

土地出让收入用于农业农村的比例；引导县域金融机构将吸收的存款主要用于当地；鼓励和引导工商资本到乡村投资兴业，发展农民参与度高、受益面广的乡村产业；完善用地保障政策，在安排土地利用年度计划时，加大对乡村产业发展用地的倾斜支持力度；健全人才保障机制，引导各类人才到乡村兴办产业。①

据统计，2018—2019年，中央财政对"三农"的投入连续保持较快增长，全国一般公共预算农林水支出累计超过4万亿元。各地在实践中，认真贯彻落实中央要求，积极探索"取之于农、主要用之于农"的有效路径。例如，浙江省在实践中探索提出"两进两回"模式，推进科技、资金进乡村和青年、乡贤回农村，落实土地增值收益"取之于农、用之于农"，促进各路人才、工商资本"上山下乡"，参与乡村振兴建设，全面激发乡村活力。河南省按照"取之于农、主要用之于农"的要求，调整完善土地出让收入使用范围，提高农业农村投入比例，重点用于农村人居环境整治、村庄基础设施建设和高标准农田建设。将高标准农田建设产生的新增耕地指标和产能用于占补平衡，占补平衡指标和城乡建设用地增减挂钩结余指标可以在省域内调剂使用，调剂收益全部用于巩固脱贫攻坚成果和支持乡村振兴。

"取之于农、主要用之于农"是收入分配格局的重大调整，促进了城市资本、技术、人才等生产要素注入农村并与之进行有效结合，有利于实现资源配置的优化。

3. 建立健全多层次农村金融服务体系

农村经济的发展离不开农村金融的强有力支撑。党的十九大以来，中央将资金投入优先保障农业农村落到实处，加大对农村金融基础设施建设的支持，加快金融支农创新和信用体系建设，初步构建起

---

① 农业农村部新闻办公室：《促进乡村产业振兴 带动农民多渠道增收——农业农村部乡村产业发展司司长曾衍德解读国务院〈关于促进乡村产业振兴的指导意见〉》，2019年7月3日更新，http://www.moa.gov.cn/xw/zwdt/201907/t20190703_6320222.htm，2020年4月1日引用。

多层次、广覆盖、适度竞争的农村金融服务体系。

不断优化政策供给，推动金融支农政策落地。2019年2月，中国人民银行、中国银行保险监督管理委员会、中国证券监督管理委员会、财政部、农业农村部联合印发《关于金融服务乡村振兴的指导意见》（以下简称《指导意见》）。《指导意见》明确提出，加大金融精准扶贫力度，尤其是加大对建档立卡贫困户的扶持力度，用好用足扶贫小额信贷、农户小额信用贷款等优惠政策，推动金融扶贫和产业扶贫融合发展，建立金融支持和企业带动贫困户脱贫的挂钩机制。《指导意见》强调，"坚持以市场化运作为导向、以机构改革为动力、以政策扶持为引导、以防控风险为底线，聚焦重点领域，深化改革创新，建立完善金融服务乡村振兴的市场体系、组织体系、产品体系，促进农村金融资源回流。"[①] 2019年3月，中国银行保险监督管理委员会印发《关于做好2019年银行业保险业服务乡村振兴和助力脱贫攻坚工作的通知》，从优化金融服务供给机制、明确服务重点领域和薄弱环节、创新产品和服务模式、推动基础金融服务扩面提质、助力打赢脱贫攻坚战、净化乡村金融环境、强化差异化监管引领等方面提出具体工作要求。

开展金融支农创新试点，引导更多社会资本有序投入农业农村。为了更好地发挥市场机制作用，引导金融资金投入农业农村，2019年12月，农业农村部通过政府购买服务方式开展金融支农创新试点，探索可复制、易推广、贴近农民需求的金融支农模式，促进金融更好地服务乡村振兴和农业农村现代化建设。为加快形成乡村振兴多元投入格局，2020年4月15日，农业农村部办公厅发布《社会资本投资农业农村指引》（以下简称《指引》）。《指引》提出，对标全面建成小康社会和实施乡村振兴战略必须完成的硬任务，立足当前农业农村

[①] 农业农村部新闻办公室：《五部门联合印发〈关于金融服务乡村振兴的指导意见〉》，2019年2月13日更新，http: //www.moa.gov.cn/xw/zwdt/201902/t20190213_6171354.htm，2020年5月3日引用。

第六章 实施乡村振兴战略 贯彻"三农"优先发展总方针(2017—2019)

新形势新要求,围绕农业供给侧结构性改革,聚焦现代种养业、现代种业、乡土特色产业、农产品加工流通业、乡村新型服务业、生态循环农业、农业科技创新、农业农村人才培养、农业农村基础设施建设、数字乡村建设、农村创新创业和农村人居环境整治12大重点产业和领域,促进农业农村经济转型升级。《指引》强调,要打造一批社会资本投资农业农村的合作平台,为社会资本投向"三农"提供规划、项目信息、融资、土地、建设运营等一揽子、全方位投资服务,促进要素集聚、产业集中、企业集群,实现控风险、降成本、提效率。加快健全商业性、合作性和政策性、开发性金融,以及信贷担保等为重要内容的多层次农村金融服务体系,不断加大对社会资本投资农业农村的支持力度。[①]

提升农村基础设施数字化水平,农村支付市场迎来大发展。为了让安全、便捷高效的支付服务惠及农业和更广大的农村居民,中国银联联合商业银行及其他非金融支付机构,加快涉农支付产品创新。2019年,中国银联在全国900个县域开展了农村支付综合试点,并陆续推出"乡村振兴主题卡"、"福农"主题系列银联卡、"福农通"农产品收购业务等一系列金融产品和服务,推动农村支付服务从生活领域向农业生产领域延伸,为更多金融资源向乡村振兴重点领域和薄弱环节快速聚集、优先投入奠定了基础。

加大财政投入,加快农业信用担保体系建设。2015年,国家开始调整完善农作物良种补贴、种粮农民直接补贴和农资综合补贴等补贴政策,将其合并为"农业支持保护补贴",政策目标调整为支持耕地地力保护和粮食适度规模经营。试点工作在安徽、山东、湖南、四川和浙江等5省开展,重点支持试点地区建立完善农业信贷担保体系,着力解决新型经营主体在粮食适度规模经营中的"融资难""融

[①] 农业农村部:《农业农村部办公厅关于印发〈社会资本投资农业农村指引〉的通知》,2020年4月15日更新,http://www.moa.gov.cn/govpublic/CWS/202004/t20200415_6341646.htm,2020年5月2日引用。

资贵"问题。试点地区积极建设农业信用担保公司,对全国性农业信用担保体系的形成提供了有益的借鉴。2016年5月6日,国家农业信贷担保联盟有限责任公司成立。此后,全国农业信用担保体系业务迅速增长。截至2018年年底,33家省级农业信贷担保有限公司共设立分支机构1 520家,共有专职员工2 457人,对全国1 050个主要农业县的业务覆盖率达到90%以上,已建成上下联动、紧密可控的农业信贷担保网络体系。近年来,中央财政每年通过农业生产发展资金安排约200亿元,重点支持全国农业信贷担保体系建设。[1] 截至2019年1月,全国农业担保体系累计新增担保项目有34.2万个,金额达1 216.5亿元,10万元至300万元的小额贷款担保占比80%以上。[2] 农业信贷担保工作的创新和实践,为探索财政资金支持其他领域经济和社会发展提供了一个新的路径选择。

农村金融信贷业务快速发展,农业保险"扩面、增品、提标"加快推进。截至2018年年底,全国银行业金融机构涉农贷款(不含票据融资)余额为33万亿元,同比增长5.6%;普惠型涉农贷款余额为5.63万亿,同比增长10.52%。全国银行业金融机构发放扶贫小额信贷余额2 488.9亿元,支持建档立卡贫困户641.01万户;扶贫开发项目贷款余额为4 429.13亿元,较年初增加336.8亿元。全国银行业金融机构和保险机构乡镇机构覆盖率分别达到96%和95%,全国行政村基础金融服务覆盖率为97%。全国农业保险2018年实现保费收入572.65亿元,为1.95亿户次农户提供风险保障3.46万亿元,承保粮食作物面积11.12亿亩。涉农小额贷款保证保险实现保费收入4.1亿元,赔付支出8.3亿元,帮助20万农户撬动"三农"融资贷款138

---

[1] 农业农村部:《关于政协十三届全国委员会第二次会议第1834号(农业水利类172号)提案答复的函》,2019年9月17日更新,http://www.moa.gov.cn/govpublic/NCJJTZ/201909/t20190904_6327226.htm,2020年5月2日引用。

[2] 农业农村部:《对十三届全国人大二次会议第3901号建议的答复》,2019年9月27日更新,http://www.moa.gov.cn/govpublic/FZJHS/201909/t20190927_6329208.htm,2020年5月2日引用。

亿元。① 截至2019年年底，农业保险承保农作物超过270种，基本覆盖常见农作物，备案扶贫专属农业保险产品425个，价格保险、收入保险、"保险+期货"等新型险种快速发展。②

四、公共服务农村优先，努力实现实质公平

长期以来，我国的基本公共服务存在总体供给不足、供给结构失衡等问题，其中城乡基本公共服务不均衡的问题尤为突出，具体表现在农村教育、医疗、公共卫生服务等领域的供给严重不足，供给总量和质量与城市存在较大差距。实现城乡基本公共服务均等化，成为经济社会可持续发展亟须破解的重大现实问题。2012年，中共十八大报告提出，将"基本公共服务均等化的总体实现"作为全面建成小康社会和全面深化改革的重要目标，标志着推进基本公共服务均等化已上升为一项国家战略。2017年，中共十九大报告进一步提出，从2020年到2035年，基本公共服务均等化基本实现。此后，中央采取公共服务优先安排农业农村的方针，加快农村基本公共服务的标准化建设，加快提升农村基础教育质量和水平，探索建立中国特色基本医疗卫生保障体系和互助养老体系，努力从实质上实现城乡基本公共服务的均等化。

1. 以标准化促进城乡基本公共服务均等化

党中央、国务院高度重视民生兜底保障和推进基本公共服务均等化工作。"十二五"和"十三五"时期，我国先后制定并实施了两部国家级基本公共服务规划，基本建成了覆盖全民的基本公共服务制度。随着各项规划和制度的逐步落实，各级各类基本公共服务

---

① 新华社：《银保监会：2018年末普惠型涉农贷款余额达5.63万亿元》，2019年3月11日更新，http：//www.gov.cn/shuju/2019-03/11/content_5372909.htm，2020年5月2日引用。

② 中国银行保险监督管理委员会：《2019年银行业保险业扶贫工作取得积极成效》，2020年5月7日更新，http：//www.cbirc.gov.cn/cn/view/pages/ItemDetail.html？docId=902730&itemId=4170&generaltype=0，2020年5月20日引用。

设施持续改善,保障能力和群众满意度逐步提升。为切实解决基本公共服务城乡发展不平衡不充分、质量参差不齐、服务水平与经济社会发展不适应等问题,中央发布系列指导性意见,要求理顺权责关系,建立健全基本公共服务标准体系,以标准化促进城乡基本公共服务均等化。

2017年3月1日,国务院印发《"十三五"推进基本公共服务均等化规划》(以下简称《规划》),这是"十三五"时期推进基本公共服务体系建设的综合性、基础性、指导性文件。《规划》明确提出促进基本公共服务城乡区域均等化,缩小城乡差距,加快义务教育、社会保障、公共卫生、劳动就业等制度城乡一体设计、一体实施。《规划》指出:"基本公共服务均等化是指全体公民都能公平可及地获得大致均等的基本公共服务,其核心是促进机会均等,重点是保障人民群众得到基本公共服务的机会,而不是简单的平均化。"[1] 在促进城乡公共服务均等共享方面,《规划》要求开展贫困地区脱贫攻坚、重点帮扶特殊困难人群、促进城镇常住人口全覆盖、缩小城乡服务差距、提高区域服务均等化水平、夯实基层服务基础等。

2018年10月,中共中央办公厅、国务院办公厅印发《关于建立健全基本公共服务标准体系的指导意见》(以下简称《指导意见》)。《指导意见》提出,要"促进基本公共服务资源向基层延伸、向农村覆盖、向边远地区和生活困难群众倾斜,织密扎牢民生保障网"。《指导意见》强调,要建立健全基本公共服务标准体系,规范中央与地方支出责任分担方式,推进城乡区域基本公共服务制度统一,促进各地区各部门基本公共服务质量水平有效衔接,以标准化手段优化资源配置、规范服务流程、提升服务质量、明确权责关系、创新治理方式,确保基本公共服务覆盖全民、兜住底线、均等享有,使人民的获得

---

[1] 新华社:《国务院印发〈"十三五"推进基本公共服务均等化规划〉》,《人民日报》2017年3月2日,第1版。

感、幸福感、安全感更加充实、更有保障、更可持续。[①]

2019年中央一号文件提出"全面提升农村教育、医疗卫生、社会保障、养老、文化体育等公共服务水平，加快推进城乡基本公共服务均等化"。2019年6月28日，国务院印发《关于促进乡村产业振兴的指导意见》，提出要"推进城镇基础设施和基本公共服务向乡村延伸，实现城乡基础设施互联互通、公共服务普惠共享"。2019年11月，中共十九届四中全会通过了《中共中央关于坚持和完善中国特色社会主义制度 推进国家治理体系和治理能力现代化若干重大问题的决定》（以下简称《决定》）。《决定》明确提出："必须健全幼有所育、学有所教、劳有所得、病有所医、老有所养、住有所居、弱有所扶等方面国家基本公共服务制度体系，尽力而为，量力而行，注重加强普惠性、基础性、兜底性民生建设，保障群众基本生活。创新公共服务提供方式，鼓励支持社会力量兴办公益事业，满足人民多层次多样化需求，使改革发展成果更多更公平惠及全体人民。"

各地贯彻落实中央文件精神，加强对城乡基本公共服务均等化实践的探索，突出体制机制创新，强调资源要素整合，注重数据信息共享，涌现出许多各具特色的农村公共服务建设典型案例，在推进城乡基本公共服务均等化中起到了示范带动作用。

2. 发展公平而有质量的基础教育

推动城乡义务教育一体化发展，提高农村义务教育水平，是以习近平同志为核心的党中央根据新时代我国经济社会主要变化作出的一项重大战略决策部署。新时代教育公平的大政方针是要建立以城带乡、整体推进、城乡一体、均衡发展的义务教育发展机制。国家建立健全农村义务教育经费保障机制，全面改善贫困地区义务教育的基本办学条件，着力提升乡村教师队伍的素质和生活保障，推动教育公平

[①] 新华社：《中共中央办公厅 国务院办公厅印发〈关于建立健全基本公共服务标准体系的指导意见〉》，2018年12月12日更新，http://www.gov.cn/xinwen/2018-12/12/content_5348159.htm，2020年5月20日引用。

发展和质量提升。

落实教育经费保障机制，加强乡村教师队伍建设。2017年1月19日，国务院印发《国家教育事业发展"十三五"规划》，强调："教育的公平性是社会主义本质要求，要发展社会主义，逐步实现人民共同富裕，教育公平是基础。注重有教无类，让全体人民、每个家庭的孩子都有机会接受比较好的教育，让教育改革发展成果更好地惠及最广大人民群众。""教育发展成果更公平地惠及全民。实现家庭经济困难学生资助全覆盖，困难群体、妇女儿童平等受教育权利得到更好保障。义务教育实现基本均衡的县（市、区）比例达到95%，城乡、区域、学校之间差距进一步缩小，建成覆盖城乡、更加均衡的基本公共教育服务体系。人民群众高质量、个性化、多样化的学习需求得到更好满足。"[①]

2017年9月，中共中央办公厅、国务院办公厅印发《关于深化教育体制机制改革的意见》（以下简称《意见》）。《意见》提出，坚持以人民为中心，着眼促进教育公平、提高教育质量，针对人民群众反映强烈的突出问题，集中攻坚、综合改革、重点突破，扩大改革受益面，增强人民群众的获得感。针对义务教育城乡发展不协调问题，《意见》要求统一城乡学校建设标准、城乡教师编制标准、城乡义务教育学校生均公用经费基准定额，加快建立义务教育学校国家基本装备标准。实施消除大班额计划。切实改变农村和贫困地区教育薄弱面貌，着力提升乡村教育质量。

改善农村教育条件，促进乡村人才培育。教育部会同农业农村部，逐步完善农村职业教育和培训体系，支持职业院校积极开展现代农民、农村实用人才带头人、村"两委"干部培训，进一步完善就业导向的免费中、高职学历教育制度，鼓励学生到农村实习实践，吸引

---

① 新华社：《国务院关于印发〈国家教育事业发展"十三五"规划〉的通知》（国发〔2017〕4号），2017年1月19日更新，http://www.gov.cn/zhengce/content/2017-01/19/content_5161341.htm，2020年4月30日引用。

第六章　实施乡村振兴战略　贯彻"三农"优先发展总方针(2017—2019)

更多大学生投身农业农村干事创业。为推动教师教育改革发展，全面提升教师素质能力，建设高素质专业化创新型教师队伍，2018年1~2月，《中共中央 国务院关于全面深化新时代教师队伍建设改革的意见》《教师教育振兴行动计划（2018—2022年）》相继发布。2018年，教育部在22个脱贫攻坚任务较重的省份安排中央财政资金123.3亿元，向127.21万名乡村教师发放生活补助，招聘8.52万名农村义务教育阶段特设岗位教师，选派2.4万名教师到"三区"受援县乡村学校支教。安排149亿元，支持中西部地区和贫困地区扩大普惠性学前教育资源，改善办园条件。开通国家教育资源公共服务平台教师空间1 252万个、学生空间605万个，拓宽乡村教育服务渠道。为推进农村职业教育改革发展，2018年中央财政下达现代职业教育质量提升计划资金187.3亿元，分5批在261个县组织开展了国家级农村职业教育和成人教育示范县创建工作。同时，建成4个涉农类职业教育专业教学资源库，有资源92 903条，访问量达1 039万次。①

3. 部署建立中国特色医疗卫生保障制度

经过改革开放40年的发展，我国的基本医疗保障制度及补充医疗保障体系不断完善，保基本、防大病、兜底线的能力进一步增强，基本构建起了覆盖全民、更加密实的医疗保障网。面对全面建成小康社会决胜阶段的到来，中共十九大作出全面建立中国特色医疗保障制度的决策部署，提出要实施健康中国战略，为人民群众提供全方位、全周期的健康服务。按照"以基层为重点"的新时代卫生与健康工作方针，重点加强了基层卫生服务机构基础设施和人才队伍建设，着重提升基层医疗卫生服务能力。

加快农村基层医疗卫生服务体系标准化建设。2018年中央一号文件《中共中央 国务院关于实施乡村振兴战略的意见》提出要推进

---

① 农业农村部发展规划司：《对政协十三届二次会议第0121号提案的答复摘要》，2019年9月25日更新，http：//www.moa.gov.cn/govpublic/FZJHS/201909/t20190925_6328993.htm，2020年5月10日引用。

健康乡村建设，强化农村公共卫生服务，加强慢性病综合防控，大力推进农村地区精神卫生、职业病和重大传染病防治。完善基本公共卫生服务项目补助政策，加强基层医疗卫生服务体系建设，支持乡镇卫生院和村卫生室改善条件。2018年8月，《中共中央 国务院关于打赢脱贫攻坚战三年行动的指导意见》提出：全面落实农村贫困人口县域内定点医疗机构住院治疗先诊疗后付费，在定点医院设立综合服务窗口，实现各项医疗保障政策"一站式"信息交换和即时结算。在贫困地区加快推进县乡村三级卫生服务标准化建设，确保每个贫困县建好1~2所县级公立医院（含中医院），加强贫困地区乡镇卫生院和村卫生室能力建设。深入实施医院对口帮扶，全国963家三级医院与832个贫困县的1180家县级医院结对帮扶，为贫困县医院配置远程医疗设施设备，全面建成从三级医院到县医院互联互通的远程医疗服务网络。贫困地区每个乡镇卫生院至少设立1个全科医生特岗。支持地方免费培养农村高职（专科）医学生，经助理全科医生培训合格后，补充到贫困地区村卫生室和乡镇卫生院。贫困地区可在现有编制总量内直接面向人才市场选拔录用医技人员，选拔录用时优先考虑当地医疗卫生事业紧缺人才。全面实施贫困地区县乡村医疗卫生机构一体化管理，构建三级联动的医疗服务和健康管理平台，为贫困群众提供基本健康服务。[①]

提高基本公共卫生服务经费人均补助标准。2019年9月4日，国家卫生健康委员会发布《关于做好2019年基本公共卫生服务项目工作的通知》，要求各地依据《国家基本公共卫生服务规范（第三版）》，继续实施建立居民健康档案、健康教育、预防接种、儿童健康管理、孕产妇健康管理等12类项目，以及19项新划入的相关工作规范。同时提出，2019年基本公共卫生服务经费人均补助标准提高到

---

① 国务院扶贫开发领导小组办公室：《中共中央 国务院关于打赢脱贫攻坚战三年行动的指导意见》，2018年8月20日更新，http：//www.cpad.gov.cn/art/2018/8/20/art_46_88282.html，2020年5月10日引用。

第六章 实施乡村振兴战略 贯彻"三农"优先发展总方针(2017—2019)

69元,新增5元经费全部用于村和社区,务必让基层群众受益。同年12月召开的中央农村工作会议,再次强调要加强农村基层医疗卫生服务。

激励优秀医疗卫生人员为基层服务。2019年4月15日,《中共中央 国务院关于建立健全城乡融合发展体制机制和政策体系的意见》提出,要"建立和完善相关政策制度,增加基层医务人员岗位吸引力,加强乡村医疗卫生人才队伍建设。改善乡镇卫生院和村卫生室条件。健全网络化服务运行机制,鼓励县医院与乡镇卫生院建立县域医共体,鼓励城市大医院与县医院建立对口帮扶、巡回医疗和远程医疗机制。全面建立分级诊疗制度,实行差别化医保支付政策。因地制宜建立完善全民健身服务体系。"[1] 同一天,由国家卫生健康委员会基层卫生健康司、国家卫生健康委员会能力建设和继续教育中心共同主办的基层卫生能力建设平台上线发布。平台采取"线下+线上"的方式,对基层卫生人员开展实用技能培训。

"乡聘村用"稳定优化乡村医生队伍。为贯彻落实中共十九大报告关于"加强基层医疗卫生服务体系和全科医生队伍建设"的要求,2019年9月,国家卫生健康委员会、中央机构编制委员会办公室、国家发展和改革委员会、教育部、财政部、人力资源和社会保障部和国家中医药局联合发布《关于做好农村订单定向免费培养医学生就业安置和履约管理工作的通知》(以下简称《通知》)。《通知》要求,将定向医学生就业安置和履约管理工作作为深化医改的重点,纳入年度重点工作目标责任制考核,加强组织领导,密切协调配合,增强服务意识,强化宣传引导,施行精准管理,共同做好定向医学生就业安置和履约管理工作,充分发挥已完成5年本科医学教育和3年全科专业住院医师规范化培训定向医学生在农村基层医疗卫生服务工作中的重

---

[1] 农业农村部:《中共中央 国务院关于建立健全城乡融合发展体制机制和政策体系的意见》,2019年6月6日更新,http://www.zcggs.moa.gov.cn/zczc/201906/t20190606_6316345.htm,2020年5月10日引用。

要作用。①

4. 创新发展中国特色养老服务体系

我国是世界上老年人口最多、增长最快的国家，养老问题一直是党和政府看重、关注的问题，为此进行了长时间的探索，逐步构建起符合中国国情的特色养老服务体系。

2011年12月，国务院办公厅印发《社会养老服务体系建设规划（2011—2015年）》，提出在地方上探索和推广互助型养老模式。2016年5月，习近平在中共中央政治局第三十二次集体学习时强调，妥善解决人口老龄化带来的社会问题，事关国家发展全局，事关百姓福祉，需要下大气力来应对。同年6月，国务院办公厅出台《关于全面放开养老服务市场 提升养老服务质量的若干意见》，明确提出"倡导'互助养老'模式"。同年12月，习近平在中央财经领导小组第十四次会议上重点提及要让老年人"老有所养、老有所依"。

为解决城乡、区域养老体系建设不均衡的问题及养老服务的供需矛盾，2017年2月，《国务院关于印发〈"十三五"国家老龄事业发展和养老体系建设规划〉的通知》提出，要大力发展居家社区养老服务，鼓励老年人参加社区邻里互助养老。通过邻里互助、亲友相助、志愿服务等模式和举办农村幸福院、养老大院等方式，大力发展农村互助养老服务。目标是："到2020年，老龄事业发展整体水平明显提升，养老体系更加健全完善，及时应对、科学应对、综合应对人口老龄化的社会基础更加牢固。"② 2018年9月，中共中央、国务院印发《乡村振兴战略规划（2018—2022年）》，提出以乡镇为中心，建立具有综合服务功能、医养相结合的养老机构，与农村基本公共服务、农

---

① 国家中医药管理局：《关于做好农村订单定向免费培养医学生就业安置和履约管理 工作的通知》，2019年10月11日更新，http://bgs.satcm.gov.cn/zhengcewenjian/2019-10-11/11347.html，2020年5月12日引用。

② 国务院：《国务院关于印发〈"十三五"国家老龄事业发展和养老体系建设规划〉的通知》，2017年3月10日更新，http://www.ltxgbj.moa.gov.cn/zcjd/201703/t20170310_6304310.htm，2020年5月3日引用。

第六章 实施乡村振兴战略 贯彻"三农"优先发展总方针（2017—2019）

村特困供养服务、农村互助养老服务相互配合，形成农村基本养老服务网络。

为切实提高城乡居民养老保险待遇，国家不断完善相关政策，不断上调基础养老金标准。2017年10月，中共十九大报告提出："积极应对人口老龄化，构建养老、孝老、敬老政策体系和社会环境，推进医养结合，加快老龄事业和产业发展。"2017年，国家按平均5.5%的水平继续上调养老金，城乡居民基础养老金最低标准从每人每月55元提高到70元。为提高基础养老金水平，经党中央、国务院同意，2018年3月，人力资源和社会保障部、财政部联合印发《关于建立城乡居民基本养老保险待遇确定和基础养老金正常调整机制的指导意见》（以下简称《指导意见》）。《指导意见》明确要按照中共十九大关于兜底线、织密网、建机制的要求，建立激励约束有效、筹资权责清晰、保障水平适度的城乡居民基本养老保险待遇确定和基础养老金正常调整机制，推动城乡居民基本养老保险待遇水平随经济发展而逐步提高，确保参保居民共享经济社会发展的成果。2018年5月，人力资源和社会保障部、财政部联合印发《关于2018年提高全国城乡居民基本养老保险基础养老金最低标准的通知》，提出自2018年1月1日起，将全国城乡居民基本养老保险基础养老金最低标准提高至每人每月88元。全国所有地区在中央确定的最低标准之上提高了本地基础养老金标准，正式启动了城乡居民养老保险基础养老金正常调整机制。与此同时，国家加强了对个人账户养老金的政策解读和宣传动员，鼓励参保人早缴多缴、持续缴费，要求地方政府提高缴费补助标准，鼓励有条件的村给予缴费补助，增加个人账户积累额，提高个人账户养老金水平。[①]

互助养老新模式的探索和养老保险待遇的提高，推动城乡基本养

---

① 农业农村部政策与改革司：《关于政协十三届全国委员会第二次会议第0815号提案答复的函》，2019年9月5日更新，http://www.moa.gov.cn/govpublic/zcggs/201909/t20190905_6327322.htm，2020年5月3日引用。

老保险事业快速发展。据统计，截至 2018 年 12 月底，全国所有县级行政区域建立了统一的城乡居民养老保险制度，参保人数达 52 392 万人，其中 95% 以上是农村人口，60 岁以上领取养老金人数达到 15 898 万人，月人均养老金水平超过 150 元。

5. 加快补齐农业农村基础设施短板

农业农村基础设施是社会主义新农村建设的重要内容，也是全面建成小康社会的重要物质支撑。但由于历史欠账较多、资金投入不足、融资渠道不畅等复杂因素，农业农村基础设施建设总体上滞后，成为促进"四化"同步发展的薄弱环节，难以满足现代农业发展和农民持续增收的需要。为补齐农业农村基础设施短板，增强农业农村发展后劲，实现发展成果共享，中央发布系列文件，对全面加强农业农村基础设施建设作出重要部署。

2017 年 2 月 5 日，《中共中央 国务院关于深入推进农业供给侧结构性改革 加快培育农业农村发展新动能的若干意见》（以下简称《若干意见》）发布。《若干意见》提出，要深入开展建好、管好、护好、运营好农村公路工作，深化农村公路管养体制改革，积极推进城乡交通运输一体化。实施农村饮水安全巩固提升工程和新一轮农村电网改造升级工程。推进光纤到村建设，加快实现 4G 网络农村全覆盖。拓宽农业农村基础设施投融资渠道，支持社会资本以特许经营、参股控股等方式参与农林水利、农垦等项目建设运营。2 月 17 日，国务院办公厅印发《关于创新农村基础设施投融资体制机制的指导意见》（以下简称《意见》）。《意见》结合当时农村基础设施补短板的重点，将农村基础设施投融资体制机制创新的重点集中在农村道路、供水、污水垃圾处理、供电、电信五大领域。为构建多元化投融资新格局，健全农村基础设施投入长效机制，《意见》在明确政府投入和主导责任、完善财政投入稳定增长机制的同时，提出要创新政府投资支持方式，加大金融支持力度，建立政府和社会资本合作机制。《意见》发布后，各级财政充分发挥政府投资的引导和撬动作用，采取直接投

第六章　实施乡村振兴战略　贯彻"三农"优先发展总方针(2017—2019)

资、投资补助、资本金注入、财政贴息、以奖代补以及政府和社会资本合作等多种方式,形成了专项建设基金、政府投资基金等多种投资渠道,推动构建多元化投融资新格局。

2017年6月,《财政部 农业部关于深入推进农业领域政府和社会资本合作的实施意见》(以下简称《实施意见》)发布。《实施意见》提出,重点引导和鼓励社会资本参与六大领域①农业公共产品和服务供给。探索农业领域推广PPP模式的实施路径、成熟模式和长效机制,创新农业公共产品和公共服务市场化供给机制,推动政府职能转变,提高农业投资有效性和公共资源使用效益,提升农业公共服务供给质量和效率。2017年11月,中共十九大提出实施乡村振兴战略。2017年12月召开的中央农村工作会议研究了实施乡村振兴战略的重要政策,并提出了实施乡村振兴战略的目标任务和基本原则。会议强调,要走中国特色社会主义乡村振兴道路,首先必须重塑城乡关系,走城乡融合发展之路。要坚持以工补农、以城带乡,把公共基础设施建设的重点放在农村,推动农村基础设施建设提档升级。

2018年2月4日,《中共中央 国务院关于实施乡村振兴战略的意见》(以下简称《意见》)发布。《意见》明确提出,要"继续把基础设施建设重点放在农村,加快农村公路、供水、供气、环保、电网、物流、信息、广播电视等基础设施建设,推动城乡基础设施互联互通。以示范县为载体全面推进'四好农村路'建设,加快实施通村组硬化路建设。加大成品油消费税转移支付资金用于农村公路养护力度。推进节水供水重大水利工程,实施农村饮水安全巩固提升工程。加快新一轮农村电网改造升级,制定农村通动力电规划,推进农村可再生能源开发利用。实施数字乡村战略,做好整体规划设计,加快农

---

① 六大领域是:农业绿色发展、高标准农田建设、现代农业产业园、田园综合体、农产品物流与交易平台和"互联网+"现代农业。

村地区宽带网络和第四代移动通信网络覆盖步伐，开发适应'三农'特点的信息技术、产品、应用和服务，推动远程医疗、远程教育等应用普及，弥合城乡数字鸿沟。提升气象为农服务能力。加强农村防灾减灾救灾能力建设。抓紧研究提出深化农村公共基础设施管护体制改革指导意见"。① 同年9月，习近平在中共中央政治局第八次集体学习时强调，要把乡村振兴战略作为新时代"三农"工作总抓手，加快建立健全城乡融合发展体制机制和政策体系，健全多元投入保障机制，增加对农业农村基础设施建设投入，加快城乡基础设施互联互通，推动人才、土地、资本等要素在城乡间双向流动。② 随后，中共中央、国务院印发《乡村振兴战略规划（2018—2022年）》，其中将"加强农村基础设施建设"作为保障和改善农村民生的重要措施，明确提出要在交通物流、农村水利、能源、通信、环保等基础设施建设领域形成重点突破，发挥典型带动作用，推动农村基础设施建设全面提档升级。

2018年12月，中央农村工作会议提出推进新一轮农村改革，加快补齐农村基础设施和公共服务短板。2019年2月19日，中央一号文件《中共中央 国务院关于坚持农业农村优先发展 做好"三农"工作的若干意见》发布。文件对乡村振兴和农业农村发展作了明确的部署安排，特别是围绕路、电、水、房、网、物流等方面，对补齐农村基础设施短板提出具体要求：路——实现具备条件的建制村全部通硬化路，有条件的地区向自然村延伸；电——全面实施乡村电气化提升工程，加快完成新一轮农村电网改造；水——加强农村饮用水水源地

---

① 新华社：《中共中央 国务院关于实施乡村振兴战略的意见》，2018年2月5日更新，http://www.moa.gov.cn/xw/zwdt/201802/t20180205_6136402.htm，2020年5月25日引用。

② 新华社：《习近平在中共中央政治局第八次集体学习时强调把乡村振兴战略作为新时代"三农"工作总抓手，促进农业全面升级、农村全面进步、农民全面发展》，2018年9月22日更新，http://www.moa.gov.cn/ztzl/xczx/szyw/201811/t20181126_6163654.htm，2020年5月25日引用。

第六章 实施乡村振兴战略 贯彻"三农"优先发展总方针(2017—2019)

保护,加快解决农村"吃水难"和饮水不安全的问题;房——继续推进农村危房改造;网——加快推进宽带网络向村庄延伸,推进提速降费;物流——完善县乡村物流基础设施网络,鼓励企业在县乡和具备条件的村建立物流配送网点。2019年3月,习近平在参加十三届全国人大二次会议河南代表团审议时强调,要补齐农村基础设施这个短板,要"逐步建立全域覆盖、普惠共享、城乡一体的基础设施服务网络""重点抓好农村交通运输、农田水利、农村饮水、乡村物流、宽带网络等基础设施建设"。

随着各项政策的逐步落实,农村基础设施建设取得明显成效。在农村人居环境基础设施建设方面,加快了农村环境的综合整治以及农村生活污水、生活垃圾的治理,推进农村厕所革命,受到农村群众的普遍欢迎。在农村路网基础设施建设方面,中央财政大幅提高农村公路建设补助标准,"十三五"时期累计安排车购税资金3 492亿元用于农村公路建设;国家发展和改革委员会共安排中央预算内投资92亿元,用于支持集中连片特困地区的建制村硬化路、乡村旅游公路和抵边自然村通硬化路项目建设。在农村电网基础设施建设方面,国家电网加大农村电网基础设施建设投入、大力推进农网改造升级,农村电网供电保障能力、供电质量和安全经济运行水平显著提升。2016—2018年,完成农网改造升级投资4 854亿元,解决了8.03万个自然村通动力电问题,实现除西藏外所有省(自治区、直辖市)的自然村全部按标准通动力电。在农村信息基础设施建设方面,加强了对网络基础设施和农村电子商务等的建设,全面推进"互联网+"现代农业行动,实施信息进村入户工程,建设运营益农信息社,促进信息化深入农业农村第一线。[①]

[①] 农业农村部:《对十三届全国人大二次会议第3815号建议的答复》,2019年8月30日更新,http://www.moa.gov.cn/govpublic/ncshsycjs/201909/t20190929_6329314.htm,2020年6月1日引用。

第二节 推进农业供给侧结构性改革

经过多年不懈努力,农业农村发展迈上新台阶,进入新的历史阶段。农业的主要矛盾由总量不足转变为结构性失衡,突出表现为阶段性供过于求和供给不足并存。为顺应新形势、新要求,2015年12月召开的中央农村工作会议提出,要着力加强农业供给侧结构性改革,提高农业供给体系质量和效率,使农产品的供给数量充足、品种和质量契合消费者需要,真正形成结构合理、保障有力的农产品有效供给。2016年中央一号文件提出:"推进农业供给侧结构性改革,加快转变农业发展方式,保持农业稳定发展和农民持续增收,走产出高效、产品安全、资源节约、环境友好的农业现代化道路。"党的十九大以来,中央以"调整"和"改革"为重点,持续推进农业供给侧结构性改革。"调整"主要是调整农业结构,包括农业生产结构、品种结构、产业结构和区域结构,实现农业领域去产能、降成本、补短板。"改革"主要是通过一系列改革,包括农村土地制度改革、粮食价格体制和补贴制度改革,提升农业的质量效益和市场竞争力。农业供给侧结构性改革是"三农"领域的一场深刻变革,推进农业供给侧结构性改革的过程,亦是探索中国特色农业现代化道路的过程。

一、优化产品结构,推进农业提质增效

农业供给侧结构性改革的重要内容之一是调整优化产品结构和产业结构。产业结构方面,按照"稳粮、优经、扩饲"的要求,加快构建"粮经饲"协调发展的三元种植结构。产品结构方面,突出大宗农产品的"优质专用"和其他农产品的"特色优势",增加有效供给,减少低端供给,拓展高端供给。为切实推进农业供给侧结构性改革,中央部署实施品牌强农战略,优化提升农村营商环境,为农业提质增

第六章 实施乡村振兴战略 贯彻"三农"优先发展总方针(2017—2019)

效创造了良好的条件。

1. 藏粮于地、藏粮于技，调整优化种植结构

新时期农业发展环境不断变化，农业面临诸多挑战和压力，如品种结构不平衡、资源环境约束压力增大、消费结构升级要求变高、产业融合加快、国内外市场联动更加紧密，等等。面对新形势、新挑战，中央始终把保障粮食安全和重要农产品有效供给摆在首位，坚持以市场需求为导向，实施"藏粮于地、藏粮于技"战略，推进种植业结构调整和耕地轮作休耕制度试点，提升农业的质量效益和竞争力。

以减玉米为重点，调整优化主要粮食作物结构。2015 年 11 月，农业部提出以"镰刀弯"地区①为重点，调减玉米的种植面积。2016 年 4 月，农业部发布《全国种植业结构调整规划（2016—2020 年）》，提出要以"两保、三稳、两协调"②为目标，构建粮食作物、经济作物、饲草作物协调发展的作物结构。2016 年 10 月，国务院印发《全国农业现代化规划（2016—2020 年）》，针对北方地区、南方地区、"镰刀弯"地区和东北优势区等地，就农作物种植结构的调整优化提出具体要求。2017 年伊始，《中共中央 国务院关于加强耕地保护和改进占补平衡的意见》《中共中央 国务院关于深入推进农业供给侧结构性改革 加快培育农业农村发展新动能的若干意见》《农业部关于推进农业供给侧结构性改革的实施意见》《农业部办公厅关于印发〈2017 年推进北方农牧交错带农业结构调整工作方案〉的通知》等文件连续

---

① "镰刀弯"地区，包括东北冷凉区、北方农牧交错区、西北风沙干旱区、太行山沿线区及西南石漠化区，在地形版图中呈现由东北向华北—西南—西北镰刀弯状分布，是玉米结构调整的重点地区。该地区是典型的旱作农业区和畜牧业发展优势区，生态环境脆弱，玉米产量低而不稳。

② "两保"，即保口粮、保谷物。到 2020 年，粮食面积稳定在 16.5 亿亩左右，其中稻谷、小麦口粮品种面积稳定在 8 亿亩，谷物面积稳定在 14 亿亩。"三稳"，即稳定棉花、食用植物油、食糖自给水平。到 2020 年，力争棉花面积稳定在 5 000 万亩左右，油料面积稳定在 2 亿亩左右，糖料面积稳定在 2 400 万亩左右。"两协调"，即蔬菜生产与需求协调发展、饲草生产与畜牧养殖协调发展。到 2020 年，蔬菜面积稳定在 3.2 亿亩左右，饲草面积达到 9 500 万亩。

发布，都提出要落实"藏粮于地、藏粮于技"战略，保护优化粮食产能，加快构建"粮经饲"协调发展的种植结构，提高农业供给体系质量和效率。各级农业部门贯彻落实中央文件精神，积极调整种植结构，取得明显成效。2016—2019年，调减非优势区籽粒玉米种植面积5 000万亩。2018年，继续调减非优势区水稻800多万亩、玉米400多万亩，粮改饲面积达到1 430万亩。[①] 2019年，全国粮食总产量达66 384万吨（13 277亿斤），创历史最高水平；农业农村部启动实施大豆振兴计划，加大对大豆制种大县的奖励，资金规模达到8 000万元。[②] 中央财政继续在东北三省和内蒙古自治区实施玉米和大豆生产者补贴政策，保障玉米和大豆生产稳定发展。

稳妥推进耕地轮作休耕制度试点。经过3年试点，2019年耕地轮作休耕制度试点面积达到3 000万亩。其中，东北冷凉区、北方农牧交错区、黄淮海地区和长江流域的大豆、花生、油菜产区，共实施轮作试点面积2 500万亩；地下水超采区、重金属污染区、西南石漠化区、西北生态严重退化地区，共实施休耕试点面积500万亩。轮作和休耕试点促进了种植业结构调整。各试点省立足资源禀赋，积极探索各具特色、符合当地实际的轮作休耕模式，丰富了绿色种植制度的内涵，为构建绿色种植制度提供助力。轮作和休耕实现了用、养地结合，提升了农业的发展质量和综合效益。耕地轮作休耕制度试点是农业供给侧结构性改革的重要举措，对调整优化种植结构发挥了积极作用。

2. 落实功能区制度，完善农业生产力布局

由于我国传统农业在向现代农业转变的过程中，没有及时划定优

---

① 农业农村部：《中央农办主任、农业农村部部长韩长赋在全国农业农村厅局长会议上的讲话（2018年12月30日）》，2019年1月20日更新，http：//www. moa. gov. cn/nybgb/2019/201901/201905/t20190503_6288213. htm，2020年5月22日引用。

② 农业农村部新闻办公室：《粮食生产形势较好 生猪产能有待恢复 我国主要农产品供给总体充足》，2019年6月26日更新，http：//www. moa. gov. cn/xw/zwdt/201906/t20190626_6319469. htm，2020年5月22日引用。

第六章 实施乡村振兴战略 贯彻"三农"优先发展总方针（2017—2019）

先发展区、适度发展区和限制开发区等，导致生产方式比较粗放。这种生产方式与地方主体功能区定位长期不相匹配，使农业资源环境承载能力趋近极限。为了探索与市场需求相适应、与资源禀赋相匹配的现代农业生产结构和区域布局，中央发布系列政策措施，划定粮食和重要农产品优势产区，实施差别化、定向化的扶持政策，确保了粮食和重要农产品的有效供给。

2017年1月，国务院印发《全国国土规划纲要（2016—2030年）》（以下简称《纲要》）。《纲要》要求优化现代农业生产布局，进一步夯实农业基础地位，在确保谷物基本自给、口粮绝对安全的前提下，大力发展区域优势农业，基本形成与市场需求相适应、与资源禀赋相匹配的现代农业生产结构和区域布局，保障农产品生产空间，稳步提升地区优势农产品生产能力，全面提高农业现代化水平。《纲要》提出，要大力建设粮食主产区，着力建设非粮作物优势区，巩固提升畜牧产品优势区，加快培育水产品优势区。2017年2月，《中共中央 国务院关于深入推进农业供给侧结构性改革 加快培育农业农村发展新动能的若干意见》（以下简称《若干意见》）发布。《若干意见》提出，要进一步优化农业区域布局，以主体功能区规划和优势农产品布局规划为依托，科学合理地划定稻谷、小麦、玉米粮食生产功能区和大豆、棉花、油菜籽、糖料蔗、天然橡胶等重要农产品生产保护区。功能区和保护区内地块全部建档立册、上图入库，实现信息化精准化管理。抓紧研究制定功能区和保护区建设标准，完善激励机制和支持政策，层层落实建设管护主体责任。制定特色农产品优势区建设规划，建立评价标准和技术支撑体系，鼓励各地争创园艺产品、畜产品、水产品、林特产品等特色农产品优势区。[①]

为优化农业生产布局，聚焦主要品种和优势产区，实行精准化管

[①] 新华社：《中共中央 国务院关于深入推进农业供给侧结构性改革 加快培育农业农村发展新动能的若干意见》，2017年2月5日更新，http://www.gov.cn/zhengce/2017-02/05/content_5165626.htm，2020年5月26日引用。

理，2017年4月，国务院印发《关于建立粮食生产功能区和重要农产品生产保护区的指导意见》（以下简称《指导意见》），全面部署粮食生产功能区和重要农产品生产保护区（以下简称"两区"[①]）的划定和建设工作。《指导意见》提出，要划定粮食生产功能区9亿亩、重要农产品生产保护区2.38亿亩，并明确了科学合理划定"两区"的标准[②]。建立"两区"后，种植粮食和重要农产品的优势区域相对固定，功能明确为以生产粮食等主要农产品为主，实施差别化、定向化的扶持政策，实现国家强农惠农政策精准定位、精准施策、精准监测和精准评价，调动了地方政府和农民发展粮、棉、油、糖生产的积极性。通过建立"两区"，进一步聚焦核心品种和优势产区，将粮食等重要农产品生产用地细化落实到地块，优化区域布局和要素组合，为农业结构战略性调整和提高农产品市场竞争力提供坚实支撑，构筑起粮食和重要农产品有效供给的战略保障线。

2018年2月，《中共中央 国务院关于实施乡村振兴战略的意见》发布，文件要求"全面落实永久基本农田特殊保护制度，加快划定和建设粮食生产功能区、重要农产品生产保护区，完善支持政策"。2018年9月，中共中央、国务院印发《乡村振兴战略规划（2018—2022年）》（以下简称《规划》）。《规划》提出，要加快将粮食生产功能区和重要农产品生产保护区细化落实到具体地块，实现精准化管理。《规划》对优化农业生产力布局提出具体要求："以全国主体功能区划确定的农产品主产区为主体，立足各地农业资源禀赋和比较优势，构建优势区域布局和专业化生产格局，打造农业优化发展区和农业现代化先行区。东北地区重点提升粮食生产能力，依托'大粮仓'

[①] "两区"是指粮食生产功能区和重要农产品生产保护区，包括水稻、小麦、玉米生产功能区和大豆、棉花、油菜籽、糖料蔗、天然橡胶生产保护区。

[②] 3年内划定粮食生产功能区9亿亩、重要农产品生产保护区2.38亿亩，扣除复种、重叠面积，"两区"耕地面积为10.4亿亩，占现有耕地面积20.3亿亩的51.2%，占永久基本农田面积15.46亿亩的67.3%。

第六章　实施乡村振兴战略　贯彻"三农"优先发展总方针（2017—2019）

打造粮肉奶综合供应基地。华北地区着力稳定粮油和蔬菜、畜产品生产保障能力，发展节水型农业。长江中下游地区切实稳定粮油生产能力，优化水网地带生猪养殖布局，大力发展名优水产品生产。华南地区加快发展现代畜禽水产和特色园艺产品，发展具有出口优势的水产品养殖。西北、西南地区和北方农牧交错区加快调整产品结构，限制资源消耗大的产业规模，壮大区域特色产业。青海、西藏等生态脆弱区域坚持保护优先、限制开发，发展高原特色农牧业。"①

2019年2月，农业农村部、国家发展和改革委员会等7部门联合制定并印发《国家质量兴农战略规划（2018—2022年）》（以下简称《规划》），对未来5年实施质量兴农战略的总体思路、发展目标和重点任务作出了明确安排。《规划》明确要调整完善农业生产力布局：立足匹配水土资源，落实主体功能定位，明确优化发展区、适度发展区、保护发展区，实现保供给和保生态有机统一。加快划定粮食生产功能区、重要农产品生产保护区，实施两区"建管护"工程，2022年完成9亿亩粮食生产功能区、2.3亿亩重要农产品生产保护区的建设任务。持续创建特色农产品优势区，充分发挥示范引领作用，2022年特色农产品优势区达到300个以上。②

在系列政策引导下，促进粮食生产逐步向核心主产区集中，农业生产力布局与资源禀赋的匹配度进一步提高，为保障粮食安全奠定了基础。2017年全国13个粮食主产区③粮食产量占全国比重提高至78%，2019年粮食主产区累计收购秋粮3 722万吨，守住了"谷物基

---

① 新华社：《中共中央 国务院印发〈乡村振兴战略规划（2018—2022年）〉》，2018年9月26日更新，http://www.gov.cn/zhengce/2018-09/26/content_5325534.htm，2020年5月26日引用。
② 农业农村部：《关于印发〈国家质量兴农战略规划（2018—2022年）〉的通知》，2019年2月20日更新，http://www.moa.gov.cn/nybgb/2019/201902/201905/t20190517_6309469.htm，2020年5月26日引用。
③ 我国13个粮食主产区包括辽宁、河北、山东、吉林、内蒙古、江西、湖南、四川、河南、湖北、江苏、安徽、黑龙江。

本自给、口粮绝对安全"的战略底线。

3. 实施品牌强农战略，提升农业竞争力

品牌化是衡量农业现代化水平的决定性因素，品牌对提高农产品的国际竞争力具有重要意义。党和政府始终关注农业品牌建设及其保护问题，并为此采取了一系列措施，取得积极成效。

完善相关政策支持农产品品牌建设。2016年6月，国务院办公厅印发《关于发挥品牌引领作用推动供需结构升级的意见》，文件指出，充分发挥品牌引领作用"是推进供给侧结构性改革的重要举措，是培育经济发展新动能的重要途径"。2018年6月26日，农业农村部发布《关于加快推进品牌强农的意见》，要求力争在3~5年内，重点培育一批全国影响力大、辐射带动范围广、国际竞争力强、文化底蕴深厚的国家级农业品牌，打造300个国家级农产品区域公用品牌、500个国家级农业企业品牌、1 000个农产品品牌。文件强调了品牌强农的重要性，提出要筑牢品牌发展基础、构建农业品牌体系、完善品牌发展机制、挖掘品牌文化内涵、提升品牌营销能力。2019年2月，农业农村部、国家发展和改革委员会、科学技术部、财政部、商务部、国家市场监督管理总局、国家粮食和物资储备局联合印发《国家质量兴农战略规划（2018—2022年）》（以下简称《规划》），提出要"大力推进农产品区域公用品牌、企业品牌、农产品品牌建设，打造高品质、有口碑的农业'金字招牌'。广泛利用传统媒体和'互联网+'等新兴手段加强品牌市场营销，讲好农业品牌的中国故事。强化品牌授权管理和产权保护，严厉惩治仿冒假劣行为"。《规划》还专门从构建农业品牌体系、完善品牌发展机制、加强品牌宣传推介、打造国际知名农业品牌等方面，提出了培育提升农业品牌的具体措施。2019年6月，《国务院关于促进乡村产业振兴的指导意见》提出，实施农业品牌提升行动，建立农业品牌目录制度，加强农产品地理标志管理和农业品牌保护。鼓励地方培育品质优良、特色鲜明的区域公用品牌，引导企业与农户等共创企业品牌，培育一批"土字号""乡字

第六章 实施乡村振兴战略 贯彻"三农"优先发展总方针(2017—2019)

号"产品品牌。

开展农产品品牌培育及宣传推介活动。一是加大地理标志产品推介。2015—2019 年,农业农村部连续 4 年举办地理标志农产品专展和全国地理标志农产品品牌推介会,全面展示和推介地方特色产品。先后推荐近 400 个地理标志农产品参加由央视财经频道直播的全国区域品牌价值评价,组织拍摄大型地理标志农产品纪录片《源味中国》,直观展现地理标志农产品。编写"中国农产品地理标志"丛书、《农产品地理标志 50 问》等科普图书,利用"世界知识产权日"集中宣传地理标志农产品,提升社会认知度。2019 年,启动了地理标志农产品保护工程,举办了"知识产权服务万里行"、"数说地理标志的中国故事"、2019 年中国品牌发展国际论坛"商标、地理标志与品牌"分论坛等一批有影响力的宣传推介活动。二是积极开展品牌推选。利用各类农业展会、品牌大会等平台,开展了一系列品牌推选活动,推选具有地方特色的农产品区域公用品牌。先后推选出"2017 年中国百强农产品区域公用品牌""2017 年中国十大茶叶区域公用品牌"等,切实提升了农业品牌知名度和影响力。2019 年 5 月,农业农村部组织各省(自治区、直辖市)从特色种植、特色畜禽、特色水产、特色食品、特色手工和乡村能工巧匠等 6 个方面,遴选推介一批乡村特色产品和能工巧匠。为加大农产品区域公用品牌宣传力度,农业农村部组织编印《中国特色农产品精粹》口袋书,借助《人民日报》、中央电视台、《农民日报》、中国农业信息网等主流媒体,讲述特色农业品牌故事,宣传包括贫困地区在内的杂粮等农产品品牌典型范例,扩大品牌的影响力和市场竞争力。[1]

完善品牌产品质量安全追溯体系。主要围绕以下 4 个方面展开:一是加强追溯管理制度建设。先后印发《关于加快推进农产品质量安

---

[1] 农业农村部:《关于政协十三届全国委员会第二次会议第 2111 号(农业水利类 190 号)提案答复》,2019 年 12 月 3 日更新,http://www.moa.gov.cn/govpublic/ncpzlaq/201912/t20191204_6332794.htm,2020 年 5 月 20 日引用。

全追溯体系建设的意见》《农产品质量安全追溯管理办法（试行）》等6项配套制度，指导农产品质量安全追溯体系建设。二是建设国家追溯平台。2017年7月，农产品质量安全国家追溯平台上线试运行。截至2019年4月底，注册使用平台的组织和机构数量达13 832家[①]，累计上传数据5.3万条。三是完善追溯管理标准。制定《农产品质量安全追溯管理专用术语》《农产品质量安全追溯标识格式与编码规则》《农产品质量安全追溯数据格式规范》等11项追溯技术标准，初步形成覆盖基础数据、应用支撑、数据交换、网络安全、业务应用等类别的标准体系。四是推动实施追溯"四挂钩"机制。2018年11月，农业农村部印发《关于农产品质量安全追溯与农业农村重大创建认定、农业品牌推选、农产品认定、农业展会等挂钩的意见》，提出要推进农业农村重大创建认定、农业品牌推选农产品认证、农业展会等工作与农产品质量安全追溯挂钩。文件的颁布与实施，对扩大我国农产品追溯覆盖面、快速提升农产品消费安全感具有重要意义。

4. 深化农业农村"放管服"改革，优化营商环境

党的十九大以来，中央深化"放管服"改革，为农业农村发展营造了良好的营商环境。

2017年12月，中央农村工作会议提出，要深入推进农业农村"放管服"改革，破除一切束缚农民手脚的不合理限制和歧视。2018年1月，国务院常务会议提出，以简政减税减费为重点，进一步优化营商环境，持续激发市场活力和社会创造力。会议强调，要强化县级政府主体责任，多方引才引智，进一步支持返乡下乡创业，激活农村资源要素促进乡村振兴：一是加大政策支持。返乡下乡创业人员可在创业地享受与当地劳动者同等的创业扶持政策。二是强化融资服务和

[①] 全国共有10 417家生产经营主体、2 129家监管机构、625家检测机构、661家执法机构注册使用国家追溯平台。

第六章 实施乡村振兴战略 贯彻"三农"优先发展总方针(2017—2019)

场地支持。完善创业担保政策,将"政府+银行+保险"融资模式推广到返乡下乡创业企业。允许利用宅基地建设生产用房创办小型加工项目。三是加强培训服务。在农村社区推广政务服务网上办理、全程帮办。四是实施引才回乡工程,激励和吸引专家学者、技能人才等回乡服务。五是建立创业风险防范机制,鼓励开发相关保险产品。①

2018年11月,民营企业座谈会召开。会上,习近平充分肯定了改革开放40年来我国民营经济在稳定增长、促进创新、增加就业、改善民生等方面的作用,指出民营经济已成为推动经济社会发展的重要力量。习近平在讲话中指出,在我国经济发展进程中,要不断为民营经济营造更好发展环境,帮助民营经济解决发展中的困难,支持民营企业改革发展,变压力为动力,让民营经济创新源泉充分涌流,让民营经济创造活力充分迸发。习近平强调,要抓好6个方面政策举措的落实:减轻企业税费负担,解决民营企业融资难融资贵问题,营造公平竞争环境,完善政策执行方式,构建"亲清"新型政商关系,保护企业家的人身和财产安全。②

2019年6月25日,国务院召开全国深化"放管服"改革优化营商环境电视电话会议。会上,李克强对推进"放管服"改革和优化营商环境提出了以下要求:一是深入推进"放管服"改革,坚持市场化、法治化、国际化原则,坚持行"简约"之道,着力优化营商环境;二是推动简政放权向纵深发展,进一步放出活力;三是加强公正监管,切实管出公平;四是大力优化政府服务,努力服出便利;五是强化责任担当,确保"放管服"改革不断取得新成效。6月26日,李克强主持召开国务院常务会议,确定进一步降低小微企业融资实际

---

① 中国政府网:《图解:2018年1月17日国务院常务会议》,2018年1月17日更新,http://www.gov.cn/xinwen/2018-01/17/content_5257716.htm,2020年5月27日引用。

② 习近平:《大力支持民营企业发展壮大》,见《习近平谈治国理政(第三卷)》,北京:外文出版社,2020年,第263~268页。

利率的措施，决定中央财政采取以奖代补方式支持部分城市开展深化民营和小微企业金融服务综合改革试点。

这些政策举措的出台，充分体现了党中央、国务院深化"放管服"改革、优化营商环境的决心，为新时代民营经济发展，特别是新型乡村民营企业的成长，创造了良好的机遇。

二、拓展产业链条，加快农村新业态发展

随着农业供给侧结构性改革的深入推进，农业经营体系创新步伐加快，家庭农场、农民合作社、农业企业等各类新型农业经营主体不断涌现，农产品精深加工、乡村旅游、休闲农业、农村电子商务等新产业新业态快速增长，农业生产链条、农产品加工链条和流通链条更加完整，带动更多农户进入现代农业发展轨道。

1. 发挥资源优势，丰富乡村旅游业态

我国大约70%的旅游资源分布在乡村，特别是一些"老少边穷"地区，旅游资源丰富，但开发率较低。随着城镇化水平的提高，乡村旅游市场规模持续扩大，乡村旅游开发市场潜力巨大。为优化乡村旅游区域布局，促进乡村旅游规模化、集群化发展，中央从全面建成小康社会的全局出发，制定一系列政策，同步实施乡村旅游精品工程、乡村旅游人才培育工程和旅游基础设施提升工程，推动乡村旅游发展，为乡村振兴增添新的动能。

2018年中央一号文件《中共中央 国务院关于实施乡村振兴战略的意见》提出，要实施休闲农业和乡村旅游精品工程，建设一批设施完备、功能多样的休闲观光园区、森林人家、康养基地、乡村民宿、特色小镇。要求增加农业生态产品和服务供给，正确处理开发与保护的关系，运用现代科技和管理手段，将乡村的生态优势转化为发展生态经济的优势，提供更多更好的绿色生态产品和服务，促进生态和经济良性循环。加快发展森林草原旅游、河湖湿地观光、冰雪海上运动、野生动物驯养观赏等产业，积极开发观光农业、游憩休闲、健康

第六章 实施乡村振兴战略 贯彻"三农"优先发展总方针（2017—2019）

养生、生态教育等服务。创建一批特色生态旅游示范村镇和精品线路，打造绿色生态环保的乡村生态旅游产业链。

2018年9月，中共中央、国务院印发《乡村振兴战略规划（2018—2022年）》，乡村文化和旅游产业的振兴是其中的一项重要内容。为深入贯彻落实乡村振兴战略规划，推动乡村旅游提质增效，促进乡村旅游可持续发展，加快形成农业农村发展新动能，2018年12月，文化和旅游部、国家发展和改革委员会等部门联合印发《关于促进乡村旅游可持续发展的指导意见》（以下简称《指导意见》）。《指导意见》从"突出乡村旅游文化特色"等方面作出部署，引导乡村旅游产品丰富文化内涵，提升产品品质。《指导意见》提出，乡村旅游可持续发展的主要目标是：到2022年，旅游基础设施和公共服务设施进一步完善，乡村旅游服务质量和水平全面提升，富农惠农作用更加凸显，基本形成布局合理、类型多样、功能完善、特色突出的乡村旅游发展格局。《指导意见》明确了促进乡村旅游可持续发展的5项措施：一是加强规划引领，优化区域布局，促进乡村旅游区域协同发展；二是完善基础设施，提升公共服务水平，改善乡村旅游环境，促进乡村旅游便利化；三是丰富文化内涵，提升产品品质，丰富乡村旅游产品类型，提高乡村旅游服务管理水平；四是创建旅游品牌，加大市场营销，培育构建乡村旅游品牌体系，创新乡村旅游营销模式；五是注重农民受益，助力脱贫攻坚，探索推广发展模式，完善利益联结机制。《指导意见》要求，各地各部门要把乡村旅游可持续、高质量发展作为实施乡村振兴战略的重要举措，统筹乡村旅游发展工作，结合实际出台落实意见或实施方案，明确部门工作职责，建立督导机制，形成推动乡村旅游发展的强大合力，推动各项任务贯彻落实。

为健全乡村旅游金融支撑体系，2019年7月，文化和旅游部办公厅、中国农业银行办公室印发《关于金融支持全国乡村旅游重点村建设的通知》（以下简称《通知》）。《通知》提出：未来5年，中国农业银行将向重点村提供人民币1 000亿元意向性信用额度，用于支持重点村的文化和旅游资源开发、生态与传统文化保护、公共服务与旅游配套设施建设，以及乡村民宿、观光度假、农事体验、乡土美食、文化创意等文化和旅游产品的研发与推广。

同时，国家还部署实施了促进乡村旅游提质升级的系列工程。一是乡村旅游精品工程。为贯彻落实2019年中央一号文件精神和《国务院关于促进乡村产业振兴的指导意见》的部署，2019年，农业农村部大力实施休闲农业和乡村旅游精品工程，开展中国美丽休闲乡村推介活动。文化和旅游部会同国家发展和改革委员会，推出首批320个全国乡村旅游重点村，对传统村落、历史文化、民族文化等资源进行挖掘保护，保留其地域特征和民族特色。二是乡村旅游人才培育工程。为培育乡村振兴内生力量，2019年共举办12期培训班，培训村干部和乡村旅游带头人1 700余次。三是深度贫困地区的文化旅游基础设施提升工程。为探索旅游扶贫新路径，2019年12月，在文化和旅游部的支持指导下，推出"三区三州"[①]旅游大环线品牌，开通"三区三州"旅游扶贫专列，通过文化旅游提升工程，积极支持"三区三州"等深度贫困地区的旅游基础设施建设。

2. 推进电商发展，完善农产品市场体系

党中央、国务院高度重视在农村发展电子商务，多次作出重要部署。2016—2017年，农业部会同有关部门，先后印发《"互联网＋"现代农业三年行动实施方案》《关于促进电商精准扶贫的指导意见》《电子商务"十三五"发展规划》《商务部 农业部关于深化农商协作大力发展农产品电子商务的通知》等文件，出台支持贫困地区发展农业电商的政策措施，基本构建了促进农业农村电商发展的政策体系和

---

① 三区：西藏自治区，青海、四川、甘肃、云南四省藏区，新疆南疆的和田地区、阿克苏地区、喀什地区、克孜勒苏柯尔克孜自治州四地区。三州：四川凉山州、云南怒江州、甘肃临夏州。"三区三州"是国家层面的深度贫困地区，是国家全面建成小康社会最难啃的"硬骨头"。

第六章 实施乡村振兴战略 贯彻"三农"优先发展总方针(2017—2019)

管理机制。党的十九大以来,国家继续实施"互联网+"发展战略,强调电商在实施乡村振兴战略中的赋能作用,围绕农业产前、产中、产后链条,进行多种电商模式创新,促进现代农业发展。

2018年6月,农业农村部办公厅印发《贫困地区农产品产销对接行动实施方案》,提出要加强贫困地区特别是集中连片贫困地区、深度贫困地区特色优质农产品产销对接,促进贫困地区农产品销售,提升产业扶贫质量,加快贫困群众脱贫增收步伐。2018年9月,中共中央办公厅、国务院办公厅印发《乡村振兴战略规划(2018—2022年)》,对推进农村电子商务发展作出明确部署。电子商务进农村综合示范工作进入实施阶段。2019年1月,国务院办公厅印发《关于深入开展消费扶贫 助力打赢脱贫攻坚战的指导意见》,提出要"扩大电子商务进农村综合示范覆盖面。在有条件的贫困地区设立电商产业孵化园,培育规模化电商企业。鼓励大型电商企业为贫困地区设立扶贫专卖店、电商扶贫馆和扶贫频道,并给予流量等支持"。[①] 2019年4月,在解决"两不愁三保障"突出问题座谈会上,习近平作出"组织消费扶贫"的重要指示,提出要将消费扶贫作为提高脱贫质量和建立稳定脱贫长效机制的重要抓手。

以电商拉动消费扶贫的方式逐渐引起各方重视,农村网络零售业务快速发展。《中国数字乡村发展报告(2019年)》显示,2018年,我国农业数字经济占行业增加值的比重提高到7.3%,全国快递网点乡镇覆盖率达96.36%,已形成覆盖县、乡、村的三级物流配送体系。2019年,农村网络零售额由2014年的1 800亿元增长到1.7万亿元,规模总体扩大8.4倍;农产品网络零售额达到3 975亿元,同比增长27%,带动300多万贫困农民增收。农村电商蓬勃发展,促进农业转型升级,带动农民主动提升农产品品质、培育农产品品牌,推动大批

[①] 国务院办公厅:《国务院办公厅关于深入开展消费扶贫助力打赢脱贫攻坚战的指导意见》,2019年1月14日更新,http://www.gov.cn/zhengce/content/2019-01/14/content_5357723.htm,2020年6月5引用。

农民工、大学生、转业军人返乡创新创业，农村网商数量快速增长。据统计，截至2019年年底，全国农村网商达到1 384万家，农村网民数量突破2.5亿。网购已成为农民生活的常态，越来越多的服务和商品通过电商进入农村，改变着农民的生活和消费习惯。

为解决贫困地区农产品流通和销售瓶颈问题，国家加快建设农村电子商务服务站点、物流仓储和配送服务中心，建立健全农村电子商务服务体系，取得显著成效。2018年8月，《商务部关于做好农产品产销对接工作的通知》（以下简称《通知》）发布。《通知》提出从7个方面[①]加强农产品产销对接工作，特别强调要"深入推进电子商务进农村综合示范，完善县、乡、村三级物流体系，构建农村产品上行通道。发挥电商平台大数据优势，形成交易品种、数量、价格和地区分布等产销信息大数据，把需求更加直接、快速、准确地反馈到生产端，缓解产销对接过程中存在的信息不对称问题，实现农产品产销精准对接。发挥电商平台品牌塑造优势，依托各地地域文化、优势资源、特色产业，培育一批网红农产品品牌，提高市场知名度，提升农产品价值，促进农民增收"。[②] 随着系列文件的发布，农产品产销对接行动、"互联网+"农产品出村进城、电子商务进农村综合示范等工程启动实施，农村电子商务体系逐步完善。截至2019年，共建成县级电商公共服务中心和物流配送中心1 000余个、乡村电商服务站点8万余个，实现对国家级贫困县的全覆盖。[③]

随着电商平台的建设和完善，"商超对接""农户+收购商+批

---

① 7个方面分别是：搭建对接平台，畅通产销对接渠道；发展农商互联，构建产销稳定的衔接机制；完善流通骨干网络，夯实产销对接基础；培育农村电商新业态，促进产销精准对接；做好监测分析，强化产销对接信息引导；整合资源力量，扶持贫困地区产销对接；加强协调配合，优化产销对接环境。

② 商务部：《商务部关于做好农产品产销对接工作的通知》，2018年8月27日更新，http://www.mofcom.gov.cn/article/h/redht/201808/20180802779516.shtml，2020年6月5引用。

③ 张振：《全国消费扶贫工作亮点纷呈成效明显》，《中国经贸导刊》2019年第21期，第5页。

发商＋零售终端""订单农业""农超对接"和"农社对接"等新型农产品流通模式不断涌现。农产品市场体系更加健全,逐步形成了沟通城乡、衔接产销、运行快捷的流通网络,建立起了以批发市场为中心,集贸市场为基础,连锁超市、物流配送和电子商务等为先导,以生产者、经销商、经纪人、中介机构、龙头企业为参与者的现代农产品市场流通体系。

3. 发展特色小镇,促进产业转型升级

供给侧改革的目标是实现从粗放型经济增长模式向强调创新的集约型方式转变。为实现这一目标,这一时期开始探索在块状经济和县域经济基础上发展创新经济模式,支持特色小镇特别是特色农业小镇高质量发展。

密集出台系列政策措施,支持特色小(城)镇提升发展水平。2017年1月,国家发展和改革委员会、国家开发银行印发《关于开发性金融支持特色小(城)镇建设促进脱贫攻坚的意见》(以下简称《意见》)。《意见》要求,充分发挥开发性金融作用,推动金融扶贫与产业扶贫紧密衔接,夯实城镇产业基础,完善城镇服务功能,推动城乡一体化发展,通过特色小(城)镇建设带动区域性脱贫,实现特色小(城)镇持续健康发展和农村贫困人口脱贫双重目标。2017年4月,住房城乡建设部、中国建设银行印发《关于推进商业金融支持小城镇建设的通知》,要求各级住房城乡建设部门、建设银行各分行充分认识商业金融支持小城镇建设的重要意义,加强组织协作,创新投融资体制,加大金融支持力度,确保项目资金落地,全面提升小城镇建设水平和发展质量。2017年5月,国家体育总局办公厅发布《关于推动运动休闲特色小镇建设工作的通知》,提出到2020年,在全国扶持建设一批体育特征鲜明、文化气息浓厚、产业集聚融合、生态环境良好、惠及人民健康的运动休闲特色小镇。同年7月,国家林业局办公室发布《关于开展森林特色小镇建设试点工作的通知》,就森林特色小镇①建设提出指导性意见。2017年10月，农业部办公厅发布《关于开展农业特色互联网小镇建设试点的指导意见》，提出要以农村资源禀赋和特色产业为基础，以"互联网+"为手段，充分发挥市场的主体作用，创新制度机制，高起点、高标准、高水平培育一批特点鲜明、产业发展、绿色生态、美丽宜居的农业特色互联网小镇。2018年中央一号文件《中共中央 国务院关于实施乡村振兴战略的意见》提出，要实施休闲农业和乡村旅游精品工程，建设一批设施完备、功能多样的休闲观光园区、森林人家、康养基地、乡村民宿、特色小镇。

持续开展规范纠偏整改工作，推动特色小（城）镇高质量发展。2016年10月，针对特色小（城）镇建设出现的风险苗头，国家发展和改革委员会印发《关于加快美丽特色小（城）镇建设的指导意见》，进一步明确了特色小镇与特色小城镇的概念，提出"五个坚持、五个防止"②原则。2017年12月，国家发展和改革委员会会同国土资源部、环境保护部、住房和城乡建设部出台《关于规范推进特色小镇和特色小城镇建设的若干意见》（以下简称《若干意见》），提出准确把握特色小镇内涵、遵循城镇化发展规律、注重打造鲜明特色、厘清政府与市场边界、严防政府债务风险等10项重点措施，要求各方面对照要求及时规范纠偏。《若干意见》对"特色小镇"和"特色小城镇"的概念进行了明确："特色小镇是在几平方公里土地上集聚特色产业、生产生活生态空间相融合、不同于行政建制镇和产业园区的创新创业平台。特色小城镇是拥有几十平方公里以上土地和一定人口

---

① 森林特色小镇是指在森林资源丰富、生态环境良好的国有林场和国有林区林业局的场部、局址、工区等适宜地点，重点利用老旧场址工区、场房民居，通过科学规划设计、合理布局，建设接待设施齐全、基础设施完备、服务功能完善，以提供森林观光游览、休闲度假、运动养生等生态产品与生态服务为主要特色的，融合产业、文化、旅游、社区功能的创新发展平台。

② 五个坚持、五个防止：坚持创新探索、防止"穿新鞋走老路"，坚持因地制宜、防止一哄而上，坚持产业建镇、防止千镇一面，坚持以人为本、防止形象工程，坚持市场主导、防止政府大包大揽。

经济规模、特色产业鲜明的行政建制镇。"2018年8月,国家发展和改革委员会办公厅出台《关于建立特色小镇和特色小城镇高质量发展机制的通知》,提出同时建立三大机制,即规范纠偏机制、典型引路机制和服务支撑机制。2019年4月,相关工作基本完成,全国形成了16个高质量特色小镇,在新兴产业发展、传统产业转型升级、农业转移人口市民化、城乡融合、传统文化传承保护、产教融合等方面积累了实践经验。同时淘汰整改了385个"问题小镇",包括行政建制镇、虚假小镇、虚拟小镇。

特色小镇聚焦特色产业和新兴产业,产业特色鲜明、人文底蕴浓厚、服务设施完善、生态环境优美,是一个集产业链、投资链、创新链、人才链和服务链于一体,产业、城镇、人口、文化等功能有机融合的空间发展载体和平台,是经济发展到一定阶段的产物。特色小镇的建设和发展,促进了区域产业转型升级和新型城镇化建设,具有积极的意义。

三、强化科技支撑,提升农业产业核心竞争力

新中国成立以来,我国农业科技经历了从弱到强的历史性变化,农业科技创新体系机构数量、人员规模、产业和学科覆盖面均为全球之最,农业技术推广体系进入新时代"一主多元"的融合发展期,职业农民教育培训体系进入"一主多元"的现代化发展阶段。农业科技的自主创新能力大幅提升,在支撑引领农业农村发展中发挥了重要作用。党的十九大以来,"创新驱动发展"战略深入实施,体制机制改革、科技计划改革、成果处置改革等一系列重大举措逐步落实,农业科技发展正以前所未有的力度强力推进,在保障粮食生产安全和农产品有效供给、促进农业增效农民增收等方面作出了重要的贡献。

1. 健全法规政策,推进农业机械化转型升级

农业机械是现代农业的重要物质基础和先进农业技术的重要载体。没有农业机械化,就没有农业农村现代化。党中央、国务院高度

重视发展农业机械化,2004年以来先后颁布实施《中华人民共和国农业机械化促进法》《农业机械安全监督管理条例》等法律法规。2016年3月,十二届全国人大四次会议通过《国民经济和社会发展第十三个五年规划纲要》,将"农业机械化"列入农业现代化重大工程,规划建设500个全程机械化示范县,主要农作物耕、种、收综合机械化率达到70%左右。同年10月,国务院印发《全国农业现代化规划(2016—2020年)》,对农业机械化提档升级作出全面部署,"智能农机装备"被纳入"十三五"国家重点研发计划。同年12月,农业部印发《全国农业机械化发展第十三个五年规划》,明确要补短板、推全程,到2020年,主要农作物生产全程机械化、"种养加"全面机械化取得显著进展,区域协调共进的农业机械化发展新格局基本形成,有条件的地区率先基本实现农业机械化。党的十九大以来,以推进农作物生产全程机械化为重点,农业机械化逐步实现转型升级。

农业机械化法规政策体系不断完善。2018年9月,中共中央、国务院印发《乡村振兴战略规划(2018—2022年)》,明确提出要提升农业装备和信息化水平,推进我国农机装备和农业机械化转型升级。2018年12月,国务院印发《关于加快推进农业机械化和农机装备产业转型升级的指导意见》,对发展农机装备产业、推进主要农作物生产全程机械化、推广先进适用农机装备与机械化技术、发展农机社会化服务、改善农机作业基础条件和加强农机人才培养作出全面部署。2019年4月,《农业农村部关于加快推进农业机械化转型升级的通知》发布,文件对推进农业机械化向全程全面高质高效发展提出了10点意见:提高认识,增强推进农业机械化转型升级的责任感和紧迫感;健全机制,推进农机农艺融合;注重规划,推进机械化信息化融合;加强指导,推进农机服务模式与农业适度规模经营相适应;统筹协调,推进机械化生产与农田建设相适应;补齐短板,推进主要农作物生产全程机械化;创新引领,推进农业生产机械化全面发展;整合资源,推进农业机械化人才队伍建设;优化服务,推进农业机械化

第六章　实施乡村振兴战略　贯彻"三农"优先发展总方针(2017—2019)

管理"放管服"改革;强化领导,构建合力推进农业机械化转型升级的工作格局。2019年5月,《中共中央 国务院关于建立健全城乡融合发展体制机制和政策体系的意见》发布,文件强调要"完善支持农业机械化政策,推进农业机械化全程全面发展,加强面向小农户的社会化服务"。

农机装备质量和作业水平持续提升,农业生产方式发生历史性转变。2018年,全国农机总动力达到10.04亿千瓦,农村农业机械总量近2亿台套,其中拖拉机保有量为2 240万台,联合收割机为206万台。高性能、大功率的田间作业机械和其他各领域新型机具不断增加,农机装备结构持续改善,作业质量加速提升。[1] 农机作业方面,自农业部2015年8月发布《关于开展主要农作物生产全程机械化推进行动的意见》以来,全国范围内开展了主要农作物生产全程机械化推进行动。经过多年努力,农作物生产全程机械化工作取得了很大进展。2019年,全国农作物耕种收综合机械化率超过70%,提前1年实现"十三五"目标,小麦、水稻、玉米三大粮食作物生产基本实现机械化,在部分领域、部分环节逐步实现"机器换人",显著增强了农业综合生产能力,加快了农业农村现代化进程。

农机购置补贴政策大力实施,农机购置补贴资金统筹管理强化。在农机购置补贴政策实施方面,自2004年农机购置补贴政策出台以来,中央财政累计投入资金2 000多亿元,直接惠及农户3 300多万户。2017年12月,农业部办公厅、财政部办公厅联合印发《2018—2020年农机购置补贴实施指导意见》,将秸秆粉碎还田机、秸秆膨化机、秸秆压块(粒、棒)机等秸秆处理机械纳入中央财政全国农机购置补贴机具种类范围。2019年4月,农业农村部与财政部联合印发《关于进一步加强农机购置补贴政策监管强化纪律约束的通知》,部署

---

[1] 农业农村部农业机械化管理司:《回望成就 在新的历史起点上加快推进农业机械化》,2019年10月22日更新,http://www.njhs.moa.gov.cn/nyjxhqk/201910/t20191022_6330386.htm,2020年6月1日引用。

各地落实政策实施风险防控责任,强化生产企业主体责任,从严整治补贴政策实施过程中的突出违规问题。2019年,江西、辽宁、山东等6个省份开展标准化骨架大棚补贴试点,26个省份部署开展39种农机创新产品补贴试点,20个省份开展植保无人飞机规范应用试点,农业各产业对新型农机装备的需求得到充分满足。在农机购置补贴资金管理使用方面,北京等4省市开展购置补贴、贷款贴息、融资租赁承租补助、作业补贴相衔接的试点,农民购机筹资能力进一步增强,补贴机具利用率持续提升。

农机社会化服务实践展开,农业生产性服务业发展加快。2017年8月16日,农业部、国家发展和改革委员会、财政部联合印发《关于加快发展农业生产性服务业的指导意见》,要求农业生产性服务业要积极拓展服务领域,大力培育服务组织,不断创新服务方式,加强指导服务,力争通过5年的发展,使农业生产性服务业产值占农业总产值的比重明显提高,服务市场化、专业化、信息化水平显著提升,基本形成服务结构合理、专业水平较高、服务能力较强、服务行为规范、覆盖全产业链的农业生产性服务业,进一步增强生产性服务业对现代农业的全产业链支撑作用,打造要素集聚、主体多元、机制高效、体系完整的农业农村新业态。截至2018年,全国农机户总数4 080万个,农机化作业服务组织19.2万个,农机跨区作业和合作社作业面积分别达3.11亿亩、7.76亿亩,农机化经营服务总收入达4 718亿元。[①] 农机大户、农机合作社、农机专业协会、农机作业公司等新型作业组织不断涌现,服务领域由粮食作物向农业各产业拓展,探索出订单作业、跨区作业、全程托管等农机服务新模式,促进小农户与现代农业发展实现有机衔接。农机社会化服务有效提高了农机的利用率,增加了农机操作者的收益,已成为农民增收的重要渠道。农

---

① 农业农村部农业机械化管理司:《农机购置补贴:农民满意的强农惠农政策》,2019年9月11日更新,http://www.moa.gov.cn/ztzl/70zncj/201909/t20190911_6327704.htm,2020年6月1日引用。

机社会化服务的成功实践，为解决一家一户小规模生产和机械化大规模作业之间的矛盾提供了一条重要途径，开辟了我国小规模农业使用大型农业机械进行规模化、标准化、集约化、产业化、现代化生产的现实道路。

2. 实施数字乡村战略，加快农业信息化建设

在经济发展新常态下，转变经济发展方式，促进技术创新升级，是各行业发展的根本出路。农业作为国民经济基础产业，必须朝着农业现代化的方向发展。在第三次信息革命的机遇期，"互联网+"、物联网、大数据、云计算、人工智能技术等新技术新模式出现，成为推动农业领域生产关系变革创新和农业现代化的根本动力。面对新常态、新形势，国家将信息化作为农业现代化的制高点，作出实施数字乡村战略的决策部署，由此加快了我国农业代际演进[①]的过程。

加强统筹规划，全面推进农业农村信息化建设。2015年以来，《农业部关于推进农业农村大数据发展的实施意见》《"互联网+"现代农业三年行动实施方案》《国家信息化发展战略纲要》《"十三五"全国农业农村信息化发展规划》《"十三五"国家信息化规划》等系列文件密集出台，对农业农村信息化工作作出全面部署安排。2018年中央一号文件《中共中央 国务院关于实施乡村振兴战略的意见》明确提出，要实施数字乡村战略，做好整体规划设计，加快农村地区宽带网络和第四代移动通信网络覆盖步伐，开发适应"三农"特点的信息技术、产品、应用和服务，推动远程医疗、远程教育等应用普及，弥合城乡数字鸿沟。2018年9月，中共中央、国务院印发《国家乡村振兴战略规划（2018—2022年）》，进一步提出数字乡村建设

---

① "农业代际演进"是一个漫长的渐进过程，世界各国农业的发展，基本遵循了从以体力和畜力劳动为主的农业1.0，到以农业机械为主要生产工具的农业2.0，再到以农业生产全程自动化装备支撑下的农业3.0，最后达到以物联网、大数据、云计算和人工智能为主要技术支撑的全要素、全链条、全产业、全区域的以无人化为主要特征的智能农业，即农业4.0。农业4.0是一个新兴事物，我国目前还处在"概念的界定、内涵的丰富、示范工程设计"阶段。

任务。2019年5月，中共中央办公厅、国务院办公厅印发《数字乡村发展战略纲要》，提出"加快乡村信息基础设施建设""发展农村数字经济""强化农业农村数字化转型""强化农业农村科技创新供给"等10项重点任务，对推进农业数字化转型等进行部署。2020年1月，农业农村部、中央网络安全和信息化委员会办公室印发《数字农业农村发展规划（2019—2025年）》，对新时期推进农业农村信息化的主要思路、重点任务和支持政策作出具体部署。各地农业农村部门认真贯彻落实文件精神，出台了一系列配套文件，加快了数字农业农村建设的进程。

完善网络基础设施，农村信息网络化建设取得成效。一是大力推进农村信息基础设施建设。2015年以来，工业和信息化部、财政部联合开展了5批次电信普遍服务试点，中央财政和基础电信企业投资累计超过500亿元，支持全国27个省（自治区、直辖市）13万个行政村光纤网络建设和3.7万个4G基站建设。截至2019年9月，行政村通光纤和通4G比例均超过98%，贫困村通宽带比例达到99%，实现了全球领先的农村网络覆盖；试点地区平均下载速率超过70M，基本实现了农村城市"同网同速"。二是全面推进信息进村入户工程①。自2014年起，农业部在全国10省市22个县启动信息进村入户试点工作，2017年信息进村入户工程在全国范围内全面实施，并遴选10个省份开展整省推进示范。2018年整省推进示范扩大到18个省份。经过5年的建设和发展，信息进村入户取得成效。截至2018年年底，全国共建成运营27.2万个益农信息社，覆盖全国近一半的行政村，累计培训村级信息员78.6万人次，为农民和新型农业经营主体提供

---

① 信息进村入户工程以村级益农信息社建设为着力点，以满足农民生产生活信息需求为出发点和落脚点，统筹公益性和经营性服务资源，为农民提供农业技术推广等公益服务、水电缴费等便民服务、农产品出村等电商服务以及新技术新品种培训体验服务。信息进村入户工程坚持市场化建设运营机制，已初步构建起"政府+运营商+服务商"三位一体推进机制，吸引电信、电商、农资、银行、保险等各类服务商，将适合的服务资源接入益农信息社。

公益服务9 579万人次，开展便民服务3.14亿人次，实现电子商务交易额244亿元。①

3. 实施新型职业农民培育工程

自2012年新型职业农民培育工程启动实施后，《国务院关于大力推进大众创业万众创新若干政策措施的意见》《国务院办公厅关于支持农民工等人员返乡创业的意见》《关于实施农民工等人员返乡创业培训五年行动计划（2016—2020年）的通知》等文件连续发布，国家在创新机制、建立制度、健全体系等方面，开展了大量有效的工作，一大批新型职业农民快速成长，成为现代农业建设的主体。2017年以来，国家将高素质农民教育培训工作作为基础性长期性工程，加大对新型职业农民培育的政策引导和财政支持，不断加快农民职业化进程。

强化对新型职业农民教育培训的规划和总体部署。2017年1月，农业部出台《"十三五"全国新型职业农民培育发展规划》（以下简称《规划》）。《规划》明确了新型职业农民的内涵、培育方向及重点②，提出了未来4年的发展目标：到2020年，全国新型职业农民总量超过2 000万人。通过培训提高一批、吸引发展一批、培育储备一批，加快构建一支有文化、懂技术、善经营、会管理的新型职业农民队伍。2017年5月，中共中央办公厅、国务院办公厅印发《关于加快构建政策体系培育新型农业经营主体的意见》（以下简称《意见》）。《意见》提出，要发挥政策对新型农业经营主体发展的引导作用，建立健全支持新型农业经营主体发展政策体系，培养更多爱农业、懂技术、善经营的新型职业农民。随着政策的逐步贯彻落实，重

---

① 农业农村部：《关于政协十三届全国委员会第二次会议第3303号（农业水利类276号）提案答复的函》，2019年9月6日更新，http://www.moa.gov.cn/govpublic/SCYJJXXS/201909/t20190906_6327425.htm，2020年6月2日引用。

② 新型职业农民：以农业为职业、具有相应的专业技能、收入主要来自农业生产经营并达到相当水平的现代农业从业者。培育方向：提高农民、扶持农民、富裕农民。培育重点：吸引年轻人务农、培养职业农民。

点面向种养大户、家庭农场主、农民合作社骨干、农业社会化服务人员和返乡涉农创业者等的教育培训工作大力推进,土地流转、入股、合作以及生产托管等多种形式的适度规模经营快速发展,新型职业农民群体逐步壮大。截至2017年年底,全国新型职业农民的总体规模突破1500万人,成为农业农村经济发展和农村人才振兴的突出亮点。

建立健全新型职业农民教育培训体制机制。一是建立"一主多元"的新型职业农民教育培训体系。强化各级农广校的主体支撑作用,凝聚农业院校、科研院所、农民合作社、农业企业、农业园区等多种资源,合力推动农民教育培训工作,基本形成以公益性培训机构为主体、市场力量和多方资源共同参与的"一主多元"新型职业农民教育培训体系。二是健全新型职业农民培育制度。2018年9月,教育部、农业农村部、国家林业和草原局联合印发《关于加强农科教结合实施卓越农林人才教育培养计划2.0的意见》(以下简称《意见》)。《意见》提出,建设一批适应农林新产业新业态发展的涉农新专业,建设中国特色、世界水平的一流农林专业,培养懂农业、爱农村、爱农民的一流农林人才,为乡村振兴发展和生态文明建设提供强有力的人才支撑。2019年9月,农业农村部办公厅、教育部办公厅联合印发《关于做好高职扩招培养高素质农民有关工作的通知》,启动实施"百万高素质农民学历提升行动计划",针对农民单列计划,取消文化素质考试,鼓励以"注册制"形式免试录取拔尖实用人才,单独编班、单独教学,根据农村实际和农民特点开展分段式脱产学习。三是推进新型职业农民在线教育培训。2017年8月,"全国农业科教云平台"上线运行,为各级农业科教管理部门、农业专家、农业技术推广人员和广大农民提供在线学习、互动交流、成果速递和服务对接,在提升农民素质方面发挥了重要的作用。《中国数字乡村发展报告(2019年)》公布的数据显示,截至2019年6月,全国农业科教云平台注册用户数已达425万,其中农业专家和农技人员35万人、农民用户390万人，有上线高素质农民培育课程4 600多门、"农科讲堂"专家讲座视频80个，累计在线解答农民问题2 550万条。①

四、深化制度改革，激活农业农村内生动力

党的十九大以来，中央通过体制机制创新，持续强化乡村振兴的制度性供给。一方面，继续以农村土地制度改革为牵引，通过规范相关文件和改革试验，推进农村土地"三权分置"和农村土地征收、集体经营性建设用地入市和宅基地制度改革。另一方面，继续深化粮食收储制度改革，完善农业保险补贴政策，健全农业人口转移就业体系，激活农业农村发展的内生动力。

1. 确权登记颁证，深化农村土地制度改革

土地确权是农村土地制度改革的第一步。2013年中央一号文件《中共中央 国务院关于加快发展现代农业 进一步增强农村发展活动的若干意见》提出，要在全国范围内全面开展农村土地确权登记颁证工作，用5年时间基本完成农村土地承包经营权确权登记颁证工作。2017年以来，农村承包地确权登记颁证加快推进，农村集体资产股份权能改革试点不断扩大，在集体经济组织成员身份确认等方面取得了许多经验。

落实土地承包经营权权属，广泛开展土地确权登记颁证工作。长期以来，一些地方存在承包地块面积不准、四至不清、空间位置不明、登记簿不健全等问题，导致农民土地权益依法保障程度低。为把农户承包地搞准、搞清、搞实，党的十八大以后，中央对确权登记颁证工作作出了一系列决策部署。2013年12月，习近平在中央农村工作会议上指出，建立土地承包经营权登记制度，是实现土地承包关系稳定的保证，要把这项工作抓紧抓实，真正让农民吃上"定心丸"。

---

① 杨亦静：《全国4.3万个贫困村完成光纤建设 通宽带比例达97%》，2019年11月19日更新，http://www.bjnews.com.cn/feature/2019/11/19/651634.html，2020年6月1日引用。

2015年1月,农业部等6部门联合印发《关于认真做好农村土地承包经营权确权登记颁证工作的意见》,指导全国开展试点工作。2016年10月,中共中央办公厅、国务院办公厅印发《关于完善农村土地所有权承包权经营权分置办法的意见》(以下简称《意见》)。《意见》提出,要完善"三权分置"办法,不断探索农村土地集体所有制的有效实现形式,落实集体所有权,稳定农户承包权,放活土地经营权,充分发挥"三权"的各自功能和整体效用。为巩固和完善农村基本经营制度,深化农村土地制度改革,落实"三权"分置制度,2018年12月29日,第十三届全国人大常委会审议通过了修改的《中华人民共和国农村土地承包法》,修改后的农村土地承包法于2019年1月1日起施行。承包地确权登记颁证取得显著成效,截至2018年年底,全国共有2 838个县(市、区)和开发区开展了农村承包地确权登记颁证工作,涉及2亿多农户。

加快改革试验,推进农村集体产权制度改革。2016年12月,《中共中央 国务院关于稳步推进农村集体产权制度改革的意见》正式印发,文件明确提出要因地制宜地探索农村集体经济的有效实现形式,多种形式发展集体经济。2018年9月,中共中央、国务院印发《乡村振兴战略规划(2018—2022年)》,对发展壮大村级集体经济作了具体安排,明确提出深入推进农村集体产权制度改革,推动资源变资产、资金变股金、农民变股东,发展多种形式的股份合作;鼓励经济实力强的农村集体组织辐射带动周边村庄共同发展。2019年6月,农业农村部印发《关于进一步做好贫困地区集体经济薄弱村发展提升工作的通知》,要求以深化农村集体产权制度改革为动力,以增强集体经济造血功能为重点,强化薄弱村党组织战斗堡垒作用,加大政策扶持,力争到2020年底以前,集体经济薄弱村集体产权制度改革全面铺开,实现更多的集体经济薄弱村有经营收益、有成员分红。

深化农村宅基地改革试点,充分激发农业发展活力。这一时期,

第六章　实施乡村振兴战略　贯彻"三农"优先发展总方针(2017—2019)

通过推进宅基地改革试点工作，探索适度放活宅基地和农房使用权的有效途径。2017年中共十九大报告将"乡村振兴战略"列为决胜全面建成小康社会需要坚定实施的七大战略之一。而盘活利用农村闲置宅基地和农房，对于激活农村土地资源要素、促进城乡融合发展具有积极作用，有助于乡村振兴战略的顺利实施。2018年中央一号文件首次提出实施宅基地"三权分置"改革，加快补足农村土地制度改革中宅基地这块最短板，增强新时期农村发展的新动能。各地贯彻落实中央有关文件精神，积极开展探索性实践。一是积极盘活闲置宅基地和闲置农房资源，主要通过对闲置宅基地进行复垦，利用闲置农房发展乡村旅游、民宿，开展农民住房财产权抵押等方式，盘活农村房地资源，增加农民收入。截至2019年9月，全国33个试点县（市、区）腾退出零星、闲置的宅基地约14万户、8.4万亩，办理农房抵押贷款5.8万宗、111亿元。安徽省六安市金寨县利用城乡建设用地增减挂钩政策，交易宅基地复垦指标2万亩，交易金额90多亿元。全国涌现出了四川泸州宅基地复垦、江苏武进闲置农房发展休闲农业、云南大理农民住房财产权抵押等鲜活案例。二是开展宅基地"三权分置"探索。为适度放活宅基地使用权，试点地区在落实宅基地集体所有权，保障宅基地农户资格权的基础上，探索宅基地使用权放活的有效形式。浙江省金华市义乌市允许跨村转让一定期限的宅基地使用权，并明确集体作为使用权人可以收取一定的收益。河南省新乡市长垣县通过"按人确认、按户行使"的方式认定宅基地资格权，明确宅基地资格权可以退出和保留。湖南省浏阳市通过城乡居民合作建房的方式，适度放活宅基地使用权。

强化农场企业化功能，农垦改革不断深化与发展。一是加大对农垦改革的政策引导。2015年11月，《中共中央 国务院关于进一步推进农垦改革发展的意见》发布，文件结合农垦企业的实际情况，明确提出了农垦改革的总体要求、基本原则和工作目标，并将推进农垦改革发展，壮大农垦事业纳入农业现代化建设和经济社会发展全局中统筹考虑。二是创新农垦企业管理体制及经营机制，解决农垦企业长期存在的"政企不分，社企不分"问题。强化农场的企业化功能，实行政企分开，实行经营职能与公共管理、公共服务、社会管理职能分开，落实农场法人实体地位，建立健全了完整的农场经营管理体制，落实了农场生产经营自主权，实现了农场种植、加工、贸易、销售完整产业链的改造。三是推进农垦国有土地确权登记发证管理，完善农垦土地管理制度"坚持国有属性，服务大局"的基本原则。全国范围内积极开展了农垦国有土地使用权确权登记工作，明确了土地权属，调处了土地争议，化解了农场与周边村民的矛盾，维护了农垦企业的合法权益；盘活了农垦国有土地资源，推进了土地资源特别是农用地资源的资产化和资本化，增强了农垦企业的融资能力和整体实力，增强了国有农场在农业经济中的竞争力、控制力和影响力。

2. 完善粮食收储制度及农业补贴政策

农业补贴是国家强农、惠农、富农政策的重要组成部分。我国自2004年起先后实施了农作物良种补贴、种粮农民直接补贴和农资综合补贴3项补贴政策，在促进粮食生产和农民增收、推动农业农村发展等方面发挥了积极作用。近年来，国家不断完善财政支农政策体系，兼顾粮食生产稳定与农民持续增收，聚焦种粮农民尤其是种粮大户，进一步提高补贴政策的指向性、精准性和实效性。

一是有序推进粮食收储制度改革。改革完善粮食收储制度，是农业供给侧结构性改革的重要内容。为调控粮食市场价格，稳定粮食生产，从2004年开始国家在粮食主产区实施最低收购价政策，每年按照国家确定的最低收购价收购农民的粮食，确保种粮农民的收益。2016年以来，国家有序推进粮食收储制度改革，粮食流通领域发生了4个深刻变化：在收购方式上，由政策性收购主导转向市场化收购常态；在价格形成上，由以托市价格为参照转向市场形成价格机制；在操作主体上，由单一政策执行主体为主转向多元市场主体共同参与；在监管和服务上，由主要面向行业特别是国有企业，转向全社会

第六章　实施乡村振兴战略　贯彻"三农"优先发展总方针(2017—2019)

粮食流通和面向各类市场主体。在推行粮食收储制度改革的同时，国家不断完善对农民的补贴政策，在东北三省和内蒙古自治区建立了玉米、大豆生产者补贴制度，在湖南等稻谷主产省份建立了稻谷补贴制度，中央财政安排补贴资金，由省级制定具体补贴方案，保障优势产区种植收益基本稳定。

二是继续强化对粮食大县的资金补助。粮食主产区是保障粮食安全的关键，党中央、国务院不断完善粮食主产区的利益补偿机制。为促进粮食稳产增产，缓解主产区财政困难，调动地方政府重农抓粮的积极性，中央自2005年起出台产粮大县奖励政策。奖励政策设立以来，中央财政不断完善分配方式，加大奖励力度，基本形成了包括常规产粮大县、超级产粮大县、产油大县、商品粮大省、制种大县和"优质粮食工程"等内容的综合奖励政策体系。奖励资金规模由初期的55亿元增加到2019年的450亿元，累计安排4 017亿元。其中，黑龙江省累计获得奖励资金629.07亿元，占全国奖励资金的比重为15.7%，居全国首位。常规产粮大县、超级产粮大县奖励资金直接拨付到县，奖励资金由县级统筹安排使用，对缓解粮食主产区财政困难发挥了积极作用。①

三是持续加大农机购置补贴试点和资金管理。2019年，江西等6省开展标准化骨架大棚补贴试点，26个省份部署开展39种农机创新产品补贴试点，20个省份开展植保无人飞机规范应用试点，农业各产业对新型农机装备的需求得到充分满足。农机购置补贴资金的使用管理方面，2019年北京等4省市开展购置补贴、贷款贴息、融资租赁承租补助、作业补贴相衔接的试点，农民购机筹资能力进一步增强，补贴机具利用率持续提升。组织实施农机深松整地作业补助，完成了1.4亿亩全年任务。

---

① 农业农村部：《对十三届全国人大二次会议第1062号建议的答复》，2019年9月19日更新，http://www.moa.gov.cn/govpublic/CWS/201909/t20190929_6329405.htm，2020年7月5日引用。

3. 健全农业人口转移就业体系

党中央、国务院高度重视农村劳动力转移就业工作，着力从放宽准入条件、确保稳定增收两个方面，调整完善相关政策措施，千方百计拓宽农业人口转移就业创业渠道。

深化户籍制度改革，解决农业转移人口进城落户难问题。2013年6月，国务院决定成立国务院农民工工作领导小组，主要负责组织拟订和审议农民工工作的重大方针、政策、措施，组织推动农民工工作，督促检查各地区、各部门相关政策落实情况和任务完成情况，统筹协调解决政策落实中的重点难点问题。2014年7月，国务院印发《关于进一步推进户籍制度改革的意见》，要求全面放开建制镇和小城市落户限制，有序放开中等城市落户限制，合理确定大城市落户条件；要坚持综合配套、提供基本保障，统筹推进户籍制度改革和基本公共服务均等化，不断扩大教育、就业、医疗、养老、住房保障等城镇基本公共服务覆盖面。2014年9月，国务院印发《关于进一步做好为农民工服务工作的意见》，要求各地进一步做好新形势下为农民工服务的工作，切实解决农民工面临的突出问题，有序推进农民工市民化。[①] 2016年2月，国务院印发《关于深入推进新型城镇化建设的若干意见》，对加快落实户籍制度改革作出新的部署，提出除极少数超大城市外，允许农业转移人口在就业地落户，优先解决农村学生升学和参军进入城镇的人口、在城镇就业居住5年以上和举家迁徙的农业转移人口以及新生代农民工的落户问题。2019年中央一号文件《中共中央 国务院关于坚持农业农村优先发展 做好"三农"工作的若干意见》提出，要落实更加积极的就业政策，加强就业服务和职业

---

① 文件提出：到2020年，转移农业劳动力总量继续增加，每年开展农民工职业技能培训2 000万人次，农民工综合素质显著提高、劳动条件明显改善、工资基本无拖欠并稳定增长、参加社会保险全覆盖。引导约1亿人在中西部地区就近城镇化，努力实现1亿左右农业转移人口和其他常住人口在城镇落户，未落户的也能享受城镇基本公共服务，农民工群体逐步融入城镇，为实现农民工市民化目标打下坚实基础。

技能培训，促进农村劳动力多渠道转移就业和增收。

实施农民工职业技能培训综合计划，确保转移人口稳定就业增收。2019年1月，人力资源和社会保障部印发《新生代农民工职业技能提升计划（2019—2022年）》，要求加强新生代农民工职业技能培训工作，带动农民工队伍技能素质全面提升。2020年2月，人力资源和社会保障部、财政部联合印发《关于实施职业技能提升行动"互联网+职业技能培训计划"的通知》，鼓励支持广大劳动者参加线上职业技能培训。2020年5月28日，人力资源和社会保障部印发《农民工稳就业职业技能培训计划》，提出要将职业技能培训作为促进农村转移劳动力就业、稳定农民工工作岗位、支持农民工返乡创业、助力贫困劳动力增收脱贫的重要抓手，面向广大农民工群体，开展大规模、广覆盖和多形式的职业技能培训。系列文件发布后，人力资源和社会保障部积极落实相关扶持政策，对进城务工的农村劳动者参加职业培训给予职业培训补贴、职业技能鉴定补贴，对有创业愿望的给予创业培训补贴、创业公共服务等相关政策扶持。

第三节　新时代实施乡村振兴战略与西部大开发新格局

党的十八大以来，农业农村发展取得历史性成就，农业供给侧结构性改革取得新进展，农村改革取得新突破，城乡发展一体化迈出新步伐，脱贫攻坚开创新局面，为党和国家事业全面开创新局面提供了有力支撑。然而，农业农村基础差、底子薄、发展滞后的状况尚未得到根本改变，经济社会发展中最明显的短板仍然在"三农"，现代化建设中最薄弱的环节仍然是农业农村，特别是西部偏远农村。对此，党中央、国务院从全局出发，顺应中国特色社会主义进入新时代、区域协调发展进入新阶段的新要求，统筹国内国际两个大局，先后印发

《乡村振兴战略规划（2018—2022）》《关于新时代推进西部大开发形成新格局的指导意见》，对促进乡村全面振兴和构建西部大开发格局，分别作出新的决策部署，由此开启全面建设社会主义现代化的新征程。

一、乡村振兴战略的提出

改革开放以来，党和政府长期致力于探索具有中国特色的农业农村发展道路。从家庭联产承包责任制到社会主义新农村建设，进行了一系列的改革实践。然而，由于受多种复杂因素的影响，城乡发展不平衡、不协调的问题始终难以破解，并逐步上升为我国经济社会发展中最为突出的结构性矛盾，成为全面建设社会主义现代国家进程中无法回避的挑战。为拉长"四化同步"发展中农业这条短腿，补齐全面小康社会农村这块短板，中共十九大深刻研判农业农村发展新形势，提出实施乡村振兴战略，并将其列为党和国家未来发展的七大战略之一，探索出了一条统筹城乡协同发展的正确道路。

1. 特色农业农村道路探索历程

1978年中共十一届三中全会召开，会上提出要"走出一条适合我国情况的农业现代化道路"。随后，家庭联产承包责任制改革在全国蓬勃开展。土地所有权与经营权逐步分离，农民从事非农活动得到国家政策的大力支持，建立起以农户家庭承包为基础的农业经营制度，激发了广大农民的生产积极性、主动性和创造性，农业生产快速发展。随着"科学技术是第一生产力"的重要论断和"两个飞跃"重要思想的提出，逐步明确农业现代化必须依赖于科学技术的支撑，必须走集约化、适度规模化、商品化的道路。国家开始大力实施科教兴农战略，积极调整农业产业结构，促进了农业的技术进步和高质量发展。

2002年，中共十六大提出"统筹城乡经济社会发展"，解决"三农"问题成为全党工作的重中之重。中央按照工业反哺农业、城市支持农村、多予少取放活的方针，多次调整战略部署，出台一系列强农惠农政策，重塑以工促农、以城带乡、工农互惠的新型工农城乡关系，努力实现工业化、信息化、城镇化、农业现代化同步发展。2005年以后，国家提出要建设社会主义新农村，并将发展现代农业当作建设社会主义新农村的首要任务。2006年全面取消农业税，为新农村建设打开良好局面。2007年党的十七大首次提出"走中国特色农业现代化道路"，标志着我国由此进入农业现代化建设的新时代。此时，农业农村发展已明显滞后于工业化、城镇化。

2010年10月，中共十七届五中全会提出"在工业化、城镇化深入发展中同步推进农业现代化"，此后国家不断加大中央财政对农业科技研发的投入力度。2012年发布的中央一号文件，将科技摆在更加突出的位置。2012年10月，中共十八大首次提出具有中国特色的"四化同步"目标，为中国特色新型农业现代化道路指明了方向。此后发布的中央一号文件，细化了关于农业现代化建设的政策措施，逐步构建起具有中国特色的新型农业现代化支撑体系。

2. 乡村振兴战略及其丰富内涵

2017年12月28日至29日，中央农村工作会议在北京召开。会议全面分析"三农"工作面临的形势和任务，研究实施乡村振兴战略的重要政策。按照中共十九大提出的决胜全面建成小康社会、分两个阶段实现第二个百年奋斗目标的战略安排，此次会议明确实施乡村振兴战略的目标任务是：到2020年，乡村振兴取得重要进展，制度框架和政策体系基本形成；到2035年，乡村振兴取得决定性进展，农业农村现代化基本实现；到2050年，乡村全面振兴，农业强、农村美、农民富全面实现。会议强调，要走中国特色社会主义乡村振兴道路[①]。2017年12月29日至30日，全国农业工作会议在北京召开。会

[①] 走中国特色社会主义乡村振兴道路，一是必须重塑城乡关系，走城乡融合发展之路；二是必须巩固和完善农村基本经营制度，走共同富裕之路；三是必须深化农业供给侧结构性改革，走质量兴农之路；四是必须坚持人与自然和谐共生，走乡村绿色发展之路；五是必须传承发展提升农耕文明，走乡村文化兴盛之路；六是必须创新乡村治理体系，走乡村善治之路；七是必须打好精准脱贫攻坚战，走中国特色减贫之路。

议总结了 2017 年及过去 5 年的工作，研究了实施乡村振兴战略的措施。2018 年 2 月 4 日，《中共中央 国务院关于实施乡村振兴战略的意见》发布，文件深刻阐释了实施乡村振兴战略的总体要求和具体措施[①]。2018 年 3 月 5 日，李克强在作政府工作报告时提出要大力实施乡村振兴战略。

乡村振兴战略内涵丰富。新时代的乡村振兴战略，是"五位一体"总体布局在"三农"领域的具体体现，是新农村建设的升级版、宏观版，体现了时代的进步，回应了群众的期待。乡村振兴战略的核心内容是"产业兴旺、生态宜居、乡风文明、治理有效、生活富裕"20 字方针。其中，"产业兴旺"是解决农村一切问题的前提，反映了农业农村经济适应市场需求变化、加快优化升级、促进产业融合的新要求。"生态宜居"是内在要求，体现了广大群众对建设美丽家园的追求。"乡风文明"是乡村振兴的紧迫任务，重点是弘扬社会主义核心价值观，保护和传承农村优秀传统文化，加强农村公共文化建设，改善农民精神风貌，提高乡村社会文明程度。"治理有效"是重要保障，目的是要推进乡村治理能力和治理水平现代化，让农村既充满活力又和谐有序。"生活富裕"是主要目的，反映了广大农民群众日益增长的美好生活需要。总体方向是"走中国特色乡村振兴之路"。

乡村振兴战略的提出，具有重要的历史和现实意义。实施乡村振兴战略，是党中央着眼党和国家事业全局，深刻把握现代化建设规律和城乡关系变化特征，顺应亿万农民对美好生活的向往，对"三农"工作作出的重大决策部署。乡村振兴战略为做好新时代"三农"工作，促进农业全面升级、农村全面进步、农民全面发展提供了重要遵

---

① 共 10 条措施：提升农业发展质量，培育乡村发展新动能；推进乡村绿色发展，打造人与自然和谐共生发展新格局；繁荣兴盛农村文化，焕发乡风文明新气象；加强农村基层基础工作，构建乡村治理新体系；提高农村民生保障水平，塑造美丽乡村新风貌；打好精准脱贫攻坚战，增强群众获得感；推进体制机制创新，强化乡村振兴制度性供给；汇聚全社会力量，强化乡村振兴人才支撑；开拓融资渠道，强化乡村振兴投入保障；坚持和完善党对"三农"工作的领导。

循,具有重大的现实意义和深远的历史意义。

二、实施乡村振兴战略,开启农业农村新篇章

为确保乡村振兴战略落实落地,党中央、国务院站在新的历史起点上,以习近平新时代中国特色社会主义思想和关于"三农"工作的重要论述为指导,按照产业兴旺、生态宜居、乡风文明、治理有效、生活富裕的总要求,对实施乡村振兴战略作出阶段性谋划。

1. 《乡村振兴战略规划(2018—2022)》印发

2018年9月,中共中央、国务院印发《乡村振兴战略规划(2018—2022年)》(以下简称《规划》),对实施乡村振兴战略第一个5年工作作出具体部署。这是我国出台的首个全面推进乡村振兴战略的5年规划,是统筹谋划和科学推进乡村振兴战略的行动纲领。

《规划》明确了2020年全面建成小康社会和2022年召开中共二十大时的目标任务,细化实化了工作重点和政策措施,部署了一系列重大工程、重大计划、重大行动。《规划》围绕实施乡村振兴战略的"产业兴旺、生态宜居、乡风文明、治理有效、生活富裕"20字总要求,明确了未来5年的阶段性重点任务。围绕乡村振兴"人、地、钱"等要素供给,《规划》部署了加快转移人口市民化、强化乡村振兴人才支撑、加强乡村振兴用地保障、健全多元投入保障机制、加大金融支农力度等方面的具体任务。《规划》根据发展现状、区位条件、资源禀赋等,将村庄划分为4种不同类型,即集聚提升类村庄、城郊融合类村庄、特色保护类村庄和搬迁撤并类村庄,并明确要分类推进。

新时代的乡村振兴战略规划,为我们绘就了一幅农业农村发展新蓝图。乡村振兴规划的提出及其实施,是针对我国社会主要矛盾变化作出的重要选择,是实现中华民族伟大复兴的重要内容,是发挥中国特色社会主义制度优势的重要体现。

2. 乡村振兴战略规划的丰富内涵

《规划》坚持乡村振兴和新型城镇化双轮驱动,从城乡融合发展

和优化乡村内部生产生活生态空间两个方面，明确了国家经济社会发展过程中乡村的新定位，提出了重塑城乡关系、促进农村全面进步的新路径和新要求。一是统筹城乡发展空间，加快形成城乡融合发展的空间格局。二是优化乡村发展布局，坚持人口资源环境相均衡、经济社会生态效益相统一，延续人与自然有机融合的乡村空间关系。三是完善城乡融合发展政策体系，推动城乡要素自由流动、平等交换，为乡村振兴注入新动能。四是把打好精准脱贫攻坚战作为优先任务，把提高脱贫质量放在首位，推动脱贫攻坚与乡村振兴有机结合相互促进。

《规划》按照产业兴旺、生态宜居、乡风文明、治理有效、生活富裕的总要求，明确了阶段性重点任务。一是以农业供给侧结构性改革为主线，促进乡村产业兴旺。坚持质量兴农、品牌强农，构建现代农业产业体系、生产体系、经营体系，推动乡村产业振兴。二是以践行绿水青山就是金山银山的理念为遵循，促进乡村生态宜居。统筹山水林田湖草系统治理，加快转变生产生活方式，推动乡村生态振兴。三是以社会主义核心价值观为引领，促进乡村乡风文明。传承发展乡村优秀传统文化，培育文明乡风、良好家风、淳朴民风，建设邻里守望、诚信重礼、勤俭节约的文明乡村，推动乡村文化振兴。四是以构建农村基层党组织为核心，以自治、法治、德治"三治结合"的现代乡村社会治理体系为重点，促进乡村治理有效。把夯实基层基础作为固本之策，建立健全党委领导、政府负责、社会协同、公众参与、法治保障的现代乡村社会治理体制，推动乡村组织振兴，打造充满活力、和谐有序的善治乡村。五是以确保实现全面小康为目标，促进乡村生活富裕。加快补齐农村民生短板，让农民群众有更多实实在在的获得感、幸福感、安全感。

《规划》对中央统筹、省负总责、市县抓落实的乡村振兴工作机制，提出了5个方面要求：一是坚持党的领导。落实党政一把手是第一责任人、五级书记抓乡村振兴的工作要求，让乡村振兴成为全党全社会的共同行动。二是尊重农民意愿。切实发挥农民的主体作用，避免代替农民选择，形成全体人民群策群力、共建共享的乡村振兴局面。三是强化规划引领。要求抓紧编制地方规划和专项规划或方案，推动形成城乡融合、区域一体、多规合一的乡村振兴战略规划体系。四是注重分类施策。顺应村庄的发展规律和演变趋势，按照集聚提升、融入城镇、特色保护、搬迁撤并的思路，分类推进，打造各具特色的现代版"富春山居图"。五是把握好节奏和力度。坚持稳中求进的工作总基调，谋定而后动，避免一哄而上、急于求成、层层加码，避免过度举债搞建设，避免搞强迫命令一刀切、搞形象工程堆盆景。

三、新时代推进西部大开发形成新格局

2000年，我国正式吹响西部大开发的号角。20年来，中共中央、国务院先后印发《国务院关于实施西部大开发若干政策措施的通知》《国务院关于进一步推进西部大开发的若干意见》《中共中央 国务院关于深入实施西部大开发战略的若干意见》等文件和制定了一系列相关政策。在国家政策重点扶持下，在西部地区干部群众的共同努力下，西部地区在生态保护、环境治理、基础设施、科技教育、特色优势产业等方面取得积极进展，西部地区居民的获得感、幸福感、安全感得到大幅提升。但同时，西部地区发展不平衡不充分问题依然突出，巩固脱贫攻坚任务依然艰巨，与东部地区发展差距依然较大，仍然是全面建成小康社会、实现社会主义现代化的短板和薄弱环节。2020年5月，中共中央、国务院印发《关于新时代推进西部大开发形成新格局的指导意见》，文件对于增强防范化解各类风险能力，促进区域协调发展，决胜全面建成小康社会，开启全面建设社会主义现代化国家新征程，具有重要现实意义和深远历史意义。

1. 西部大开发20年取得的成效及新时代面临的形势

西部大开发政策实施20年来，西部地区经济社会发展取得显著成效。一是西部地区地区生产总值增速（平均增速高达11%）长期高于全国整体增速，在全国占比不断提高（提升到20.1%），实现了

大发展，在全国经济格局中的重要性不断提升，为支撑全国经济持续稳定发展作出了重要贡献。二是西部地区生态环境明显改善、基础设施建设得到加强、科技教育实力不断增强、特色优势产业发展加快。制约西部地区发展的问题和矛盾开始得到缓解，支持西部地区持续健康发展的新动能正在培育形成。三是通过科学合理谋划生态功能区、粮食主产区、重点开发区，西部地区初步形成了点轴带动、面上保护的国土空间开发格局[①]。

西部大开发20年的成就令人瞩目，但西部地区发展仍然面临诸多困难和挑战，距离实现区域经济协调和高质量发展的目标差距仍然较大。一是全面推进生态文明建设对西部地区生态环境治理与保护提出挑战。生态文明建设是"五位一体"总体布局之一，坚持人与自然和谐共生是中国特色社会主义基本方略之一，绿色是新发展理念之一，污染防治是三大攻坚战之一。这"四个之一"体现了中央对建设生态文明的部署和要求。西部地区是我国重要的生态安全屏障，未来必须也应该实现GEP和GDP的双增长双提升。二是"一带一路"倡议对西部共建人类命运共同体提出新要求。面对复杂的世界经济形势和全球性问题，任何国家都不可能独善其身。我国顺应世界发展大趋势提出"一带一路"倡议，具有现实意义和深远影响。西部地区在联外接内方面具有独特的区位优势，有义务与沿海开放地区共建新时代全方位开放新格局。三是社会主义主要矛盾的转换，对西部地区实现高质量发展提出挑战。中共十九大报告指出，新时代我国社会主要矛盾已经转化为人民日益增长的美好生活需要和不平衡不充分的发展之间的矛盾。西部地区也应顺应社会主要矛盾的转换，将比较优势转变

---

① 太原城市群、呼包鄂榆地区、成渝地区、滇中地区、藏中南地区、关中—天水地区、兰州—西宁地区、宁夏沿黄经济区、天山北坡地区等，已经成为西部地区据点式开发以及人口和产业集聚的重点地区。西部地区以青藏高原生态屏障、黄土高原—川滇生态屏障为面上保护，以北方防沙带以及大江大河重要水系为生态廊道，以其他国家重点生态功能区为重要支撑，以点状分布的国家禁止开发区域为重要组成的生态安全战略格局初步形成，为保障国家生态安全提供了重要支撑。

为发展优势,在解决物质层面的匮乏短缺之余,加快质量、效率、动力变革,保持持续稳定的经济增长,构建东中西统筹、南北方协调的区域发展新格局。

2.《新时代推进西部大开发形成新格局的指导意见》发布

2017年中共十九大提出新时代坚持和发展中国特色社会主义的战略任务,描绘了把我国建成社会主义现代化强国的宏伟蓝图,开启了实现中华民族伟大复兴的新征程。2019年3月,中央全面深化改革委员会第七次会议审议通过了《关于新时代推进西部大开发形成新格局的指导意见》,提出西部地区要做到"三个更加注重"①,推进西部大开发加快形成新格局。这是党中央从全局出发作出的重大决策部署,对决胜全面建成小康社会、开启全面建设社会主义现代化国家新征程具有重大而深远的意义。2020年5月17日,中共中央、国务院发布《关于新时代推进西部大开发形成新格局的指导意见》(以下简称《意见》),提出打好三大攻坚战、不断提升创新发展能力、推动形成现代化产业体系等36条具体意见。

《意见》指出,西部地区发展不平衡不充分问题依然突出,巩固脱贫攻坚成果的任务依然艰巨,与东部地区发展的差距依然较大,维护民族团结、社会稳定、国家安全任务依然繁重,仍然是全面建成小康社会、实现社会主义现代化的短板和薄弱环节。《意见》要求,确保到2020年西部地区生态环境、营商环境、开放环境、创新环境明显改善,与全国一道全面建成小康社会;到2035年,西部地区基本实现社会主义现代化,基本公共服务、基础设施通达程度、人民生活水平与东部地区大体相当,努力实现不同类型地区互补发展、东西双向开放协同并进、民族边疆地区繁荣安全稳固、人与自然和谐共生。

自然保护、双向开放和高质量发展将是新阶段西部大开发的3条

---

① 三个更加注重:更加注重抓好大保护,更加注重抓好大开放,更加注重推动高质量发展。

政策主线。《意见》将"加大美丽西部建设力度,筑牢国家生态安全屏障"作为独立章节,从深入实施重点生态工程、稳步开展重点区域综合治理和加快推进西部地区绿色发展等方面进行了详细阐述。"生态"两字贯穿《意见》始末,在文件中 20 多次高频出现。《意见》通篇传递了一个重要信息:守住生态环境底线,实现绿色发展将成为西部地区经济社会发展的主旋律。《意见》提出,西部地区要结合发展实际,打好污染防治标志性重大战役,实施环境保护重大工程,构建生态环境分区管控体系。《意见》将实现高质量发展列为西部地区当前及今后一段时间的重要课题。《意见》从 7 个方面,对西部地区如何发挥自身优势实现高质量发展进行了详细阐述:打好三大攻坚战,不断提升创新发展能力,推动形成现代化产业体系,优化能源供需结构,大力促进城乡融合发展,强化基础设施规划建设,切实维护国家安全和社会稳定。在双向开放方面,《意见》提出"借势借力",以共建"一带一路"为引领,加大西部开放力度:积极参与和融入"一带一路"建设,强化开放大通道建设,构建内陆多层次开放平台,加快沿边地区开放发展进程,发展高水平开放型经济,拓展区际互动合作。

《意见》的发布,标志着西部大开发战略迈入第三个阶段,为西部地区形成大保护、大开放、高质量发展的新格局指明了方向。

第四节 决战决胜农村脱贫攻坚

改革开放 40 年来,我国为解决农村贫困问题,作出一系列重大部署,从"先富带后富"、"七五"扶贫开发、"八五"扶贫到"两不愁三保障"[①],农村居民的生存和温饱问题得到基本解决,大面积的

[①] 2011 年 12 月,中共中央、国务院印发《中国农村扶贫开发纲要(2011—2020年)》,提出到 2020 年,稳定实现扶贫对象不愁吃、不愁穿,保障其义务教育、基本医疗和住房。

第六章　实施乡村振兴战略　贯彻"三农"优先发展总方针(2017—2019)

绝对贫困现象明显缓解。党的十八大以来,中央站在中华民族伟大复兴和人类减贫事业的历史高度,将精准扶贫、精准脱贫作为扶贫开发的基本方略,明确了"到2020年确保我国现行标准下农村贫困人口全部脱贫,贫困县全部摘帽,解决区域性整体贫困"的总体目标,农村扶贫开发由此进入以贫困家庭和人口为对象的精准扶贫阶段。党的十九大以来,精准扶贫工作进入攻坚阶段,面临衔接乡村振兴的新形势。中央聚焦深度贫困地区的贫困问题,将产业扶贫作为长效扶贫措施,不断巩固脱贫成果,向乡村振兴迈进。

一、聚焦深度贫困,做到精准扶贫

自精准扶贫方略实施以来,在扶贫减贫领域采取了一系列重大举措,取得了显著成效。但截至2016年年底,全国依然有14个集中连片特殊困难地区,还有12.8万贫困村和4 332万贫困人口处在国家贫困线下。为确保贫困人口到2020年如期脱贫,2017年6月23日,习近平在太原市主持召开深度贫困地区脱贫攻坚座谈会,对如何做好深度贫困地区脱贫攻坚工作,加快精准扶贫、精准脱贫步伐,确保如期全面建成小康社会作出全面部署,为决战决胜脱贫攻坚提供了遵循。①

1. 精准扶贫精准脱贫方略

习近平从20世纪80年代末就开始关注扶贫,提出了"弱鸟先飞""水滴石穿""四下基层"等许多发展理念、观点和方法。党的十八大以来,习近平30多次国内考察都涉及扶贫,连续6年新年首次国内考察都调研扶贫,连续6年的新年贺词都谈到扶贫,走遍了全国14个集中连片特困地区,提出了"两个确保"的目标、"两不愁三保障"的标准、"六个精准"的扶贫方略、"五个一批"的实践路径

---

① 习近平:《加大力度推进深度贫困地区脱贫攻坚》,见《习近平谈治国理政(第二卷)》,北京:外文出版社,2017年,第87~93页。

等一系列新思想、新观点、新论断，内涵十分丰富，具有非常重要的实践指导意义。

精准扶贫精准脱贫方略是党的宗旨体现和社会主义的本质要求。习近平指出，让农民群众不断过上好日子，是体现我们党的宗旨的一个重要方面，我们还要继续努力。2015年11月，习近平在中央扶贫开发工作会议上指出，"消除贫困、改善民生、逐步实现共同富裕，是社会主义的本质要求，是我们党的重要使命"，"没有全民小康，就没有全面小康"，"没有贫困地区的小康，没有贫困人口的脱贫，就没有全面建成小康社会"，并在后来召开的多次重要会议中予以重申。

精准扶贫、精准脱贫是"三农"工作和区域发展的重中之重。2012年12月，习近平在河北阜平县考察时指出，"三农"工作是重中之重，革命老区、民族地区、边疆地区、贫困地区在"三农"工作中要把扶贫开发作为重中之重。在2017年6月召开的太原座谈会上，习近平指出："深度贫困地区的区域发展是精准扶贫工作的基础，是精准扶贫的重要组成部分。""在深度贫困地区促进区域发展的措施必须围绕如何减贫来进行，真正为实施精准扶贫奠定良好基础。"

精准扶贫精准脱贫方略的核心要义是"精准化"的脱贫攻坚理念。2015年6月，在贵州召开的部分省区市党委领导主要负责同志座谈会上，习近平明确指出"脱贫攻坚贵在精准，重在精准，成败之举在于精准"，要求各地做到"六个精准"，即扶持对象精准、项目安排精准、资金使用精准、措施到户精准、因村派人精准、脱贫成效精准。另外，政府定点扶贫单位的多次调整也体现了精准化的理念。20世纪80年代中期，政府扶贫单位主要是县级贫困区域；2001年，扶持重点转向15万个村级贫困区域；2011年，扶贫重点转向14个集中连片特困地区，扶持重点和帮扶对象越来越精准。

精准扶贫精准脱贫方略中蕴含着分批分类脱贫与科学化的工作方法。2015年11月，习近平在中央扶贫工作会议上提出"五个一批"的扶贫开发战略，即发展生产脱贫一批、异地搬迁脱贫一批、生态补

第六章　实施乡村振兴战略　贯彻"三农"优先发展总方针(2017—2019)

偿脱贫一批、发展教育脱贫一批、社会保障兜底一批。在习近平的推动下，精准扶贫工作形成了一整套科学的工作流程，从精准识别、精准帮扶、动态管理、精准考核到后续跟踪，都有一套科学规范的工作流程。通过对帮扶过程进行及时跟踪把控，防止了帮扶目标的偏移，实现了有效对口帮扶，最终确保了脱贫成效精准。

实施精准扶贫、精准脱贫的动力源泉是以群众为主体开展志智双扶。2015年11月，在中央扶贫工作会议上，习近平指出，贫困群众是扶贫攻坚的对象，更是脱贫致富的主体。党和政府有责任帮助贫困群众致富，但不能大包大揽。不然，就是花了很多精力和投入暂时搞上去了，也不能持久。习近平强调："贫困不是不可改变的宿命。人穷志不能短，扶贫必先扶志。引导他们树立'宁愿苦干、不愿苦熬'的观念，自力更生、艰苦奋斗，靠辛勤劳动改变贫困落后面貌。"2016年7月，习近平在东西部协作座谈会上进一步提出："扶贫必扶智，治贫先治愚。贫困并不可怕，怕的就是智力不足、头脑空空，怕的就是知识匮乏、精神委顿。脱贫致富不仅要注意富口袋，更要注意富脑袋。"

党的领导和资金、人才等是实现精准扶贫、精准脱贫的有力保障。

一是强调党的领导是组织保证。2012年12月，习近平在河北阜平县考察时指出，农村基层党组织是党在农村全部工作和战斗力的基础，是贯彻落实党的扶贫开发工作部署的战斗堡垒。2015年6月，习近平在部分省区市扶贫攻坚与"十三五"时期经济社会发展座谈会上指出："选派扶贫工作队是加强基层扶贫工作的有效组织措施，要做到每个贫困村都有驻村工作队、每个贫困户都有帮扶责任人。"

二是强调资金投入的支持。2015年11月，习近平在中央扶贫工作会议上要求，中央财政专项扶贫资金、中央基建投资用于扶贫的资金等，其增长幅度要体现加大脱贫攻坚力度的要求。2018年2月，习近平在打好精准脱贫攻坚战座谈会上，要求"增加金融资金对脱贫攻坚的投放，发挥资金市场支持贫困地区发展作用，吸引社会资金广泛参与脱贫攻坚，形成脱贫攻坚资金多渠道、多样化投入"。

三是要求凝聚社会力量扶贫。2015年12月，习近平对中央定点单位扶贫工作作出批示，要求党政军机关、企事业单位开展定点扶贫。2016年7月，习近平在东西部扶贫协作座谈会上指出，东西部扶贫协作和对口支援，是推动区域协调发展、协同发展、共同发展的大战略，是打赢脱贫攻坚战、实现先富帮后富、最终实现共同富裕目标的大举措，必须长期坚持下去。

四是强调要从严要求、真抓实干。2013年11月，习近平同菏泽市及县区主要负责同志座谈时指出："贫困之冰，非一日之寒；破冰之功，非一春之暖。做好扶贫开发工作，尤其要拿出踏石留印、抓铁有痕的劲头，发扬钉钉子精神，锲而不舍、驰而不息抓下去。"2018年2月，习近平在打好精准脱贫攻坚战座谈会上的讲话中提出："脱贫攻坚，从严从实是要领。必须把全面从严治党要求贯穿脱贫攻坚工作全过程和各环节，实施经常性的监督巡查和最严格的考核评估，确保脱贫过程扎实、脱贫结果真实，使脱贫攻坚经得起实践和历史检验。"

五是强调要因地制宜地完善政策。习近平多次强调，精准扶贫政策的制定要因地制宜，政策体系要保持一致强度，并且强调精准扶贫中要重点解决好"扶持谁、谁来扶、怎么扶、如何退"的问题。关于"扶持谁"，习近平要求实现"扶持对象精准"，具体工作内容为精准识别和精准管理。关于"谁来扶"，习近平强调要加快形成中央统筹、省（自治区、直辖市）负总责、市（地）县抓落实的扶贫开发工作机制，做到分工明确、责任清晰、任务到人、考核到位。关于"怎么扶"，习近平提出，要按照贫困地区和贫困人口的具体情况，实施"五个一批"工程，提高扶贫措施的有效性，核心是因地制宜、因人因户因村施策。关于"如何退"，习近平提出要设定时间表，实现有序退出；要留出缓冲期，在一定时间内实行"摘帽不摘政策"；要实行严格评估，实行逐步销号，做到脱贫到人。

2. 深度贫困地区的脱贫攻坚

我国深度贫困地区主要分布在"三区三州"，包括西藏、四省藏区、南疆四地州和四川凉山州、云南怒江州、甘肃临夏州，以及贫困发生率超过18%的贫困县和贫困发生率超过20%的贫困村，这些地区的脱贫工作是脱贫攻坚的坚中之坚。深度贫困地区基础条件差、生存环境恶劣、致贫原因复杂、基础设施和公共服务缺口大，普遍存在"两高、一低、一差、三重"① 问题，是脱贫攻坚的难点。目前主要存在以下4个方面的障碍：

一是产业转型升级缓慢，发展不充分。深度贫困地区目前仍以较为单一的农业为主，产业基础较薄弱，新产业发展缓慢，新业态发育不充分，产业转型升级比较困难。已经发展起来的新产业，大多处于产业链和价值链的低端。深度贫困地区远离工业集中区，拥有原始的自然生态，保留了传统的文化村落，但区位上的劣势很难使这类优势资源转化为现实的经济价值，更难以惠及贫困人口。二是内生发展能力弱，发展不平衡。突出表现在集中连片的特困地区、民族地区和边疆地区。这些地区农民居住较为分散，农业组织化程度较低，缺乏进行大规模商品生产的基础和经验，农业市场竞争力和抗风险能力都比较弱。在外部企业参与产业扶贫时，这些地区很难主动融入产业链中，只能进行简单的原料供给，自身发展能力难以得到提升，难以实现由脱贫向乡村振兴迈进。三是内部的不平衡问题值得关注。在开展产业扶贫过程中，深度贫困地区在资源利用、发展成果分享、项目建设等方面，存在利用不合理、分享不充分、机制不完善等问题。深度贫困地区集体经济发展缓慢，集体积累和统筹能力相对薄弱，当国家给这些地区的乡村道路建设和社会事业发展给予政策倾斜时，很难适

---

① "两高"即贫困人口占比高、贫困发生率高。"一低"即人均可支配收入低。"一差"即基础设施和住房差。"三重"即低保五保贫困人口脱贫任务重、因病致贫返贫人口脱贫任务重、贫困老人脱贫任务重。

时进行发展壮大，导致对国家财政支持的依赖度始终居高不下，难以实现真正的高质量发展，离乡村振兴的要求尚有较大差距。四是深度贫困地区普遍存在党组织凝聚力不强、基层组织功能弱化等问题，给当地的社会治理带来很大隐患，或将影响经济发展和脱贫致富的实现。

党中央关注并重视以"三区三州"为代表的深度贫困地区的脱贫问题。2017—2020年，习近平在每年召开的脱贫攻坚主题座谈会上，都强调做好"三区三州"脱贫工作。2017年6月23日，在太原市召开的深度贫困地区脱贫攻坚座谈会上，习近平对加快推进深度贫困地区脱贫攻坚工作提出8点要求：合理确定脱贫目标，与党中央确定的2020年脱贫攻坚目标保持一致；加大投入支持力度，新增脱贫攻坚资金主要用于深度贫困地区，新增脱贫攻坚项目主要布局于深度贫困地区，新增脱贫攻坚举措主要集中于深度贫困地区，形成支持深度贫困地区脱贫攻坚的强大投入合力；集中优势兵力打攻坚战，重点解决深度贫困地区公共服务、基础设施以及基本医疗有保障的问题；区域发展必须围绕精准扶贫发力；加大各方帮扶力度；加大内生动力培育力度；加大组织领导力度；加强检查督查。2018年2月12日，在成都市召开的打好精准脱贫攻坚战座谈会上，习近平用"有天无地，有山无田，有人无路"来形容"三区三州"脱贫的难度。在四川凉山州考察时习近平指出，全面建成小康社会最艰巨繁重的任务在贫困地区，特别是在深度贫困地区，无论这块硬骨头有多硬都必须啃下，无论这场攻坚战有多难打都必须打赢。2019年4月16日，在重庆市召开的"两不愁三保障"突出问题座谈会上，习近平强调"三区三州"仍有172万建档立卡贫困人口，"不能放松"。2020年3月7日，在北京市召开的决战决胜脱贫攻坚座谈会上，习近平指出要继续聚焦"三区三州"等深度贫困地区，落实脱贫攻坚方案，瞄准突出问题和薄弱环节狠抓政策落实。

为攻克深度贫困地区脱贫难题，国家作出一系列安排部署。2017年11月，中共中央办公厅、国务院办公厅印发《关于支持深度贫困

第六章 实施乡村振兴战略 贯彻"三农"优先发展总方针(2017—2019)

地区脱贫攻坚的实施意见》（以下简称《意见》），对深度贫困地区脱贫攻坚工作作出全面部署。《意见》指出，西藏、四省藏区、南疆四地州和四川凉山州、云南怒江州、甘肃临夏州（以下简称"三区三州"），以及贫困发生率超过18%的贫困县和贫困发生率超过20%的贫困村，自然条件差、经济基础弱、贫困程度深，是脱贫攻坚中的硬骨头，补齐这些短板是脱贫攻坚决战决胜的关键之策。《意见》提出，中央统筹，重点支持"三区三州"。新增脱贫攻坚资金、新增脱贫攻坚项目、新增脱贫攻坚举措主要用于深度贫困地区。加大中央财政投入力度，加大金融扶贫支持力度，加大项目布局倾斜力度，加大易地扶贫搬迁实施力度，加大生态扶贫支持力度，加大干部人才支持力度，加大社会帮扶力度，集中力量攻关，构建起适应深度贫困地区脱贫攻坚需要的支撑保障体系。[①]

2017年10月，农业农村部印发《支持深度贫困地区农业产业扶贫精准脱贫实施方案》，从加强特色农业发展指导、强化农业技术帮扶、培训新型职业农民和脱贫带头人、加快带贫龙头培育、推进营销对接和品牌打造、强化农业信息服务、加大投入力度、支持农业绿色发展、开展干部挂职交流、总结推广产业扶贫范例等10个方面，要求统筹各类措施，支持深度贫困地区的特色优势产业发展。

2018年8月，《中共中央 国务院关于打赢脱贫攻坚战三年行动的指导意见》（以下简称《指导意见》）发布。《指导意见》要求，聚焦深度贫困地区和特殊贫困群体，突出问题导向，优化政策供给，确保到2020年贫困地区和贫困群众同全国一道进入全面小康社会，为实施乡村振兴战略打好基础。

2019年12月，中央农村工作会议指出，深度贫困地区脱贫攻坚取得重大进展，"三区三州"建档立卡贫困人口减少到43万，贫困发

---

① 新华社：《中办国办印发意见 支持深度贫困地区脱贫攻坚》，2017年11月21日更新，http：//www.gov.cn/zhengce/2017-11/21/content_5241334.htm，2020年6月21日引用。

生率下降到2%，"两不愁三保障"突出问题得到基本解决。会议同时指出，深度贫困地区脱贫任务仍然较重。全国贫困人口超过10万人的省份有9个，超过5万人的地市州有9个，超过1万人的县有39个，贫困发生率超过5%的县有16个，这些主要集中在西部深度贫困地区。会议提出，要对脱贫攻坚开展常态化督导，对深度贫困地区挂牌督战，继续加快实施"三区三州"脱贫攻坚实施方案，全面解决"两不愁三保障"问题，完成剩余贫困人口和贫困县的脱贫摘帽任务，确保打赢深度贫困歼灭战。

在中央政策引导下，各级政府有关部门、社会各界力量积极帮扶，深度贫困地区的脱贫攻坚工作取得重大进展。2017年，国务院扶贫开发领导小组组织各地按照一定的标准，确定了深度贫困地区："三区三州"为中央统筹重点支持地区，此外还包括中西部地区169个深度贫困县。自此明确了脱贫攻坚的攻坚点位，确定了脱贫攻坚的重点工作区域。2018年，在国务院扶贫开发领导小组指导下，"三区三州"所涉及的6个省份确定了详尽的深度贫困地区脱贫攻坚实施方案，并以各省级人民政府名义公开印发。同时，中央财政加大对深度贫困地区的政策倾斜力度，全年出台27项政策性文件，新增中央财政专项扶贫资金120亿元，用以扶持深度贫困地区发展。东西部扶贫协作、对口支援和定点扶贫等工作，进一步向深度贫困地区聚焦。

经过几年的努力，深度贫困地区脱贫攻坚工作取得明显成效。一是贫困面貌整体改观。2018年，"三区三州"贫困人口共减少134万，贫困发生率下降6.4个百分点，降幅比西部地区平均水平快了3.3个百分点，高于全国平均水平5个百分点。除"三区三州"外，中西部地区169个深度贫困县共计460万贫困人口实现脱贫，贫困发生率大幅下降。① 二是用电等生产生活条件明显改善。2018—2020

---

① 初梓瑞：《国务院扶贫办：2018年深度贫困地区脱贫攻坚取得了明显进展》，2019年2月26日更新，http://f.china.com.cn/2019-02/26/content_74504593.htm，2020年6月3日引用。

年，国家电网公司累计投资304亿元至"三区三州"电网建设，截至2020年6月底，"三区三州"深度贫困地区的农网升级改造全面完成，深度贫困地区贫困村通宽带的比例达到98%，四川、甘肃、青海、新疆和西藏的198个贫困县用电条件显著改善，近1 800万居民的生活质量明显提升。

二、抓好产业调整和异地搬迁工作

贫困地区脱贫方式多种多样，而产业扶贫和易地搬迁在其中发挥了关键作用。这一时期，国家坚持将产业扶贫作为精准扶贫的根基和关键举措，作为撬动贫困地区发展、增加贫困农户收入的重要途径和打赢脱贫攻坚战的重要支撑，大力发展具有地方特色的产业，带动贫困群众脱贫致富，促进贫困乡村振兴发展。

1. 产业扶贫促进贫困个体与贫困区域协同发展

党中央、国务院高度重视产业扶贫工作。在2015年11月召开的中央扶贫开发工作会议上，习近平提出将"发展生产脱贫一批"放在实施"五个一批"工程的首位，强调扶贫是要引导和支持所有有劳动能力的人，依靠自己的双手开创美好明天。此后，习近平多次就产业扶贫发表重要讲话，作出重要指示，反复强调要将产业作为推动脱贫攻坚工作的根本出路。

2016年11月23日，国务院发布《"十三五"脱贫攻坚规划》。《"十三五"脱贫攻坚规划》的第二章明确指出，农林产业扶贫、旅游扶贫、电商扶贫、资产收益扶贫、科技扶贫是产业发展脱贫的重要内容，同时提出农林种养产业扶贫工程、农村一二三产业融合发展试点示范工程、贫困地区培训工程、旅游基础设施提升工程、乡村旅游产品建设工程、休闲农业和乡村旅游提升工程、森林旅游扶贫工程、乡村旅游后备箱工程、乡村旅游扶贫培训宣传工程、光伏扶贫工程、水库移民脱贫工程、农村小水电扶贫工程等"十三五"期间重点实施的产业扶贫工程。

2018年12月,农业农村部、国家发展和改革委员会、财政部等8部门联合印发《关于实施产业扶贫三年攻坚行动的意见》,对贫困地区原料生产加工、特色农产品品牌创建等方面提出了扶持措施,就做好产业扶贫与乡村振兴的有效衔接进行部署,明确要把发展扶贫产业作为推动贫困地区乡村振兴的有效抓手,着力改善产业发展的支撑条件,不断健全现代乡村产业体系。

2019年3月,李克强在第十三届全国人大二次会议上所作的《政府工作报告》中指出,脱贫致富离不开产业支撑,要大力扶持贫困地区发展特色优势产业。2019年,《农业科技促进产业扶贫工作的指导意见》《农业农村部办公厅关于加强农业科技工作助力产业扶贫工作的指导意见》《关于建立贫困户产业发展指导员制度的通知》等发布,明确了农业科技助力产业扶贫的重点任务。国家在资金投入方面向贫困地区倾斜。2019年安排专项扶贫资金1 261亿元,连续4年保持200亿元增量。资金审批权限下放到县级,由地方结合本地实际情况,用于支持产业扶贫项目。同时,深入开展贫困县涉农资金整合试点工作,支持贫困县根据脱贫攻坚规划,统筹整合相关涉农资金自主使用,投向农业生产发展和农村基础设施建设。截至2019年年底,贫困县实际整合使用的财政涉农资金超过1.1万亿元,支持贫困户发展产业的扶贫小额信贷累计放贷5 980亿元。

2019年6月,农业农村部印发《关于进一步做好贫困地区集体经济薄弱村发展提升工作的通知》,要求加快推进薄弱村集体产权制度改革,积极推广资源变资产、资金变股金、农民变股东改革,实施好薄弱村壮大集体经济试点项目,因地制宜地指导薄弱村产业发展,支持薄弱村盘活土地资源,加强薄弱村人才支撑。2020年4月16日,农业农村部和国务院扶贫开发领导小组办公室召开"三区三州"和52个未摘帽县产业扶贫工作视频会,要求把产业扶贫摆在更加突出的位置,扎实推进"三区三州"等深度贫困地区扶贫产业高质量发展。2020年6月,农业农村部印发《关于促进贫困地区食用菌产业稳定发展的指导意见》《关于促进贫困地区茶产业稳定发展的指导意见》，要求促进贫困地区特色产业发展。

在实践过程中，贫困地区主要形成了以下4类产业扶贫模式。

第一种是"特色种养+扶贫"模式。该模式利用贫困地区资源优势，鼓励引导工商资本进入农业生产领域，发展具有贫困村特色的生态高效农业和农产品加工业，延伸农产品价值链，带动贫困户就地就业增收。在这种模式下，位于产业链上游的龙头企业，以肥料和种子研发等农业生产资料为主，通过为贫困户提供优惠或免费的投入品，降低其生产成本，从而提升生产效益。位于产业链下游的企业则以农产品为原料，组织和引导农户进行特色种植、养殖，并按保护价收购农产品，促进农户增收致富。在组织方式的选择上，大部分地区采取了"企业+合作社+贫困户"的模式，合作社在其中起着桥梁的作用，确保了农业生产的正常开展和贫困户利益的最大化。在"特色种养+扶贫"模式下，利益分配格局比较清晰，企业主要从产后销售和加工环节盈利，而在生产环节让利于合作社和贫困户，从而实现企业和贫困户双赢。

第二种是"乡村休闲旅游+扶贫"模式。该模式利用贫困地区的自然资源优势，通过财政资金投入，对村庄环境进行整治，开发景区景点，发展农家乐，开辟乡村旅游业，带动贫困户脱贫致富。随着"乡村休闲旅游+扶贫"模式的逐步发展，当地就业机会增多，吸纳更多的贫困家庭劳动力就地就近实现就业，进而产生就业带动模式，促进贫困户增加工资性收入。在"乡村休闲旅游+扶贫"模式下，贫困劳动力可以获得较为灵活的季节性、临时性就业机会，龙头企业也能满足常年用工需要，在实践中取得了较好的扶贫减贫效果。

第三种是资产收益型产业扶贫模式。该扶贫模式是将贫困村的自然资源、公共资产（资金）或农户的权益资本化、股权化，相关经营主体利用这类资产开展产业扶贫项目，项目产生的经济收益，贫困村与贫困农户按照股份或特定比例获得。这种模式对独立经营能力较差或者失能、弱能的贫困人口尤为适合，有利于帮助其积累资产并利用这些资产持续受益，实现持久脱贫。这种模式的典型代表是贵州六盘水市的资产收益扶贫。在实践过程中，根据资产类型的不同，资产收益型扶贫模式又分为资源（土地资源、旅游资源、劳动力资源）收益模式和资金（财政扶贫资金、信贷资金）收益模式。

第四种是混合带动型产业扶贫模式。各地在开展产业扶贫过程中，往往把就业、直接参与产业和资产收益等结合起来，形成综合扶贫方式。例如，有些地方在开展乡村旅游扶贫项目过程中，让贫困户与旅游企业签订协议，由旅游企业收购贫困户生产的土特产品，贫困户从中获得固定收益。当旅游旺季到来时，贫困户充分参与到产业发展中，获得工资性收入，不断提高创收能力，实现可持续脱贫。

产业扶贫成为贫困地区脱贫的重要推手，贫困地区通过产业扶贫获得了大发展。

一是扶贫特色产业加快发展。农业农村部会同国务院扶贫开发领导小组办公室，从产业扶贫的规划引领、主体培育、科技支撑、机制创新等环节着手，定期举办产业扶贫现场观摩会，现场培训贫困县负责人，对各地推进产业扶贫提供了有益的借鉴。截至2019年12月底，全国22个扶贫任务重的省份和832个贫困县全部编制产业扶贫规划或方案。在规划引领下，贫困地区累计实施扶贫产业项目98万多个，建成扶贫产业基地近10万个，832个贫困县已初步形成特色主导产业1 060个，涵盖特色粮经作物、特色园艺产品、特色畜产品、特色水产品、林特产品5大类28个特色产业，基本形成"一县一特"的产业发展格局。

二是产业扶贫成效明显提升。832个贫困县已累计培育市级以上龙头企业1.44万家，平均每个贫困县17家；发展农民合作社68.2万家，直接带动627万贫困户、2 198万贫困人口。通过订单生产、土地流转、就地务工、股份合作、资产租赁等方式，构建起以"龙头企业＋合作社＋贫困户"为基本组成的多种新型经营主体,有超过2/3的贫困户实现了由新型经营主体带动,参与到产业发展当中。

三是产销对接深入开展。随着中央单位定点帮扶、东西部协作等扶贫协作机制的逐步完善,贫困地区形成了社会各界参与扶贫的良好氛围。贫困地区特色产品品牌加快培育,涌现出洛川苹果、赣南脐橙、定西马铃薯等一大批知名品牌。贫困地区产销对接活动积极开展,推动批发市场、大型超市和电商平台等与贫困地区建立起长期稳定的产销关系。① 产业扶贫已成为覆盖面最广、带动贫困人口最多的举措。

四是探索建立了产业技术顾问制度。全国832个贫困县组建了4100多个产业扶贫技术专家组,特别针对"三区三州"产业扶贫,依托现代产业技术体系,组建6个科技服务团、544个专家组,覆盖"三区三州"165个贫困县,实现"三区三州"和部定点扶贫县产业技术专家组全覆盖。同时实施产业精准扶贫行动,以"三区三州"为重点,开展产业扶贫带头人经营能力培训和贫困户专项生产技能培训。2020年在全国52个未摘帽贫困县实施产业技术顾问制度,确定267个具有发展潜力的特色产业,新组建57个产业技术顾问组、267个技术专家团队,在当地开展产业长期跟踪帮扶工作。产业技术顾问制度的实施,助力贫困地区产业提质增效,推进未摘帽贫困县脱贫摘帽,确保稳定脱贫,衔接乡村振兴。

2. 实施异地扶贫搬迁,解决农民生计问题

易地扶贫是指将生活在缺乏生存条件地区的贫困人口搬迁安置到其他地区,并通过改善安置区的生产生活条件、调整经济结构和拓展增收渠道,帮助搬迁人口逐步脱贫致富。易地扶贫搬迁是国家开发式扶贫的重要内容,是贫困人口解决温饱、实现脱贫致富的一项重

---

① 农业农村部新闻办公室:《产业扶贫取得重大进展 67%脱贫人口通过产业带动实现增收》,2019年12月19日更新,http://www.moa.gov.cn/xw/zwdt/201912/t20191219_6333644.htm,2020年6月8日引用。

要举措。

自2001年以来,国家安排中央投资,对居住在生存环境恶劣、"一方水土养不起一方人"地区的贫困人口组织实施了易地扶贫搬迁。按照"先行试点、逐步扩大"的原则,实施范围由最初的内蒙古、贵州、云南、宁夏4省(自治区),扩大到目前的17个省份。截至2015年,国家累计安排易地扶贫搬迁中央补助投资363亿元,搬迁贫困群众680万余人。其中,2001—2010年,安排中央补助投资132亿元,搬迁贫困群众286万余人。"十二五"以来,在认真总结易地扶贫搬迁试点经验的基础上,国家进一步加大了易地扶贫搬迁工作的力度。

2015年12月,国家发展和改革委员会、国务院扶贫开发领导小组办公室、财政部、国土资源部、中国人民银行联合印发《"十三五"时期易地扶贫搬迁工作方案》,明确用5年时间对"一方水土养不起一方人"地方的建档立卡贫困人口实施易地扶贫搬迁,力争在"十三五"期间完成1 000万人口搬迁任务,帮助他们与全国人民同步进入全面小康社会。根据《"十三五"时期易地扶贫搬迁工作方案》,"十三五"时期将坚持"群众自愿、积极稳妥"的方针,坚持与新型城镇化相结合,对居住在"一方水土养不起一方人"地方的建档立卡贫困人口实施易地搬迁,加大政府投入力度,创新投融资模式和组织方式,完善相关后续扶持政策,强化搬迁成效监督考核,努力做到搬得出、稳得住、有事做、能致富,确保搬迁对象尽快脱贫,从根本上解决他们的生计问题。

2018年12月18日,财政部、国家税务总局联合发布通知,明确易地扶贫搬迁的有关税收优惠政策,助力易地扶贫搬迁工作。在易地扶贫搬迁贫困人口税收政策方面,对易地扶贫搬迁贫困人口按规定取得的住房建设补助资金、拆旧复垦奖励资金等与易地扶贫搬迁相关的货币化补偿和易地扶贫搬迁安置住房,免征个人所得税。同时,对易地扶贫搬迁贫困人口按规定取得的安置住房,免征契税。在易地扶贫搬迁安置住房税收政策方面，对易地扶贫搬迁项目实施主体取得的用于建设安置住房的土地，免征契税、印花税。对安置住房建设和分配过程中应由项目实施主体、项目单位缴纳的印花税，予以免征。对安置住房用地，免征城镇土地使用税。在商品住房等开发项目中配套建设安置住房的，按安置住房建筑面积占总建筑面积的比例，计算应予免征的安置住房用地相关的契税、城镇土地使用税，以及项目实施主体、项目单位相关的印花税。

易地扶贫搬迁工程在推动贫困地区人口、产业集聚和空间布局优化的同时，也有力改善了迁出地生态环境，收到了良好的经济、社会和生态效益。一是安置地的生产生活条件明显改善。通过科学规划、合理选址，加强安置区水、电、路等基础设施和教育、医疗、卫生等社会公共服务建设，大幅改善了贫困地区的生产生活条件。通过搬迁到交通便利、公共设施（学校、卫生院等）相对较好的区域及建设配套项目，有效地解决了贫困群众吃水难、行路难、用电难、住房难、就医难、入学难等问题。二是搬迁群众脱贫致富的步伐明显加快。通过帮助贫困群众发展种植业和养殖业，引导搬迁群众外出务工，直接增加了搬迁农户的劳务收入，加快了贫困农户脱贫致富的步伐。三是迁出地区的生态环境得到有效改善。通过实施易地扶贫搬迁工程，把贫困群众从"越穷越垦、越垦越穷"的恶性循环中解放出来，缓解了人口与资源的矛盾。同时，结合实施退耕还林、天然林保护等生态工程，有效地改善了迁出区生态环境，实现了脱贫致富与生态建设的双赢。

三、巩固脱贫攻坚成效，加快乡村振兴步伐

随着精准扶贫攻坚阶段和全面建成小康社会决胜阶段的到来，巩固提升脱贫成果、衔接乡村振兴成为做好农业与农村工作的第一要务。只有扎实做好脱贫攻坚工作，方能满足乡村振兴对产业发展、宜居环境、乡风文明和治理能力提出的更高要求。为顺畅实现全面建成

小康社会的目标,中央一方面立足当前的脱贫任务,综合施策,全面打赢扶贫攻坚战,同时着眼乡村振兴发展的长期目标,系统谋划,探索脱贫攻坚衔接乡村振兴的有效路径。

1. 全面部署决战决胜脱贫攻坚

党的十八大以来,党中央把扶贫开发摆到治国理政的重要位置,从国家战略和全局的高度,对脱贫攻坚工作进行全面部署。

2012年12月,习近平在河北阜平县考察时指出,"三农"工作是重中之重,革命老区、民族地区、边疆地区、贫困地区在"三农"工作中要把扶贫开发作为重中之重。2013年11月,习近平同菏泽市及县区的主要负责同志座谈时指出:"贫困之冰,非一日之寒;破冰之功,非一春之暖。做好扶贫开发工作,尤其要拿出踏石留印、抓铁有痕的劲头,发扬钉钉子精神,锲而不舍、驰而不息抓下去。"2014年4月,国务院扶贫开发领导小组办公室印发《扶贫开发建档立卡工作方案》,提出要在2014年年底前,在全国范围内建立贫困户、贫困村、贫困县和连片特困地区电子信息档案,并向贫困户发放《扶贫手册》。

2015年6月,习近平在贵州召开的部分省区市党委领导主要负责同志座谈会上强调,要科学谋划好"十三五"时期的扶贫开发工作,确保贫困人口到2020年如期脱贫,并指出扶贫开发"贵在精准,重在精准,成败之举在于精准",要求各地做到"六个精准"①。2015年6月,习近平在部分省区市扶贫攻坚与"十三五"时期经济社会发展座谈会上指出:"选派扶贫工作队是加强基层扶贫工作的有效组织措施,要做到每个贫困村都有驻村工作队、每个贫困户都有帮扶责任人。"2015年11月,习近平在中央扶贫开发工作会议上提出"五个一批"②的扶贫开发战略。2015年11月29日,《中共中央 国务院关

---

① 六个精准:扶持对象精准、项目安排精准、资金使用精准、措施到户精准、因村派人精准、脱贫成效精准。

② 五个一批:发展生产脱贫一批,异地搬迁脱贫一批,生态补偿脱贫一批,发展教育脱贫一批,社会保障兜底一批。

第六章　实施乡村振兴战略　贯彻"三农"优先发展总方针(2017—2019)

于打赢脱贫攻坚战的决定》发布，文件提出要充分发挥政治优势和制度优势，把精准扶贫、精准脱贫作为基本方略，采取超常规举措，拿出过硬办法，举全党全社会之力，坚决打赢脱贫攻坚战。2015年12月，习近平对中央定点单位扶贫工作作出批示，要求党政军机关、企事业单位开展定点扶贫。2016年7月，在东西部扶贫协作座谈会上，习近平进一步指出"扶贫必扶智，治贫先治愚"。

党的十九大以来，党中央对标全面建成小康社会任务，坚持农业农村优先发展，加强脱贫攻坚与乡村振兴统筹衔接，确保如期实现脱贫攻坚目标，使农民生活达到全面小康水平。2017年2月21日，习近平在主持十八届中共中央政治局第三十九次集体学习时强调，农村贫困人口如期脱贫、贫困县全部摘帽、解决区域性整体贫困，是全面建成小康社会的底线任务，是我们党作出的庄严承诺。要强化领导责任、强化资金投入、强化部门协同、强化东西协作、强化社会合力、强化基层活力、强化任务落实，集中力量攻坚克难，确保如期实现脱贫攻坚目标。2017年6月，在太原召开的深度贫困地区脱贫攻坚座谈会上，习近平指出："深度贫困地区的区域发展是精准扶贫的基础，是精准扶贫的重要组成部分。""在深度贫困地区促进区域发展的措施必须围绕如何减贫来进行，真正为实施精准扶贫奠定良好基础。"2017年10月18日，在中共十九大报告中，习近平强调："要动员全党全国全社会力量，坚持精准扶贫、精准脱贫，坚持中央统筹省负总责市县抓落实的工作机制，强化党政一把手负总责的责任制，坚持大扶贫格局，注重扶贫同扶志、扶智相结合，深入实施东西部扶贫协作，重点攻克深度贫困地区脱贫任务，确保到2020年我国现行标准下农村贫困人口实现脱贫，贫困县全部摘帽，解决区域性整体贫困，做到脱真贫、真脱贫。"

2018年2月，在打好精准脱贫攻坚战座谈会上，习近平指出："增加金融资金对脱贫攻坚的投放，发挥资本市场支持贫困地区发展作用，吸引社会资金广泛参与脱贫攻坚，形成脱贫攻坚资金多渠道、多样化投入。"2018年6月15日,《中共中央 国务院关于打赢脱贫攻坚战三年行动的指导意见》发布,文件就完善顶层设计、强化政策措施、加强统筹协调,推动脱贫攻坚工作更加有效地开展提出了一系列指导性意见。2018年11月1日,习近平向改革开放与中国扶贫国际论坛致贺信,他在贺信中指出:"让贫困人口和贫困地区同全国一道进入全面小康社会,是中国确定的庄严目标。我们将坚持以人民为中心的发展思想,大力实施精准扶贫、精准脱贫,发挥中国制度优势,坚持政府主导,深化东西部协作,动员全社会参与,把扶贫同扶志扶智相结合,开发式扶贫同保障性扶贫相统筹,确保到2020年消除绝对贫困。"

2019年3月,习近平在参加十三届全国人大二次会议甘肃代表团审议时指出,脱贫攻坚,要坚定信心不动摇、咬定目标不放松、整治问题不手软、落实责任不松劲、转变作风不懈怠,为打赢脱贫攻坚战发出总动员令。2019年4月,习近平在重庆主持召开解决"两不愁三保障"突出问题座谈会时指出:解决"两不愁三保障"突出问题,是贫困人口脱贫的基本要求和核心指标。脱贫攻坚战进入决胜的关键阶段,各地区各部门务必高度重视,统一思想,抓好落实,一鼓作气,顽强作战,越战越勇,着力解决"两不愁三保障"突出问题,扎实做好今明两年脱贫攻坚工作,为如期全面打赢脱贫攻坚战、如期全面建成小康社会作出新的更大贡献。

2. 脱贫攻坚成效举世瞩目

党中央对脱贫攻坚作出全面部署,各级政府和各地群众积极探索,脱贫攻坚取得显著成效。2017年以来,全国农村贫困人口持续大幅减少,贫困发生率显著下降。截至2019年年底,全国农村贫困人口从2012年末的9 899万人减少至551万人,累计减少9 348万人;贫困发生率从2012年的10.2%下降至0.6%,累计下降9.6个百分点。贫困地区农村居民收入增长幅度高于全国农村平均水平,中国的减贫事业取得了整体性的胜利。脱贫攻坚是中国共产党带领中国人民

第六章　实施乡村振兴战略　贯彻"三农"优先发展总方针(2017—2019)

在习近平新时代中国特色社会主义思想指引下的伟大创举,具有重大政治意义、历史意义和世界意义。

一是彰显了党的庄严承诺和社会主义制度的无比优越性。在脱贫攻坚实践中,坚持省市县乡村五级书记一起抓扶贫,向贫困村派出第一书记和驻村工作队,加强贫困地区的扶贫工作力量,这些脱贫攻坚活动充分凸显了党的领导这一最大优势。在脱贫攻坚中,坚持把扶贫工作与党建工作有机结合,夯实了农村基层党组织。通过选派一批机关干部到贫困县、贫困村挂职,开展扶贫帮扶工作,增强了机关干部对国情、社情、民情的认识,增强了群众工作本领,让广大干部队伍的精神面貌焕然一新。我国大规模减贫的成就和提前10年完成联合国可持续发展的减贫目标,是充分发挥中国特色社会主义制度优势的结果。脱贫攻坚取得的成效是高质量的、整体性的,实现了脱贫攻坚政策体系、治理体系、管理体系等方面的协调统一推进。

二是书写了人类历史上最成功的脱贫故事,是一项前无古人的伟大创举,为全球减贫事业贡献了思想财富和中国经验。脱贫攻坚工作以习近平新时代中国特色社会主义思想为指引,在脱贫攻坚工作中形成和确立了习近平精准扶贫思想,这是全球减贫事业中宝贵的思想财富,对解决深度贫困问题,如期实现全面建成小康社会的奋斗目标,以及促进世界反贫困进程的发展都具有重要的实践意义。在脱贫攻坚进程中,始终立足本国国情,始终坚持实事求是的原则,逐渐形成了具有中国特色的中国道路和中国方案,为全球脱贫减贫事业贡献了中国经验。联合国粮农组织驻中国代表文森特·马文森表示:"我们需要分享中国的成功,同时乐于了解取得这些成功的重要因素,比如精准扶贫的战略,以及创新的思路和做法。这些对整个世界都至关重要。"中国共产党带领全国人民,在脱贫攻坚过程中,形成了"三位一体"的大扶贫格局,为世界贡献了中国智慧,中国脱贫攻坚事业因此被誉为是"当今人类社会发展的一个显著成就"。

在这场人类历史上规模最大、力度最强的脱贫攻坚战中,中国共产党团结带领全国各族人民,锻造形成了"上下同心、尽锐出战、精准务实、开拓创新、攻坚克难、不负人民"的伟大脱贫攻坚精神。这一伟大精神高度凝练了中国人民在伟大脱贫攻坚斗争中展现的崇高精神风貌,是社会主义核心价值观在新时代的生动诠释。在伟大的脱贫攻坚精神引领下,我们必将在全面推进乡村振兴的新征程中,不断创造新的历史伟业。

参考文献

[1] 中共中央文献编辑委员会. 邓小平文选(第一卷)[M]. 北京:人民出版社,1994.

[2] 中共中央文献编辑委员会. 邓小平文选(第二卷)[M]. 北京:人民出版社,1994.

[3] 中共中央文献编辑委员会. 邓小平文选(第三卷)[M]. 北京:人民出版社,2001.

[4] 中共中央文献编辑委员会. 江泽民文选(第一卷)[M]. 北京:人民出版社,2006.

[5] 中共中央文献编辑委员会. 江泽民文选(第二卷)[M]. 北京:人民出版社,2006.

[6] 中共中央文献编辑委员会. 江泽民文选(第三卷)[M]. 北京:人民出版社,2006.

[7] 中共中央文献编辑委员会. 胡锦涛文选(第一卷)[M]. 北京:人民出版社,2016.

[8] 中共中央文献编辑委员会. 胡锦涛文选(第二卷)[M]. 北京:人民出版社,2016.

[9] 中共中央文献编辑委员会. 胡锦涛文选(第三卷)[M]. 北京:人民出版社,2016.

[10] 习近平谈治国理政(第一卷)[M]. 北京:外文出版社,2014.

[11] 习近平谈治国理政(第二卷)[M]. 北京:外文出版社,2017.

[12] 习近平谈治国理政(第三卷)[M]. 北京:外文出版社,2020.

[13]《中国共产党简史》编写组.中国共产党简史[M].北京:人民出版社,中共党史出版社,2021.

[14]《中华人民共和国简史》编写组.中华人民共和国简史[M].北京:人民出版社,当代中国出版社,2021.

[15]当代中国研究所.中华人民共和国简史(1949—2019)[M].北京:当代中国出版社,2019.

[16]《改革开放简史》编写组.改革开放简史[M].北京:人民出版社,中国社会科学出版社,2021.

[17]中共中央文献研究室.邓小平年谱:一九〇四——一九七四(下)[M].北京:中央文献出版社,2009.

[18]中共中央文献研究室.邓小平年谱:一九七五——一九九七(上、下)[M].北京:中央文献出版社,2004.

[19]中共中央党史研究室.中国共产党历史:第二卷(1949—1978)[M].北京:中共党史出版社,2011.

[20]中共中央党史研究室第二研究部.《中国共产党历史》第二卷注释集[M].北京:中共党史出版社,2012.

[21]中共中央文献研究室.三中全会以来重要文献选编(上、下)[M].北京:中央文献出版社,2011.

[22]中华人民共和国国家农业委员会办公厅.农业集体化重要文件汇编(1958—1981)[M].北京:中共中央党校出版社,1981.

[23]《当代中国的计划工作》办公室.中华人民共和国国民经济和社会发展计划大事辑要(1949—1985)[M].北京:红旗出版社,1987.

[24]中国科学院国情分析研究小组.城市与乡村——中国城乡矛盾与协调发展研究[M].北京:科学出版社,1994.

[25]薄一波.若干重大决策与事件的回顾(上、下)[M].北京:中共党史出版社,2008.

[26]许建文.中国当代农业政策史稿[M].北京:中国农业出版社,2007.

[27]张新华. 新中国探索"三农"问题的历史经验[M]. 北京:中共党史出版社,2007.

[28]农业农村部农村经济研究中心. 中国农业大事记(1978—2017)[M]. 北京:中国农业出版社,2019.

[29]韩长赋. 新中国农业发展70年:政策成就卷[M]. 北京:中国农业出版社,2019.

[30]韩长赋. 新中国农业发展70年:科学技术卷[M]. 北京:中国农业出版社,2019.

[31]中国农村发展问题研究组. 农村经济变革的系统考察[M]. 北京:中国社会科学出版社,1984.

[32]中共中央国务院关于"三农"工作的一号文件汇编(1982—2014)[M]. 北京:人民出版社,2014.

[33]中共中央文献研究室,国务院发展研究中心. 新时期农业和农村工作重要文献选编[M]. 北京:中央文献出版社,1992.

[34]蔡昉. 中国经济转型30年:1978—2008[M]. 北京:社会科学文献出版社,2009.

[35]彭千梓,吴金明. 中华人民共和国农业发展史[M]. 长沙:湖南人民出版社,1998.

[36]武力,郑有贵. 解决"三农"问题之路——中国共产党"三农"思想政策史[M]. 北京:中国经济出版社,2004.

[37]张岳. 中国水利发展战略文集(1996—2004)[M]. 北京:中国水利水电出版社,2004.

[38]蔡昉,王德文,都阳. 中国农村改革与变迁:30年历程和经验分析[M]. 上海:上海人民出版社,2008.

[39]成思危. 中国经济改革与发展研究:第二集[M]. 北京:中国人民大学出版社,2008.

[40]中共中央文献研究室. 十四大以来重要文献选编(下)[M]. 北京:人民出版社,1999.

[41]杜贞栋,谷维龙,王华忠.农业非工程节水技术[M].北京:中国水利水电出版社,2004.

[42]十八大报告文件起草组.十八大报告辅导读本[M].北京:人民出版社,2012.

[43]中华人民共和国城乡规划法[M].北京:法律出版社,2007.

[44]邹东涛.中国经济发展和体制改革报告:中国改革开放30年(1978—2008)[M].北京:社会科学文献出版社,2008.

[45]全国人大常委会法制工作委员会.中华人民共和国法律法规全书(第九卷)[M].北京:中国民主法制出版社,1994.

[46]《中国二十世纪通鉴》编辑委员会.中国二十世纪通鉴:1901—2000[M].北京:线装书局,2002.